城市轨道交通工程

主编　安　宁
主审　王明生　杨育僧

人民交通出版社

内 容 提 要

本书系统介绍了城市轨道交通工程的设计和施工内容，涵盖：路基施工、排水及防护加固；线路工程；轨道及轨道施工、维修养护、各单位作业；工务安全等。本书针对交通土建类工程专业学生的特点，侧重施工和养护方面内容，力求实用、够用。

本书适于交通土建类高职院校的城市轨道交通工程专业的学生及相关工程类专业学生用作教材使用，亦可供相关工程技术人员选作参考用书。

图书在版编目（CIP）数据

城市轨道交通工程/安宁主编. —北京：人民交通出版社，2008.12

ISBN 978-7-114-07171-3

I. 城… II. 安… III. …城市铁路—铁路工程 IV. U239.5

中国版本图书馆 CIP 数据核字(2008)第 193171 号

书　　名：城市轨道交通工程
著 作 者：安　宁
责任编辑：杜　琛
出版发行：人民交通出版社
地　　址：(100011)北京市朝阳区安定门外外馆斜街 3 号
网　　址：http://www.ccpcl.com.cn
销售电话：(010)59757973
总 经 销：人民交通出版社发行部
经　　销：各地新华书店
印　　刷：北京虎彩文化传播有限公司

开　　本：787×1092　1/16
印　　张：19.75
字　　数：488 千
版　　次：2008 年 12 月　第 1 版
印　　次：2021 年 8 月　第 8 次印刷
书　　号：ISBN 978-7-114-07171-3
定　　价：38.00 元

前言 Preface

城市轨道交通对改善现代城市交通状况、调整和优化城市区域布局、促进国民经济发展有重要的促进作用。进入21世纪以来，特别是近几年，城市轨道交通建设进入一个新的快速发展时期。建设项目一个接着一个竣工，大量的轨道交通规划项目正待实施，相关人才的渴求度极高。同时，我国高职教育亦呈快速发展态势，职业教育教学改革对教材编写提出了新的要求，迫切需要编写适合三年制高职和五年制高职的教材。

本教材根据专业教学计划的要求编写，在编写过程中，尽量吸取和结合国内外最新的理论和实践成果，同时兼顾以下几个方面：注重基础知识的掌握、注重能力的培养，教材内容以够用实用为原则；按照培养目标的定位要求，选择教材内容；内容的系统性与实用性相结合，重视实践；兼顾课程体系，突出课程特色。

本教材教学学时数按教学计划约为60～80学时，考虑本教材既要能满足高职高专教材的需要，又可作为职业培训教材使用，遂按照《地铁设计规范》(GB 50157—2003)、《城市快速轨道交通工程项目建设标准(试行本)》规定的线路工程主要技术标准、标准设计图，系统地讲述基本原理与计算方法，使学生能够具有基本计算技能，并在学完本书后，能较顺利地查阅各种有关规范和手册。全书各章均提供了不少计算实例，以便学生更好地学习。

本书由安宁统稿并主编。全书共十一章，具体编写分工如下：第一、二、九章由陕西铁路工程职业技术学院安宁编写，第三章由陕西铁路工程职业技术学院周永胜编写，第四、八章由陕西铁路工程职业技术学院苗兰弟编写，第五章由陕西铁路工程职业技术学院方筠编写，第六、十章由陕西铁路工程职业技术学院郎儒林编写，第七、十一章由陕西铁路工程职业技术学院陈艳茹编写。石家庄铁道学院王明生教授和中铁一局原地铁公司总经理、总工程师，现中铁一局副总工程师、教授级高工杨育僧为本书作了审稿工作，并提出了宝贵意见，在此表示衷心感谢。鉴于编写人员技术水平及实践经验的局限性，错误与不足之处在所难免，期待广大读者和同行多多提出宝贵意见，以便及时修改。

编　者

2008.12

目录 Content

第一章　绪　　论

第一节　国内、外城市轨道交通发展情况

由于城市化步伐日益加快，大中型城市普遍出现人口密集、住房紧缺、交通阻塞、环境污染严重、能源匮乏等所谓的“城市病”。城市的人口分布、城市发展与其交通设施分布有着密切的关系，交通结构的布局往往会影响城市整体发展。地铁和轻轨属于城市快速轨道交通的重要组成部分之一，因其运量大、快速、正点、低能耗、少污染、乘坐舒适方便等优点，常被称为“绿色交通”。经验表明，地铁和轻轨是解决大中型城市公共交通运输的根本途径，对于21世纪实现城市可持续发展有非常重要的意义。

一、国内发展情况

（一）旧中国的轨道交通

以造纸术、火药、指南针及活字印刷四大发明为代表的中国，却没有跟上近代文明的脚步，大约在1840年鸦片战争前后，有关铁路的信息和知识开始传入中国。当时中国的有识之士如林则徐、魏源及徐继畲等人先后著书立说，介绍铁路知识。腐朽没落的清政府，却拒不接受外部世界的新思维、新事物，视铁路如“洪水猛兽”。

英商怡和洋行在上海瞒着上海道台以修建“寻常马路”为名，自行修建了中国的首条铁路——吴淞铁路。吴淞铁路全长14.5km，单线，轨距0.762m，钢轨每米重13kg，机车自重15t，牵引小型客货车，时速为24～32km。迫于来自保守派和民间的压力，清政府出银28.5万两，买下吴淞铁路，并拆除后运往台湾高雄。

谈到中国的轨道交通就不能不提中国铁路技术专家詹天佑。詹天佑12岁便离开中国来到美国东部康涅狄格州的纽哈文城留学，17岁进入耶鲁大学雪菲尔科学学院专攻铁路。1904年詹天佑被指派负责京张铁路的建造工程。辛亥革命期间，孙中山邀约詹天佑协助他制订修建10万英里（16万km）大铁路的规划。詹天佑不仅在工程技术上创造出辉煌业绩，而且在道德上也以忠贞爱国、刚正不阿为后世垂范。詹天佑逝世后，交通部在京绥铁路八达岭附近为其树立铜像，颁给碑文“贞石磨崖，刊垂不朽，以案往哲，而励将来”。

1909年9月24日通车的京张铁路连接北京和张家口。京张铁路穿越燕山山脉，沿途地势陡峭，地形险要，施工艰难。这是中国第一条不借助外国，完全由中国工程人员自建的铁路。

1876～1912年36年间，中国共修筑铁路9 968.5km。此时中国的铁路技术落后，采用的制式混杂，仅铁路轨距就有5种之多，如1.435m的标准距、1.524m的宽轨，以及0.762m、1m、1.067m三种窄轨。

新中国成立前夕，旧中国铁路总里程为21 949km，各大城市都没有建设地铁，而城市有轨电车则几乎与世界同步发展，上海、香港、北京、天津、沈阳、大连及哈尔滨等城市都建有有轨电

车线路。

(二)1949年后的中国轨道交通

新中国成立后的50余年中,中国的铁路建设得到了长足的发展,至2006年,铁路线路已经达到7万km,在东北、华北、西北、华东及华南的铁路网形成后,火车开进了世界屋脊——西藏。牵引动力由蒸汽机到内燃机,现在正迈向电力牵引。铁路设备已国产化,并向国外输出技术和设备。

1997年、1998年、2000年、2001年、2004年及2007年,中国铁路进行了6次大提速,几乎涉及所有的铁路干线,提速包括客车和货车。提速网络总里程超过16 500km,其中时速160km及以上提速线路超过7 700km。2007年初开始的第6次铁路提速将北京到上海的客车旅行时间进一步缩短为少于10h。

国家制定了《中长期铁路网规划》,到2020年,全国铁路营业里程将达到10万km,主要繁忙干线实现客货分线,建成1.2万km四纵四横的快速客运专线网(图1-1),复线率和电化率均达到50%,运输能力满足国民经济和社会发展需要,主要技术装备达到或接近国际先进水平。

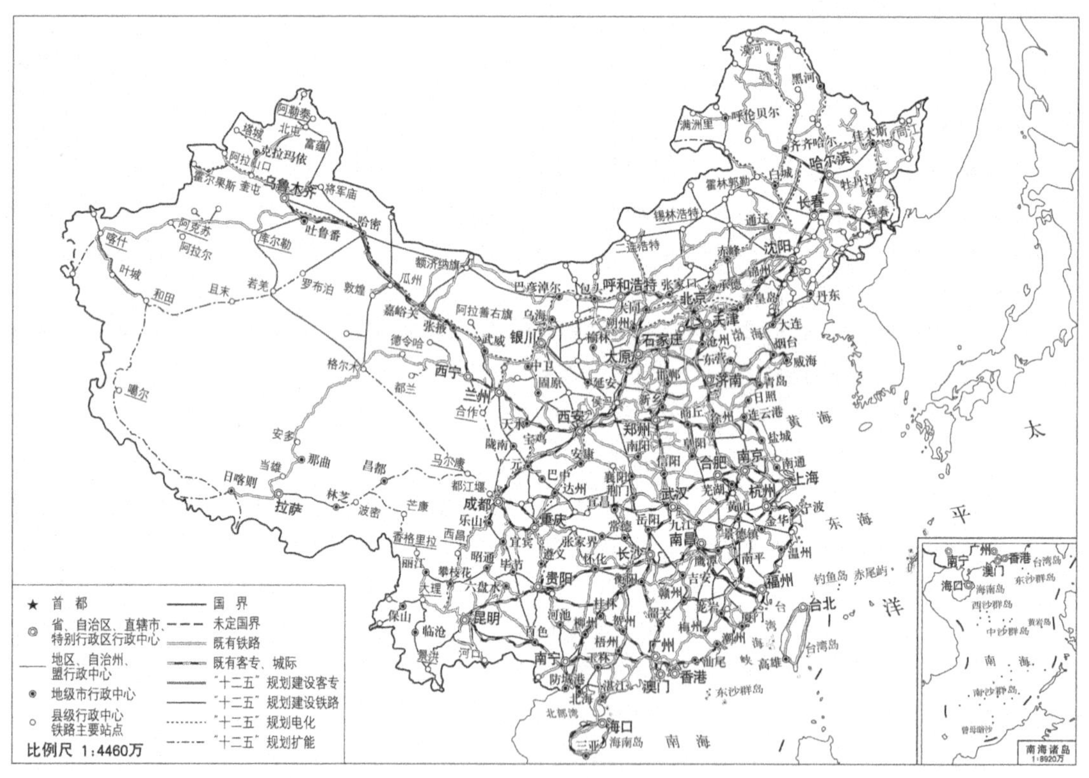

图1-1 快速客运专线网

自中国开始意识到轨道交通系统的作用后,已有39个城市向国务院提出了建设地铁的要求。我国已开通城市轨道交通运营的城市,有北京、香港、天津、上海、广州、深圳、重庆、武汉及大连等9个城市。特别是北京和上海,藉举办奥运会和世博会的契机,计划于2008年和2010年前分别初步建成数百公里的轨道交通网络,将城市交通的水平提高到发达国家城市的水平,为城市持续发展提供坚实的基础设施保证。

北京1969年第一条地铁线建成通车，是我国最先开通地铁的城市，迄今为止共有如下4条线投入运营：

1号线：北京火车站—苹果园，全长23.6km，1969年通车；

2号线：北京环线，全长19.9km，1984年通车；

3号线：复兴门—八王坟，全长13.5km，2000年通车；

城市铁路：东直门—西直门，全长40km。

20世纪80年代，天津地铁1号线利用人防设施，借鉴北京地铁模式建成通车，全长7.4km，日客运量3万人次。2001年该线停止运营，与新建设的1号线建设同期进行改造。新建的天津地铁1号线，全长26.188km，2005年12月建成通车。

上海地铁迄今为止共有如下5条线投入运行：

1号线：火车站—莘庄，全长21km，1995年通车；

2号线：中山公园站—张江高科技园区，全长19km，2000年通车；

3号线：明珠线，全长25km，2000年底通车；

4号线：明珠线二期，大部分区段2006年通车；

5号线：莘闵线，全长15km，2003年通车。

广州地铁现有运营线路全长36.78km，1号线于1999年建成通车，全长18.5km，日均客运量达24.68万人次；2号线于2003年通车，日均客运量达14.53万人次。

南京已通车的南京地铁1号线，即南北线，全长24.8km；在建的南京地铁2号线，即东西线，长约25km，主城区内长约17.3km。

深圳地铁一期工程于2004年12月28日正式开通试运营，全长21.866km。

武汉轻轨1号线一期工程于2004年7月28日试运营，线路利用原京广铁路横穿整个汉口城区东西方向的高架线路段，全长10km，建有10座车站。

重庆是山城，线路纵断面坡度很大，采用了橡胶轮独轨形式的轻轨。第一条新线全长17.54km，设有17个车站。

大连是我国少数没有拆除有轨电车的城市，大连轻轨就是对原有轨电车进行技术改造后的产物。

二、国外发展情况

工业革命的功绩之一——蒸汽机，不仅被广泛应用于带动纺织机等工作机械，也被引进到交通运输中牵引行驶在路上的车辆，引发了人类历史上第一次交通革命。

1769年，法国工程师居纽造出了第一辆用蒸汽机推动的三轮汽车。1787年，瓦特的合作者之一、英国工程师默多克（1754—1839年）发明了一辆用蒸汽机驱动的无轨火车。1801年，首辆蒸汽汽车在英国问世。出于对这种新交通工具运载能力的“惧怕”，也考虑蒸汽机牵引的重型车辆对道路的高要求，伦敦运输业向法院提起了诉讼。英国法律裁决这种庞然大物不能在公路上行驶，只能运行在专用轨道上。在这种形势下，火车的发展几乎是顺理成章的了。

英国人特里维西克（1771—1833年）于1803年制造了世界上第一台可以真正使用的铁路蒸汽机车，铁木结构，长4.5m，最高时速达5km。

1823年，斯蒂文森主持修建英格兰北部煤矿城市斯多克敦 河边城市达林顿的第一条商用铁路，正式将火车推向实用。1825年9月27日，斯蒂文森亲自驾驶他自己设计制造的“旅行号”机车，在新铺设的铁路上试车。为了可靠起见，他还同时采用了马作为备用动力，这次隆重的试车取得了空前的成功。

“旅行号”机车牵引6节煤车、20节挤满乘客的客车厢，载重达90t，时速达15km。这是一次盛况空前的试车典礼，铁路两旁人山人海，有人骑马跟着火车奔跑，欢呼这一奇迹的出现。1830年，斯蒂文森修建的第二条铁路利物浦—曼彻斯特铁路贯通。这一次，他驾驶的“火箭号”完全使用蒸汽动力，平均时速达到了29km，列车运行全程未出现任何故障。英国人用蒸汽机大大推进了陆上运输。斯蒂文森火车的鸣叫，召唤了一个“铁路时代”的到来。正是他，使世界真正认识到铁路运输的巨大优越性。从此，巨龙奔驰在地球各地，极大地促进了世界经济的发展。

自1825年英国开通第一条铁路，铁路便立刻获得了世界各国的青睐。1840～1913年是世界铁路发展的“黄金时代”，由于铁路机车制造技术已相当完善，轨道结构也不断改进定型，各国修建铁路的热情日益高涨，铁路发展速度明显加快。1840年，世界铁路营业里程为8 000km，到1913年已达110万km。

在这一修路的高潮中，西方国家几乎都不遗余力地加入进去，大量的资金用于修建铁路，大部分的钢材用于轧制钢轨。其中又以美国为甚，1881～1890年10年间，平均每年修建1万km铁路，每年钢产量的70%用于轧制钢轨；德国1866～1870年5年间，投资的70%用于修建铁路；俄国1861～1873年的13年间，投资的63%用于修建铁路。

交通大动脉铁路的大量修建和超前发展，奠定了这些国家工业化的坚实基础，对这些国家的持续发展和强大起到了不可低估的作用。时隔一个世纪，美国人在总结当年修路高潮的历史经验时认为，尽管当时美国很穷，但仍不惜筹借外债来修建铁路。

到1913年，世界铁路的营业里程已达110万km，并垄断了陆上交通运输。在美国，98%的城市间旅客周转量由铁路承担。铁路霸主的地位一直延续到1940年，达到了铁路发展的鼎盛时期，此时的营业里程高达135.6万km(见表1-1)。后因早期修建的铁路标准过低以及高速公路的兴起，部分早期建成的铁路被拆除。

世界铁路运营里程 表1-1

年　份	1825	1840	1850	1860	1870	1913	1940	1955	1970	1985
运营里程(万km)	0.002	0.8	3.86	10.8	21.0	110	135.6	128	127	130

第二节　城市轨道交通的类型与形式

一、城市轨道交通形式

轨道交通是作为大运量、快速公共交通工具进入城市的。城市轨道交通只是城市交通体系中的一个重要组成部分，从它的输送功能和运行区域来看，则可以划分为“市郊铁路”、“城市轨道交通系统”及“小区域轨道输送系统”等三个类型。从单列运量来看，则“市郊铁路”最大，“小区域轨道输送系统”最小。

最初，轨道交通只是连接大中型城市、矿山、工业基地的客货共线的轨道交通线路，起终点都只到城市边缘，甚至距城市中心区域还有数10km远的距离。但随着城市化进程的不断发展，大城市周边建设卫星城的发展模式逐渐形成，原有的单一的城际轨道交通形式已不能满足大城市的发展模式，现代城市车满为患、交通拥堵的现实，催生了城市轨道交通系统。许多国家的交通实践表明，仅有私人汽车、公共汽车，还不能解决城市交通拥堵的问题。唯一有效的方法，就是建立以大运量和公交化的轨道交通网络为骨干、公共汽车网络为配套输送系统的公共交通网络体系。加上科学合理的交通管理制度，才能最大限度地发掘城市道路的通行潜力。此外，在大型机场、大型旅游区、天然动物园等客流大、行程目标集中的一些区域，又形成了小区域快捷输送系统。这样，根据轨道交通系统功能、运量的不同，城市轨道交通就产生了城郊铁路、城市地铁、轻轨、自动化快速运输系统等形式多样的轨道交通体系。

城市轨道交通经过一个多世纪的发展，特别是经历了第三次、第四次工业革命的洗礼，城市轨道交通车辆经历了从蒸汽机车到电力机车，再从普通电力机车到直线电力机车，从单机牵引到动车组运行的一系列巨大变革；从钢轮钢轨发展到胶轮独轨，出现了轮轨接触走行模式和磁悬浮高速走行模式共同发展的新局面。城市轨道交通的车辆和轮轨也因长足的技术进步而出现了多种类型和丰富的形式。

二、城市轨道交通的一般类型

1. 地铁和轻轨

轨道交通进入城市源于 19 世纪中期。工业革命的发展带来的农村人口向城市转移，城市规模膨胀、扩大，亟待解决公共交通问题。在当时的社会历史背景下，蒸汽机车进入市区几乎是作为先进公共交通的标志而受到了广大市民的认可和欢迎。特别是在工业革命发源地的英国，1863 年，伦敦出现了第一条由蒸汽机车牵引的地铁线路。随后世界各主要工业化国家的大城市都竞相效仿，并掀起了修建地铁的高潮。

这些城市内的铁路线网大都在 100 年前规划、设计及建造，都是建于客流集中的客运走廊。它们奠定了城市轨道交通的基本格局。随着一次又一次的工业技术革命，城市轨道交通从轨道技术到车辆技术、从通信信号技术到运行调度技术，都发生了重大的历史性变革。地铁的快速、便捷、大运量及现代化的特性已经成为现代化城市的重要标志之一。现代地铁作为城市轨道交通系统的骨干线路，是客运流量最大的轨道交通形式，其客流量达到 3 万～8 万人次/h。

地铁最初由于伦敦的地面路权问题只能在地下修建和运行，但后来由于地面以下修建铁道线路与地下建筑费用非常昂贵，于是考虑在地面用地不太紧张而又可以封闭的路段修建；而在地面道路共用且不能封闭的路段，则采用高架的形式。但无论何种形式，轨道线路始终享有独立的路权。其行驶过程只接受轨道交通运营管理系统的指挥与管理，不受其他交通形式的干扰和影响。这样，地铁作为大运量轨道交通系统，不仅在地下修建和运行，也可以在地面或高架工程上运行，但地铁的走行模式始终是传统的钢轮双轨系统。

所谓轻轨，最初是指“轻型轨道交通系统”，国外把城市有轨电车也纳入“轻型轨道交通系统”。其实，地铁、轻轨与有轨电车的区别还是很大的(下述)。我国所谓的“轻型轨道交通系统”的道床、轨道结构、运行车辆和运行管理系统与地铁基本相同，而且也有独立的路权。与地铁不同之处在于，由于客运量比地铁小，因而列车编组车辆少、运营线路短、行驶速度慢、行车间隔略长，其运行管理模式有所不同。因此，地铁与轻轨的主要区别也是最基本的区别就是运量不同。在我国的相关规范中，每小时客运量 3 万～8 万人次的轨道交通系统，称为地铁；每小时客运量 1 万～3 万人次的轨道交通系统，称为轻轨。轻轨的走行形式可以是钢轮钢轨的双轨，也可以是胶轮独轨。

2.有轨电车

有轨电车与地铁、轻轨的区别比较大，其中最主要的区别是不享有独立的路权，钢轨面与地面持平，与地面其他车辆是共同使用同样的道路，与横向道路也是平面交叉。因此，除了在轨道上行驶这一特点外，有轨电车更类似于一般的公共交通车辆。

有轨电车是城市轨道交通工具中有着悠久历史的轨道交通形式。世界上第一辆有轨电车于1881年诞生于柏林，这辆原始的有轨电车只能载24名乘客，车厢是敞开的，它在设于道路的轨道上行驶，轨顶面和路面相平，不享有独立的路权，速度不到19km/h，电动机的功率仅4.5马力(约3.3kW)，电流是通过轨道输送到电动机的，两条轨道形成电流的回路。到1883年，开始采用架空线来输送电流，再通过轨道形成电力回路，车辆也做了许多改进。有轨电车作为公共交通工具，逐渐为大众所接受，很快得到广泛应用，并在20世纪初期成为城市公共交通的主要方式。以美国为例，1912年美国拥有2.5万人口以上的376座城市中，有370座城市采用有轨电车作为城市公共交通工具，有轨电车的数量最多时达到8万多辆，线路总长度达到25 000km。有轨电车自诞生不久，便很快传到中国。1895年，在上海的英国人开始筹划在英租界建造有轨电车线路。1908年3月5日，上海第一条有轨电车路线正式通车营业，线路长6km。此后不断扩展，到1959年，上海的有轨电车多达360辆，线路总长度为72.4km。我国一些重要的沿海城市也相继建造了有轨电车。到了20世纪50年代，随着汽车工业的蓬勃发展，城市公共交通开始向汽车转化。一方面，越来越多的人拥有私人汽车，使私人交通的比重不断增加，公共交通的比重相应下降；另一方面，有轨电车的噪声太大、舒适性差、技术落后，许多城市的有轨电车遭到废弃，伦敦、纽约等大城市也先后在20世纪50年代和60年代完全取消了有轨电车。

然而，有轨电车在另一些国家仍受到重视。前苏联和东欧国家的有轨电车客运比重虽有所下降，但绝对数量仍有所增加。西欧的一些国家如德国、瑞士等，有轨电车在城市公共交通中也保持了一定的地位。我国一些城市的有轨电车大多来自国外，这些电车不能满足交通形势的发展要求，受国外潮流的影响，也随之而萎缩。1975年，上海拆除了最后一条有轨电车路线。不过，我国东北几个城市仍保留着有轨电车，但在城市公共交通中所占的比重则已降到了最低的水平。

有轨电车在街道上消失以后不久，人们便发现，这些腾出来的道路空间很快便被汽车挤占。私人汽车的迅猛发展，造成城市道路交通日趋阻塞，城市空气污染日益严重，给城市的生活质量和经济发展带来了极其严重的不良后果，促使人们不得不重新研究城市的交通政策。人们重新认识到：轨道交通的运能大而占用道路面积小，是解决交通拥堵问题的有效交通手段，由于采用电力驱动而不排放有害气体，特别有利于改善城市的大气环境。那些保留有轨电车的城市，积极采用先进技术改造老式的有轨电车，以适应现代城市的要求。有轨电车也被纳入城市轨道交通的范畴。

三、市郊铁路

(一)城市扩大的必然选择

随着城市规模的不断扩大，居住区与商业区的逐渐分离，以及大城市-卫星城建设格局的形成，单一的城际轨道交通已不能满足快速增长的城市交通客流的需求，在美国、法国、英国及日本等交通发达国家，就逐步形成了城市郊区铁路，成为城际铁路与城市交通系统接驳的轨道交通系统。

如法国巴黎，共有 6 个车站，这些车站建设当初位于城市边缘，而目前已是地地道道的市中心"Downtown"。大巴黎区内各市镇或居民点的市民乘市郊铁路到巴黎的这 6 个车站，这些站也是巴黎城市地铁网中重要的换乘站，高速铁路(TGV)也直接进入这些车站。法国国铁所属的铁路网均纳入巴黎市郊铁路网。市郊铁路一般站距较长、时间间隔较大。由市郊铁路联系的巴黎和其他较重要城镇之间的市郊铁路线路，有的已升级为市域快速铁路网。

国外的大城市，规模扩大了以后，新旧市镇之间的联系，很多便依靠铁路大发展时代留下来的铁路作市郊铁路，如旧金山、洛杉矶及芝加哥等城市。

我国的城市建设在以往很长的一段历史时期内，处于以集聚为主的城市化发展阶段。城市建设大都把注意力集中在缓解中心城区交通繁忙的事务里。近几年来，城市经济的快速发展，已经导致中心城区人满为患，交通拥堵难以排解。成千上万的上班族在相对固定的时间段内集中上下班，这种每日固定时间、固定方向上的人流日益增多并过于集中时，就会形成通勤高峰，给市郊交通带来巨大的压力。这样，市郊居民向市中心通勤出行的交通问题便日益突现出来。仅仅依靠私人汽车和区间巴士专线，已经不能解决这个问题。而轨道交通系统具有运量大、占地少、不受其他道路交通干扰因而快速准时的优势，使规划并建设市郊轨道交通系统成了这些城市的必然选择。

但是，由于我国铁路建设比较落后，各大城市干线铁路直接进城的格局及其近乎饱和的运量，使得市郊铁路面临举步维艰的窘境。最实际的做法是将城市轨道交通中的干线，向客流明显增大的郊区延伸，再在适当的近郊部位设置环行城市轨道交通换乘点，总体形成"纵横贯通、环行联络、四通八达"的城市轨道交通格局。例如北京、上海等特大城市，都采用了这样的建设思路。用这样的方法来弥补市郊铁路的空缺，是目前行之有效而又节省投资的良策。

(二)市郊铁路的技术特征

市郊铁路的技术特征是由市郊居民通勤出行的客流特征和接驳城际客货运的运量决定的。发达国家大城市的市郊铁路多数是利用铁路大发展时期遗留下来的旧有铁路，开行城市郊区客车，成为市郊铁路；也有将原有市镇间的旧铁路，发展成大城市的市郊铁路。我国轨道交通建设起步较晚，规模不大，现有的客货共线的"大铁路"也仅仅超过 4 万 km，高速客运专线才刚刚开始建设。因此，市郊铁路的建设只能算是刚进入探索阶段。但市郊铁路的地域特征和客流特征与"大铁路"和城市轨道交通系统是有明显差异的，如表 1-2 所示。

市郊铁路、城市轨道交通系统和铁路干线的技术特征比较表 表 1-2

线路种类		线路性质	服务范围	列车编组	站间距(km)	平均时速(km/h)	发车间隔
城市轨道交通 地铁/轻轨		客运专线	城市区域内	4 或 6	0.6～1.0	30～45	短
市郊轨道交通		客运专线 客货共线	中、短途 市域范围	6 或 8	2.2～3.9	45～55	高峰时短 平时较长
干线铁路	传统铁路	客货共线	全国范围	客运：14～20 货运：35～50	8～20	客运：120～160 货运：50～80	长
	高速铁路	客运专线	中、长、超长途 大、中城市间	10 左右	25～50	200～320	长
	城际铁路	客运专线	中、长途 大、中城市间	8～14	5～20	80～100	长

注：表中市郊轨道交通的技术参数取自法国巴黎市郊铁路。

由于市郊铁路的地域位置，决定了它的客流特征是上下班高峰时段客流大而集中，其余时段客流相对较小。从运输经济学的角度来看，仅就解决市郊客流问题而建设市郊铁路是不符合运输经济效益原则的，这就需要从市郊铁路的综合经济效益来考虑。因此，如果客运高峰时段增加客运列车发送数量，而其余时段则可以适当减少客运列车，增开货运列车（假如有足够的货运数量的话），这样就可以达到客货运密度相对均衡。对于铁路建设已经非常发达的美国、英国、法国及日本等国家来说，这些国家在大城市郊区已经有铁路线存在，所谓市郊铁路，无非是编组一定数量的市郊列车来运营，就能发挥市郊铁路的作用；或者修建、扩建部分市郊铁路车站，以满足旅客换乘的需要。我国城市轨道交通系统还在起步规划阶段，其建设方案有以下 3 种。

(1)利用和改造城际铁路经过的市郊乡镇车站，增开市郊列车来缓解市郊客流。这个方案最节省。但目前城际铁路的运能已趋于饱和，再增开市郊短途客运列车的运行空间很小。

(2)新建市郊铁路。这个方案虽然看起来不错，但线路及市郊换乘车站的建设都需要大量资金投入。目前城市的市政建设经费承担市内轨道交通建设已经不堪重负，更难以承担巨大的市郊铁路的建设经费。

(3)将市内轨道交通延伸到市郊。这个方案基建费用相对较小，而且可以分阶段陆续建设。从经济的角度来看，比较可行。例如，上海市地铁的 4 条市域快速线路(R1、R2、R3、R4)，主要在全市范围提供快速的交通服务，连接郊区新城、中心镇等重要地区及重要的对外交通枢纽（空港、海港及铁路客站等），构成全市范围的快速交通骨架，并又通过环行地铁线路及轨道交通网络的换乘点形成在全市畅通的轨道交通体系。

结合我国国情来考虑，第三个方案显然是比较合理和现实的。

四、城际高速轨道交通

严格地说，城际高速轨道交通不属于城市轨道交通的范畴，但有些教材将它归纳到城市轨道交通领域，所以在此仅作一简单介绍。

在运输领域中，每一种运输方式均有其技术特色及最适用的范围。这个范围的界定，与运输工具本身的运营绩效及运输距离有关。例如，航空飞机的时速大约在 500～800km，它能提供快捷的服务。由于这个特点，使它在“长距离”的城际运输中，具有无可取代的优势地位。但是，在“长距离”条件之外，这种快速特点及优势地位则无从发挥，而这个在“长距离”之外所留下的“空间”，则让地面运输系统得以继续存在，城际高速运输系统因而得以不断改进与发展。

在运输距离与需求的相对比较条件下，就城际运输而言，高速铁路与航空飞机的竞争分界点在 1 000km 左右，在此距离以上的城际旅客运输（含都市间及国际间）以航空飞机最为适用，而在此距离以下，高速铁路则具有很大的发展空间，尤其在 600km 以下的城际运输距离，多为高速铁路的优势适用范围。

城际地面运输，传统上以钢轮行驶在钢轨上的铁路运输系统为主，因此，城际高速运输系统的发展是从列车高速化开始的。经过多年的研究与发展，以法国、日本及德国最具成效，分别发展了 TGV、新干线及 ICE 等高速铁路系统。日本和德国更进而发展磁悬浮运输系统，使城际高速运输系统技术的发展呈现出相当广阔的前景。

（一）法国 TGV

法国国铁自 20 世纪 50 年代即开始进行提高列车运行速度的研究工作。1955 年的一次机车试验，创造了当时世界最高记录的331km/h，奠定了法国进一步发展高速运输系统技术的基础。

法国巴黎时间2007年4月3日13点13分，在欧洲东部TGV高速铁路线的191km处位置，法国阿尔斯通V150列车创下了574.8km/h的最新高速列车纪录。

钢轮钢轨系统中牵引理论依靠的是轮轨间的“黏着”产生轮周牵引力，牵引列车前进，当速度提高到一定程度，黏着破坏，动轮将空转，根据计算，认为时速极限是375km。那么法国TGV列车是如何超越极限，成为各界关注的焦点？TGV系统，一方面充分运用空气动力学原理，使列车外型更具流线型；另一方面采用更轻质材料，减少运行时空气的阻力。为了适应车轮与钢轨间的黏着力随着高速而衰减，将列车动力来源分别安排在列车的最前和最后(动力机车)，中间为轻质的无动力载客车厢，由于牵引动力的来源集中在头尾动力机车的轮轴，前后轴的荷重将增加，车轮与钢轨间的摩擦力也加大，降低了动力车轮空转的几率，行车速度也因而得以提升。

TGV高铁系统不仅仅是高速铁路列车，还包含完善的轨道设施、先进的监控系统，以及训练有素的管理、经营、维修人员。

(二)我国的高速铁路

我国幅员辽阔，但铁路密度不大。自修建铁路以来，一直沿用了客货共线的运输模式，在兼顾重载和提高客运周转的矛盾中，客车速度一直无法提高，与世界轨道交通运输追求高速的潮流差距越来越大。

从20世纪90年代开始，中国开始了铁路高速化的历程。1994年12月22日，在深圳火车站举行了中国第一条准高速线路的开通仪式，在通车于1911年的广九铁路中的广深段(广州—深圳罗湖桥)开始运营速度为160km/h的客运列车和70km/h的货运列车。广深准高速线路中预留了20～30km的高速试验段，最小曲线半径3 000m，困难地段2 600m。

此后，中国铁路开始了在既有铁路线路上提速的大举措。

1996年4月1日，沪宁线由内燃机车牵引的“先行号”旅客快速列车，首次在既有铁路繁忙大通道上开行，时速140km；同年10月1日，又将时速提高到160km。上海至南京305km，旅行时间由过去的4h缩短为2.5h以内。

1996年7月1日，京秦线开行了内燃机车牵引的“北戴河号”快速旅客列车，时速140km，北京至北戴河的旅行时间由过去的3h38min缩短为2h，其间最高试验速度达到173.7km/h。同年10月8日，沈山线也实现了时速140km的运行速度，其间最高试验速度达185km/h。

1996年12月底，实现了郑州至武汉一段55km高速试验线路改造。1997年8月，由我国韶山电力机车厂生产的SS8电力机车牵引的列车，试验中最高行车速度达到247km/h。

秦沈客运专线是我国第一条专门运行旅客快速列车的线路，也是为修建我国高速铁路做准备的试验线路。2002年12月21～28日进行了第三次综合试验。同年12月27日，于山海关至绥中北DK50km左右，由中华之星(3动2拖)列车实现了321.6km/h的高速试验速度。

经过认真、周密的准备，自1997年4月1日开始，我国进行了5次既有线路的高速化改造和提速。

2007年4月18日，第一列中国高速动车组列车从北京开出，第六次铁路大提速宣告了我国城际铁路高速化的时代已经到来。按照我国铁道部的计划，第六次铁路大提速范围将覆盖17个省、市。动车组列车以区域内的城际短途为主，以跨区域中心城市间中长途为辅，主要安排在白天运行。

第六次铁路大提速将在京哈、京沪、京广、京九、陇海、浙赣、兰新、广深及胶济等干线展开，时速 120km 及以上线路延展里程达到 2.2 万 km，比第五次大提速增加 6 000km。其中，时速 160km 及以上线路延展里程达到 1.4 万 km，分布在京哈、京沪、京广、京九、武九、陇海、浙赣、兰新、广深及宣杭等干线；时速 200km 线路延展里程达到 6 003km，分布在京哈、京沪、京广、陇海、武九、浙赣、胶济及广深等干线。其中京哈、京广、京沪及胶济线部分区段时速达到 250km。通过多次提速，铁路客货运输能力将分别增长 18%和 12%，这标志着我国铁路既有线路提速将达到世界先进水平。

动车组的列车开行将分 3 个阶段逐步到位：到 2007 年年底，全国铁路将有 480 列时速 200km 及以上的国产动车组上线运行；预计到 2008 年年底，我国将再有 120 组以上的动车组投入运行，预计能够开行的动车组列车在 600 列以上；到 2010 年，将有 700 列时速 200km 及以上的动车组和 1 500 台以上的大功率机车装备中国铁路，覆盖主要干线。

随着各大城市高速列车运行管理水平和行车密度的提高，城际高速列车公交化将成为我国城市轨道交通的一个重要组成部分。

五、磁悬浮运输系统

铁路列车之所以能往前推进，主要是因为钢轨与列车的钢轮间具有黏着力（或摩擦力），借由列车动力车头加速产生的向前牵引力克服阻力而前进；列车速度越快，车轮与钢轨间的黏着力越小，列车加速所能产生的牵引力便越小，同时速度愈快，空气阻力愈大。当列车速度超过牵引力而等于阻力时，列车的车轮便呈现空转现象，速度便无法再提高。根据前述空气阻力与附着摩擦力相互影响的物理特性，铁路工程界以数学模式推算的结果认为，传统的钢轮钢轨铁路列车的极限时速很难超过 375km。但实际上，这个临界速度已经被法国高速铁路试验所打破：2007 年 4 月 10 日，法国阿尔斯通公司研制的 V150 超高速列车，以 574.8km/h 的速度打破了 1990 年 5 月 18 日创造的 515.3km/h 的世界纪录。因此，要使列车速度再提高，不外乎减小列车前进的阻力，或不采用黏着力来驱动列车前进，亦即列车不与轨道或地面接触而放弃使用车轮。日本与德国分别研究、开发了磁悬浮列车，准备应用于城际高速运输。

磁悬浮理论由德国人赫尔曼·肯佩尔提出，1934 年申请了专利，定名为无轮磁悬浮列车。肯佩尔提出的磁悬浮列车，当时就像科学幻想一般，直到 1969 年德国才开始研究试制，并成功制造了小型磁悬浮列车模型，不久又在成立的磁悬浮列车试验场建造了 31.5km 长的试验轨道。

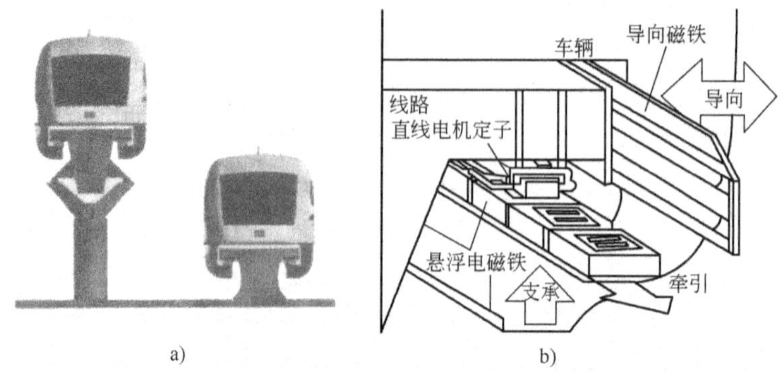

a)　　b)

图 1-2

磁悬浮列车的基本原理系应用磁铁同性相斥、异性相吸的特性发展而成。因此，列车悬浮的方式又分为排斥力悬浮和吸引力悬浮两种。德国的磁悬浮系统使用吸引式悬浮，轨道梁支承结构呈 T 字形，在轨道的下方，由一个三相定子片（Stator）的线圈连接成一排，组成直线电机定子，并固定在轨道梁上借以推动车辆，如图 1-2 所示。

上海浦东机场与目前地铁 2 号线的龙阳路站之间的磁悬浮列车，是引进德国技术建造的世界上第一条商业运营线路，全长 31km，运行 8min，最高时速 436km。

思考题

1.1 地铁与轻轨交通的共同点和不同点有哪些?

1.2 轻轨交通包括哪些主要土建工程?

1.3 简述地铁和轻轨交通在城市轨道交通中的地位。

1.4 简述世界城市轨道交通的发展。

1.5 简述我国城市轨道交通的发展。

1.6 简述城市轨道交通的形式和特点。

第二章　城市轨道交通的组成

第一节　车 站 建 筑

一、相关特点

快捷、大运量的轨道交通线路是线状构筑物，载运乘客的轨道交通车辆必须停靠在线路的一定节点上，让乘客上下列车，这个节点就是轨道交通的车站。

车站是供使用轨道交通的乘客上下、候车及换乘的场所，从这个意义上来说它和公共汽车站、铁路客运站的功能是一样的。

轨道交通车辆的容量一般远大于公共汽车，是多节车辆编组，这就要求车站站台有一定的长度，站台长度按远期规划采用的列车编组和车辆长度来确定，8 节 A 型车辆编组的地铁车站长度要求大于 180m，4 节编组的轻轨车站长度也要求在 80m 以上。轨道交通车辆一般采用高地板设计，相应要求车站也采用高站台形式，保证乘客水平进出车厢。这些都有别于公共汽车站可“任意”设置在人行道上，轨道交通需将车站设置在地铁、轻轨线路的一定位置，并需进行专门的设计。

不同于用在城际交通上的铁路，城市轨道交通是服务于城市内部交通的，列车停靠时间短、进出站频率高，乘客候车、滞留车站内的时间也较短，乘坐地铁、轻轨的乘客都希望进入车站就能很快上车。有别于火车站，城市轨道交通的车站不专设候车区。

根据城市轨道交通线路铺设于地面、高架或地下，车站也分为地面车站、高架车站及地下车站。作为建筑物设计，高架车站和地面车站的建筑融合于城市建筑群中，其建筑品位直接影响城市的美观，这就要求设计师充分发挥想象力将其设计得美观一些。

地下车站设置于城市地面以下，空气湿度相对较大，因此，地下车站需要考虑设有良好的通风、照明、卫生、防灾设备等，给乘客提供舒适、清洁的环境，适当做一些建筑小品、艺术装修往往能使乘客感到亲切和温馨。

城市轨道交通具有快捷、大运量的特点。在城市轨道交通车站内短时间(特别是交通高峰时刻)会聚集大量客流，特别是在发生突发事件的情况下，车站设计中必须考虑如何最快地将乘客疏散到安全的地方。

城市轨道交通车站除具备供乘客上下车的基本功能外，还应容纳主要的技术设备和运营管理系统，从而保证城市轨道交通的安全运行。

城市轨道交通直接面向公众的就是车站，一个轨道交通线网的社会效益、经济效益的高低，在很大程度上取决于车站位置的选择、规划设计的合理与否，以及轨道交通线路之间的换乘、轨道交通线路与其他城市交通手段接驳方便与否。轨道交通车站设计时，首先是确定车站在现有城市轨道交通路网中的确切位置，这涉及城市规划和线路总体方案设计；车站位置确定后，根据客流量及其站位特点，结合车站规模、平面布置、合理的站内客流流线、地面客流吸引及交通方式的转换便捷等综合考虑。

二、车站的分类

城市轨道交通车站根据不同的需要有多种分类方法，如根据其运营性质、站台形式及换乘方式等进行分类。

1. 按车站运营性质分类

城市轨道交通车站按车站运营性质分类，主要有以下6种，如图2-1所示。

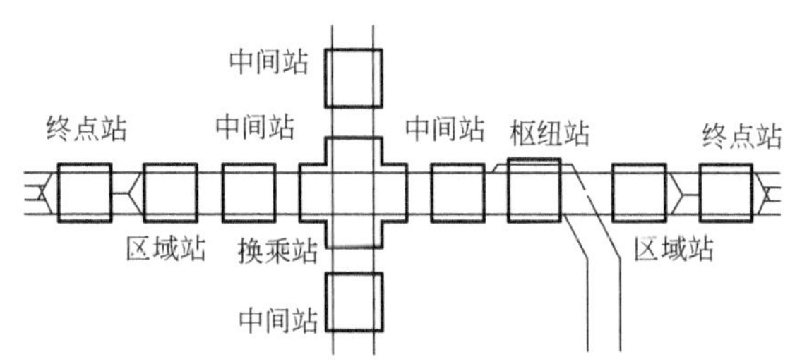

图2-1 城市轨道交通车站站台运营形式

(1)中间站

中间站(即一般站)仅供乘客上、下车之用，功能单一，是地铁线网中数量最多的车站。

(2)区域站

区域站(即折返站)是设在两种不同行车密度交界处的车站，设有折返线路和折返设备，区域站兼有中间站的功能。

(3)换乘站

换乘站是位于两条及两条以上线路交叉点上的车站。它除了具有中间站的功能外，更主要的是，它还可以从一条线路上的车站通过换乘设施转换到另一条线路上的车站。

(4)枢纽站

枢纽站是由此站分出另一条线路的车站，该站可接、送两条线路上的乘客。

(5)联运站

联运站是指车站内设有两种不同性质的列车线路，进行联运及客流换乘。联运站具有中间站及换乘站的双重功能。

(6)终点站

终点站是设在线路两端的车站，就列车上、下行而言，终点站也是起点站(或称为始发站)，终点站设有可供列车全部折返的折返线和设备，也可供列车临时停留检修。如线路远期延长后，则此终点站即变为中间站。

2. 按车站站台形式分类

城市轨道交通车站按站台形式分类，主要有以下3种，如图2-2所示。

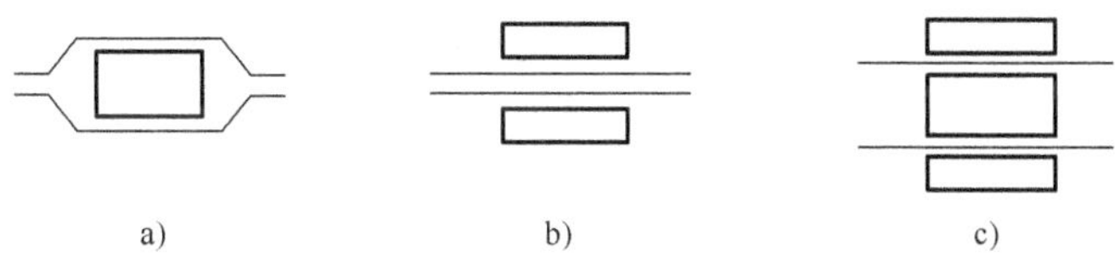

图2-2 城市轨道交通车站站台形式

a)岛式站台；b)侧式站台；c)岛、侧混合式站台

(1)岛式站台

站台位于上、下行行车线路之间，这种站台布置形式称为岛式站台。具有岛式站台的车站称为岛式站台车站（简称岛式车站）。岛式车站是常用的一种车站形式。岛式车站具有站台面积利用率高，能灵活调剂客流，乘客中途改变乘车方向方便，不用通过楼梯或地道换边到另一侧站台，车站管理集中，站台空间宽阔等优点，因此，一般常用于客流量较大的车站。从图 2-2a)中可以看到线路在站台两端形成了喇叭口状，列车进出站有一个 S 弯的两个反向曲线。同样列车编组的站台长度，岛式站台车站长度要比侧式站台车站长，一旦车站建造完成，要扩建延长站台长度则是比较困难的。

(2)侧式站台

站台位于上、下行行车线路的两侧，这种站台布置形式称为侧式站台。具有侧式站台的车站称为侧式站台车站[简称侧式车站，见图 2-2b)]。侧式车站也是常用的一种车站形式。侧式车站站台上下行乘客可避免相互干扰，正线和站线间不设喇叭口，造价低，改建容易，但是站台面积利用率低，不可调剂客流，乘客中途改变乘车方向必须经地道、天桥、站厅或者更简易地使用进口楼梯平台作为换边通道。侧式车站管理分散，站台空间不及岛式宽阔。因此，侧式站台多用于两个方向客流量较均匀（或流量不大）的车站。

侧式站台中一个很重要的问题是安全问题。改变乘车方向必须到另一侧站台，乘客为了方便可能会横穿轨道，特别是在郊区的地面、高架车站，在这些站需要设置站台安全门。这种安全门高约 1.5m，由固定墙、平移门及自动控制系统组成，与地下车站的屏蔽门有很大的区别：屏蔽门有节能和安全双重功效，开关都自动控制，而安全门则用于对环境、温度要求不太高的地面高架车站，由人工控制，主要起到保护旅客安全的作用，造价也只有屏蔽门的 1/3。

(3)岛、侧混合式站台

岛、侧混合式站台是将岛式站台及侧式站台同设在一个车站内，具有这种站台形式的车站称为岛、侧混合式站台车站（简称岛、侧混合式车站）。它主要用于两侧站台换乘或列车折返。岛、侧混合式站台可布置成一岛一侧式或一岛两侧式，见图 2-2c)。

三、车站的平面建筑组成

1. 车站的组成

轨道交通车站由车站主体（站台、站厅、设备用房及管理用房等）、出入口及通道、通风道及地面通风亭（仅地下车站）等 3 大部分组成。

车站主体的作用是供乘客集散、换乘，同时它又是轨道交通运营设备设置的中心和办理运营业务的地方。

出入口及通道是供乘客进、出车站的建筑设施。

地下车站需要考虑通风道及地面通风亭，其作用是保证轨道交通车站具有一个舒适的地下环境。

2. 车站主体建筑的组成和功能

车站主体建筑根据使用功能的不同，可分为乘客使用空间和车站使用空间两大部分。

(1)乘客使用空间

乘客使用空间又可分为非付费区（一般指站前广场区）和付费区（一般指候车区）（见图 2-3）。前广场区是乘客未正式进入车站前的流动区域，一般应有一定的空间，设置售、检票设施，根据需要还可设银行、公用电话及小卖部等。设置在道路上的高架车站，如果采用人行天桥与人行道连接，则非付费区常被用作人行过街通道的一部分。同样，设置在道路下的地下车站采用通道与人行道连接，其非付费区也被用作人行过街通道的一部分。非付费区的最小面积一般可以参照能容纳客流高峰时段，5min 内可能聚集的客流量的平均水平来推算。

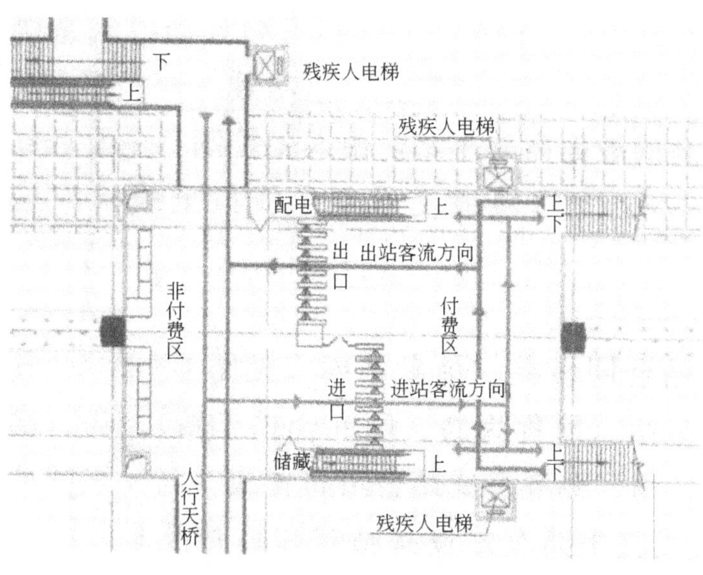

图 2-3　车站乘客使用空间示意图

付费区包括部分站厅、站台及楼梯、自动扶梯等。付费区部分的站厅实际上是一个乘客进出站闸机（检票机）和站台间的缓冲区域，

车站"核心"是站台，站台结构柱、楼梯栏杆等至站台边缘的距离要保证 2.5m，这里是乘客上下列车的区域（见图 2-4），距站台边缘 400mm 应设宽度不小于 80mm 的纵向醒目安全线。

站台的其余部位设置有进出站台的通道、楼梯及自动扶梯，是进出站台、上下车客流缓冲区。通道、楼梯及自动扶梯宽度根据客流密度计算得到。1m 宽上行楼梯每小时通过人数 3 700人次，下行可达4 200人次，单向通道可达 5 000人次；自动扶梯根据输送速度不同，1m 宽每小时通过人数为 8 100～9 600 人次。很明显，自动扶梯的输送能力远大于楼梯的能力，新建的车站大量采用了自动扶梯。在发生紧急情况需要把乘客从站台（地下或高架）疏散到地面，我国规定疏散时间为不超过 6min，自动扶梯可用作事故疏散，其供电等级应由二级升至一级负荷供电。

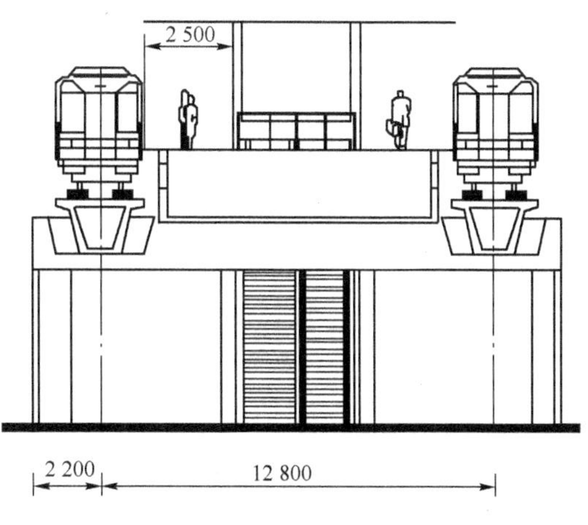

图 2-4　车站站台（尺寸单位：mm）

车站装修应采用防火、防潮、防腐、耐久、易清洁的环保材料，应便于施工与维修，可能条件下兼顾隔音降噪。地面材料应防滑、耐磨。照明灯具要节能、耐久，尽可能采用深照明露式；高架站的灯具还应考虑防水、防尘。乘客使用空间是轨道交通车站的重点，它对车站类型、总平面布局、车站平面及结构横断面形式、功能、面积利用率、客流路线组织等都有较大的影响，合理的客流流线，可保证乘客方便、快捷地出入车站。

为了让乘客快捷方便地进出车站，乘下列车，在车站的乘客使用区域内设置有各种引导标志，指导乘客购票、进出站、换乘、紧急疏散等。这些标志对方便乘客使用车站设备、提高车站使用效率很重要。引导系统的设置要贴近人们的生活，给人以亲切感，要简洁、明确、一目了然。

随着 IT 行业的飞速发展，公交液晶电视、显示列车到站信息的液晶指示牌也进入了轨道交通车站，使乘客在出行时可以看新闻、听音乐，也可以随时了解列车的运行情况。

为防止乘客误入轨道，发生安全事故，新建的轨道交通车站都装置了屏蔽门。地下车站的屏蔽门系统隔断了车站区域与隧道区域，起到了节能、优化车站环境控制及防噪声的作用。屏蔽门应该满足负载强度、气密性等功能要求和经济适用原则，并应做到安全、可靠、检修方便、造型美观。

(2)车站用房

轨道交通车站用房包括运营管理用房、设备用房及辅助用房 3 部分。表 2-1 为车站管理用房、辅助用房面积参考表。

车站管理、辅助用房面积参考表 表 2-1

房间名称	参考面积	位置
站长室	15～18m^2	站厅层，靠近控制室
车站控制室(含防灾控制)	35～50m^2	站厅层客流大的一端
警务室	12～15m^2×2	一条线上另加设 1～2 间警署室，每间 12m^2
交接班室(兼会议、餐室)	1.2～1.5m^2/人	按一班定员计
更衣室(分男、女)	0.6～0.7m^2/人	按车站全部定员计
茶水室	8～10m^2	附洗涤池
卫生间	女 2～3 个坑位，男 1 个坑位、2 个小便斗	管理人员用
清扫室(站厅、站台各设一间)	10～20m^2	附洗涤池、2 个站厅、侧式站台另增
站务员室	15m^2×2	侧式车站站台设 2 间(面积可适当减小)
收款室(即票务室)	15m^2×2	
库房	8m^2	
供电值班室(每座降压变电所配一间)	6m^2×2	如 SCADA 同步实施，可不设
列检室	10～15m^2	交路折返站
驾驶员休息室	8m^2×2	交路折返站
维修巡检室	6m^2×2	宜每站 1 间，至少 3～5 站 1 间

运营管理用房是为保证车站具有正常运营条件和营业秩序而设置的办公用房，由进行日常工作和管理的部门及人员使用，是直接或间接为列车运行和乘客服务的，主要包括站长室、行车值班室、业务室、广播室、会议室、公安保卫室及清扫员室等。

设备用房是为保证列车正常运行、保证车站内具有良好环境条件及在事故灾害情况下能够及时排除灾情不可缺少的设备用房，它是直接或间接为列车运行和乘客服务的，主要包括环控机室、变电所、控制室、通信机械室、信号机械室、泵房、票务室、工区用房、附属用房及设施等。技术设备用房是整个车站的心脏所在地。由于这些用房与乘客没有直接联系，因此，一般设在离乘客较远的地方。

辅助用房是为保证车站内部工作人员正常工作所设置的用房，直接供站内工作人员使用，主要包括厕所、盥洗室、更衣室、休息室、茶水间及储藏室等。这些用房均设在站内工作人员使用的区域内。

车站用房中，与乘客、运营有关的用房一定要布置在站厅、站台内，如售票房、车控室、站务员室等，其余的可以设置在此范围外。根据防火分区的要求这些房间尽可能地安排在车站的一边布置；如果没有空间，也可以设置在地面，单独建设。单独建设的车站用房应考虑与周围建筑的协调性。

3. 车站的规模

车站规模主要根据车站远期预测高峰客流量、所处位置的重要性、站内设备和管理用房面积及车站所在地区远期发展规划等因素综合考虑确定，其中客流量大小是一个重要因素。

车站规模一般分为 3 个等级。在大城市中，车站规模按 3 个等级设置；在中等城市中，其规模可设 2 个等级。车站规模等级适用范围如表 2-2 所示。

车站规模等级适用范围 表 2-2

车站规模	适用范围
大型站（甲级站）	适用于客流量大，地处市中心区的大型商贸中心、大型交通枢纽中心、大型集会广场、大型工业区及位置重要的政治中心地区
中型站（乙级站）	适用于客流量较大，地处较繁华的商业区、中型交通枢纽中心、大中型文体中心、大型公园及游乐场、较大的居住区及工业区
小型站（丙级站）	适用于客流量不大的地区

注：客流量特别大，有特殊要求的车站，其规模等级列为特级站。车站规模的大小，直接影响到工程造价的高低。规模过大，投资太高；规模不足，满足运营的需要期限短，影响运营功能且日后改建困难。因此，在确定车站规模时，应慎重进行技术经济比较。

4. 车站出入口和风亭

(1)车站出入口

车站出入口的主要作用在于吸引和疏散客流，车站出入口位置都在轨道交通沿线主要街道的交叉路口或广场附近，尽量扩大服务半径，方便乘客。

车站出入口布置应与主客流的方向相一致，以便和过街天桥、过街地道、地下街、邻近公共建筑物相结合或连通，统一规划、同步或分期实施。

车站出入口的数量，不得少于 2 个。每个出入口宽度和该方向远期客流量有关。出入口通道力求短、直，通道的弯折不宜超过 3 处，弯折角度宜大于 90°。地下车站出入口通道长度不宜超过 100m，超过时应采取满足消防疏散要求的措施，有条件时宜设自动人行道（即自动电梯）。

车站地面出入口的建筑形式，应根据车站所处的具体位置和周围建筑规划要求确定。地面出入口可做成合建式或独立式，一般应该优先采用与地面建筑或风亭合建式。

设于道路两侧的出入口宜平行或垂直于道路红线，距道路红线的距离，一般情况下，应按当地规划部门要求确定，当出入口开向城市主干道时，应有一定面积的集散场地。

车站出入口通道是乘客进出车站的咽喉，其位置的选择、规模大小，应满足城市规划和交通的要求，并应便利于乘客进出站，下面介绍一下出入口平面类型和出入口通道设计。

地铁车站出入口平面一般有一字形、L 形、T 形 3 种基本形式和由基本形式变化的其他形式。

①一字形出入口

一字形出入口指出入口、通道一字形布置。这种出入口占地面积少，人员出入方便。由于口部宽度要求，一字形出入口不宜修建在路面狭窄地区。如图 2-5a)所示。

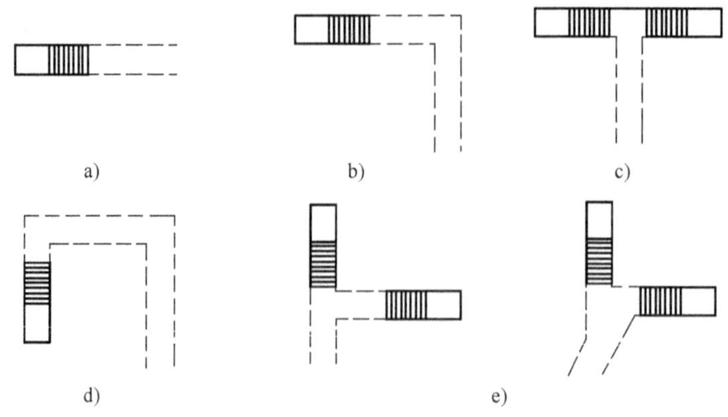

图 2-5　地铁车站出入口的平面形式

a)一字形；b)L 形；c)T 形；d)n 形；e)Y 形

②L 形出入口

L 形出入口指出入口与通道呈一次转折布置。由于端口部较宽，这种形式的出入口不宜修建在路面狭窄地区。如图 2-5b)所示。

③T 形出入口

T 形出入口指出入口与通道呈 T 形布置。这种形式的出入口人员出入方便，由于口部比较窄，适用于路面狭窄地区。如图 2-5c)所示。

④其他形式

其他形式一般由出入口位置要求、地面交通换乘要求具体确定，常用的有 n 形和 Y 形出入口。n 形出入口指出入口与通道呈两次转折布置。由于环境条件所限，出入口长度按一般情况设置有困难时，可采用这种布置形式的出入口，但这种形式的出入口人员要走回头路，如图 2-5d)所示。Y 形出入口布置常用于一个主出入口通道有两个及两个以上出入口的情况，这种形式布置比较灵活，适应性强，如图 2-5e)所示。

(2)地下车站风亭

埋设于地下的车站四周封闭，空气不流通，由于客流量大，机电设备多，站内湿度较大，空气较污浊，为了及时排除车站内的污浊空气，给乘客创造一个舒适的环境，需在轨道交通车站内设置环控系统，即通风与空调系统。

地下车站按通风、空调工艺要求设置活塞风井、进风井及排风井。活塞风井是为站间隧道的通风而设置的。在车站一端需设置一个进风井和一个排风井，以及两个进出隧道的活塞风井。风井可以集中布置也可分散布置，这取决于地面建筑的现状或规划要求。

图 2-6　地面风亭

地面风亭的设置应尽量与地面建筑相结合(见图 2-6)。对于独建的风亭，可采用敞口较低的风井(见图 2-7)，风井底部应设置排水设施，风口最低高度应满足防淹要求，开口处应设有安全装置。

独建或与其他建筑物合建的风亭，其开口部距其他建筑物距离应不小于5m。当风亭设于路边时，风亭开口底部距地面的高度应不小于2m。

地面风亭的位置、数量与采取的通风和空调方式有关，一般按周围地区环境及环控要求确定。车站出入口数量可根据进出站客流的数量及方向确定，首先要满足进出站客流的通过能力；其次应尽可能照顾各个方向的客流，以方便乘客进出站。

a)

b)

图 2-7 独建风亭的风井

四、公共交通枢纽建设

城市交通问题是一个系统工程问题，在发展及布局地面、地下、空中、立体城市公共交通时，要从建设的系统性、网络化出发，并考虑地铁、轻轨、公共汽车、轮渡及出租汽车等各种公共交通手段网络节点的连接方便，以及各种交通方式之间的便捷换乘、接驳，还应该考虑自行车出行换乘公共交通工具的具体情况。根据城市现状及发展，建设方便乘客的交通枢纽在城市交通规划中应事先考虑周全，城市用地是有限的，一旦建设完成再进行修修补补，不仅投资更大且很难达到预期的目的。

1.轨道交通线路间的换乘

城市轨道交通是城市的永久性基础设施之一，一经建造其线路走向、车站设置及换乘节点，都很难更改。

换乘车站基本要求，在做换乘设计时，应以远期高峰小时客流量为依据，换乘通道、楼梯、电梯等换乘设施应该能满足远期换乘量的需要。无障碍设施的建设在近期投入使用的轨道交通车站内已考虑，在换乘设施中也应该予以重视，达到肢残者和盲人与正常人一样的换乘目的。

根据换乘方式的不同应有多种方案可供选择。在具体设计时，应考虑尽量缩短换乘距离，做到明确、简洁、方便乘客。两线或多线的车站应尽量减少换乘高差，避免高度损失。换乘客流与进、出站客流分开，避免相互干扰。

换乘设施应考虑设置在各换乘车站的付费区内，实现一次购票即可到达最终目的地。这样可以达到购票乘车者重新购票环节，也可以充分发挥公交IC的功能。

一个城市的轨道交通线网不可能同步实施建设，一般而言，换乘站也不会同步配套完成，在先期设计、施工的车站应预留切实可行的接口，先期投入使用的车站应该做好乘客安全防范措施及接口处的照明、排水设施。

轨道交通换乘枢纽一般都设置在人流集中的区域，各相关的轨道交通车站应考虑多设置出入口通道，交叉路口的各象限均应布设。通道作为城市道路人行地道，既可解决行人交通障碍，也可吸引客流。相邻换乘枢纽距离比较近，可将这些换乘设施连成一个整体，并且在换乘通道设计、土地利用方面予以综合考虑。

交通枢纽的换乘的方式有如下几种：

(1)同站台平行换乘；

(2)同车站平行换乘；

(3)站台点式换乘；

(4)通道换乘；

(5)组合换乘。

2. 轨道交通与地面公共交通的换乘

在我国各已建轨道交通线路的城市中，目前轨道交通大多网络尚未健全，优势尚未完全发挥，但对于今后这两种交通方式之间的分工已基本得到了确认，即以轨道交通为主，地面公共交通为补充，充分发挥轨道交通大容量、准点、快速的优势，以及地面公交便利、反应速度快捷、布局容易改变的特点。因此，加强两者之间的接驳配套，形成科学合理的换乘体系已刻不容缓。

这里存在几个方面的问题：

(1)轨道交通车站与地面公交配套枢纽接驳、换乘的困难；

(2)轨道交通站与地面公交配套换乘枢纽布设困难；

(3)轨道交通站与地面公交配套的换乘客流基础数据缺乏。

要解决上面几个问题还要下大工夫。

五、车站文化

与其他建筑一样，城市轨道交通系统的车站建筑在满足其物质功能的同时，还对人的精神感受产生巨大的影响。具体来说，就是车站建筑在解决乘客上下车辆这一基本功能的同时，还应解决车站内外环境给人的心理感受的问题，处理好车站建筑内外空间与造型、形式与风格的问题。

1. 城市轨道交通车站的建筑形式

在处理城市轨道交通车站的建筑形式时，应始终坚持车站功能第一，在满足车站功能要求的基础上，处理好车站的建筑形式问题。车站是城市建筑的组成部分，车站建筑必须与城市建筑和街道等相关部分协调，相辅相成。选择车站建筑形式要与城市环境有内在的联系，不同建筑形式有不同的特点、不同的魅力。

2. 城市轨道交通车站内部文化

随着城市规模的不断扩大，需要花费在出行上的时间越来越多。作为大城市公共交通运输系统中骨干地位的轨道交通系统，是绝大多数居民首选的交通工具。但轨道交通车站往往受到各种资源和建设成本的限制，车站在满足实用功能的前提下，车站规模越小越好，但这又和城市发展相互矛盾，所以要综合考虑各种因素。车站有限的空间内如何让乘客不感到压抑，如何让旅客在地下空间中不感到乏味、单调，这是地下车站建设、运营管理中需要动脑筋的。越来越多的城市采用文化和艺术手法来装饰车站，我国的许多城市也意识到轨道交通车站除了通过商业广告来增加收入之外，还能够通过艺术壁画、浮雕等形式来反映城市的文化特色和风土人情。

第二节　车辆设备

一、概述

轨道交通车辆与汽车及其他的路上车辆结构和驱动原理有很大的不同。

1. 转向架概念的引入

较长轴距的轨道交通车辆仅在直线轨道上行驶没有问题，但在曲线上就不容易处理了。由于是曲线轨道，外轨道比内轨道轨迹长，汽车前轮可以转一个角度，而后轮则通过牙包差速器控制，外轮可比内轮转动快；而火车的前后轴是平行的，如果前后两轮轴间距过大，则在小半径曲线轨道上，不可能让 4 个轮子都在钢轨上，而且要求外轮要比内轮转得快。鉴于此，后来发展的轨道交通车辆就改换了一个和汽车结构不同的设计思路，引入了“转向架”的概念（见图 2-8）。

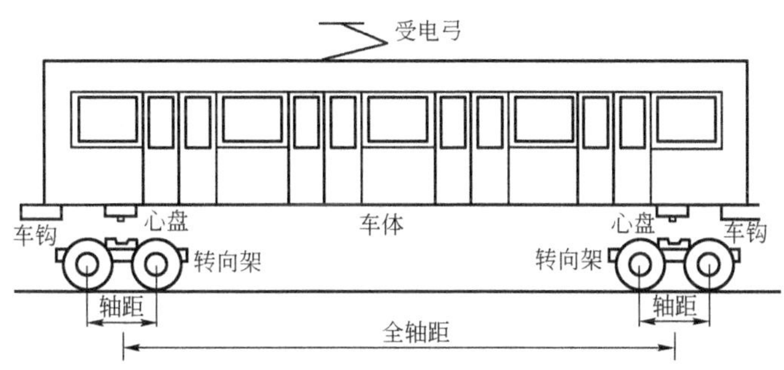

图 2-8　转向架的设置

轨道交通车辆的行驶轨迹是“不自由”的、受约束的，车辆要在特定的轨道中行驶；驱动车辆的电动机装在转向架上，直接驱动车轴，车轴和车轮紧密配合成一体（称为轮对）；特定的轨道不但承载而且提供了轨道交通车辆的导向，驾驶室内没有方向盘之类的转弯装置；轮对的轴承盒弹性固定在转向架上；车厢则通过心盘和转向架连接，互相之间可以在一定范围内转动。

2. 城市轨道交通车辆的特殊要求

城市轨道车辆主要是指地铁车辆和轻轨车辆，它是城市轨道交通工程中最重要的设备，也是技术含量较高的机电设备。

城市轨道交通车辆主要在市内和市郊运行。它的运行条件与干线铁道车辆不同：车辆要在地下隧道、高架及地面轨道运行，站距短、线路曲线半径小、坡度大，客流量大而集中，乘客上下车频繁，高峰时会超载。车辆一般有较高的启动加速度和制动减速度，以达到启动快、停车制动距离短、提高车辆平均速度的目的。

随着生活水平的提高，人们对乘坐舒适性的要求也越来越高，所以车辆的悬挂系统比普通铁路要求高，不少地下铁道车辆的车厢内除采用机械式通风换气来改善车内空气质量外，还增设空气调节装置，提高乘坐舒适性。同时，在降低车厢内来自轮轨系统和动力系统的噪声上也采取了多种有效的措施。

城市轨道车辆应具有先进性、可靠性及实用性，应满足容量大、安全、快速、舒适、美观及节能的要求。

二、车辆的编组和组成

地铁车辆有动车和拖车、带驾驶室车和不带驾驶室车等多种形式，如上海地铁有带驾驶室拖车(A型)、无驾驶室带受电弓的动车(B型)和无驾驶室不带受电弓的动车(C型)3种车型。当采用6节编组时，其排列为：A—B—C—C—B—A；当采用8节编组时，其排列为：A—B—C—B—C—B—C—A。这样就能保证所编列车首尾两节车(全列车首尾两端)均带有驾驶室，中间各节车之间均为贯通，方便乘客走动，使乘客在全列车中均匀分布，也有利于在列车发生意外事故时让乘客有秩序地沿此通道经驾驶室前端安全门撤离。北京地铁按全动车设计，两车为一单元，使用时按2、4、6辆编挂组成列车组。

我国推荐的轻轨电动车辆有3种形式：4轴动车、6轴单铰接式及8轴双铰接式车。

一般城市轨道交通车辆可分为以下7部分。

1. 车体

城市轨道交通车辆的车体与一般铁路客车有许多相同之处，但由于其特殊的用途，又有其特征。

(1)一般为电动车组，有单节、双节及3节式等，有头车(即带有驾驶室的车辆)和中间车，以及动车与拖车之分。

(2)由于服务于市内公共交通，在车内的平面布置上有其特征，如座位少，车门多且开度大，内部服务于乘客的设备较简单等。

(3)重量的限制较为严格，特别是高架轻轨车，要求轴重小，以降低线路的工程投资。

(4)车体轻量化设计。

(5)对车体的防火要求严格，在车体的结构及选材上采用防火设计和阻燃处理。

(6)对车辆的隔振和降噪有严格要求。

(7)由于用于市内交通，对车辆的外观造型和色彩都有美化和与城市景观相协调的要求。

车底架由地板梁、侧梁、枕梁、横梁及牵引梁组成，5块宽度为520mm、高度为70mm、与车体等长的地板梁通过两侧的接口拼焊成车地板，每根地板梁由上下翼板、腹板及6块筋板组成中空截面挤压铝型材，各板厚度仅2.5mm。底架侧梁为宽度200mm、高度324mm、与车体等长的薄壁中空截面挤压铝型材，壁厚4～6mm。A车底架的前端设有撞击能量耗散区，其上开有3排椭圆孔。当车辆受到意外撞击时，它能产生较大的塑性变形，从而吸收纵向冲击能量，起到保护乘客和车辆的作用。底架的两端还设有牵引梁和横向承梁，用来安装车钩牵引缓冲装置和传递车辆间的牵引力和冲击力。

车体的侧墙，由于左右各有5扇车门和4个车窗，侧墙被分割成6块带窗框、窗下间壁及左右窗间壁或门间壁的分部件，全车共12块，在组装时分别各自与底架、车顶拼接，各块分部件亦为整体的挤压铝型材。

车顶两侧小圆弧部分采用形状复杂的中空截面挤压铝型材，中部大圆弧部分为带有纵向加强杆件的挤压成型的车顶板，其长度与车顶等长，车顶组装时仅留下几条与车顶等长的纵向长焊缝。

2. 转向架

转向架是支承车体并担负车辆沿着轨道走行的支承走行核心装置。为了便于通过曲线，在车体和转向架之间设有心盘或称之为回转轴，转向架可以绕着这个心盘的中心轴相对车体转动。为了改善车辆的运行质量和满足运行要求，在转向架上设有弹簧减振装置和制动装置。对于动车，转向架上还装有牵引电机和减速机构，以驱动车辆运行，这种转向架称为动力转向架。

转向架是车辆最重要最核心的组成部件之一，它的结构是否合理直接影响到车辆的运行质量、动力性能及行车安全。

转向架的作用及要求如下。

(1)采用转向架可增加车辆的载重、长度及容积。

(2)转向架相对车体可自由回转，使较长的车辆能自由地通过小半径曲线，减少运行阻力与噪声，提高运行速度。

(3)便于安装弹簧减振装置，保证车辆具有良好的动力性能和运行品质。另外，有转向架车辆在通过两轨头高低不平处时，车体支承点的垂直移动量仅为二轴的车轮对支点的一半，从而提高了运行的平稳性。

(4)支承车体，承受并传递从车体至轮轨的各种荷载及作用力，使各轴重均匀分配。

(5)便于安装制动装置，传递制动力，满足运行要求。

(6)便于在转向架上安装牵引电机及减速装置，驱动轮对(或车轮)使车辆沿着轨道运行。

(7)转向架为车辆的一个独立部件，便于转向架的制造、维修及更新。

3. 牵引缓冲连接装置

车辆编组成列运行必须借助于连接装置，即所谓车钩。为了改善列车纵向平稳性，一般在车钩的后部装设缓冲装置，以缓和列车冲动。另外，还必须有连接车辆之间的电气和空气的管路。

4. 制动装置

制动装置是保证列车安全运行必不可少的装置。不仅在动车上设制动装置，在拖车上也要设制动装置，这样才能使运行中的车辆按需要减速或在规定的距离内停车。城市轨道车辆制动装置除常规的空气制动装置外，还有再生制动、电阻制动及磁轨制动等。

5. 受流装置

从接触导线(接触网)或导电轨(第 3 轨)将电流引入动车的装置称为受流装置或受流器。按其受流方式可分为以下 5 种形式。

(1)杆形受流器。外形为两根平行杆，上部有两个受电轨(导线)，广泛用于城市无轨电车。

(2)弓形受流器。形状如弓，属上部受流，弓可升可降，其接触有一根导线，下面有导轨构成电路，用于城市有轨电车。

(3)侧面受流器。在车顶的侧面受流，又称为“旁弓”，多用于矿山装货物的电力机车上。

(4)轨道式受流器。从底部导电轨受流，又称为第 3 轨受流。空间可得到充分利用，多用于速度较高的隧道列车运行。北京地铁及目前欧美大部分城市地铁均采用这种受流方式。

(5)受电弓受流器。属上部受流，形状如弓可升可降，适用于列车速度较高的干线电力机车。上海地铁亦采用这种方式。

在受电制式上，目前世界上地铁发展较早的城市大都采用直流 750V，个别有采用 600V 的。北京地铁为直流 750V。上海地铁采用直流 1 500V，它与直流 750V 相比具有以下优点：可提高牵引电网供电质量，增加牵引供电距离，从而可减少牵引变电所数量；便于地铁线路实现地下、地面及高架的联动。

6. 车辆内部设备

车辆内部设备包括服务于乘客的车体内的固定附属装置和服务于车辆运行的设备装置。属于前者的电力照明、通风、取暖、空调、坐椅及拉手等；服务于后者的设备装置大多吊挂于车底架，如蓄电池箱、继电器箱、主控制箱、电动空气压缩机组、总风缸、电源变压器、各种电气开关及接触器箱等。

7. 车辆电气系统

车辆电气包括车辆上的各种电气设备及其控制电路。按其作用和功能，可分为主电路系统、辅助电路系统及电子与控制电路系统 3 个部分。

三、车辆的主要技术参数

车辆技术参数是概括地介绍车辆技术规格的某些指标，是从总体上表征车辆性能及结构的一些参数，一般分为性能参数与主要尺寸两大类。

1. 车辆性能参数

(1)自重、载重及容积。自重为车辆本身的全部质量，载重即车辆允许的正常最大装载质量，均以 t 为单位；容积以 m^3 为单位。

(2)构造速度。指车辆设计时，按安全及结构强度等条件所允许的车辆最高行驶速度。车辆实际运行速度一般不允许超过构造速度。

(3)轴重。指按车轴形式及在某个运行速度范围内该轴允许负担的包括轮对自身在内的最大总质量。轴重的选择与线路、桥梁及车辆走行部的设计标准有关。

(4)每延米轨道载重。它是车辆设计中与桥梁、线路强度密切相关的一个指标，同时又是能否充分利用站线长度、提高运输能力的一个指标，其数值是车辆总质量与车辆全长之比。对于城市轨道车辆，该参数依据设计任务书确定。

(5)通过最小曲线半径。指配用某种形式转向架的车辆在站场或厂、段内调车时所能安全通过的最小曲线半径。当车辆在此曲线区段上行驶时，不得出现脱轨、倾覆等危及行车安全的事故，也不允许转向架与车体底架或与车下其他悬挂物相碰。

(6)轴配置或轴列数。例如，4 轴动车，设两台动力转向架，则轴配置记为 B-B；6 轴单铰轻轨车，两端为动力转向架，中间为非动力铰接转向架，其轴配置记为 B-2-B。

(7)最大起动加速度、平均起动加速度及最大制动减速度。

(8)每吨自重功率指标。一般为 10～15kW/t。

(9)供电电压、最大网电流及牵引电机功率。

(10)制动形式。包括摩擦制动、再生制动、电阻制动及磁轨制动等多种形式。

(11)坐席数及每平方米地板面积站立人数。

2. 车辆的主要尺寸

车辆的主要尺寸除车辆全长、车辆定距及转向架固定轴距外，还包括以下几项内容。

(1)车辆最大宽度、最大高度。车辆最大宽度指车体最宽部分的尺寸，车辆最大高度指车辆顶部最高点离钢轨水平面之间的距离。这两个尺寸均需符合车辆限界的要求。

(2)车体长、宽、高。车体长、宽、高又有车体外部与内部之别，但车体内部的长、宽、高必须满足货物装载或旅客乘坐等要求。

(3)车钩中心线距轨面高度(简称车钩高)。它是指车钩钩舌外侧面的中心线至轨面的高度。列车中机车与各车辆的车钩高基本一致，是保证正常传递牵引力及列车运行时不会发生脱钩事故所必需的。我国铁路规定，新造或修竣后的空车标准车钩高为 880mm；其他国家由各自的历史条件决定了其使用的车钩高，如前苏联及欧洲各国的车钩高(或盘形缓冲器的中心线高)定为 1 060mm。城市轨道车辆的车钩高无统一的标准，上海地铁车辆定为 720mm，北京地铁车辆为 670mm。

(4)地板面高度。地板面距轨面的高度与车钩高一样,均指新造或修竣后空车的数值。它将受到两方面的制约:一方面是受车辆本身某些结构高度的限制,如车钩高及转向架下心盘面的高度;另一方面又与站台高度的标准有关,如上海地铁车辆地板面高为 1.13m,北京地铁车辆为 1.053m。

(5)车辆定距。指车辆两相邻转向架中心之间的距离。

以我国推荐的几种轻轨车辆为例,其主要技术规格列于表 2-3。

轻轨车辆技术规格列表

表 2-3

序号	项目名称	单位	4 轴车	6 轴样车	6 轴车	8 轴车
1	两车钩连接面高度	mm	198 000	22 200	23 800	29 700
2	车体长度	mm	18 900	21 300	22 900	29 700
3	车辆宽度	mm	2 600	2 600	2 600	2 600
4	车辆高度(轨面至顶部)	mm	3 250	3 250	3 250	3 250
	车辆高度(轨面至设备顶部)	mm	3 700	3 700	3 700	3 700
5	车内高度	mm	2 150	2 150	2 150	2 150
6	地板面高度	mm	900~950	950	900~950	900~950
7	车辆定距	mm	11 000	6 700~6 700	7 500~7 500	6 700~7 500~6 700
8	固定轴距(动/拖)	mm	1 900/—	1 900/1 800	1 900/1 800	1 900/1 800
9	轴列式	mm	B-B	B-2-B	B-2-B	B-2-2-B
10	第一级踏步距轨面高度	mm	—	650	—	—
11	受电弓工作高度	mm	3 900~5 600	3 900~5 600	3 900~5 600	3 900~5 600
12	受电弓落弓高度	mm	3 700	3 700	3 700	3 700
13	每侧车门数	个	4	4	4	4
14	客室车门宽度	mm	1 300	1 100	1 300	1 300
15	客室车门高度	mm	1 900	1 900	1 900	1 900
16	定员	人	190~210	202~224	235~255	300~320
17	坐席占用面积指标	m^2/人	0.3	0.3	0.3	0.3
18	站立人员面积指标(定员)	人/m^2	6	6	6	6
	站立人员面积指标(超员)	人/m^2	9	9	9	9
19	构造速度	km/h	80	70	80	80
20	最高运营速度	km/h	70	60	70	70
21	启动平均加速度	m/s^2	1.2	>1	1.1	0.9
22	常用制动平均减速度	m/s^2	1.2	>1.2	1.2	1.2
23	紧急制动平均减速度	m/s^2	2	>2	2	2
24	每延米车长自重指标	t	1.4~1.55	约 1.6	1.4~1.55	1.4~1.55
25	车辆每吨自重功率指标	kW/t	约 12	约 9	约 11	约 10
26	噪声指标(车内)	dB(A)	65~70	—	65~70	65~70
27	噪声指标(车外)	dB(A)	75~82	82	75~82	75~82

四、转向架

不论是动车还是拖车,每辆车均装有 2 台转向架,且对动车装备动力转向架,拖车装备非动力转向架,两者的区别在于动力转向架上装有 2 台牵引电机和减速装置。

由于车辆的用途、运用条件与要求不同,所采用的转向架结构各异,类型很多,但它们的基本组成部分和主要功能是相同的。图2-9为几种典型的城市轨道交通车辆转向架。城市轨道交通车辆转向架一般由以下部分组成。

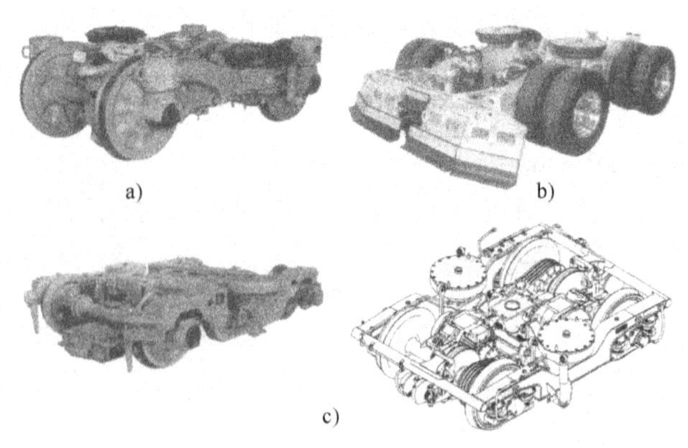
图 2-9　转向架结构形式

1. 轮对

轮对是由一根车轴和两个相同的车轮采用过硬配合使之牢固地结合在一起，是组成转向架的重要部件之一。

轮对承担车辆全部载荷，引导车辆沿着钢轨高速运行，同时还承受着从车体、钢轨传来的各种力的作用。因此，轮对应具有足够的强度，以保证在允许的最高速度和最大载荷下安全运行；应在强度足够和保证一定使用寿命的前提下，使其重量最小，并具一定的弹性，以减少轮轨之间的作用力和磨耗。

轮对在正常状态线路上运行时，轮缘的内侧距是影响运行安全的重要因素。对轮缘内侧距有严格的规定：一般铁路标准轮对，内侧距为(1 353±3)mm；我国地铁车辆轮对，内侧距为(1 353±2)mm。轮缘内侧距应保证在任何线路上运行时轮缘与钢轨之间有一定的游间，以减少轮缘与钢轨的磨耗；应保证在最不利情况下，轮对踏面在钢轨上仍有足够的安全搭接量，不致造成脱轨；应保证安全通过道岔。

2. 轮对轴箱装置

轴箱装置的作用是，将轮对和构架(或侧架)联系在一起，使轮对沿钢轨的滚动转化为车体沿线路的平动，并把车辆的重量及各种载荷传递给轮对，保证良好的润滑性能，减少磨耗；降低运行阻力，防止燃轴。

轴箱装置按轴承工作特性分为滚动轴承轴箱和滑动轴承轴箱装置。我国轨道交通已基本实现滚动轴承化，这是实现轨道交通车辆技术装备现代化的重要标志。采用滚动轴承后，显著降低了车辆的起动阻力和运行阻力；改善了车辆走行部分的工作条件，减少了惯性事故；减轻了维护和检修工作，降低了运营成本。

由于轨道交通车辆的允许轴重比较大(一般为10～25t)，在运行中承受着变化的静、动载荷作用。因此，要求轴承的承载能力大、强度高、耐振、耐冲击、寿命长等。一般轨道交通车辆的滚动轴承均设计成非标准系列。按滚动体形状，轴承可分为圆柱滚动轴承、圆锥滚动轴承及球面滚动轴承。

3. 弹性悬挂装置

为减少线路不平顺和轮对运动对车体各种动态的影响，转向架在轮对与构架或构架与车体(摇枕)之间设有弹性悬挂装置。前者称为轴箱悬挂装置，后者称为摇枕(或中央)悬挂装置；也可称为一系弹簧悬挂装置和二系弹簧悬挂装置。弹性悬挂装置包括弹簧、减振、定位装置。

(1)一系弹簧悬挂

在车体与轮对之间，只设有一系弹簧减振装置，如图2-10a)所示。它可以设在车体与构架之间，也可以设在构架与轮对之间。

(2)二系弹簧悬挂

在车体与轮对之间设有二系弹簧减振装置，即在车体与构架之间设摇枕弹簧装置，在构架与轮对之间设轴箱弹簧减振装置，两者相互串联，使车体的振动经历两次弹簧减振的衰减，如

图 2-10b)所示。

在车体和构架之间装有由空气弹簧和层叠式橡胶弹簧组合而成的弹性元件，起着传递载荷、减振及消音的作用。当空气弹簧失效时，层叠式橡胶弹簧还起着应急维持最低限度运行的要求。在车体和构架之间还装有垂向液压减振器，用来衰减垂向的振动。

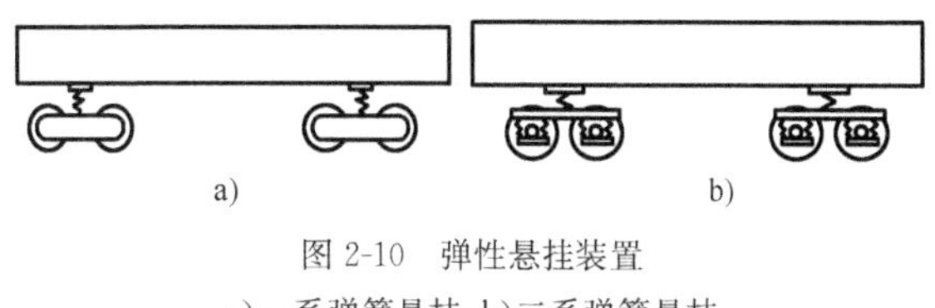

图 2-10 弹性悬挂装置

a)一系弹簧悬挂；b)二系弹簧悬挂

4. 构架

构架是转向架的基础，它把转向架的各个零部件组成一个整体，故不仅承受、传递各种荷载及作用力，而且它的结构、形状及尺寸都应满足各零部件组装的要求。

5. 制动装置

为使运行中的车辆在规定的距离范围内停车，必须安装制动装置。其作用是传递和放大制动缸的制动力，使闸瓦与轮对之间的转向架内摩擦力转换为轮轨之间的外摩擦力（即制动力），产生制动效果。

6. 牵引电机与齿轮变速传动装置

使牵引电机的扭矩转化为轮对或车轮上的转矩，利用轮轨之间的黏着作用，驱动车辆沿着钢轨运行。

无论是采用直流电机还是交流电机，均需通过机械减速装置，将电机的扭矩转化为转向架轮对转矩，利用轮轨的黏着作用，驱使车辆沿着钢轨运行。

7. 转向架支承车体装置

车体与转向架连接部分的结构应能满足安全可靠地支承车体，并传递各种荷载和作用力，同时车体与转向架之间应能绕不变的旋转中心相对转动，以使车辆顺利通过曲线。一般转向架支承车体的方式有心盘集中承载、非心盘承载（或旁承承载）及心盘部分承载 3 种。

(1)心盘集中承载。车体上的全部重量通过前后两个上心盘分别传递给前后转向架的两个下心盘。

(2)非心盘承载。车体上的全部重量通过中央弹簧悬挂直接传递给转向架构架，或者通过中央弹簧悬挂装置与构架之间装设的旁承装置传递，这种转向架有类似于心盘的回转装置，但仅用于牵引及转动中心。

(3)心盘部分承载。车体上的重量按一定比例分配，分别传递给心盘和旁承，使之共同承载。

五、制动系统

1. 制动系统在城市轨道车辆运行中的重要意义

人为地使运动物体减速或阻止其加速称为制动。对于城市轨道车辆来说，为了使运行着的电动车组能迅速地减速或停车，必须对它施行制动；为了防止电动车组在下坡道上运行时由于电动车组的重力作用导致电动车组速度增加，也需要对它施行制动；同时为避免停放的车辆因重力作用而溜车，亦需要对它施行制动（称为停放制动）。

一个完整的制动系统装置包括两个部分：制动控制系统和制动执行系统。制动控制系统由制动信号发生与传输装置和制动控制装置组成。制动执行系统通常称为基础制动装置，有闸瓦制动与盘形制动等。

电动车组的最高运行速度与其牵引功率有关，也受其制动能力的限制。电动车组的制动能力是指制动系统能使其在规定的制动距离内安全停车的能力。按照城市轨道车辆的运行规程，要求电动车组在非常情况下的制动距离（称为紧急制动距离）不超过某一规定值。例如，地铁规定的紧急制动距离一般为180m。这个距离要比启动加速距离短得多，所以电动车组的制动功率要比牵引功率大5～10倍。

城市轨道交通的站距较短，因此电动车组的调速及停车都比较频繁。为了提高运行速度，尤其是对高架有轨交通车辆和地铁列车，必须使其启动快、制动距离短。同时，城市有轨交通车辆的旅客上下波动较大，对车辆载重有较大的影响。针对这些特点，城市轨道交通车辆的制动系统应具备以下条件。

(1)操纵灵活，制动减速快，作用灵敏可靠，车组前后车辆制动、缓解作用一致。

(2)具有足够的制动能力，保证车组在规定的制动距离内停车。

(3)对新型的城市轨道交通车辆，一般要求具有动力制动能力，并且在正常制动过程中，应充分发挥动力制动能力，以减少对城市环境的污染和降低运行成本。同时，应具有动力制动与摩擦制动的联合制动能力。

(4)制动系统应保证车组在长大下坡道上运行时，其制动力不会衰减。

(5)电动车组各个车辆的制动能力应尽可能一致，制动系统应根据乘客量的变化，而具有空重车调整能力，以减少制动时的纵向冲击。

(6)具有紧急制动性能，遇有紧急情况时，能使电动车组在规定距离内安全停车。紧急制动作用除可由驾驶员操纵外，必要时还可由行车人员利用紧急按钮（紧急阀）进行操纵。

(7)电动车组在运行中发生诸如列车分离、制动系统故障等危急行车安全的事故时，应能自动起紧急制动作用。

2.制动方式

制动方式可按制动时电动车组动能转移方式、制动力获取方式或制动源动力的不同进行分类。

按电动车组动能的转移方式，制动方式可以分为两类：一类是摩擦制动方式，即动能通过摩擦转变为热能，然后消散于大气；另一类是动力制动方式，即把动能通过发电机转化为电能，然后将电能从车上转移出去。

(1)摩擦制动

城市轨道交通车辆常用的摩擦制动方式，主要有闸瓦制动和盘形制动，在高速列车的制动系统中还有轨道电磁制动等方式。

①闸瓦制动，又称为踏面制动。它是最常用的一种制动方式，制动时闸瓦压紧车轮，轮瓦之间发生摩擦，电动车组的动能大部分通过轮瓦之间的摩擦变成热能，通过车轮与闸瓦最终逸散到大气中去。车轮由于主要承担着车辆走行任务，因此其材料不能随意改变，而只能通过改变闸瓦材料的方法来改善其制动的性能。目前，城市有轨交通车辆中大多采用合成闸瓦，但合成闸瓦的导热性较差，因此目前也有采用导热性能良好、具有较好的摩擦性能和耐磨性的粉末冶金闸瓦。

在闸瓦制动方式中，动能转化为热能的能力大，但散热能力相对较小，有可能发生热能来不及散于大气，使它们的温度升高，严重的甚至会导致闸瓦熔化（铸铁闸瓦）或车轮踏面产生裂纹等。因此，在采用闸瓦制动时，存在着制动功率过大而引起散热的问题。

②盘形制动，有轴盘式和轮盘式之分。一般采用轴盘式盘形制动装置，当轮对中间由

于牵引电机等设备使制动盘安装发生困难时，可采用轮盘式盘形制动装置。制动时，制动缸通过制动夹钳使闸片夹紧制动盘，并产生摩擦。盘形制动可以得到比闸瓦制动大得多的制动功率。

③轨道电磁制动，又称为磁轨制动。在转向架构架侧梁下，通过升降风缸，安装有电磁铁，电磁铁下设有磨耗极。制动时将电磁铁放下，使磨耗极与钢轨吸住，电动车组的动能通过磨耗极与钢轨的摩擦转化为热能，然后通过钢轨和磨耗极散于大气中。轨道电磁制动能得到较大的制动力，因此常被高速列车用作紧急制动时的一种补充制动手段。

(2)动力制动

动力制动在制动时，将牵引电机转变为发电机，使列车动能转化为电能，对这些电能的不同处理方式形成了不同方式的动力制动。城市轨道交通车辆上采用的动力制动形式，主要有电阻制动和再生制动。

①电阻制动。将发电机发出的电能加丁电阻器中，使电阻器发热，即电能转变为热能。电阻器上的热能靠风扇强迫通风而散于大气中。电阻制动一般能提供较稳定的制动力，但车辆底架下需要安装体积较大的电阻箱。

②再生制动。在以上的各种制动方式中，电动车组具有的动能最终都转化为热能而消散于大气中。再生制动是把电动车组的动能通过电机转化为电能后，再使电能反馈回电网提供给别的列车使用。显然，这种方式既能节约能源，又能减少制动时对环境的污染，并且基本上无磨耗，因此是一种较为理想的制动方式。

第三节　通信、信号与供电设备

一、通信系统概述

1. 轨道交通通信系统的作用

为保证现代化大客运量城市轨道交通系统列车运行的安全、可靠、准点、高密度及高效率，实现运输的集中统一指挥、行车调度自动化和列车运行自动化，城市轨道交通系统必须配备专用的、完整的及独立的通信系统，以保证轨道交通系统正常运营。

城市轨道交通专用通信系统是一个既能传输语音信号，又能传输文字、数据及图像等各种信息的综合业务数字通信网络。城市轨道交通专用通信系统，根据目前城市建设情况，按功能主要分为以下几个子系统：

(1)供一般公务联系用的自动电话通信子系统；

(2)直接指挥列车运行的专用通信子系统；

(3)向乘客报告列车运行信息的广播显示子系统；

(4)用于监视车站各部位、车流情况及列车停靠、车门开闭和启动状况的闭路电视子系统；

(5)用以传送文件和数据传真及数据通信子系统；

(6)为通信、信号及电力等专业的设备提供统一的定时信号时钟子系统；

(7)为通信系统提供可靠、稳定的通信电源和接地子系统；

(8)为实现公司本身的运营管理，内部各种信息快速传递、收集、处理及资源共享的运营管理子系统；

(9)为乘客提供服务的自动预售票子系统；

(10)将控制中心内所有话音、数据视频设备布线统一在一起的综合布线子系统；

(11)为监视车站及区间隧道灾害而设置的防灾报警子系统；

(12)为解决列车调度、人员管理、设备维修及和公安消防建立专线联系而设置的无线通信子系统。

2. 城市轨道交通通信系统总体技术要求

城市轨道交通通信系统的总体技术要求，可以概括为技术先进、运行安全可靠及经济。

(1)技术先进

系统应能满足不断发展新技术的需要，综合国际发展情况，宜采用国际上先进且成熟的技术，符合国际标准。

(2)运行安全可靠

通信系统应对传输的语音、数据、图像等信息具有高度的敏感性，具有严密的安全措施，对数据存储、传输均采用安全有效的技术手段，具有安全保密性和防火墙等安全措施。

(3)经济

轨道交通通信系统应考虑建设初期的建设成本、建成后的运营维护成本、售后服务和技术支持等成本。

3. 通信传输

传输子系统是通信系统最重要的子系统，是连接行车调度指挥中心与车站、车站与车站之间信息传输的主要手段，是组建轨道交通通信网的基础和骨干，为通信系统各子系统及列车控制(ATS)系统、电力监控(SCADA)系统、自动售检票系统(AFC)、主控系统(MCS)、办公自动化(OA)系统等提供语音、数据及图像信息的传输通道。业务类型通常有模拟用户、2M 数字业务、宽音频广播业务、各种低速数据业务、图像业务、以太网业务等。所有这些信息都是为列车正常运行服务，其中一些信息如果中断会影响到列车运行，甚至会威胁到行车安全。因此，传输系统应是一个实时、透明、无阻塞、可靠性高的系统，且当出现紧急情况时，本系统应能迅速及时地为防灾救援和事故的指挥提供通信联络。当本系统发生故障时，应具有降级使用功能和对重要通道的备用手段，以保证系统基本功能。

目前，网络传输技术主要有 SDH、ATM、OTN 及宽带 IP 技术。

1)SDH 传输网方案

SDH 是 Synchronous digital hirarchy 的缩写，即同步数字体系，是一种完整严密的传送网技术体系，这种技术体制一诞生就获得了广泛的支持，目前根据带宽需求已把 SDH 技术带入接入网领域，使 SDH 的功能和接口满足用户需求，特别是对于发展极其迅速的城市轨道交通通信系统，采用 SDH 尤其适合。

SDH 采用矩形块状帧结构、段开销，引入“净负荷指针”新技术，实现不同速率等级数字流的接入，符合 ITU-T 国际性标准光接口规范，是信息高速公路中的主干部分。新型的光同步数字传输系统 SDH 也在城市轨道交通的通信网中得以应用。采用 SDH 可以直接从 155Mbit/s 的光纤线路中，提取 2Mbit/s 的电信号；也可将 2Mbit/s 的电信号，直接插入光纤传输系统。SDH 特别适宜于构成线性通信网和环状通信网，它由一些具有标准接口的网络单元组成，在光纤上进行同步信息传输。它有一套标准化的信息结构等级(同步传递模块)，其中 STM-1 速率为 155Mbit/s，STM-4 速率为 622Mbit/s，STM-16 为 2.5Gbit/s，而且采用页面式帧结构，便于实现集中的网络管理，同时环形网也大大提高了网络的可靠性。

SDH 是在克服了 PDH(准同步数字系列)网络可靠性低、设备冗余及故障点较多等缺点的基础上发展起来的，是 20 世纪 90 年代新一代的传输标准；不同设备在同一标准下其光电接口可以互联，有较强的系统网络管理能力，可灵活地对不同方向的数据流进行分下和插入。

(1)SDH 的性能特点

SDH 的性能特点主要如下。

①符合传输系统国际标准，具有全世界统一的网络节点接口，可在不同传输设备间进行兼容和互通；提供标准化的速率，如 155.520Mbit/s、622Mbit/s、2.5Gbit/s 及 10Gbit/s。

②网络结构和设备简单，配置灵活，调度方便，可灵活地对不同方向的数据流进行操作。

③具有丰富的开销，具有强大的网络管理功能。

④所有网络单元具有标准的光接 El，可以在光路上互通。

⑤SDH 自愈环技术成熟，网络保护能力强。

⑥接口种类较少，一般为基于 2M 的接口，大部分业务接口(低速数据、话音等)需要增加相应设备实现，但作为应用最为广泛的技术，应用经验最为丰富，通过增加相应的设备，可支持轻轨工程需要的各种业务。

(2)SDH 传输网方案的不足

SDH 传输网方案的局限性主要如下。

①在满足专用网的要求上还存在一定的不足。例如，数据接口种类较少，缺少宽带网络接口(如 10M/100M 以太网、宽带视频接口、宽带语音)，特别是对于视频信号，尚需增加视频编解码设备来解决，缺乏灵活、实用的电视监视系统组网方案。

②带宽分配固定，灵活性较差，不适应突发大容量业务的应用。

2)ATM 传输网方案

ATM 是 asynchronous transfer mode 的缩写，即异步传输模式。轨道交通的通信系统需要实现对各种不同业务的承载，如光用电话、公务电话、视频监控、IP 数据等，而这些业务有着不同的特性，如 IP 数据业务实发性较强，视频业务需要高带宽来保证图像质量，话音业务需要固定的带宽保证通话质量。而 ATM 技术的设计完全满足通信系统对综合业务承载及服务质量的要求。因为 ATM 技术允许对传输的各种业务按照动态流量等进行划分，对其服务质量进行分别设定和控制。此外，为了方便各种业务的接入，ATM 对其设备也规定了各种国际标准接口，促进了适用范围。

城市轨道交通通信系统中，视频业务是一种占用系统宽带资源的业务，特别是用户对视频图像的质量要求越来越高。视频业务是一种典型的多点对一点的业务，即摄像头数量众多，而监视器较少。如果采用传统的点对点进行视频传输，不仅不经济，而且两边的视频业务本身也不能进一步改善质量。采用 ATM 技术，视频业务占用的带宽将由监视器的数量决定，从而在保证业务质量的前提下，节省了资源，为将来系统的扩展和开放预留了条件。

ATM 设备系统可视需求灵活方便地建立起集语音、视频及数据交换于一体的综合网络，主要特征即是它的高度模块化，可以对通信网络实现灵活配置和扩展，可以支持星形网络、环形、链形网络拓扑。ATM 系统符合 ITU-T 推荐的标准。它的设计基于最新的软件技术，将窄带与宽带业务集成在同一个网络通信平台上，实现针对不同要求的解决方案。

(1)ATM 的性能特点

ATM 异步传递方式作为宽带综合业务数字网(B-ISDN)的标准传送方式，融合了电路交换和分组交换的特点，能保证各种业务的服务质量，是一种面向连接的传输模式，具有以下特点：

①工作方式是面向连接,采用统计复用方式;

②具有各种标准的网络接口,保证了不同业务的服务质量;

③动态分配带宽,网络资源利用率高;

④支持多业务、多媒体应用,提供端到端的接入解决方案,ATM 可集语音、视频及数据交换于一体,窄带与宽带业务集成于同一网络平台上,具有宽带广播接口和宽带视频接口;

⑤具有较强网络管理能力,可靠性高;

⑥比较适合宽带视频的应用。

(2)ATM 的不足

ATM 对传输一些实时性要求很高的低速数据(多为控制信息)的时钟精度没把握。

3)宽带 IP 技术

宽带 IP 技术是随着计算机技术和计算机网络技术的发展而发展起来的,是一种新兴的传输技术,其最大的特点就是虚拟电路和包交换,可以最佳解决轨道交通中业务种类繁多的问题。

随着 Internet 的迅速普及和所有的业务都将基于 IP,而承载 IP 的有 SDH、ATM 及宽带 IP 3 种技术,从性能、价格及发展趋势综合考虑,宽带 IP 是首选。但轨道交通通信网属于专用网的范畴,其业务均为非 IP 业务,加之宽带 IP 路由器覆盖范围还十分有限,因而宽带 IP 目前不适合在骨干网传输中使用。但随着信息系统、票务系统及数字视频的大量使用,宽带 IP 不失为一种较佳的选择。

4)三种技术的比较

SDH、ATM、OTN 三种技术的详细比较如表 2-4 所示。

SDH、ATM、OTN 技术的详细比较 表 2-4

传输网方案	SDH	ATM	OTN
协议	较复杂	复杂	复杂
传输效率	低	较高	高
连接方式	面向连接	面向连接	面向连接
网络控制	全面、完善	一般	全面、完善
服务质量	有保证	有保证机制	有保证
承载业务	实时性业务	综合性业务、实时性业务 成本高、效率低	综合性业务、实时性业务
网络带宽	宽	一般	一般
传输性	成熟	逐步融合变化	成熟
网络互联	容易	容易	困难
成本	逐步降低	高	高

二、信号系统概述

1. 信号在城市轨道交通系统中的作用

信号是“信号(显示)、联锁、闭塞”的总称,由各类信号显示、轨道电路、道岔转辙装置等主体设备及其他有关附属设施构成的一个完整的体系,是现代信息技术的重要领域。随着轨道交通建设的快速发展,当今信号系统技术已融通信、信号、计算机等先进技术于一体,并向数字化、智能化、综合自动化方向发展。其发展水平已成为现代化建设的重要标志之一。

在规划城市轨道交通的过程中，必须规划和建设与预测客流量相适应的通信信号设施。用于指挥和控制列车运行的通信信号设施，尽管其投资额在整个工程中所占的比例甚低（通常在3%以下），但对于提高通过能力、保证行车安全却有着至关重要的作用。

（1）信号系统首先保证列车运行的安全性。采用先进的信号技术，如ATC系统，能大大提高行车的安全性，使得因人为的疏忽（如驾驶员忽视信号显示）、设备的故障而产生的事故率降至最低。

（2）在保证安全的前提下，提高通过能力。在保证安全的条件下，通过提高列车运行速度，缩短行车间隔，来提高运营效率。例如，香港的地下铁道，设计要求载客能力为6万人/（h·方向），每列车的定员为2 000人/列车（实际使用情况为2 616人/列车），则必须每2min发出1列车，即列车间隔为2min。如果采用相对落后的信号设备，则不能保障该运输效率要求，如采用移频自动闭塞，最小列车间隔为4min，这就意味着在同一条线路上，使用同样的车辆，载客能力只能达到3万人/（h·方向）。显然，在城市轨道交通中采用先进的信号设备（如列车自动控制系统——ATC系统）将事半功倍。

此外，采用先进的信号技术可以避免不必要的突然减速和加速，这不仅可提高行车的稳定度，还对节能具有重要的作用。

2. 信号显示

机车信号是建立在地面轨道电路基础上的连续式或接近连续式机车信号。历史上不同的自动闭塞制式产生过各种制式的机车信号，如交流计数电码机车信号、极频机车信号及移频机车信号等。机车信号的车载信号机由于信息量不同，曾经采取过5灯位、6灯位及现在广泛运用的8灯位信号机。

城市轨道交通信号系统进步到ATC——列车自动控制的阶段，在轨道交通车辆驾驶室驾驶面板上显示的不仅仅是地面信号指示，还有列车运营实际状况等。

3. 进路

进路（Route）是列车或调车车列在站内运行时所经由的路径，所有进路都有起点和终点。终点通常是下一个信号机、终点站、调车场或车厂。如按作业性质，进路大体上可分列车进路和调车进路两类。列车进路又可分为接车进路、发车进路、通过进路及转场进路。凡是列车进站所经由的路径称为列车接车进路，列车由车站发往区间所经由的进路称为发车进路，列车由车站通过所经过的正线接车进路和正线同方向发车进路组成的进路称为通过进路，列车由车站的某一车场开往另一车场时所经由的进路称为转场进路。如果按方向来区分，调车进路又可分为调车接车方向的进路和调车发车方向的进路。

4. 闭塞

轨道交通车辆是在一条特定的轨道上运行的，如图2-11所示，由于是轨道交通，轨道起了承载和导向作用，列车A、B、C依次在线路上排队运行，不能超车、不能追尾相撞，而且为了提高线路的运载能力又必须尽可能地缩短两列车之间的间距。

铁路线路以车站（线路所）为分界点划分为若干区间。为了确保列车在区间内的运行安全，列车由车站向区间发车时，必须确认区间内没有列车，并需遵循一定的规则组织行车，以免发生列车正面冲突或追尾等事故。这种按照一定规则组织列车在区间内

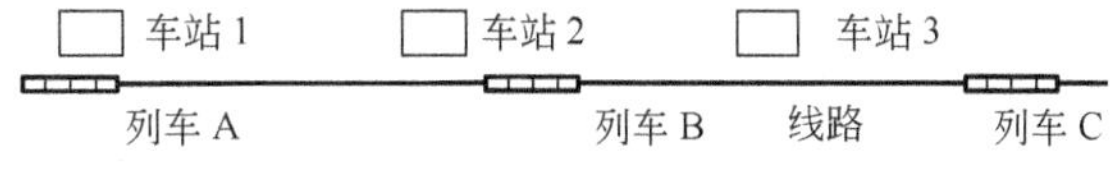

图2-11　轨道交通车辆运行模式

运行的方法,称为行车闭塞法(简称闭塞)。管理闭塞所用的设备称为闭塞设备。

5.联锁

联锁是指为保证行车安全,而将车站的所有信号机、轨道电路及道岔等相对独立的信号设备构成一种相互制约、联合控制的连环扣关系,即联锁关系。

三、城市轨道交通信号系统概述

1.城市轨道交通信号特点

城市轨道交通具有高速度、高密度、不间断运营、客运为主的特点,地处大中城市市区,因此在设备安装上需要考虑景观谐调,尽量不使用地面信号机。信号系统作为行车指挥和列车运行的控制设备,在保证行车安全、提高通过能力、节能及改善运输人员的劳动条件等方面起着至关重要的作用,在城市轨道交通中采用先进信号设备会起到事半功倍的效果。世界先进国家的地铁和轻轨运营经验证明,只有高水平的信号系统才能更充分发挥其他技术装备的能力,而且它的水平代表了整个地铁与轻轨技术装备的现代化水平。

针对城市轨道交通的特点,其信号系统与传统大铁路的信号系统在控制原理上基本相同,但也有其自身的诸多特点,如表2-5所示。

城市轨道交通与传统铁路信号系统的区别 表2-5

城市轨道交通信号系统	传统铁路信号系统
列车运行速度低,可采用较低速率的数据传输系统	列车运行速度高,可采用较高速率的数据传输系统
车站仅有上下客功能,一般车站不设道岔,联锁设备监控对象少	联锁设备对象多
行车组织简单,列车种类单一	行车组织复杂,列车种类多
减少或取消了传统的地面信号,机车信号作为主体信号	通过设置在地面的色灯信号机指挥行车,机车信号作为辅助信号
传递给列车的是具体的速度或距离信息	传递不同的行车命令
依靠ATO驾驶或无人驾驶,驾驶员劳动强度大大减少	依赖于驾驶员进行速度控制调整

为满足城市轨道交通安全高效运输,一个重要的技术手段就是使用列车自动控制系统(ATC)。

2.列车自动控制系统

基于城市轨道交通的诸多特点,传统的信号系统已不能适应城轨交通的发展,必须用一种能实现列车速度自动控制和列车运行间隔自动调整的新的系统来替代,这就是列车自动控制系统(automatic train control,简称ATC)。它实现了后续列车根据与先行列车之间的距离和进路条件,在车内连续地显示出容许的速度信息(或按设定的运行条件达到该容许速度的距离信息),根据上述信息列车自动地控制运行速度,以达到自动调整行车间隔的目的,并由列车自动控制系统实现在车站的程序定位停车。ATC系统取消了传统的地面信号,将机车信号作为主体信号,信号的含义发生了质的变化,传递给列车的是具体的速度和距离信息,系统能可靠地防止由于驾驶员失误而超速或追尾等事故的发生,确保列车运行安全。列车自动控制系统包括3个子系统,即列车自动保护系统(automatic train protection,简称ATP)、列车自动运行系统(automatic train operation,简称ATO)及列车自动监控系统(automatic train supervision,简称ATS),简称"3A"系统。

四、供电系统概述

城市轨道交通供电电源一般取自城市电网，通过城市电网一次电力系统和轨道交通供电系统实现输送或变换，最后以适当的电压等级和一定的电流形式(直流或交流电)供给用电设备。

发电厂的发电机发出的电能，要先经过升压变压器升高电压(见图 2-12)，然后以 110kV 或 220kV 及更高的高压，通过三相传输线输送到区域变电所。在区域变电所中，电能先经过降压变压器把 110kV 或 220kV 的高压降低电压等级(如 10kV 或 35kV)，再经过三相输电线输送给本区域内的牵引变电所和降压变电所，并再降为轨道交通所需的电压等级(如 DC1 500V、AC380V 等)。

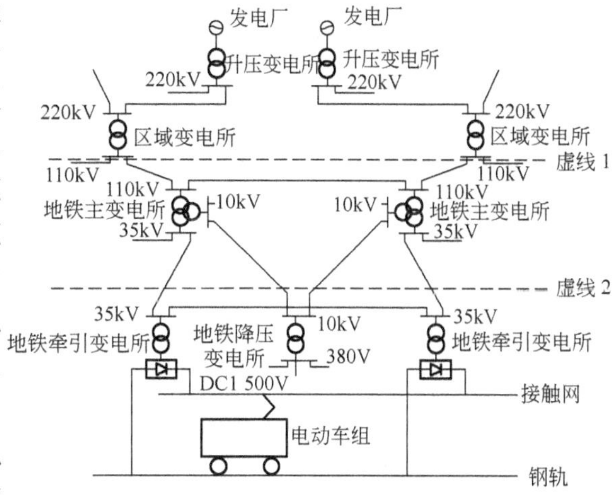

图 2-12 轨道交通供电系统

在地铁供电系统中，根据实际需要，也可以专设高压主变电所。发电厂或区域变电所对地铁主变电所供电，经主变电所降压后，分别以不同的电压等级对牵引变电所和降压变电所供电。牵引变电所的设置和容量应按运行的列车编组及行车密度进行牵引供电计算后确定，降压变电所的设置和容量可根据动力、照明及其他用电设备的用电量确定。对主变电所，其容量应由全部牵引、动力及照明用电量来确定。

城市轨道交通系统是一个重要的用电部门，不同于一般工业和民用用电，为一级负荷。一级负荷规定由两路独立的电源供电，当任何一路电源发生故障中断供电时，另一路应能保证一级负荷的全部用电。牵引变电所的电源进线应来自两个区域变电所或由区域变电所提供的两路独立电源，当一路电源失压时，另一路电源自动投入，牵引变电所能从区域变电所不间断地获得三相交流电。在城市轨道交通供电系统中，根据用电性质的不同可分为两部分，即为牵引电力机车供电的牵引供电系统和为动力、照明及其他用电设备供电的降压供电系统。

以地铁为例，地铁牵引供电系统示意图如图 2-13 所示，其各部分的名称及功能简述如下。

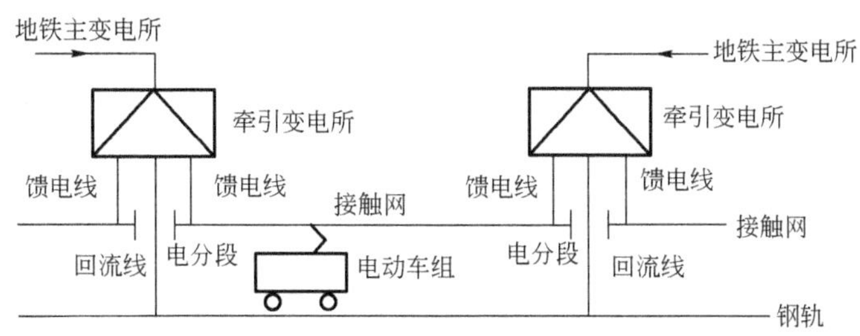

图 2-13 地铁牵引供电系统示意图

(1)牵引变电所。供给地铁一定区段内电动车组牵引电能的变电所。

(2)接触网(包括架空接触网或接触轨)。经过电动列车的受电器向电动列车供给电能的导电网。(北京、天津及武汉等地地铁采用接触轨，上海和广州地铁采用架空接触网。)

(3)回流线。用以提供牵引电流返回牵引变电所通路的导线。

(4)馈电线。从牵引变电所向接触网输送牵引电能的导线。

(5)电分段。为便于检修和缩小事故范围，将接触网分成若干段的装置称为电分段。

(6)钢轨。承载列车的同时被用来作为牵引电流回流回路的一部分。

一般将接触网、馈电线、钢轨、回流线总称为牵引网。

牵引供电系统由牵引变电所和牵引网组成，其中牵引变电所和接触网是牵引供电系统的主要组成部分。

地铁动力照明供电系统示意图如图 2-14 所示。

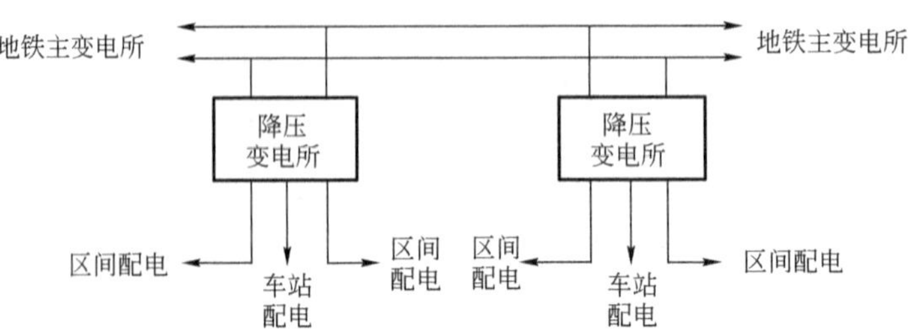

图 2-14　地铁动力照明供电系统示意图

在地铁供电系统中，降压变电所一般每个车站设置一个，有时也可几个车站合设一个；也可将降压(动力)变压器附设在某个牵引变电所之中，构成牵引与降压混合变电所。

地铁车站及区间照明电源采用 380V/220V 系统配电。正常时，工作照明、事故照明均由系统交流照明电源供电，当系统交流照明电源失去时，事故照明自动切换为蓄电池供电，确保事故期间必要的紧急照明。

1. 中压网络概述

中压网络轨道交通供电系统是主变电所与牵引供电系统、动力照明供电系统间相互连接的重要环节，其电压等级的确定关系到城市轨道交通供电系统的供电质量，同时也制约着主变电所位置及数量的确定。所以中压网络方案的确定，影响到轨道交通供电系统的整体投资和运营维护等诸多方面。

中压网络一般由两条以上与城市轨道交通线路平行敷设的电缆线路构成，其作用是：纵向把上级的主变电所和下级的牵引变电所、降压变电所连接起来，横向把全线的各个牵引变电所和降压变电所连接起来。它是城轨供电系统内部变电所之间唯一的电能传输通道，因此每回电缆线路的容量必须满足所供分区内全部牵引负荷及一、二级动力照明负荷的需求；在网络的接线形式、电压等级、电缆截面的选择等方面，也应根据负荷情况细致分析确定。中压网络的组网结构与城市轨道交通供电系统的外部电源供电方式有关。就集中供电而言，中压网络组网结构为树形结构；而对于分散供电来讲，中压网络组网结构一般采用点对点的结构。树形结构的组网形式相对比较灵活，形式也多种多样。

2. 接触网概述

接触网是牵引供电系统的重要组成部分，一旦损坏将中断牵引供电。为此，接触网应满足以下基本要求：

(1)由于接触网在工作中无备用网，因而要求接触网强度高且安全可靠；

(2)要求在各种气候条件下均能受流良好；

(3)因接触网部件更换困难，因此要求接触网性能好、运行寿命长；

(4)因其维修是利用行车中的间隔时间进行的，故要求结构轻巧，零部件互换性强，便于施工、维护及抢修；

(5)因接触网无法避开腐蚀强、污秽严重等异常环境，故应采取耐腐蚀和防污秽技术措施；

(6)因采用与受电器摩擦接触的受流方式，因此要求接触网有较均匀的弹性，接触线等部位要有良好的耐磨性。

接触网按其结构形式，可分为接触轨式和架空式两大类型：

(1)接触轨式接触网

接触轨是沿着走行轨道一侧平行铺设的附加轨，故又称第三轨。轨道交通电动列车（车辆）侧面或底部伸出的受电器与第三轨接触取得电能，该种受电器称为受电靴（接触靴）。接触轨为正极，走行轨为负极。我国地铁直流制 750V 系统一般采用第三轨。其优点是隧道净空高度低，结构简单，造价低；其缺点是人身和防火方面安全性差，难以与采用架空式接触网的地面或高架轨道衔接。接触轨可以有 3 种方式，即上接触式、下接触式及侧接触式。

上接触式：三轨安装在绝缘子组件上，由接触轨、绝缘子、三轨夹板、防护支架、防护板、端部三轨弯头及防爬器等构件组成。受流器滑靴从上压向接触轨轨头顶面受流。受流器的接触力是由作用弹簧的压力调节的，受流平稳，由于端部弯头的过渡作用，能够减少在断电区的电流冲击。上接触式三轨施工作业简便，可以在轨头上部通过支架安装不同类型的防护板。在较早期修建的城市地铁和轻轨工程中，主要采用了接触轨上部受流方式。

下接触式：下接触式三轨轨头朝下，通过绝缘肩架、橡胶垫、扣板收紧螺栓、支架等安装在底座上。下接触式的优点是防护罩从上部通过橡胶垫直接固定在接触轨周围，对人员安全性好。莫斯科地铁就采用这种方式，利于防止下雪和冰冻造成集电困难。但是这种方式安装结构较复杂，费用较高。

侧接触式：侧接触式就是接触轨轨头端面朝向走行轨，集电靴从侧面受流。跨座式独轨车辆就采用侧面接触形式，其受流器装在转向架下部，接触轨装在轨道梁上。

(2)架空式接触网

架空式接触网的悬挂类型大致有 3 种，即简单悬挂、链形悬挂、刚性悬挂。不同的悬挂类型，其导电材料的截面、条数及张力都是不一样的。架空式接触网的悬挂方式是根据架线区段的列车速度、电流容量等输送条件及架设环境进行综合勘察后决定的。

我国城市轨道交通架空接触网经过多年的建设和运营发展，逐步形成了 4 种典型的架空接触网悬挂形式：弹性支座补偿弹性简单悬挂、全补偿简单链形悬挂、旋转腕臂补偿弹性简单悬挂、刚性悬挂。这 4 种典型的架空接触网中，弹性支座补偿弹性简单悬挂和旋转腕臂补偿弹性简单悬挂能满足最高速度 80km/h 的要求，全补偿简单链形悬挂和刚性悬挂能满足最高速度 120km/h 的要求。

根据地铁隧道的建筑限界和行车速度的要求，地铁隧道内接触网悬挂形式主要有 3 种：弹性支座结构补偿弹性简单悬挂、II 形刚性悬挂、腕臂结构全补偿简单链形悬挂。

3. 城轨供电 SCADA 系统概述

SCADA（supervisory control and data acquisition）系统，全名为数据采集与监视控制系统，在城轨供电系统中的应用上已经取得了突破性进展。SCADA 系统自诞生之日起就与计算机技术的发展紧密相连，它是以计算机为基础的生产过程控制与调度自动化系统，可以对现场的运行设备进行监视和控制，以实现数据采集、设备控制、测量、参数调节及各类信号报警等各项功能。

城轨 SCADA 系统一般由控制中心主站子系统（含供电复视系统）、主变电所综合自动化子系统、牵引（降压混合）变电所和降压变电所综合自动化子系统、直流隔离开关集中监控子系统和通信通道子系统等组成，主要有以下功能：

(1)数据库管理功能。

(2)输入数据处理功能。

(3)通用的 HMI 功能。

(4)监视功能。

(5)系统安全与权限管理功能。

(6)遥控功能。

(7)报警功能。

(8)数据点的禁止/允许功能。

(9)内部运算功能。

(10)统计和报表功能。

(11)历史数据存档和查询功能。

(12)历史趋势记录功能。

(13)实时趋势记录功能。

(14)设备禁止功能。

(15)软件维护功能。

(16)打印管理功能。

(17)在线帮助功能。

(18)系统管理功能。

思 考 题

2.1　轨道交通的通信系统能否与市话系统合二为一，为什么？

2.2　轨道交通的通信系统由哪几部分组成？

2.3　为什么轨道交通车辆采用转向架形式？

2.4　轨道交通车辆由哪几部分组成？

2.5　什么是动力转向架？

2.6　什么是轴距、全轴距（定距）？

2.7　为什么要采用弹簧悬挂装置？

2.8　车辆制动有哪几种形式？

第三章 路 基

第一节 路基构造

一、路基的组成

铁路路基是铁路工程的重要组成部分，是承受轨道和列车荷载的基础。它和铁路桥梁、隧道共同组成一个线路整体。路基由路基本体、路基防护和加固建筑物、路基排水设备3部分建筑物组成。

路基本体是路基的主要部分。它是在天然地层中挖成的堑槽或在地面上用土石堆成的堤埂，其各部位的名称如图3-1所示。

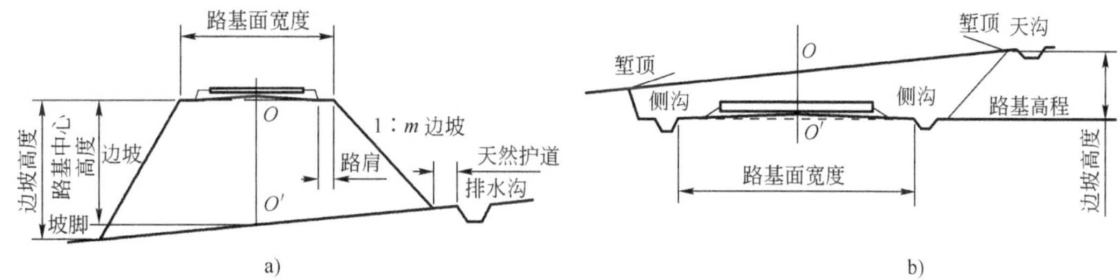

图3-1 路基本体各部位名称

a)路堤；b)路堑

(1)路基面

指路堤两边坡点之间的表面和半堤半堑一边坡起点之间的表面或路堑两侧沟边起点之间的表面。

(2)轨道基础

路基面中部因铺设轨道需要而被道床覆盖的部分。

(3)路肩

路基面两侧未被道床覆盖的部分，它起到加强路基稳定性、保障道床稳固、方便养护维护作业的作用。

(4)路基面宽度

两路肩边缘(即路基面的边缘)之间的距离。

(5)路基边坡

路堤两侧的斜坡或半堤半堑各侧的斜坡，以及路堑侧沟两侧的斜坡。

(6)路基边坡高度

指路基的边线与地面线的交点(坡脚)处到路肩边缘的竖直距离。如果左右两侧的边坡高度不等，则规定以大者代表该横断面的边坡高度。

(7)路基高度

指路基中心的地面高程与该处的路基高程之间的距离。

(8)路基基底

路堤基底是指堤身所覆盖的地面线以下的地层。路堑基底是指路堑路基面下的天然地层。

二、路基横断面

(一)路基横断面的形式

路基横断面是垂直线路中心线而截的断面。因地形条件的不同,有路堤、路堑两种基本形式(见图 3-2),以及其他形式——半路堤、半路堑、半堤半堑、不挖不填(见图 3-3)。

图 3-2 路基横断面的基本形式

a)路堤;b)路堑

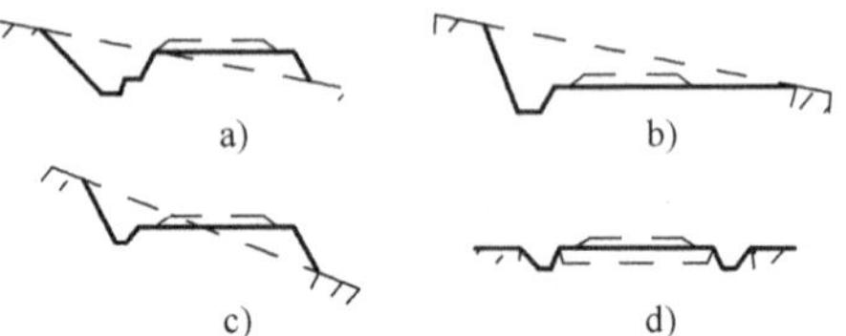

图 3-3 路基横断面的其他形式

a)半路堤;b)半路堑;c)半堤半堑;d)不挖不填

(二)横断面各构成部分的设计原则

1. 路肩高程

路肩的高程应保证路基既不被水淹没,也不因地下最高水位处毛细水上升至路基面而产生冻胀或翻浆冒泥等病害。因此,对路肩高程有一个最小值的要求。

《铁路路基设计规范》(TB 10001—2005)要求滨河、河滩路堤的路肩高程应高出设计水位加壅水高(包括河道卡口或建筑物造成的壅水、河湾水面超高),加波浪侵袭高或斜水流局部冲高,加河床淤积影响高度,再加 0.5cm。其中波浪侵袭高与斜水流局部冲高取二者中之大值。

2. 路基面形状

路基面应根据基床土质设路拱或做成平面,其形状应符合下列规定。

(1)渗水性土和用封闭层的路基面应设路拱,如图 3-4 所示拱形状为三角形,单线路基的路拱高 0.15cm,一次修筑双线路基的路拱高 0.2cm,底宽等于路基面宽度。曲线加宽时,仍保持三角形。

(2)水土和岩石(年平均降水量大于 400mm 地区的易风化泥质岩除外)的路基面均为平面,如图 3-5 所示,其路肩应高于非渗水土路基的路肩,高出尺寸 Δh 按下式计算。

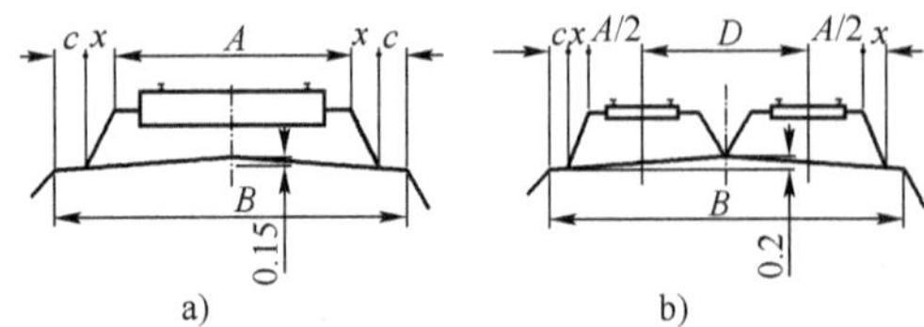

图 3-4 路基(尺寸单位:mm)

a)单线非渗水+路基;b)双线非渗水+路基

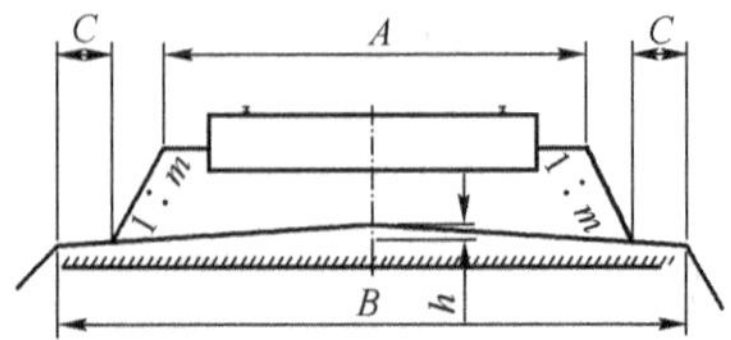

图 3-5 单线岩石、渗水土路基

$$\Delta h = h_1 + h_1' + \Delta$$

式中：h_1——非渗水土路基的道床厚度(m)；

h_1'——渗水土路基的道床厚度(m)；

Δ——轨下路拱高度(m)。

站场内路基面的形状，由于线路股道较多，可按排水要求和地形设计成人字形或锯齿形，并在低谷处设置排水设备，如图 3-6 所示。

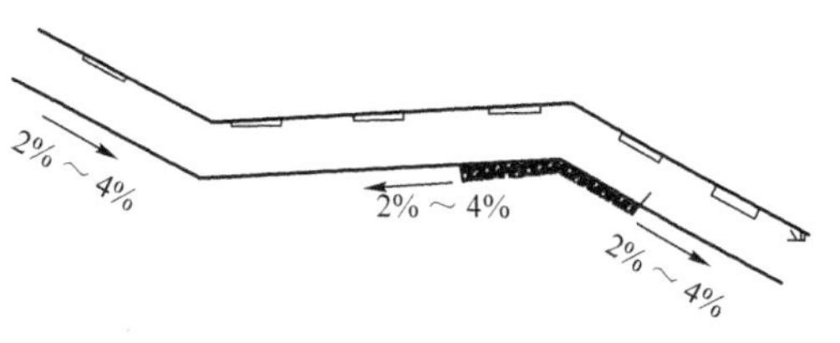

图 3-6 站场内的路基面形状

渗水土、岩石路基与非渗水土路基连接时，自两者的衔接处起，在岩石或渗水土地段由非渗水土路基向渗水土路基顺坡，其长度不小于 10m，以利于排水。同时应使衔接顺坡地段的道床厚度满足规定要求，如图 3-7 所示。

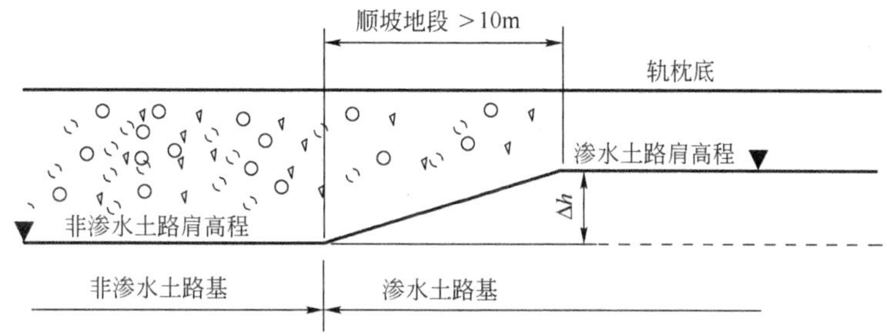

图 3-7 岩石、渗水土路基与非渗水土路基的衔接

3. 路基面宽度

(1)直线段路基宽度

路基面的宽度等于道床覆盖的宽度加上两侧路肩的宽度之和。当道床的标准为既定时，路基面的宽度便决定于路肩的宽度。

路肩宽度：I 级铁路，一般情况下，路堤不小于 0.8m，路堑不小于 0.6m，困难条件下，路堤不小于 0.6m，路堑不小于 0.4m；II 级铁路，路堤不得小于 0.6m，路堑不得小于 0.4m；III 级铁路，路堤和路堑均不得小于 0.4m。直线地段的路基宽度，应按表 3-1 采用。

(2)曲线加宽

曲线加宽的外轨需设超高。外轨超高是靠加厚外轨一侧枕下道碴厚度来实现的。由于道碴加厚，道床坡脚外移，因而在曲线外侧的路基宽度亦应随超高的不同而相应加宽才能保证路肩所需的宽度标准，加宽的数值可根据超高计算确定。区间单线曲线地段的路基面宽度，应在曲线外侧按表 3-2 的数值加宽，加宽值在缓和曲线范围内线形递减。

直线地段路基宽度(单位：m)　　表 3-1

铁路等级	轨道级别	单线						双线					
		非渗水土			渗水土、岩石			非渗水土			渗水土、岩石		
		道床厚度	路基面宽度		道床厚度	路基面宽度		道床厚度	路基面宽度		道床厚度	路基面宽度	
			路堤	路堑		路堤	路堑		路堤	路堑		路堤	路堑
I 级	特重型	0.50	7.5	7.1	0.35	6.6	6.2	0.50	11.6	11.2	0.35	10.6	10.2
	重型	0.50	7.5	7.1	0.35	6.6	6.2	0.50	11.6	11.2	0.35	10.6	10.2
	次重型	0.45	7.1	6.7	0.30	5.9	5.9	0.45	11.3	10.9	0.30	10.3	9.9

续上表

铁路等级	轨道级别	单线						双线					
		非渗水土			渗水土、岩石			非渗水土			渗水土、岩石		
		道床厚度	路基面宽度		道床厚度	路基面宽度		道床厚度	路基面宽度		道床厚度	路基面宽度	
			路堤	路堑		路堤	路堑		路堤	路堑		路堤	路堑
II级	次重型	0.45	6.7	6.3	0.30	5.9	5.5						
	中型	0.40	6.5	6.1	0.30	5.9	5.5						
III级	中型	0.40	6.2	6.2	0.30	5.5	5.5						
	轻型	0.35	5.6	5.6	0.25	5.0	5.0						

注：1. 表中宽度值系按非无缝线路道床顶宽计算，当铺设无缝线路时，特重型与重型轨道路基面宽度均应增加 0.2m，次重型轨道路基面宽度均应增加 0.3m。

2. 困难条件下，当路肩宽度路堤为 0.6m、路堑为 0.4m 时，I 级铁路路基面宽度可减小 0.4m。

3. 单线路堑自线路中心沿轨枕底面水平至路堑边坡的距离，一边不应小于 0.3m（曲线地段系指曲线外侧）；双线路堑两边均不小于 0.35m。

4. 表中的非渗水土是指黏性土（填料中的细粒土）、粉砂（填料中的细砂、粉砂）及黏性土含量大于等于 15% 的碎石类土、砂类土（填料中的岩块和粗粒土，但粗粒土中的黏砂、粉砂除外）。

5. 年平均降水量大于 400mm 地区的易风化泥质岩，可按非渗水土一栏考虑。

曲线地段路基面加宽值（单位：m）　　表 3-2

铁路等级	曲线半径	路基面外侧加宽值
I级、II级	$R \leqslant 800$	0.5
	$800 < R \leqslant 1\,000$	0.4
	$1\,000 < R \leqslant 1\,600$	0.3
	$1\,600 < R \leqslant 6\,000$	0.2
	$6\,000 < R \leqslant 10\,000$	0.1
III级	$R \leqslant 600$	0.5
	$600 < R \leqslant 800$	0.4
	$800 < R \leqslant 1\,000$	0.3
	$1\,000 < R \leqslant 2\,000$	0.2
	$2\,000 < R \leqslant 5\,000$	0.1

区间双线曲线地段的路基面加宽值，应根据线间距、外轨超高、道床宽度及其坡度、路拱形状等计算确定。

4. 路基边坡

路基边坡设计是路基横断面的主要内容，包括边坡形状的设计和边坡坡度的确定。

(1)路堤边坡

路堤边坡形式和坡度应根据填料的物理力学性质、边坡高度、列车荷载及地基工程地质条件等确定。当地质条件良好，边坡高度不大于表 3-3 范围时，其边坡应按表 3-3 采用。

路堤边坡高度大于表 3-3 所列的数值时，其超出的下部边坡形式和坡度，应根据填料的性质由稳定分析计算确定，最小稳定安全系数应为 1.15～1.25，边坡形式宜采用阶梯形。

路堤边坡形式和坡度 表 3-3

填料类别	边坡高度(m)			边坡坡度			边坡形式
	全部高度	上部高度	下部高度	全部坡度	上部坡度	下部坡度	
细粒土	20	8	12		1∶1.75	1∶1.75	折线形
粗粒土(细砂、粉砂、黏砂除外)、碎石土、卵石土、漂石土	20	12	8		1∶1.75	1∶1.75	折线形
硬石块	8			1∶1.3			直线形
	20			1∶1.5			直线形

注:1. 如有可靠资料和经验时,可不受本表限制。
2. 填料用粒径大于 25cm 的不易风化块石、边坡干砌石时,其边坡坡度宜根据具体情况确定。
3. 填料为易风化的软块石时,其边坡坡度应按风化后石质边坡设计。

路堤坡脚外应设置不小于 2m 宽的天然护道。在经济作物高产区地段,当能保证路堤稳定时,可设宽度不小于 1m 的人工护道或设坡脚墙。

(2)路堑边坡

土质路堑边坡形式及坡度应根据工程地质条件、水文地质条件、土的性质、边坡高度、排水措施、施工方法,并结合自然稳定山坡和人工稳定边坡的调查及力学分析综合确定。边坡高度不大于 20m 时,边坡坡度可按表 3-4 设计。

土质路堑边坡 表 3-4

土的类别		边坡坡度
黏土、粉质黏土、塑性指数大于 3 的粉土		1∶1～1∶1.5
中密以上的中砂、粗砂、砾砂		1∶1.5～1∶1.75
卵石土、碎石土、圆砾土、角砾土	胶结和密实	1∶0.5～1∶1
	中密	1∶1～1∶1.5

注:1. 黄土、膨胀土等特殊土路堑边坡形式及坡度应按《铁路特殊路基设计规范》(TB 10035—2006)的有关规定执行。
2. 当有可靠资料和经验时,可不受本表限制。

路堑边坡高度大于 20m 时,其边坡形式及坡度应按表 3-4 中的规定并结合边坡稳定性分析计算确定,最小稳定安全系数应为 1.15～1.25。

在碎石类土、砂类土及其他土质路堑中,应在侧沟外侧设置平台,其宽度应由坡的高度和土的性质决定,但不宜小于 1m。当边坡全部设防护加固工程时,可设平台。

不同地层组成的较深路堑,宜在边坡中部或不同地层分界处设置平台,并在平台上设置截水沟或挡土墙,平台宽度不宜小于 2m。在年平均降水量小于 400mm 地区,边坡平台上可不设截水沟,但应设置向坡脚方向不小于 4%的排水横坡,平台宽度不小于 1m。

5. 取土坑和弃土坑

路基的取土及弃土,除应保证不影响路基安全及经济合理外,还应考虑路基排水及农田灌溉问题。在设计取、弃土地点及取土深度、弃土堆高度时,要结合排水系统进行全面规划。

(1)取土坑

取土坑的设置，应根据各地段所需土数量，并结合路基排水、地形、土质、施工方法、节约用地等，作出统一规划。取土坑设置应符合下列规定。

①地形平坦地段，宜设在路堤一侧。当地面横坡陡于 1∶10 时，宜设在路堤上侧。

②桥头河滩路堤，取土坑必须设在下游侧。

③兼作排水的取土坑，应确保水流正常排出。其深度不易超过该地区地下水位，并应与桥涵进口高程相衔接；其纵坡不应小于 2‰，平坦地段亦不小于 1‰。

④当取土坑较深时，坡脚至取土坑距离应保证路堤边坡稳定，坑内侧壁应适当防护。良田地段，当路堤填方数量大而集中，且地下水位较高时，可远运或集中取土。

(2)弃土堆

弃土堆设置应不影响山体和边坡的稳定，其内侧坡脚至堑顶的距离应根据路堑土质条件和边坡高度确定，宜为 5m，有条件时可适当减小，但不得小于 2m。

弃土堆如设置于山坡上侧，应连续堆填，以防止地面水流入路堑内；如置于山坡下侧，应间断堆填，以保证弃土堆内侧地面水能顺利流出。

沿河弃土时，应防止加剧下游路基与河岸的冲刷，避免弃土阻塞、污染河道，必要时应设置挡护设施。桥头弃土不得挤压桥墩，阻塞桥孔。

6.路基标准设计横断面

(1)常见的路基标准横断面

路基横断面的标准设计也称为路基标准横断面，是根据有关横断面的设计原则和规定而编制的，仅适用于一般水文、地质条件，填挖高度不大于普通土质路基。常见断面形式如下。

①路基标准横断面

边坡高度不大于 8m，见图 3-8。

当填方高度大于 8m 而小于 20m 时，采用上坡下坡的变坡形式，见图 3-9。

地面横坡大于 1∶5 而小于 1∶1.25 的斜坡上的路堤断面，见图 3-10。

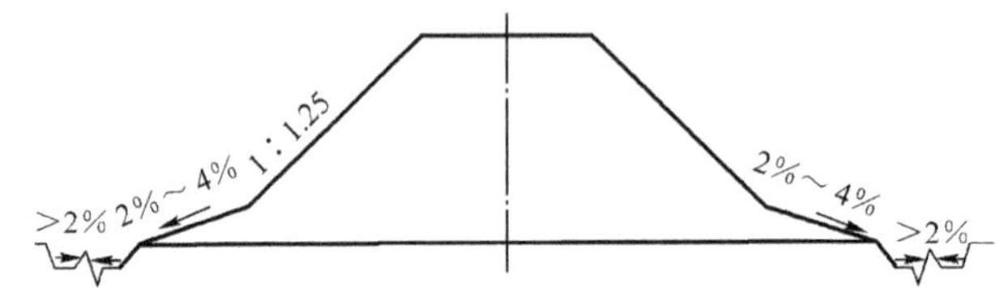

图 3-8 路堤标准横断面图

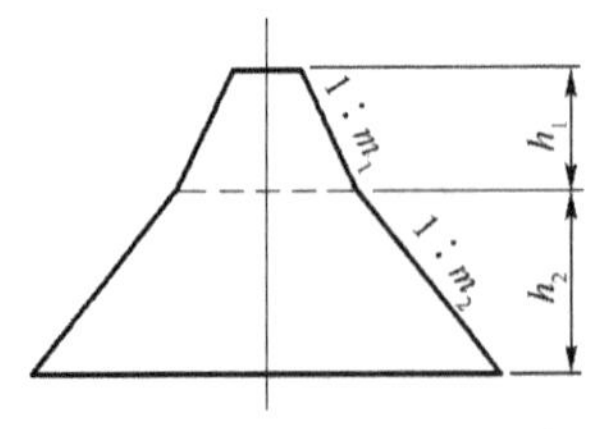

图 3-9 路堤标准横断面(变坡)

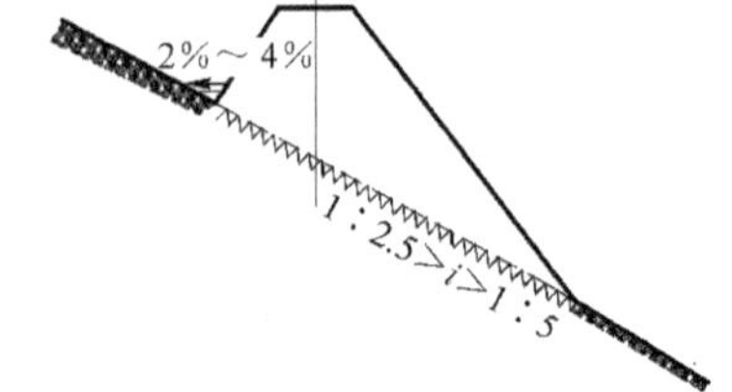

图 3-10 路堤标准横断面(地面横坡大)

②路堑标准横断面

图 3-11a)为常见的黏性土路堑断面；图 3-11b)为设有侧沟平台的路堑断面，适用于黄土及黄土类土、细砂土及易风化岩石的路堑；图 3-11c)为碎石类、砾石类及粗砂、中砂土的路堑断

面;图 3-11d)为不易风化的岩石路堑断面,边坡陡,开挖断面小。

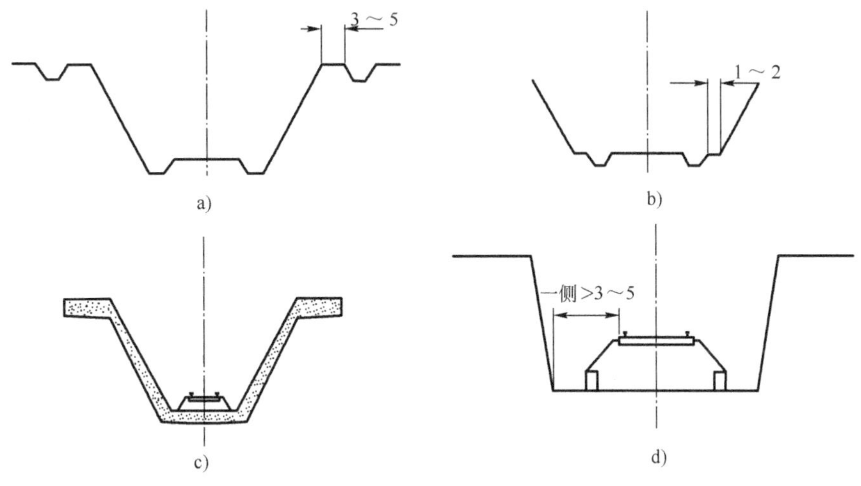

图 3-11 路堑标准横断面图(尺寸单位:m)

(2)路基个别设计条件

对一般条件下的路基可按前述各设计原则及规范中的有关规定进行设计,但是如遇下列情况之一,则均应根据具体条件做个别设计。

①工程地质、水文地质条件复杂或路基边坡高度超过规范规定(参见表 3-3、表 3-4)的范围。

②修筑在陡坡上的路堤(陡坡:当原料或基底均为不易风化的岩石时,地面横坡等于或陡于 1∶2,其他情况的地面横坡等于或陡于 1∶1.25)。

③修筑在特殊条件下的路基,如滑坡、软土、裂隙黏土(膨胀土)、冻土、盐渍土、河滩、水库等地区的路基。

④有关路基的防护加固及改移河道工程。

⑤采用大爆破或水力冲填法施工的路基。

第二节 路 基 基 床

一、基本概念

路基基床是指路基面下约 1～3m 厚这一层土体,它常受到列车重复的冲击和振动及水文气候变化的较大影响。这层受影响土体的厚度,随路基构造、运输量和水文条件的不同而有差异。不风化的岩石路堑,无论运量多大,水文条件多差,其基床影响深度均较浅。易风化的岩石路堑及路堤,在运量小、水文条件好的情况下,其基床影响深度亦浅;反之,其基床影响深度大。受动力影响最剧烈的范围是路基面下 0.5m 以内,再下去应力缩减较快,距路基面下 1m 处,其承受的动应力约为路基面的 1/3。故规范规定路基面下 1.2m 范围内作为基床。

从实质上分析,基床就是轨道地基。这种地基与桥梁和一般房屋地基相比,相对要复杂些,它不仅承受复杂的动荷载,而且常处于水文气候变化的影响下,其强度和稳定性亦随水、温等自然条件的变化相应有所改变。为确保轨道正常使用,基床在最不利的水、温变化,气候影响和列车最大动力作用下,必须具有足够的强度和稳定性。否则,基床产生沉陷、挤出、翻浆冒泥、冻胀等变形现象,将危害轨道正常工作,影响列车运行。

二、基床必备的技术和要求

由于基床强度和稳定性受到的影响因素甚多，概括起来一为内因，一为外因。基床土质优劣是内因，列车动载、水、温、气候变化是外因。即不易风化的岩石、碎石类土、砂类土等，承载力较大，泡水后不风化不软化，温度、气候变化时也不易引起结构的明显变化，是基床最理想的材料；砂黏土次之，高塑性黏土、粉土、粉土质黏土、泥质岩石等最差，在有条件的地段尽量不使用这些材料做基床。

根据我国对有关铁路的调查，归纳基床土质的物理力学指标必须同时达到：土质颗粒组成小于 0.05mm 的颗粒含量应小于 80%、土质塑性指标小于 12、土质液限小于 32%、无侧限抗压强度大于 9.81×10^{4}N/cm 等 4 项。

由此可知，新建铁路路基，在路基面下 0.5m 内的厚度，应按此标准选择基床材料，若遇某些路堑的基床土质不能满足上述要求，理应挖除换填，但与施工现场就地取材这一原则相矛盾，所以设计时还得结合实际进行研究，采取其他措施进行处理。

基床土质的密度必须满足在动荷载作用下无永久变形，故对路堤基床填筑的密度须达到最佳密度的 90%，其下部堤体密度须达到 88%。

在半挖半填地段，其基床的填料要均匀。如半填部分填土，而挖方部分为岩石时，应挖除土，岩石换填土；如半填部分填石，而挖方部分为土时，应挖除土换填石。这样可以消除填挖方土质不一而产生沉陷不均的现象。

路基除本体自重压力作用于基底外，还承受外荷载冲压，且常处于自然条件下，能保持稳定，不发生永久变形，一般是极不容易的。随着岁月增加，路基原有形状，或多或少有所变化，形变小的仍能承载并维持列车运行，形变大的，不能承重，影响列车正常运行。其主要因素有基底下沉、陡坡路基下滑、路堤堤身下沉、边坡坍塌下滑等。

（一）基底下沉

路基基底受压变形，分压实、剪裂及凸起破坏 3 个阶段。压实是指土体在外力作用下，其孔隙率减小，体积发生收缩现象。剪裂是指土体受剪力作用发生错开位移的变化现象。凸起是指土体在外力作用下，改变其形状而不破坏其连续性，体积不改变的现象。

为使路基能正常工作，基底土体在压实后不允许出现剪裂及凸起变形。当路基基底土质松软，承载力达不到承受路基底部作用于其上的压应力时，基底即发生剪裂或凸起，随之路基下沉变形。故要求对路基基底作适当处理，使其具有稳固、干燥及一定的承载能力。特别是高路堤，自重大，基底应力较高，更要求基底有较大的承载能力。

（二）陡坡路基下沉

路基下滑常发生于软弱层的倾斜滑动面上。在路基基底受外载及其自重作用下，任一滑动面上的下滑力大于其抗滑力及黏聚力之和，而其下方又无其他稳固物支承时，软弱层将沿滑面发生剪切，导致路基下滑。因此，凡路基修筑在陡坡上或不稳固的山坡上，如基底有软弱层或松散土层或有地下水活动，都应进行滑动稳定性检算，采取工程措施。对位于松散覆盖面的山坡表层上或具有不利倾斜结构面的地层上的路基，也要注意是否可能沿整个软弱层或基岩下滑。

(三)路堤堤身下沉

为使路堤建成后即可铺轨通车，避免在运营期间下沉，路堤堤身土体在填筑时应达到要求的密实程度。路堤堤身下沉与否，主要取决于填料的优劣及在填筑中的压实程度。填筑路堤的做法(主要是土壤分层厚度、压实方法及含水率等)对路堤的稳固性及坚固性关系极大。

为使路堤土体压实后有足够的承载能力，在外力作用下，只发生允许的弹性变形(应力与应变成直线关系)而不允许发生永久变形，必须使其不同点上的土壤密度在路堤工作的任何时期内不小于仅能发生允许的弹性变形密度。

(四)边坡坍塌、下滑

路基边坡坍塌、下滑，主要发生于边坡陡度与形状不当、土壤构造不良及地下水侵蚀等。为此，路基边坡既要根据地质、水文等资料来设计，又要按材料性质及边坡高度进行分析检算，确定恰当坡率和形状并采取适当工程措施，才能稳定边坡。

路基边坡坡度、边坡形状应与地质结构和填料性质配合。这是直接影响路基稳定的主要因素，也是路基横断面设计的主要部分。它受地质及各种自然或人为条件的影响，变化因素极为复杂，故一般边坡稳定问题往往构成路基设计的中心内容。

1. 路堤边坡的陡度及其形状

由于路堤的填料及填筑方法可以人为控制，堤体全部或分层的组成接近平均质弹性体，故一般能用力学检算其边坡陡度及形状的稳定性。

边坡的陡度既要能保持路堤经常处于稳定状态，又要使路堤断面经济合理。从土体应力状态出发，均质土壤高路堤边坡形状最好是上部较陡，下部逐渐变缓的曲线形。为施工方便，一般采用上陡下缓的折线形，变坡不宜过多。变坡之间的垂直高度随填料土质不同而异，一般不小于 8m。采用不同填料填筑高路堤，应尽可能选择密度较大的土置于路堤底层，将密度较小的土置于路堤上部，这样有利于获得一定的稳定效果。

对于砂、碎石、卵石类土填筑的高路堤，因填料黏聚力很小，边坡难以保持折线形状，因此，应根据边坡高度，在中间适当部位设置一级或几级平台的阶梯；其平台宽度一般为 1～2m。用软质岩石填筑的高路堤，因填料容易风化崩解，在长期使用中必然有一些沉落变形，同时，为便于养护或大修时适当加宽及加高路堤，亦宜采用台阶形边坡；其平台宽度可根据预计沉落量决定，一般不小于 1～2m。

2. 路堑边坡的陡度及其形状

路堑通过的地层，在长期生长及演变过程中，一般具有复杂的地质结构。路堑边坡在开挖过程中受到爆破震动，开挖之后暴露面大，又受到各种自然外力的侵蚀，组织结构易受破坏，故影响路堑边坡稳定性的因素远较路堤错综复杂。路堑边坡的陡度及形状一般应根据工程地质、水文地质条件，拟定的施工方法，边坡高度，以及当地自然极限山坡和人工稳定边坡的调查分析决定。当土壤条件适合时，则可用力学检算决定。

路堑边坡稳定的条件及因素随路堑所通过的地层性质不同而异，一般按通过的地层分为土质路堑及岩质路堑；根据地层性质，又可分为黏性土和砂类土路堑(包括黏土、砂黏土、黏砂土及粗、中、细、粉等砂类土)、碎石类土路堑(包括碎石或卵石土、砾石或角砾土、块石土等)、岩石路堑(包括各种岩质及半岩质岩层)及黄土路堑(包括黄土及黄土类土)4 种主要类型。

第三节　路 基 施 工

一、路基土石方数量的计算

(一)路基横断面面积计算

地面平坦规则的断面,可划分为矩形、梯形、三角形等分别计算;地面不规则的断面,常用两脚规量算法,可较快地求出面积。

从横断面中心向两侧每隔1m画一竖线,如图3-12所示$a,b,c,\cdots,b_1,a_1$(可利用方格厘米纸上印好的格线绘制)。用两脚规逐次量其纵距并累计计算,即得横断面图的面积A。

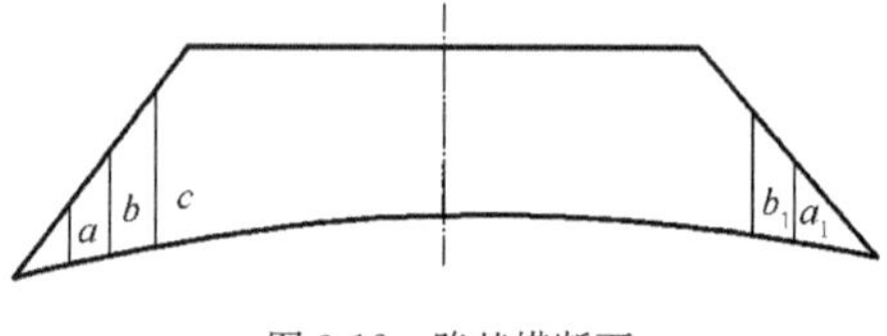

图3-12　路基横断面

由图3-12可知,纵距a及a_1为左右两侧小三角形的底边,同时$a,b,c,\cdots,b_1,a_1$为中间各梯形的底边,由于这些纵矩的间隔为1m,即中间各梯形的高均为1m,两端小三角形的高也为1m,则路基横断面的面积A为

$$A=\frac{1}{2}\times a\times 1+\frac{1}{2}\times(a+b)\times 1+\frac{1}{2}\times(b+c)\times 1+\cdots+\frac{1}{2}\times(a_1+b_1)\times 1+\frac{1}{2}\times a_1\times 1$$

$$=\frac{a}{2}+(\frac{a}{2}+\frac{b}{2})+(\frac{b}{2}+\frac{c}{2})+\cdots+(\frac{a_1}{2}+\frac{b_1}{2})+\frac{a_1}{2}$$

$$=a+b+c+\cdots+b_1+a_1 \tag{3-1}$$

可见路基横断面的面积,等于每相隔1m的纵距之和。

利用两脚规量算路基横断面面积时,每个断面应量算两次,取平均值,其两次数值差不得超过断面积2%,否则应重新量算。

(二)路基土石方计算

计算土石方数量的常用方法有平均断面法、平均距离法两种。

1.平均断面法

按照线路测量桩号分段计算。每段土石方的体积,等于该段前后面积乘以该段的长度,如图3-13所示。其体积为

$$V=\frac{A_1+A_2}{2}\times l \tag{3-2}$$

2.平均距离法

如图3-14所示,该段土石方的体积为

$$V=A_1\times\frac{l_1}{2}+A_2\times\frac{l_1+l_2}{2}+A_3\times\frac{l_2+l_3}{2}+A_4\times\frac{l_3+l_4}{2}+\cdots \tag{3-3}$$

由于横断面的面积数值较距离数值复杂,故在实际工作中常采用平均距离法计算土石方数量。

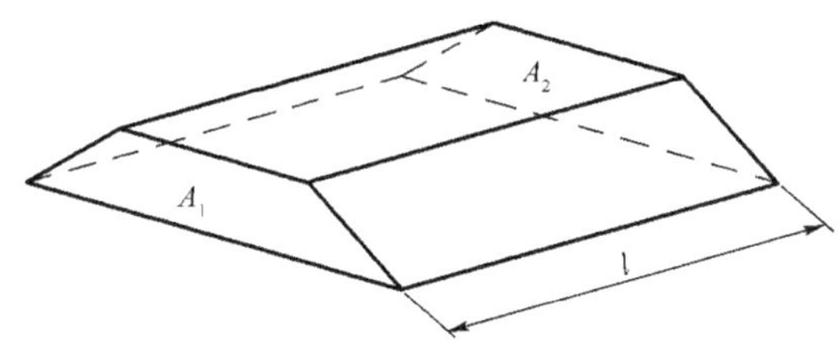

图 3-13 平均断面法

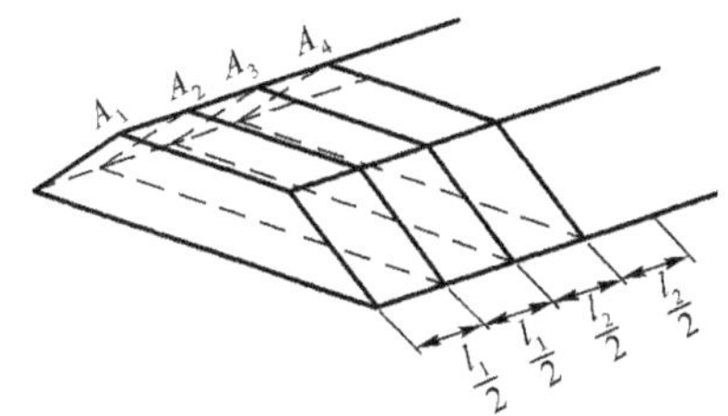

图 3-14 平均距离法

例如，在表 3-5 中，先填列各横断面里程、中心填挖高及横断面面积，然后计算平均距离。如第一横断面的平均距离为第二横断面里程减去第一横断面里程所得差值的一半；第二横断面的平均距离为第三横断面里程减去第一横断面里程所得差值的一半；第三横断面的平均距离为第四横断面里程减去第三横断面里程所得差值的一半。依此类推，最后计算土石方数量：各里程的横断面面积乘以平均距离，即为该里程的土石方数量，但填挖数量需分别计算。

土石方数量计算 表 3-5

里程	中心高（m）	横断面积（m^2）	平均距离（m）	挖方（m^3）								填方（m^3）						
				总数量	土方			石方			弃方数量	总数量	利用挖方			取土填方		
					松土	普通土	硬土	松石	次坚石	坚石			不计运费	计运费	运距（m）	不计运费	计运费	运距（m）
K2+20	+0.5	0/10	5									50				15	15	50/15
+30	+0.3	1.3/3.2	9	12	4	8						29	12					
+38	+0.1	1.0/2.0	6.5	7			2	5				13	7					
+43	−0.5	4.2/0	6	25				5	10	10				25	15/25			
+50	−0.3	5.0/0	3.5	18			2	2	6	8				18	35/18			
合计				62	4	8	4	12	16	18		92	19	43		15	15	

二、路基土石方调配

土石方调配合理，能减少施工数量，缩短施工期限，节省劳力和机具，降低工程成本；可以少占农田，支援农业。因此，在施工前必须做好这项工作。

（一）土石方调配的基本概念

路基施工前必须做好路基的填料从哪儿来，路堑挖出的土、石运到哪儿去，路堑的土、石可否用来填路堤等项工作的安排。如果移挖作填，当距离很近时，是省工、经济而合理的；若距离相当远时，就会出现不省工、不经济、不合理的现象。因此在处理各路基工点的挖、填方时，必须进行合理调配，确定哪些挖方要移挖作填，哪些挖方要运到弃土堆，哪些填方要从取土场借土等。

按照各路基横断面面积及断面间的距离计算出来的路基土石方数量（所有填方和挖方数

量的总和)称为断面方数。施工中,常因移挖作填而使施工土方数小于断面方数。路堑挖方及取土场借方的总和,称为施工方数。路堑挖方中,利用该土来填筑路堤的,称为利用方;不能利用,应运至弃土堆弃掉的,称为弃方。施工方数是路基土石方施工的数量,是施工结算的依据,合理的土石方调配,就是要尽可能地移挖作填,增加利用方,因而减少施工方数,节省工程投资。

土石方调配时,还应考虑对农业、工矿企业及地方建设事业的统筹综合利用。除少占农田外,还应利用弃土来改良铁路附近的农田,使坏田变良田、荒地变耕地、零星分散的田变为成片的田。借土时应从山坡坏地或荒芜高地取土,或将坡地取平以改地造田。还可与农田水利建设相结合,利用改河挖渠的弃土来填筑路堤等。

土石方调配与施工方法有密切关系,施工方法不同,土石方调配的数量和经济运距也不同。例如,挖方工点采用场弃或定向爆破,调配方数少于断面方数,采用人力运输经济运距较近,铲运机运输经济运距较远,汽车或火车运输经济运距就更远。所以在土石方调配时要同时考虑施工方法。

做好土石方调配,不能单靠设计文件和图纸,而必须进行现场调查和勘测,要结合现场的实际情况进行调配,才能使调配方案符合客观实际。

(二)土石方调配要点

土石方调配时,除考虑节省用地支援农业及在施工方法上尽量增加利用方外,还应注意以下各点。

(1)挖方的土质不符合路堤填料的质量要求时,应予废弃。

(2)土石方经过挖、运、填、压实后的体积较原来有所变化,有的体积增加,有的减少。土石体积的增加或减少程度,用涨余率或压缩率表示。在土石方调配时,应考虑土石的涨余率或压缩率,其数值与土石成分、性质、压实密度、含水量及施工方法有关,应根据其压缩率或涨余率的经验数值予以调整。

(3)在土石方的合理调配范围内,需跨过桥梁、隧道、涵洞或高填深地段时,应先考虑该地段的工期长短,再确定土石方跨越调配的可能性。一般在大桥、隧道阻碍地段,很少跨越调配,在中小桥、涵洞阻碍地段,则视地形及工期长短,适当考虑跨越调配。对这类工程一般提前安排施工以利用调配,或修建临时性的运土便桥跨越障碍来调配土石方。

(4)对土石方调配方案,应根据地形条件和施工方法做全面研究。如果路堑的挖方量小于相邻路堤的填方数量,拟全部移挖作填时,可先从路堤横向取土来填筑路堤底部,而后纵向移挖作填,将路堑的挖方填筑于路堤的顶部,这样可减少运土距离,改善运土条件,提高填、挖工效。

若路堤填方数量小于路堑挖方数量,则可先将路堑顶上的挖方横向弃土,然后将路堑下部的挖方纵向移挖作填。

(5)在土石方调配时,应考虑与远期工程相配合。如预留的复线位置或拟扩建的站场范围,都不应在其挖方上弃土,亦不应在预留的填方处取土。最好是把路堑上的弃土弃于预留填方处。

(6)在土石方调配时,应利用线路附近的其他土石方工程(如改河、挖沟、大型机械运土道路、改移公路、挖桥涵基坑、隧道出渣等),以减少施工方数。路堑内挖出的石方,如质量符合片石、碎石、道碴等规定的要求,多余部分可利用为建筑材料。

(三)土石方调配方法

土石方调配主要介绍线法,即沿线路中心调配土石方。

路基土石方调配(线法):弃土、取土或移挖作填,究竟如何才算合理,在多大范围内可利用路堑挖方纵向运土到路堤,到多大距离应该为横向弃土和横向借土,这是线法调配土石方所需要解决的问题。

从经济上考虑,当从路堑挖 $1m^3$ 土纵向运到路堤的费用,低于从路堑挖 $1m^3$ 土横向运到弃土堆弃掉,并同时从取土场借 $1m^3$ 土横向运到路堤的总费用时,则纵向运土是经济的。若纵向运土的距离大于某一数值,则从路堑挖 $1m^3$ 土运到路堤的费用,大于弃 $1m^3$ 土再借 $1m^3$ 土的总费用时,则纵向运土利用应改为横向弃土。上述合理的纵向运土最大运距叫做最大经济运距。

纵向移挖作填的最大经济运距是根据工程费用计算的,即当纵向移挖作填(利用方)的单价等于借土填方单价与弃土挖方单价之和时,其利用的运距为最大经济运距,可表示为

$$a_c + b_i \cdot l_g = a_j + b_j l_j + a_z + b_z \cdot l_z \tag{3-4}$$

$$l_g = \frac{a_j + b_j l_j + b_z \cdot l_z}{b_i}$$

式中:a_c——在路堑中挖 $1m^3$ 土的费用(元);

a_j——在取土场借 $1m^3$ 土的费用(元);

a_z——弃土时 $1m^3$ 土的费用(元),可认为 $a_z = a_c$;

b_i——纵向移挖作填时,$1m^3$ 土运送 1m 距离的费用(元);

b_j——借土时 $1m^3$ 土运送 1m 距离的费用(元);

b_z——弃土时 $1m^3$ 土运送 1m 距离的费用(元);

l_g——利用方的最大经济运距(m);

l_j——由取土场到路堤的运输距离(m);

l_z——由路堑到弃土堆的运输距离(m)。

各种费用的单价可直接查阅有关的施工定额进行计算。

当路堑与取土场的土质相同并采用同一种施工方法时,上式可化简为

$$l_g = \frac{a + b(l_j + l_z)}{b} \tag{3-5}$$

若借土、弃土必须占用农田及毁坏青苗时,应在上式中列入地亩费及青苗补偿费,此时上式应改为

$$l_g = \frac{a + b(l_j + l_z) + C(F + S)}{b} \tag{3-6}$$

式中:C——弃土 $1m^3$ 和借土 $1m^3$ 所占用农田面积总和(亩);

F——地亩费(元/亩);

S——青苗补偿费(元/亩)。

在计算时对 l_g、l_j、l_z 等不能仅仅根据挖土与卸土地点之间的直线距离计算,而需按纵向移挖作填、横向借土或弃土等的实际运距来计算。

当工程数量不大,使用机械不经济而采用人力运输时(如人工挑抬、人力手推车、人推轻便轨道斗车),其实际运距的计算还要考虑运土时的爬坡升高或降低等因素。

当路基为机械施工时(如推土机、铲运机等),则实际运距(即机械运行线路的长度)与机械的性能有关。推土机可以后退,铲运机则需考虑因转头而增加的行驶距离。

铲运机横向借土或弃土时，由于铲土与卸土地点之间受地形限制，机械行驶时必须通过路堑或路堤的出入口通道，故其实际运距与出入口通道的位置有关。

若路堑或路堤的高度 $H \leqslant 2.5\text{m}$ 时，出入口通道的间距应为 50～60m；若高度 $>2.5\text{m}$，则出入口的间距应为 100～120m。其实际运距可按下式计算

当 $H \leqslant 2.5\text{m}$ 时　　l_j（或 l_z）$=(50\sim60)+L$

当 $H>2.5\text{m}$ 时　　l_j（或 l_z）$=(100\sim120)+L$

式中：L——铲土与卸土点间的直线距离。

路基施工的运土方式，除纵向或横向外，还有其他不同的方式。如将路堑挖方纵向运至填挖交界处的两侧横向弃土，利用地形在路堑中间适当地点开挖马口弃土等。用这些运土方式运土时，其运距应分别按照运土路线的实际长度来计算，没有固定的公式。因此在确定 l_g、l_j、l_z 时，必须进行实地调查，不能单凭图纸和主观想象。

按照最大经济运距的原理来决定路基纵向移挖作填的界限时，必须强调到施工现场进行调查。调配土石方时应结合工地的地形，采用的施工方法和挖填时分层、分段的顺序，将移挖作填的路堑、路堤划分为许多填挖平衡的土体，分别计算 l_j、l_z 及相应的 l_g，与利用方实际运距相比较，以求得移挖作填的界限和确定土石方调配方案。现以表 3-6 所列情况为例，计算经济运距，确定土石方调配方案。

$$
\begin{aligned}
l_g &= \frac{a_j + b_j l_j + b_z l_z + C(F+S)}{b_i} \\
&= \frac{0.134 + 0.0044 \times 50 + 0.0017 \times 50 + 1 \times (0.04 + 0.127)}{0.0017} \\
&= 356\text{m}
\end{aligned}
$$

线法调配土石方计算　　表 3-6

<table>
<tr><td colspan="2">路堑起讫里程：K985+08～K986+61，全长 153m</td><td>路堤起讫里程：K984+00～K985+08，全长 108m</td></tr>
<tr><td rowspan="3">由路堑运至路堤
（纵向）</td><td>路堑土质种类</td><td>一般黏性土</td></tr>
<tr><td>运输方法</td><td>手推车运土</td></tr>
<tr><td>每方土每米运费（b_i）</td><td>0.0017 元</td></tr>
<tr><td rowspan="5">由取土场挖至路堤
（横向）</td><td>取土场土质种类</td><td>一般黏性土</td></tr>
<tr><td>运输方法</td><td>人力挑台</td></tr>
<tr><td>运输距离（l_j）</td><td>50m</td></tr>
<tr><td>每方土每米运费（b_j）</td><td>0.0044 元</td></tr>
<tr><td>每方土开挖费（a_j）</td><td>0.134 元</td></tr>
<tr><td rowspan="4">由路堑运至弃土堆
（横向）</td><td>路堑土质种类</td><td>一般黏性土</td></tr>
<tr><td>运输方法</td><td>手推车运土</td></tr>
<tr><td>每方土每米运费（b_z）</td><td>0.0017 元</td></tr>
<tr><td>运输距离（l_z）</td><td>50m</td></tr>
<tr><td rowspan="3">青苗赔偿与地亩费</td><td>弃、借一方土占用耕地面积（C）</td><td>1m^2</td></tr>
<tr><td>每平方米青苗补偿费（S）</td><td>0.04 元</td></tr>
<tr><td>每平方米地亩费（F）</td><td>0.127 元</td></tr>
</table>

由以上计算出最大经济运距为 356m，路堑中心至路堤中心的距离为 130m，在经济运距范围内，因此路堑的土石方纵向运至路堤填筑是合理的，即此段路基可采用纵向移挖作填调配方案。

三、路基放样

路基放样是在地面上定出路基位置，使路堤或路堑能按规定的填高、挖深、宽度及边坡坡度施工。

路基放样主要是放边桩，定出路堤的坡脚或路堑的坡顶位置，根据路基宽度和边坡坡度定出边坡线作为施工依据。

路基放样与测量横断面一样，直线上与线路方向正交，曲线上应与该点的切线正交。放样时，方向的控制可以用木十字架(方向架)解决，断面较大时最好用经纬仪控制。

常用的路基放边桩方法有以下几种。

1.计算法放边桩

当地面无横向陡坡时，如图3-15示，路堤的坡脚或路堑的坡顶宽度($2l$)为

$$2l = B + 2mH \tag{3-7}$$

式中：B——路堤或路堑的顶面宽度(路堑包括侧沟)；

m——路基边坡坡率；

H——路堤或路堑的中心填高或挖深。

从路基中心桩向两侧量出 l 距离，即为边桩位置。

2.图解法放边桩

当地面有横向坡而无明显起伏时，可用图解法。即将各桩号的路基横断面按比例绘在方格厘米纸上，然后量出中心桩至路堑边坡顶或路堑坡脚的距离，在实地钉出边桩。

3.渐进法放边坡

(1)放样原理。地形起伏变化较大地段，可用渐进法放边桩，如图3-16示。

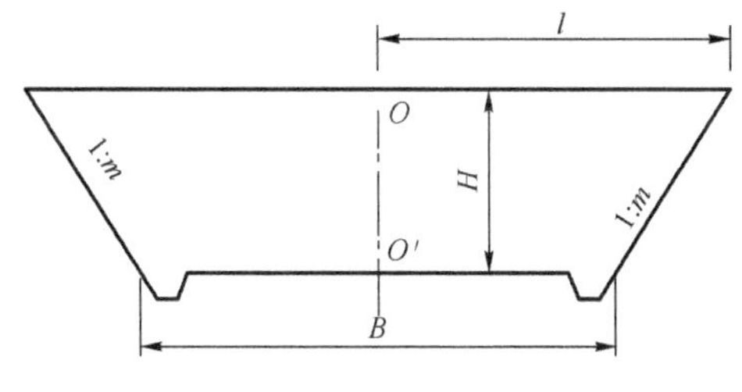

图3-15 计算法放边坡

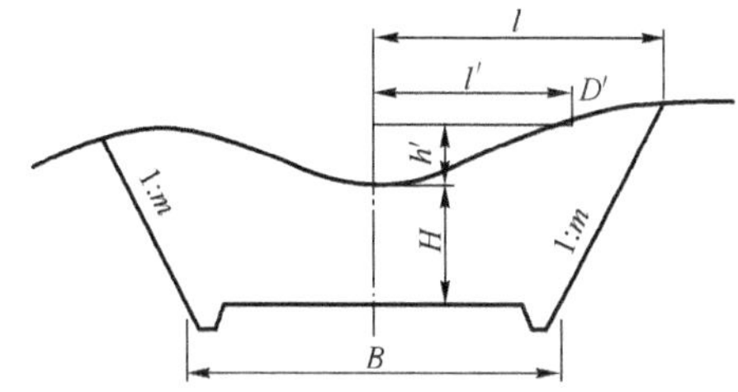

图3-16 渐近法放边坡

先按照路基横断面或路基中心填挖高度及地面大致横向坡度估计一个边坡桩的位置 D'，量出 D' 至中心桩的距离 l'，测出 D' 与中心桩(原地面)的高差。按照几何关系，D' 至路基中心桩的距离为

$$l = \frac{B}{2} + m(H \pm h') \tag{3-8}$$

式中符号意义同前。($H \pm h'$)一项，须视 D' 点比中心桩高或低而采用"＋"或"－"。路堤与路堑相反。

现在量的 D' 至中心桩的距离为 l'。若 $l=l'$，则 D' 点即为所求的边桩位置；若 $l>l'$，则应向外移；若 $l<l'$，则应向内移。如此反复几次，逐步接近，使边桩达到正确位置。

(2)渐进法举例，如图3-17所示。

①根据路基宽度及边坡坡度选择一点 D'_1，量出 $l'_1=8\text{m}$，抄平得知 $h'_1=0.5\text{m}$。

②根据几何关系：$l_1=6.2\div2+1.5\times(3.5-0.5)=7.6\text{m}$，因 $l'_1>l_1$，则 D'_1 应向内移。

③设移动至 D'_2 后量出 $l'_2=7.5\text{m}$，抄平得知 $h'_2=0.4\text{m}$。

④$l_2=6.2\div2+1.5\times(3.5-0.4)=7.75\text{m}$，因 $l'_2<l_2$，则 D'_2 应向外移。

⑤设移动至 D'_3 后量出 $l'_3=7.7\text{m}$，抄平得知 $h'_3=0.44\text{m}$。

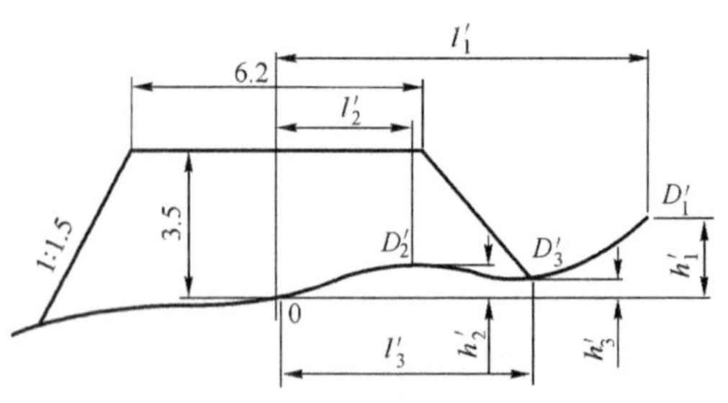

图 3-17　渐近法放路堤边桩

⑥$l_3=6.2\div2+1.5\times(3.5-0.44)=7.69\text{m}$，因 $l'_3\approx l_3$，所以 D'_3 即为边桩的正确位置。

路堤边桩钉立后，填筑前可在中心桩及路肩树立标杆，并以绳索与边桩相连，做成路堤的样式，以便比照填筑，如图 3-18 所示。路堑可在坡顶的边桩位置处钉立边坡样板，以便比照开挖，如图 3-19 所示。

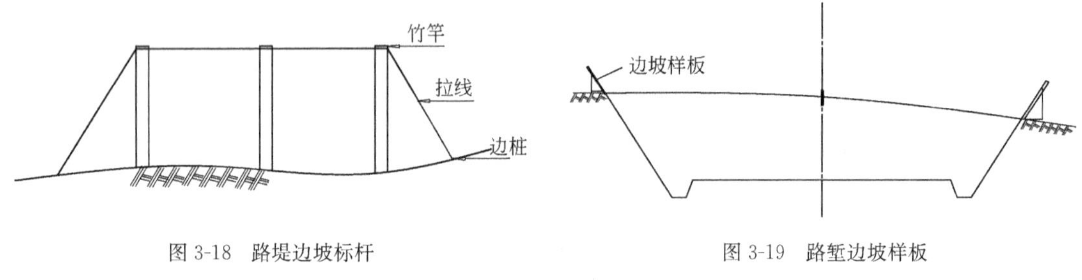

图 3-18　路堤边坡标杆

图 3-19　路堑边坡样板

四、路堤填筑

路堤是用土、石填筑起来的。在设计和施工中，要考虑路堤在温度和湿度等有季节性变化的任何自然环境中，均能保持有足够的强度和稳定性。

（一）基底处理

路基底层是原地面与填料的接触部分，应有足够的承载力以防止路堤沉陷，并要求原地面比较干燥、粗糙，使填料的路堤与原地面能紧密结合，防止路堤沿基底滑动。因此，在填筑路堤之前，应做好以下几方面工作。

稳定斜坡上原地面表层上的处理，应符合下列要求。

(1)地面横坡缓于 1∶10 时，路堤可直接填筑在天然地面上。但路堤高度小于机床厚度的地段，应清除地表草皮。

(2)地面横坡为 1∶10～1∶5 时，应清除草皮。

(3)地面横坡为 1∶5～1∶2.5 时，原地面应挖台阶，台阶宽度不应小于 1m。当基岩面上的覆盖层较薄时，宜先清除覆盖层再挖台阶。当覆盖层较厚且稳定时，可予保留，即在原地面挖台阶后填筑路堤，挖台阶时应自上而下进行，随开挖、随填筑，以保持台阶梯坎稳定。

(4)地面横坡陡于 1∶2.5 段的陡坡路堤，必须检算路堤整体沿基底及基底下软弱层滑动的防滑措施。陡坡路堤靠山侧应设排水设备，并采取防渗加固措施。

基底有地下水影响路堤稳定时，应采取拦截引排至基底范围以外或在路堤底部填筑渗水填料等措施。

原地面表层为松散土层，其天然密度小于规定值时，若松土厚度不大于0.3m，应将原地表碾压密实；若松土厚度大于0.3m，应将松土翻挖，分层回填压实或采取其他地基加固措施，碾压后的密度应满足相应规定。

原地面表层为软弱土层，其标准贯入锤击数 N 值小于4或静力触探比贯入阻力 P_s 小1MPa时，应根据软弱土层的性质、厚度、含水率、地表积水深度等，采取排水疏干、挖除换填、抛填片石或填砂砾石等地基加固措施。

(二)填料的选择和压实方法

1. 填料的选择

填筑路堤的土壤，对路基强度和稳定性有着极大的影响。有的土是填筑路堤的良好材料，有的就不能使用，因此对土质就有一个选择问题。

路堤填料根据土石的颗粒组成、颗粒形状、塑性指数及液限等，分为岩块、粗粒土及细粒土等13大类；按填料的性质及适用性，可分为5组。

路基基床以下部位填料，宜选用A、B、C组填料。当选用D组填料时，应采取加固或改良措施。

路堤浸水部位的填料，宜选用渗水土填料，当采用细砂、粉砂作填料时，应采取防止振动液化的措施。

2. 填筑方法

路基工程数量庞大，路基使用的土，需要就地取材，常会遇到使用不同性质的土来填筑路堤的问题。

从填筑路堤的实用观点来看，土的种类虽多亦可归纳为渗水性与非渗水性两类。

渗水性土如片石、碎石、砾石、粗砂、中砂、细砂等的渗透作用强，强度不受含水率的影响；非渗水性土如砂黏土、黏砂土、黏土等对水的渗透作用弱，强度受含水率影响很大。两种土性质不同，混杂填筑就不能保证路堤的强度与稳定性，因此必须遵循一定的填筑方法。

(1)填筑路堤宜按三阶段、四区段、八流程的工艺组织施工，如图3-20所示。

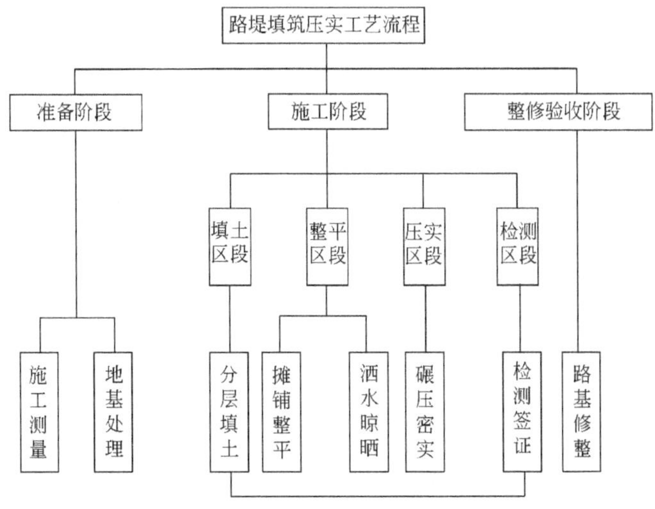

图3-20 基床以下路堤填筑施工工艺

(2)填料的挖、装、运、填及压实应连续进行，在作业中，对细粒土和粉砂、黏砂填料，应防止其含水率的不利变化；对粗粒土和软块石，应防止发生颗粒的分解、沉积及离析。

(3)渗水性土与非渗水性土必须分层使用，不得混淆。

(4)使用不同填料填筑路堤时，应分层填筑，每一水平层全宽应以同一种填料填筑。当渗水土填在非渗水土上时，非渗水土层顶面应向两侧设4%的人字横坡(图3-21a)；而非渗水土填在渗水土上时，接触面可为平面(图3-21b)。当上下两层填料的颗粒大小相差悬殊时，应在分界面上铺设垫层。

(5)当分层填筑困难时，一般将渗水性弱的土填在堤心部分，两侧填筑渗水性强的土，如图3-21c)所示。

(6)用渗水性土填筑路堤的边坡，不允许用非渗水性土覆盖，而只有在沙漠地区的路基或保证路堤内部能排水时才许使用，如图3-21d)所示。

(7)不应使筑成的路堤因填筑的土质不同而形成滑动面，如图3-21e)所示。

(8)不应将渗水性土包填在中央，以免造成水囊，成为路基病害，如图3-21f)所示。

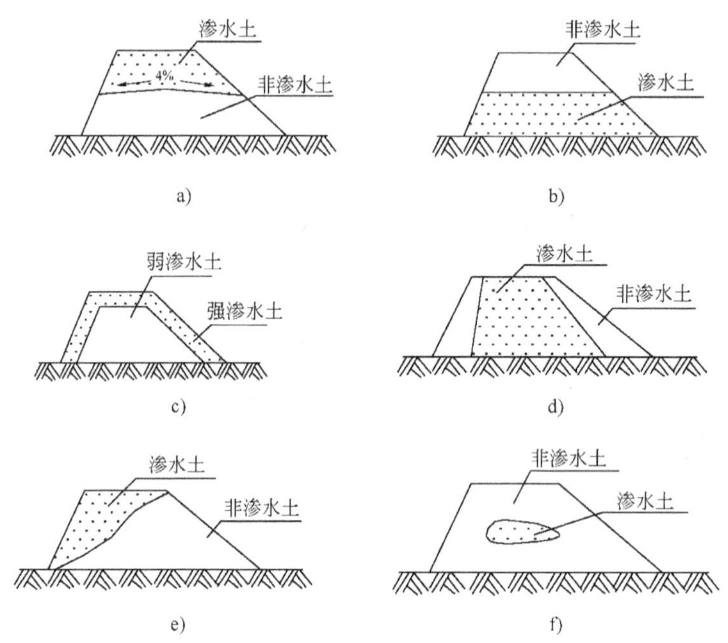

图3-21　不同土质的填筑方法

(三)填石路基

在山岳地区，常利用路堑挖方的土石作为路堤填料。它与普通土的性质不同，有风化与不易风化的区别，石块还有大小之分，因此必须掌握其特点，分别对待。

1.用风化石填料

将风化石块大面向下，放置平稳，再用碎石碴铺垫其上，将缝隙填塞紧密，每层厚约50cm，边坡部分1m左右，宜用比较整齐的石块随填方逐层向上码砌。在路堤顶面30cm厚的范围内，应使用小于15cm的碎石填筑，其断面与填土路堤相同。

2.用不易风化的石块填筑

核心部分用倾填方法填筑，使石块因受冲击与振动而增加其密实度。倾填法对石块的要求是:25～40cm 的石块约占 80%,15～25cm 的石块约占 20%,小于 15cm 和大于 40cm 的石块不宜采用。

基床范围内及基底挖台阶的范围内,必须分层填平。边坡面层要分层码砌,当路堤边坡高度小于 6m 时,码砌厚度为 1m 左右;当边坡高度大于 6m 时,在底部应增至 2m 左右。

码砌一层边坡,应铺垫一层小石,石块的间隙应以碎石填满铺平。在路堤顶面约 30cm 范围内,须用小于 15cm 的碎石填筑,如图 3-22 所示。

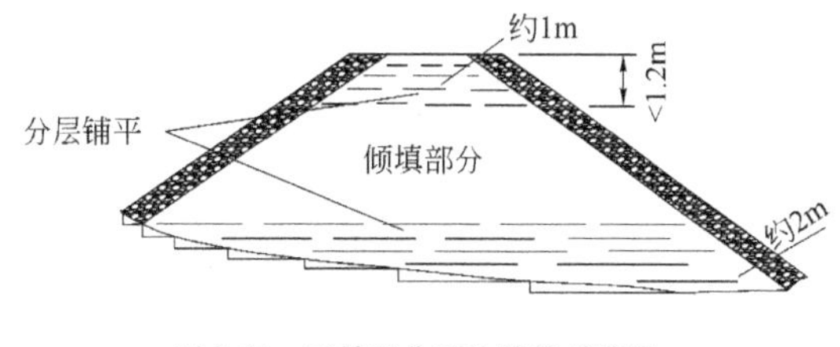

图 3-22　不易风化石块填筑的路堤

边坡的码砌有台阶式和栽砌式两种方法,如图 3-23 所示。

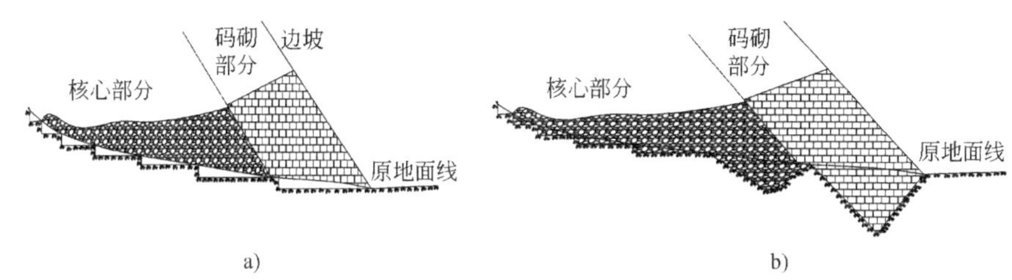

图 3-23　码砌边坡的两种方法

a)台阶式;b)栽砌式

桥台背后填土。为保证桥头路基稳定,避免路基因水浸或受冻而对桥台产生附加的推力,除应根据设计要求外,在上部长度不小于桥台高度加 2m,下部长度不小于 2m 的范围内,最好用砂性土或其他渗水土填筑。填筑时应仔细夯实,并保证该部分填土的排水作用,如图 3-24 所示。桥头锥体应与桥台后的填土同时进行,其夯实密度、分层厚度等,均与桥台背后填土相同。

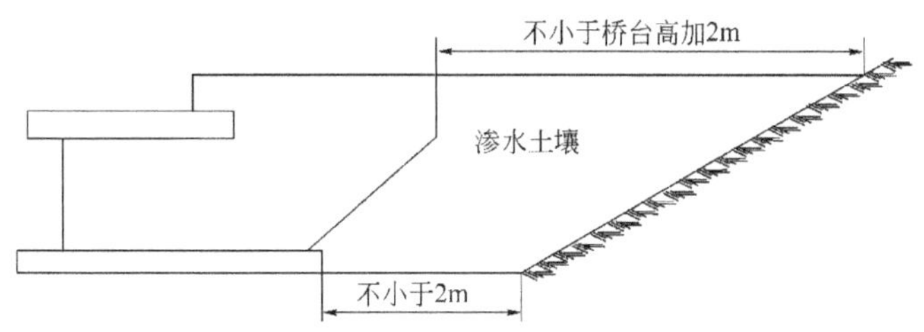

图 3-24　桥台背后填土

涵管缺口填土。涵管处路堤缺口的填筑,应从涵管两侧每边不少于 2 倍涵管孔径的宽度起,水平分层对称地向上填筑并仔细夯实,以免由于单侧填土偏压而把涵管推坏。涵管缺口填土程序如图 3-25 所示。

填涵管缺口所用土质应为含黏土 10%以内的砂质土,不宜使用黏土填筑,以保证路基内的水能及时排出。与缺口填土接壤处的已形成路堤应挖成台阶,以保证衔接良好。

如涵管位于填石路堤地段,为保证各部分受力均匀,涵管顶上至少 1m 高及涵管中线两侧各 2 倍于涵管孔径的范围内,应以粒径小于 15cm 的石块填筑,如图 3-26 所示。

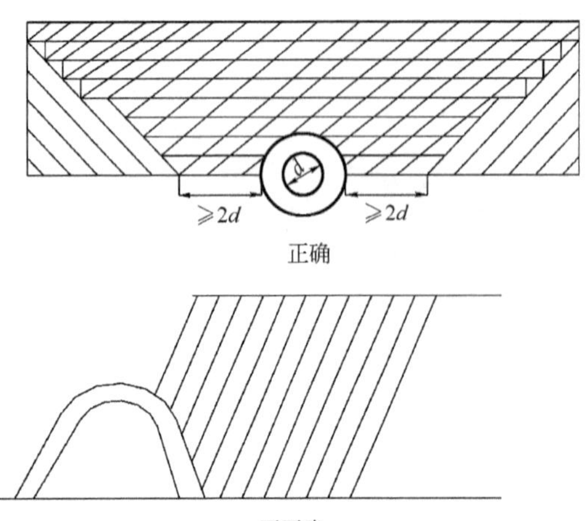

图 3-25　涵管缺口填土程序

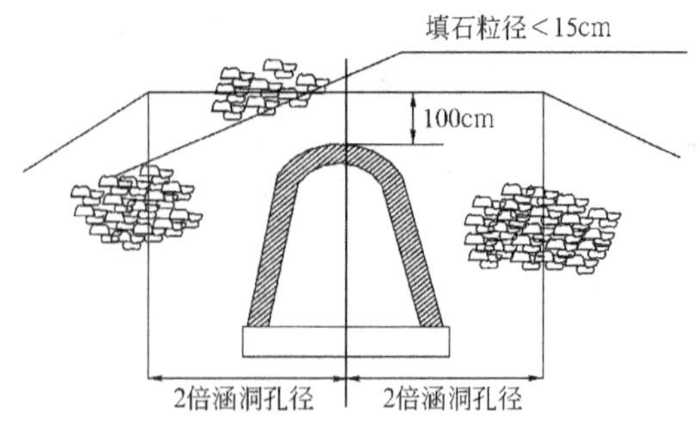

图 3-26　填石路堤的涵洞缺口

思　考　题

3.1　什么是路基面？什么是路肩？

3.2　什么是路基边坡高度？什么是路基高度？

3.3　什么是路基基底？什么是天然护道？

3.4　路基横断面有哪几种形式？

3.5　路基面的形状有几种？路拱的形状及作用是什么？

3.6　路基设计中弃土堆、取土坑位置有何要求？

3.7　什么是路基基床？有何技术要求？

3.8　路基稳定性的影响因素有哪些？如何解决？

3.9　路基横断面面积及土石方数量如何计算？

3.10　何谓断面方、利用方、弃方、借用方、施工方？

3.11　土石方调配的原则及要点是什么？

3.12　最大经济运距和实际运距如何确定？

3.13　路基放样有哪几种方法？各适用什么条件？

3.14　简述渐进法放边桩的步骤。

第四章　路基排水及防护加固

第一节　路 基 排 水

一、概述

自然界中的水分为两种情况，一种是蓄积在地面上的叫地表水，如河水、海水、湖水、塘水等。它们均有不同程度的冲刷和侵袭作用，当其冲刷、侵袭路基时，路基将遭到不同程度的破坏。另一种是渗入地层中的叫地下水，如上层滞水、潜水、承压水等。它们亦均有浸湿和剥蚀作用，当其在路基范围内活动时，可逐渐浸湿或剥蚀部分路基土体。一般黏性土及泥质岩石的强度随其湿度的增加而降低。当路基受水浸泡后，湿度增大、强度减小，在外力(列车荷重或其他自然的或人为的)作用下，会发生严重变形，从而直接影响路基正常工作。例如，水浸湿路基基床，将引起路基翻浆、冒泥、冻胀、鼓起等病害；水冲刷、侵袭、浸湿路基边坡土，将引起边坡崩塌、滑动等病害；水浸湿路基下部土或路堤基底，将引起路基下沉或沿倾斜基底面滑动等病害。因此，为保证路基长期稳定，正常工作，必须使其经常处于干燥、坚固的状态之下，做好排水工程，排除危害路基的水。

路基排水，是排除路基本体及其附近的地表水和地下水，是修建排泄或拦截建筑物使地面水和地下水能顺畅流走，以及疏干其土体或降低其水位。

路基排水设备的设计应与桥涵、隧道、车站等排水设备衔接配合，有足够的过水能力，并且应与水土保持和农田水利的综合利用相结合，同时还应遵守以下原则。

(1)设计前必须进行充分的调查研究，使排水系统的规划和设计做到正确合理。

(2)与线路平、纵断面设计密切配合，在线路勘测时，注意路基排水问题。在设计纵断面时要注意路基侧沟排水通畅，不致发生淤积及浸泡路基。

(3)要照顾农田灌溉的需要。设计线路时，应注意地区灌溉系统，尽量少占农田，并与水利规划和土地使用规划等相配合进行综合规划。一般情况下，不应利用边沟作农田灌溉用途，不得已时，应采取加固措施以防水流危害路基。

(4)在不良地质地区，要结合地质构造、山体破碎情况、岩层渗流等情况，进行单独排水系统设计；在枢纽站、区段站，由于场地宽广、地形平坦，汇水面积大、水源多，排水较困难，应结合该类站场设计，统一布置单独的排水设备，在不淤不冲的前提下，顺畅排走一切来源的水。

(5)排水设施的设计，应贯彻因地制宜、就地取材的原则，减少造价。要能迅速有效地排除“有害水”，以免影响路基的强度和稳定性，保证铁路运输的安全。

二、路基地面排水

在细粒土路基中，为使路基经常处于干燥、坚固稳定的状态，必须及时修建好地表水排水设施，使地表水迅速排离路基范围，防止地表水停滞下渗和流动冲刷而降低路基的稳定。

(一)地面水对路基稳定性的影响

地表水渗入路基土体,会降低土的抗剪强度;地表水的流动可造成路基边坡面冲刷和坡脚冲刷;地表水渗入含易溶盐的土(如黄土)中会产生溶蚀作用形成陷穴;在气温下降时,地表水也常成为寒冷地区产生冻害的一个重要因素。由此说明了地表水对路基稳定性的严重危害。此外,地表水还给施工及运营造成许多困难和危害。

路基排除地表水的设施有排水沟、侧沟、截水沟(天沟)、跌水、急流槽及缓流井等。

(二)地面排水设备

1. 侧沟

如图 4-1 所示,侧沟设置于路堑的路肩外侧,用以汇集、排除路堑边坡面及路基面范围内的地表水。在线路不挖不填地段亦需设置侧沟。

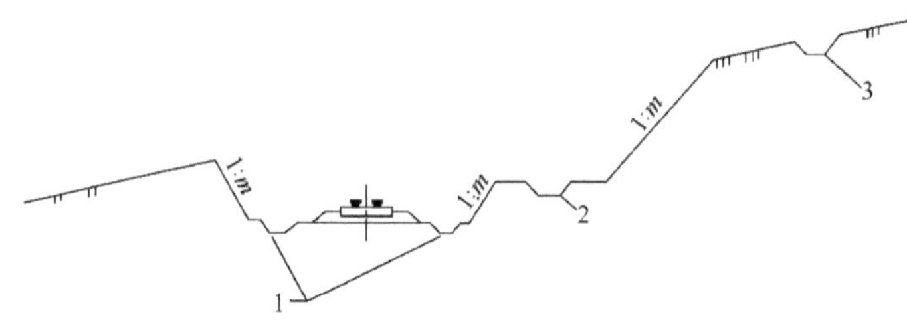

图 4-1　侧沟

1-侧沟;2-截水沟;3-天沟

侧沟纵坡一般应与线路纵坡相同,但在线路纵坡缓于 2‰的平缓地带,当排水出口无困难时,侧沟纵坡应建成 2‰,此时在路堑内的分水点处的侧沟深度可减为 0.2m;当排水出口高程受到限制时,侧沟纵坡亦不应缓于 1‰。在较长隧道洞口路堑的反坡排水地段,其长度不宜过长,侧沟纵坡应与线路纵坡一致,并在反向变坡处或其附近开挖一道横向排水盲沟将水排出路堑;对较短隧道洞口路堑的反坡排水,可不开挖横向排水盲沟,在不影响隧道内水沟排水流量时,可将侧沟水引入隧道排出;对天沟水或山上水渠水,一般不准引入路堑侧沟,仅在无其他渠道可通时,需个别设计吊沟,并加深或加宽侧沟排水。在填挖交界处侧沟的出口部分,应向山侧弯曲偏离路基排水,以防冲刷路堤,如图 4-2 所示。

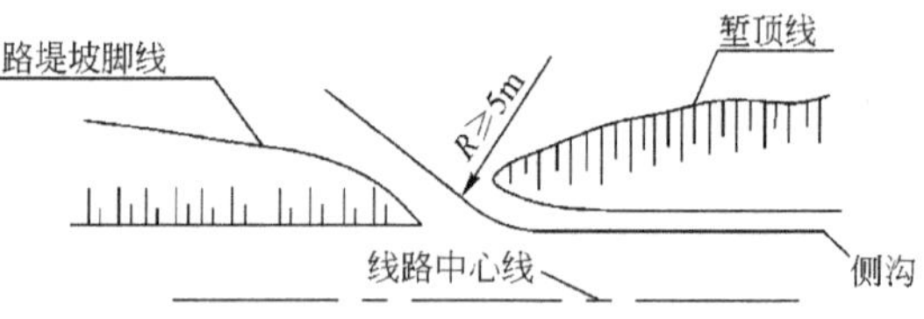

图 4-2　侧沟出口偏转

2. 天沟

天沟设于路堑堑顶边缘以上适当距离处,一般为 2～5m。视需要可设一道或几道,用以截排堑顶上方流向路堑的地表水。

3. 截水沟

截水沟设在台阶形路堑边坡的平台上及排水沟、天沟所在部位以外必须截除地表水的地方,用以截排边坡平台以上坡面的地表水,或排水沟、天沟以外流向路基的地表水。

一般情况下,天沟或截水沟的纵坡选择应尽可能适应水沟延伸方向的地形地势,使实际挖深约等于沟的需要深度,避免过深的挖方或较高的路堤。若山坡覆盖层不够稳定时,应将水沟底部放在较稳定地层内,沟的纵坡既不缓于 2‰又不陡于所在地层的不冲流速的坡度。当沟的长度较长时，可采用自上游到下游逐渐增加陡度的纵坡，即每一下游坡段不缓于其上游坡段的坡度，但相邻坡段的坡度差不宜太大，使流速自上游至出口逐渐缓慢增加，从而使水流迅速地排出而不致发生淤积。在水沟引入桥涵或天然沟谷处，应使沟底高程略高于桥涵入口或天然沟底的高程。

在陡于 1∶1 的山坡上，一般不设置天沟，但有时为引导两端山坡上天沟水流或拦截上方地面径流，亦常采用陡坡排水槽排水。设置此项排水槽时，其断面大小根据流量决定，并注意其稳定性及做好断面的加固工作。

4. 排水沟

排水沟位于路堤护道外侧，用以排除路堤范围内的地面水及截排自田野方面流向路堤的地面水。一般当地面横坡明显时设置于路堤上方一侧(见图 4-3a)；地面横坡不十分明显时，设置于路堤的两侧(见图 4-3b)。如当条件适宜时，可利用紧靠路堤护道外侧的取土坑，适当控制其断面及深度作为排水沟或排水通路。

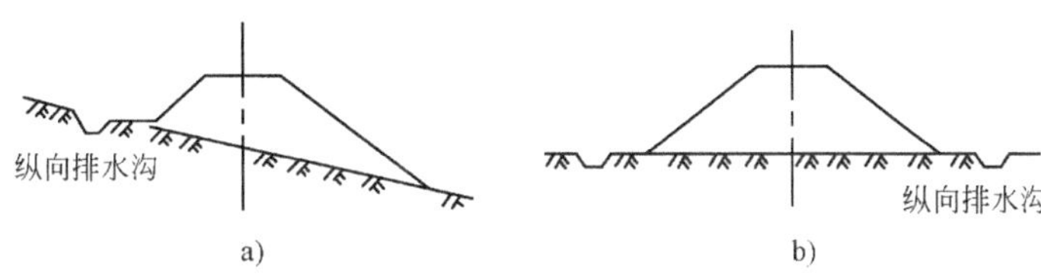

图 4-3 排水沟

排水沟纵坡、平面设计对出口的高程及是否需要加固等注意事项，基本上与天沟或截水沟相同。但在平坦地带的出口高程受到限制时，其纵坡不缓于 1‰。

5. 矩形水槽

在土质或地质不良地段，水沟易于变形且不能保持稳定，以及受地形、地物或建筑限界的限制，不能设置占地较宽的梯形水沟时，均宜采用矩形水槽。例如，位于潮湿松软土层或易发生病害地段的水沟，采用矩形水槽可以保持稳定并防止渗漏；又如个别设计较深的侧沟及位于横坡较陡的山坡上的天沟或截水沟，因受水沟顶宽控制，也宜采用矩形水槽。

6. 跌水

指主槽底部呈台阶状的急流槽，其构造有单级和多级两类，每级高差为 0.2～2.0m，利用台阶跌水消能。一般应做铺砌防护，如图 4-4 所示。

7. 缓流井

如图 4-5 所示，沟底纵坡较陡的水沟，可设计成两段较缓的水沟，并用缓流井连接起来。两段水沟的落水高差最大可达 15m。

8. 急流槽

如图 4-6 所示，用片石、混凝土材料支撑的衔接两段高程较大的排水设施。主槽纵坡大，水流急，出口设有消力池、消能槛等消能装置，沟底纵坡可达 1∶2。设在路堑边坡上的急流槽又称吊沟。

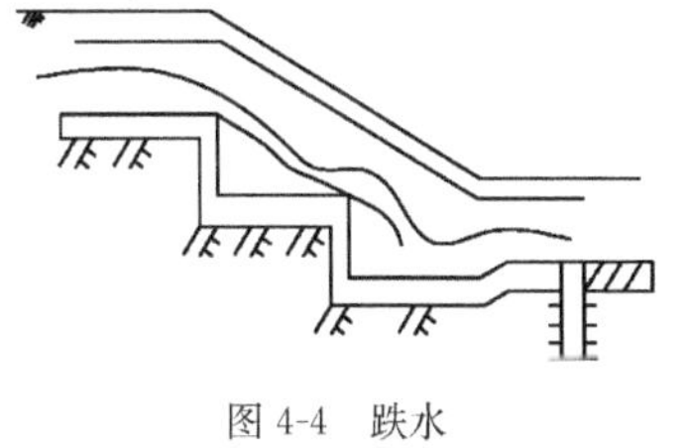

图 4-4 跌水

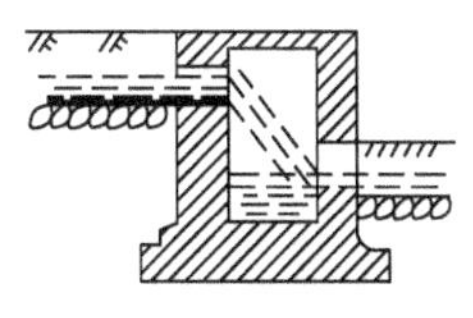

图 4-5 缓流井

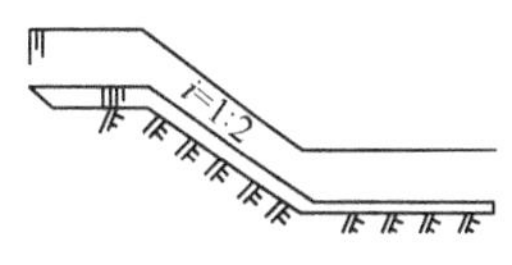

图 4-6 急流槽

第四章 路基排水及防护加固

排水沟、侧沟、天沟、边坡平台截水沟等各类排水沟的出口，应将水引排至路基以外，以防止水流冲刷路基。地面横坡明显的地段，排水沟、天沟可在上方一侧设置。若地面横坡不明显，宜在路基两侧设置。排水沟、侧沟、天沟的横断面，应有足够的过水能力。除需按流量计算外，可采用底宽 0.4m，深度 0.6m。干旱少雨地区或岩石路堑中，深度可减少至 0.4m。位于反坡排水地段或小于 2‰线路坡道的路堑侧沟，其分水点的沟深可减少至 0.2m。边坡平台截水沟尺寸，可采用底宽 0.4m，深度 0.2～0.4m。需按流量设计的排水沟、侧沟及天沟，其横断面应按 1/25 洪水频率的流量进行计算，沟顶应高出设计水位 0.2m。下列情况的排水沟、侧沟及天沟应采取防止冲刷或渗漏的加固措施，必要时可设垫层：位于松软土层影响路基稳定的地段；流速较大，可能引起冲刷的地段；路堑内易产生基床病害地段的侧沟；有集中水流进入天沟、排水沟的地段。

路堑顶部无弃土堆时，天沟内边缘至堑顶距离不宜小于 5m。当沟内进行加固防渗时，不应小于 2m。地面排水设备的纵坡，不应小于 2‰。地面平坦或反坡排水地段，在困难情况下，可减少至 1‰。天沟原则上不应向路堑侧沟排水。当受地形限制需修建急流槽向侧沟排水时，应在急流槽的进口处进行加固，出口处设置消能设备及防止水流冲刷道床的挡水墙。急流槽下游的侧沟应加大断面，应按 1/50 洪水频率流量确定。侧沟靠线路一侧边坡可采用 1∶1，外侧边坡与路堑边坡相同。当有侧沟平台时，外侧边坡可采用 1∶1。在砂类土中，两侧边坡采用 1∶1～1∶1.5。天沟、排水沟的边坡应根据土质及边坡高度确定，黏性土可采用 1∶1～1∶1.5。在深长路堑和反坡排水困难的地段，宜增设桥涵建筑物，将侧沟水尽快引排至路基外。路堑侧沟的水流不得流经隧道排出。当排水困难且隧道长度小于 300m，洞外路堑的水量较小，含泥量少时，经研究比较可经隧道引排。

（三）排除路基地表水设计的一般原则

排水设备的作用是排除路基本体范围内的以及自田野方向流向路基的地表水，并将水导引至铁路过水建筑物或自然沟渠中排走。由于汇水面积一般不大，流量不多，故除特殊情况外均不作个别水力计算，直接采用规范规定的断面尺寸及依据有关规定（纵坡和加固等）进行设计。

排水沟常采用梯形断面，如图 4-7 所示。根据需要，有时也采用矩形断面。为避免水流冲刷或淤积，水沟纵坡最大不得超过 8‰，最小不得小于 2‰，困难地段不得小于 1‰。水沟纵坡大于 8‰的地段，应对水沟的沟身进行加固，防止冲刷破坏。在水沟纵坡变化段、水沟弯曲段尤应注意。

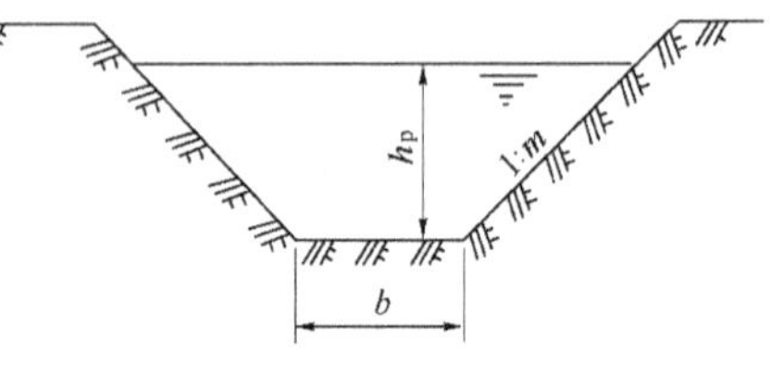

图 4-7　梯形排水沟横断面图

排水设计应首先做好排水规划，规划排水设施平面布置的原则是使地表水尽快通过水沟汇集排除，水沟应尽可能设在距路基本体较近位置，使流向路基的水和降落在路基内的雨雪水均可由此排出。水沟的长度应取短为宜，但如地形起伏，为减小工程量，可按最大纵坡顺地形绕行。水沟的排水能力，在不允许漫溢的情况下，如路堑段的水沟、滑坡地区水沟，若流量较大，应作水力计算检算。

三、排降地下水

（一）地下水对路基稳定性的危害

在路基中，地下水对路基稳定性的危害是指在路基设计和施工中，由于地下水存在的形式和数量可使工程设计与施工产生一定的困难，因而应采取措施，使地下水存在的形式或数量改变，以确保路基的稳固和工程的实施。同样，对已修建成的路基，地下水的变化如果造成路基稳定性下降，也应采取必要的措施，将其变化调节到允许的限度内。例如，在饱和的软黏土地基上填筑路堤，当堤高形成的荷载大于地基的承载力时，就会造成一定的困难，如能使地基土排水固结，就可提高软土地基的强度，提高地基承载力并减少工后沉降。

在路堤堤身的稳定中，也常受到地下水的危害，如地下水位高，路堤填料为黏性土，在毛细作用下，水可升至路堤内，使填料含水率增大，强度下降。在严寒地区，水是路堤出现冻害的重要因素。在路堑地段，如果路堑开挖到地下水位以下，若路堑边坡土为细粒土，则边坡的稳定性可受到地下水渗出的动力水压影响；当堑体为破碎的岩块，地下水从裂隙中或含水层中流出时，也会使原有的胶结物质及沉淀的碎屑被带出而使边坡失去稳定。

地下水的存在形式常可因其补给来源的变化而变化，它对路基稳固性的影响还可因各种其他因素的作用而不同。例如，在路堤中，当路堤的填筑高度在地基承载力允许的范围内，若在堤底铺设渗水土垫层，则地下水的存在和变化对路堤的影响可以忽略不计，在路堑中也可作相似的分析。所以，关于地下水的降低与排除仅是指地下水的存在形式和数量可以对路基的稳固造成危害时而设置的一种重要的工程措施。在地下水对路基稳定造成危害时，降低和排除地下水常可取得良好的效果，所以应当十分重视。

(二)路基地下水降低与排除的主要设备

地下水可大致分为承压水和无压水(如潜水、上层滞水)；又可据其存在环境，分为裂隙水和孔隙水；在岩溶地区，还有活动于溶洞、地下河等岩溶构造中的溶洞水；多年冻土地区有层上水、层间水及层下水等。降低路基地下水及排除地下水设备的选择，应根据不同类型的地下水及工程具体条件、要求确定。常用的降低和排除地下水的设备主要有：

1.明沟及排水槽

明沟是兼排地表水及地下水的排水设备。沟底一般应挖至不透水层(见图 4-8a)。若不透水层太深，沟底置于透水层内(见图 4-8b)，则沟底及水沟边坡应用不透水材料作护层，以免沟中水渗入土中。

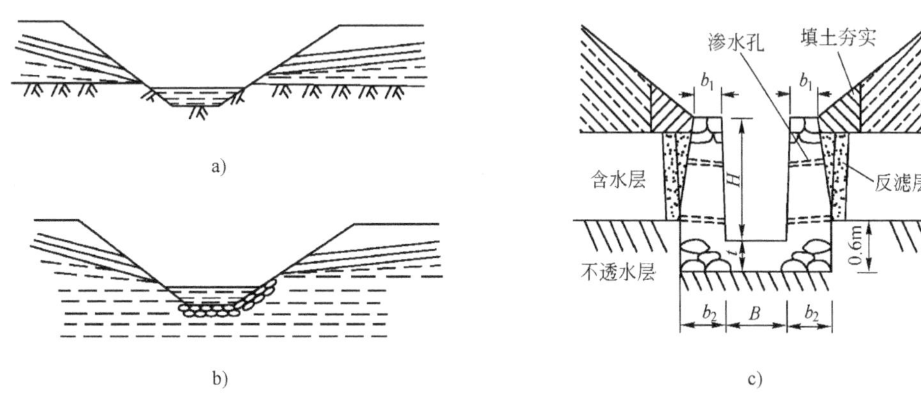

图 4-8 明沟及排水槽

a)沟底为不透水层的深水沟；b)沟底进入透水层的深水沟；c)排水槽

排水槽也是一种兼排地面水和地下水的设备(见图 4-8c)。排水槽侧壁有渗水孔，侧壁外最好填一层粗砂、细砾石或炉渣组成的反滤层。渗水孔在槽壁的上部，槽内水面以下的槽壁是不透水的，以免水反渗入土中。

明沟通常采用梯形断面，底宽 0.4～1.0m，沟壁边坡按所在土层选用，并用厚约 0.3m 的 M5 浆砌片石铺砌。排水槽通常采用矩形断面，底宽 0.6～1.0m，用 M5 或 M7.5 浆砌片石砌筑。明沟和排水槽与含水土层相接触的沟壁上需设置向沟内倾斜的渗水孔或缝隙，沟壁与含水土层之间应设置反滤层，沿纵向每隔 10～15m 应设伸缩缝(兼沉降缝)一道。

2. 渗水暗沟

渗水暗沟又称盲沟，是一种地下排水设备，用于拦截、排除较深含水层内的地下水，疏干滑体中的水或降低地下水位，通常采用明挖法施工。

渗水暗沟可分为有管渗沟和无管渗沟两种。埋设预制表面有很多微孔的管节而成的渗沟称为有管渗沟；就地开挖并填筑块石的矩形断面渗沟称为无管渗沟。深埋的渗沟为便于检查、修理，其断面应较大，便于工作人员进出。渗沟较长时还应每隔适当距离设置检查井。沟顶应回填夯实，以免地面水渗入。按渗沟作用和设置部位，又可分为截水和引水渗沟、无砂混凝土渗沟、边坡渗沟和支撑渗沟等。

(1)截水和引水渗沟

截水和引水渗沟按其深度分为浅埋渗沟和深埋渗沟，浅埋渗沟深度一般为 2～6m，深埋渗沟的深度一般大于 6m。

浅埋渗沟可以引出低洼湿地、泉水出露地带及地下凹槽地层处的地下水，并使其循着最短通路排出，以疏干其附近土体中的水或降低地下水位。位于路堑侧沟下或侧沟旁的浅埋渗沟可以降低路堑范围内的地下水和疏干附近的土体，视需要布置在路基一侧或两侧，如图 4-9a)和图 4-10 所示。

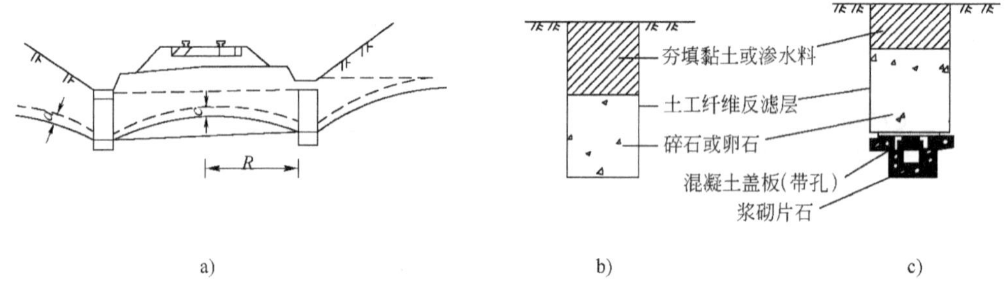

图 4-9　设置在侧沟下的渗沟

图 4-9a)中，c 表示两条渗沟之间地下水位降低的高度，按所要求降低地下水位的高度确定。

图 4-10 中，e 表示冻结面至毛细水上升曲面间的距离，可取 e=0.25～0.5m，a 表示毛细水上升的高度。

渗沟的底部设置排水通道，排水孔应设在冻结深度以下不小于 0.25m 处，通常采用圆管(用 C15 混凝土预制)或盖板矩形沟(边墙及其底用 M7.5 浆砌片石砌筑，盖板用 C15 混凝土预制)，如图 4-9c)所示，也可采用如图 4-9b)所示的形式，并用土工合成材料作反滤层。

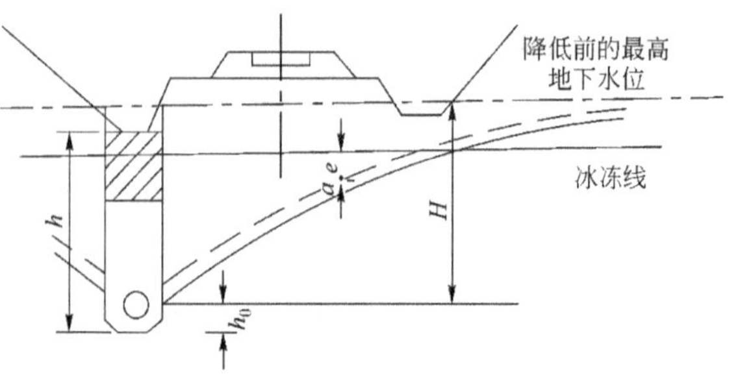

图 4-10　单侧渗沟

对于浅埋渗沟，矩形沟尺寸一般用

0.3m×0.4m，圆管内径一般用0.3～0.5m。对于深埋渗沟，为了便于进入检查和维修，矩形沟尺寸可用0.8～1.2m，圆管内径可用1.0m，盖板上或圆管上所留进水缝隙或孔眼的大小及间距，以及反滤层的选择，可根据渗沟积水流量和所用填充材料的颗粒组成计算确定。

截水渗沟只需在渗流上游一侧沟壁进水，下游侧沟壁应不透水，可用黏土或浆砌片石做成隔渗层，如图4-11所示。截水的渗水暗沟的基底宜埋入隔渗层内，且深度不小于0.5m。

渗沟顶部覆以单层干砌片石，表面用水泥砂浆勾缝，其上再用厚度大于0.5m的土夯填到与地面齐平。

渗水暗沟的渗水部分可采用砂、砾石、无砂混凝土块板、土工合成材料作反滤层。反滤层的层数、厚度及颗粒级配要求应根据坑壁土质和反滤层材料经计算确定。砂砾石应筛选清洗，其中小于0.15mm的颗粒含量不得大于5%。

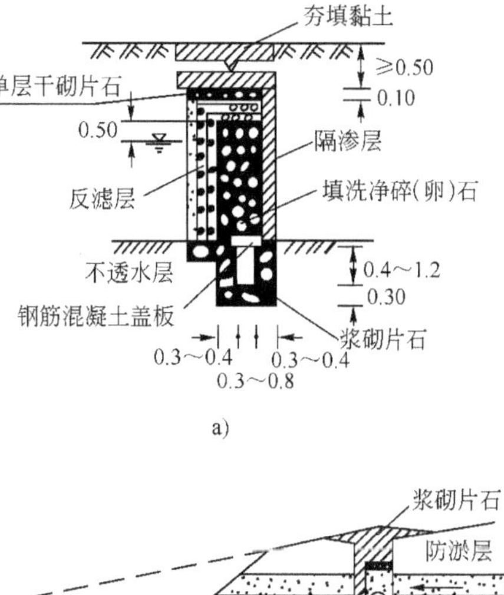

a)

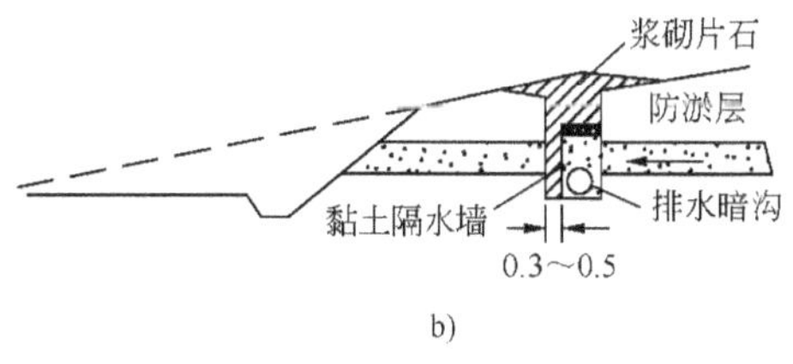

b)

图4-11 截水渗沟(尺寸单位：m)

无砂混凝土块板反滤层的厚度可采用10～20cm。当坑壁土质为黏性土或粉细砂时，在无砂混凝土块板外侧，应加设10～15cm厚的中粗砂或土工合成材料反滤层。

土工合成材料反滤层可采用无纺土工织物。当坑壁土质为黏性土或粉细砂时，可在土工织物与坑壁土之间增铺一层10～15cm厚的中砂。

渗水暗沟内应采用筛选洗净的卵石、碎石、砾石、粗砂或片石充填；仰斜式钻孔内应设置相应直径的渗水管，渗水管可选用带孔的PVC塑料管、PP塑料管、PE塑料管、钢管、软式透水管、无砂钢筋混凝土管或混凝土管等。

渗水暗沟每隔30～50m，渗水隧洞每隔120m和在平面转折、纵坡变坡点等处，宜设置检查井。检查井的井壁应设置反滤层，检查井内应设检查梯，井口应设井盖。当深度大于20m时，应增设护栏等安全设备。

渗沟的出水口一般采用端墙，其下部留出与渗沟排水管孔径一致的排水孔。端墙基础应埋入当地冻结深度以下的较坚实稳定的地层内。在端墙以外，应紧接一段有铺砌的排水沟，其长度由设计确定。

(2)无砂混凝土渗沟

无砂混凝土渗沟由无砂混凝土壁板、钢筋混凝土横撑、钢筋混凝土盖板及普通混凝土基础等组成。无砂混凝土用水泥、粗集料(砾石或角砾)及水拌制而成。用无砂混凝土制作的各种圬工体均具有透水孔隙，在排水渗沟中用无砂混凝土作沟壁，以代替施工困难的反滤层和渗孔设备，具有透水性能和过渡能力好，施工简便及节省材料等优点。无砂混凝土具有一定的强度，可以省去渗沟内部的填充料，使用时应注意其所处的地层条件及制作工艺。无砂混凝土渗沟断面如图4-12所示。

(3)边坡渗沟

边坡渗沟用于疏干潮湿的边坡和引排边坡局部出露的上层滞水或泉水，并起支撑边坡的的作用，适用于边坡不陡于 1∶1 的土质路堑边坡，也可用于加固潮湿的容易发生表土坍滑的土质路堤边坡。边坡渗沟的平面形状可做成条带形、分岔形及拱形等。对于较小范围的局部湿土或泉水出露处，宜采用条带形布置；对于较大范围的局部湿土，宜采用分岔形布置，如图 4-13a)所示；当边坡地表土普遍潮湿时，宜用拱形与条带形相结合的布置，如图 4-13b)所示。一般边坡渗沟的宽度大于 1.3～1.5m。

边坡渗沟应垂直嵌入边坡，渗沟基底埋置在边坡潮湿土层以下较干燥而稳定的土层内，按潮湿带的厚度做成具有 2%～4%泄水坡的阶梯形，边坡渗沟纵断面如图 4-14a)所示。

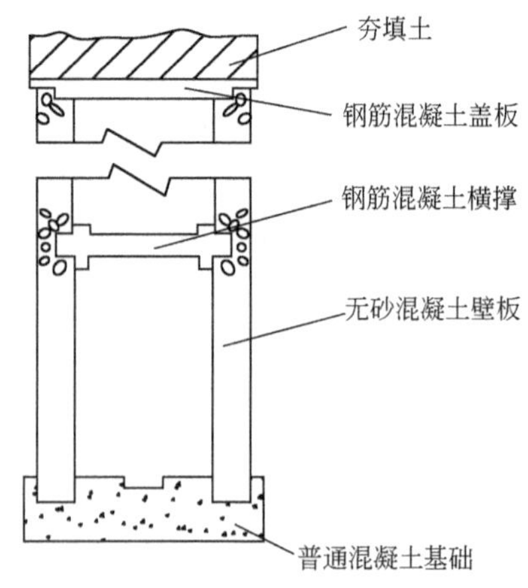

图 4-12　无砂混凝土渗沟

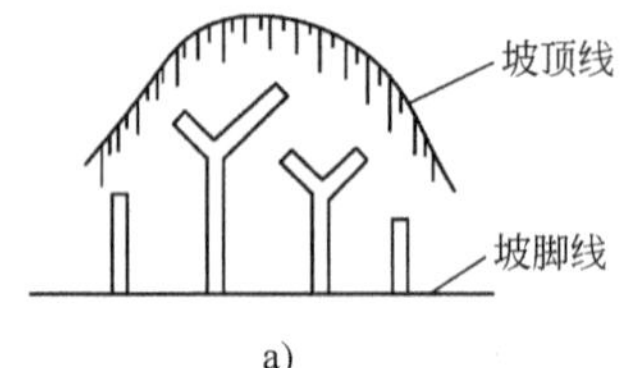

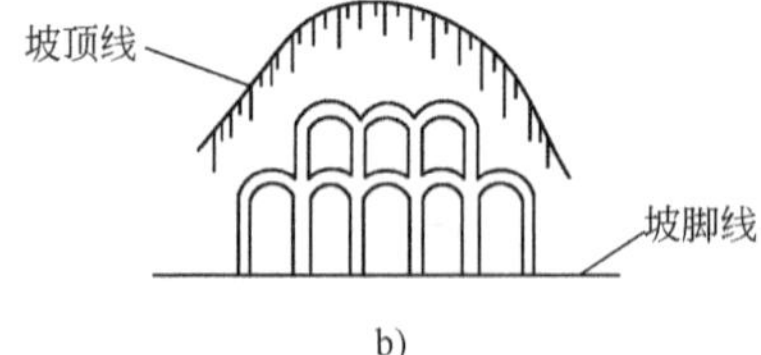

图 4-13　边坡渗沟的平面形状图

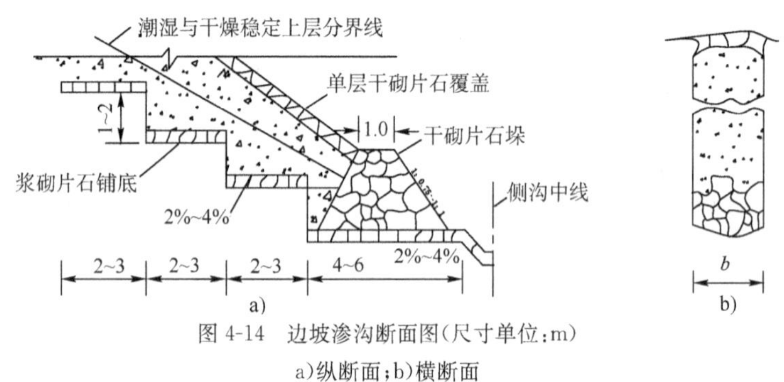

图 4-14　边坡渗沟断面图(尺寸单位：m)

a)纵断面；b)横断面

边坡渗沟横断面通常采用矩形(见图 4-14b)，其宽度 b 不宜小于 1.2m。其外周设置反滤层，渗沟内用筛洗干净的小颗粒渗水材料填充。渗沟顶部一般用单层干砌片石覆盖，其表面大致与边坡齐平。必要时可在干砌片石表面用水泥砂浆勾缝。边坡渗沟下部的出水口，一般采用干砌片石垛，其作用是支挡渗沟内部的填充料，并将渗沟集引的土中水或地下水排入路堑的侧沟或路堤排水沟内。

(4)支撑渗沟

支撑渗沟主要起支撑作用，兼有排除地下水和疏干土壤中水的作用。支撑渗沟通常采用成组的条带形布置，横断面采用矩形，宽度一般为 2～3m，各条渗沟之间的距离一般为 8～15m，一般深度为数米到十几米，应布置在地下水露头和土壤中水发育的地方，并顺滑动方向修筑。沟底必须置于滑面以下的稳定土层或基岩内，可以顺滑面的形状做成阶梯形，最下面一个台阶的长度宜较长，以增加其抗滑能力，基底应铺砌防渗。支撑渗沟的填充部分宜用密度较大的石块干砌。填充料与沟壁之间可视沟壁土层的性质设置或不设反滤层。渗沟顶部可用单层干砌片石覆盖，其表面用水泥砂浆勾缝，以防止地面水流入。支撑渗沟的纵断面如图 4-15 所示。

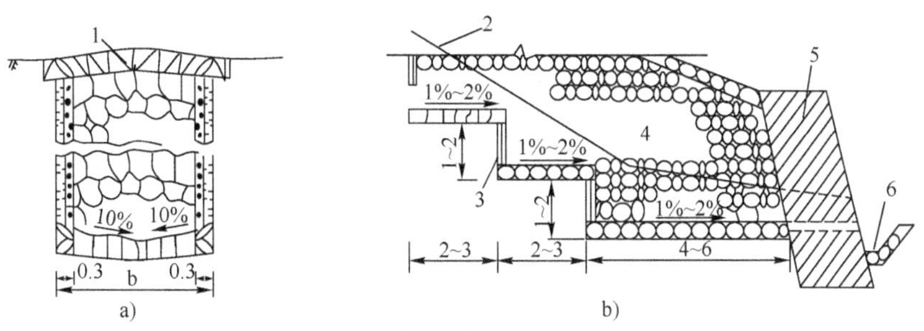

图 4-15 支撑渗沟纵断面图(尺寸单位:m)

1-单层干砌片石表面勾缝;2-表层滑动面线;3-反滤层;4-干砌片石;5-挡墙;6-侧沟;*b*-渗沟宽度

支撑渗沟可视地下水及土质条件布置成多种形式。支撑渗沟可单独使用，也可和抗滑挡墙联合使用。

3. 渗水隧洞

渗水隧洞又称泄水隧洞，用于截排或引排埋藏较深的地下水，或与立式渗井(渗管)群配合使用，以排除具有多层含水层的复杂地层中的地下水。

设置渗水隧洞时，必须掌握详细的水文地质资料，查明地下水的层次、分布及流量，以便准确地定出隧洞位置。渗水隧洞的断面形式可分为直墙式和曲墙式。直墙式适用于裂隙岩层、破碎岩层及较密实的碎石类土层。曲墙式适用于松散的碎石类土层或有少量卵石、碎石的黏性土层。隧洞应埋入稳定地层内，在穿过不同的地层分界处时应设沉降缝。隧洞穿过路基时，按铁路拱涵考虑。隧洞出水口底部宜高出当地天然河沟的设计洪水位，高差不小于 0.5m，并至少高出洞门外铺砌的排水沟沟底 0.2m。隧洞断面及构造如图 4-16 所示。

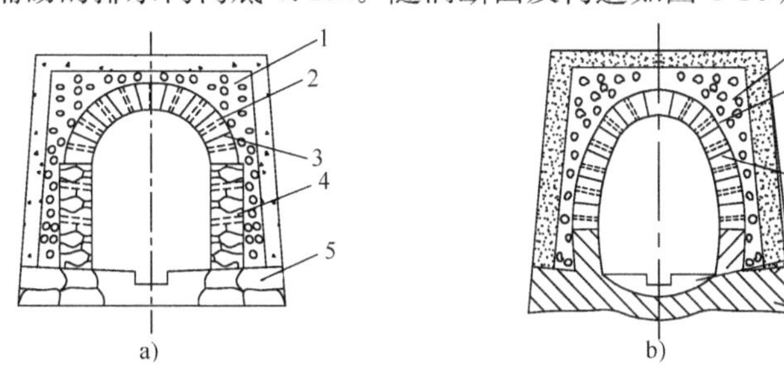

图 4-16 渗水隧洞断面图

a)直墙式;b)曲墙式

1-反滤层;2-C13 混凝土拱砖;3-M10 水泥砂浆灰缝 1cm;4-M10 浆砌片石边墙;5-M10 浆砌片石底板;6-C8 混凝土;7-C13 混凝土

渗水暗沟、渗水隧洞的横断面尺寸应根据埋置深度、施工及维修条件确定，结构尺寸应由计算确定。渗水暗沟和渗水隧洞的纵坡不宜小于 5‰，条件困难时亦不应小于 2‰。

4. 平孔排水

平孔排水或称水平钻孔排水，是用平卧钻机向滑体含水层打倾斜角不大的平孔，然后在钻孔内插入带孔的钢管或塑料管，用以排除地下水而疏干土体。立面上可布置成一层或多层。单层平孔布置如图 4-17 所示。平孔位置必须在地下水位以下，隔水层顶板之上，尽量扩大其渗水疏干范围。平孔的间距视含水层渗透系数和要求疏干的程度而定，一般采用 5～15m 为宜。

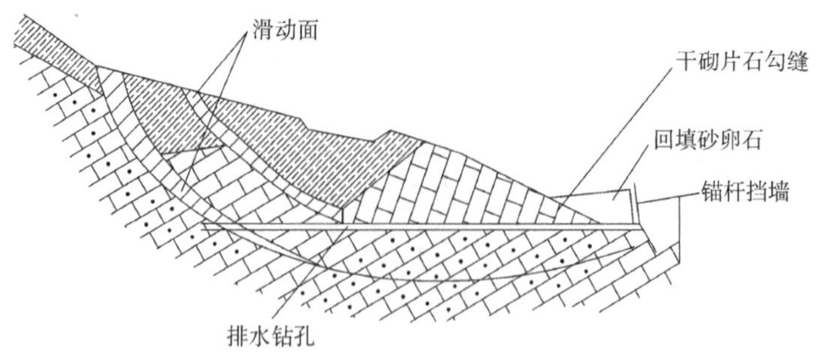

图 4-17　单层平孔排水布置图

5.集水渗井

当滑体中地下水埋藏较深或有多个含水层时,可用大口径竖井(直径可达 3.5m)和水平钻孔或与渗水隧洞配合使用,以降低地下水和疏干其附近的土体,如图 4-18、图 4-19 所示。

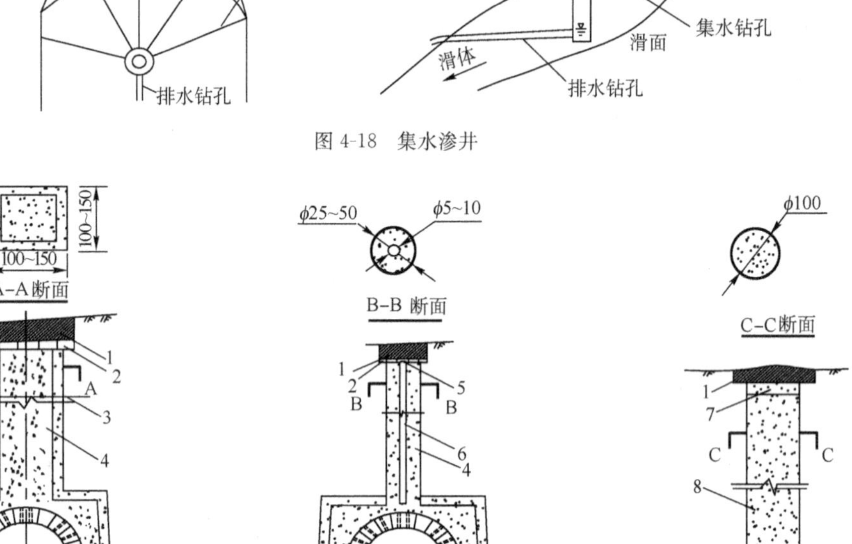

图 4-18　集水渗井

图 4-19　集水渗井与平孔排水设备的配合示意图(尺寸单位:m)

a)渗井与隧洞配合;b)渗管与隧洞配合;c)渗井与水平钻孔配合

1-夯填土;2-单层干砌片石;3-反滤层;4-填卵石;5-圆形铁盖;6-钢滤管;7-填细沙;8-填粗砂;9-泄水盖板;10-填砾石;11-填碎石;12-平式排水钻孔;13-C13 混凝土封底

集水渗井或渗管的顶部应用隔渗材料覆盖,以防淤塞,圆形集水渗井也可采用无砂混凝土结构以代替设置反滤层和填充渗水材料。

地下各种排水渗沟、渗水隧洞及渗井等设备中,常用反滤层以防止含水地层中的细粒土被渗流带走,淤塞排除地下水设备。目前,常用的反滤层有卵砾石(或砂)反滤层、无砂混凝土块板反滤层及土工织物反滤层。土工织物具有一定的强度、柔韧性及连续性,可直接铺设在需要设置反滤层的地方,如支撑渗沟、边坡渗沟的两侧及基底台阶部位,使用时,可根据墙后土层的情况在路基手册中查得。当地下平式排水建筑物(如深、浅埋渗沟或渗水隧洞等)延伸较长时，一般每隔一定距离设检查井一个，供维修人员下去对排水设施进行检查和维修。

第二节 路基防护

一、路基边坡病害

裸露的路基边坡，除受到所处的地质及水文条件的影响外，还不断受到自然风化和雨水的冲刷破坏，以及人类活动的影响，因而往往会出现不同情况的边坡变形，进而发展成严重的路基病害。常见的路基边坡病害有边坡溜坍、边坡坍塌、风化剥落及坡面冲刷 4 种类型。

边坡溜坍是黏土质边坡的常见病害，主要有两种表现形式：一是黏土质边坡在长期阴雨和暴雨后，雨水沿边坡上的裂隙下渗，致使边坡表层土的含水量增大，抗剪强度降低，失去稳定，沿着下部未软化的土层发生溜坍；二是边坡表层为黏土质覆盖层，下部为倾斜岩层，表层的黏土受地表水下渗和地下水的影响，产生沿基岩面的溜坍。边坡溜坍，轻者堵塞侧沟，重者掩埋线路，病害继续发展将会造成整个边坡的破坏。

边坡坍塌常发生于边坡坡度陡于天然休止角的节理发育、岩层破碎、风化严重的石质路堑或土质路堑。这种病害发展过程时间较长，开始在堑顶附近出现裂纹，并逐渐缓慢地扩大，当扩大到一定程度时，在坡面水或地下水等自然因素及列车振动等的配合下，突然顺边坡坍塌下来。在大坍塌之前，常有小的局部坍塌发生。每次坍塌都不按固定的面移动，但坍塌体的下缘均在临空面以上，一直坍塌到边坡坡度接近岩层或土层的休止角为止。由于这种变形具有突然大量坍落的性质，常易造成行车事故。

风化剥落是指整个边坡比较稳定，但边坡表层由于风化作用，边坡表面的土层或岩层从坡面上剥离下来的变形现象。风化剥落常发生于易风化的岩质边坡、黄土路堑边坡的空面下部或软硬互层的软硬层。这种病害，初期对行车影响不大，仅增加路基的养护维修工作量，但继续发展将会影响边坡的稳定。

较高的土质边坡和风化严重的石质边坡，在地表水的冲刷作用下会形成冲沟、冲坑，边坡下部尤为严重。它不仅破坏了坡面的完整，暴雨时还往往堵塞侧沟，形成泥流漫道并影响边坡。

二、路基防护

(一)路基坡面防护

为防止路基坡面病害的形成和发展，对较严重的坡面病害应立即整治，对具有一般坡面变形及有可能发生坡面变形的边坡，如容易风化和易受雨水冲刷的石质和土质边坡及严重破碎的岩层边坡，应及时、及早地加以防护。

路基坡面防护的作用在于加固坡面，防止或减轻坡面径流和风化的破坏，以达到稳定坡面的目的。常用的坡面防护有下列类型。

1. 植物防护

植物防护是指直接在路基边坡上种草、树或铺种草皮来防护边坡的方法。边坡上的植被能固结土壤，调节土的湿度，防止裂隙产生和风化剥落，减缓地表水的冲刷。植被防护适用于不陡于 1∶1(种草时不陡于 1∶1.25),边坡土壤和当地气候适宜植物生长的地区。

采用种草防护时,应选用根系发达,生长力强,适应当地气候、土质的草种。当边坡土质不适宜种草时,可在边坡上铺一层种植土(厚 5～10cm)。种草成活后,可抵御流速为 0.4～0.6m/s的冲刷作用。种草时草籽应均匀分布,一般应在春季、秋季播种,播种后应加强管理。

铺种草皮的作用及适用条件与种草相同,但抵抗冲刷的能力更强一些,可抵御 1.8m/s 的冲刷作用。铺设前应先平整坡面,铺设时要紧贴边坡拍平,错缝铺种。在旱季铺种草皮后应经常洒水,使坡面湿润。此外,为保证成活率,草皮应随采随用。

植树以灌木为好,应选择根系发达易于成活的树种栽种,如紫穗槐等,除保护边坡外,还有很大的经济价值。一般按梅花形布置,当边坡上有不利于灌木生长的砂石类土时,应在栽种的坑内填种植土。植树与种草也可配合进行。

2.抹面

对于不宜采用植物防护的边坡,如炭质页岩和浅变质的泥岩等易风化的岩质边坡,可采用抹面、喷浆、勾缝、灌浆、喷射混凝土等方法,一方面防止坡面水流的洗蚀,另一方面防止风化剥落。

抹面是将二合土(石灰、炉渣)、三合土(水泥、石灰、炉渣)或水泥砂浆均匀地摊在路基边坡上,经压实、提浆、抹光后形成的一种防护层。它适用于各种易风化但尚未严重风化的岩石边坡,其坡度不限,但要求无地下水且坡面干燥。

在对边坡进行抹面施工时应注意下列几个方面。

(1)抹面前应清除坡面风化岩及松动石块、浮土、杂草并凿毛坡面。

(2)若边坡上有个别地下水露头,应采取措施引排,切忌堵塞。

(3)如果边坡较陡,应将坡面挖出承托灰泥的平台。

(4)抹面周围均需凿槽,防止地表水渗入基岩,造成膨胀破坏抹面。

(5)在大面积坡面上做抹面时,每 15～20m 长设伸缩缝一条,内填沥青麻筋,抹面厚度 3～7cm。由于抹面容易开裂脱落,应经常检查维修,发现裂纹或脱落要及时灌浆修补,一般使用期限为 6～8 年。

3.捶面

捶面是将四合土、三合土分层铺在立于坡面上的模板内进行捶实,再经提浆、抹光后形成的一种坡面防护层。它适用于比较干燥的易受冲刷的土质边坡和易风化剥落的岩石边坡,其坡度不陡于 1∶0.5。

捶面通常采用等截面形式,一般厚度为 10～15cm;当边坡高 15cm 时,可采用上薄下厚的变截面形式。防止坡面渗水、保持坡面干燥是延长捶面使用寿命的重要措施,其施工注意事项与抹面相同。一般使用寿命为 10～15 年。

4.喷浆

对坚硬易风化,但尚未严重风化的岩石边坡,为防止进一步风化,可在坡面上喷射一层水泥砂浆,形成保护层。喷浆可用于高而陡的边坡,但所防护的坡面必须干燥和坚硬,地下水发育或成岩作用差的泥岩边坡不宜使用。

喷浆防护施工中应注意下列几点。

(1)喷浆前应清刷坡面不稳定的土、石,清扫碎屑、浮土及杂物。

(2)喷浆的次数及厚度,应根据山体风化、表面破碎情况而定,一般喷 2～3 次,厚度 1～3cm。

(3)喷射要周到均匀,喷后 2～3h 要进行养生。

(4)边坡顶部和周围要注意封闭,防止水渗入。

5. 锚杆铁丝网喷浆及锚杆铁丝网喷射混凝土

当坡面岩石已遭严重风化、岩石破碎时,可采用锚杆铁丝网喷浆或喷射混凝土,使坡面一定深度内的岩石得到加固并承受松散岩体产生的侧压力。

锚杆铁丝网喷浆或喷射混凝土防护如图 4-20 所示。首先在坡面上锚固锚杆,焊上预制带铁丝网的框架,再把各框架绑扎在一起,并用预制铁丝网补满未铺网的空白区,使砂浆或混凝土、锚杆铁丝网与坡面形成一个整体。

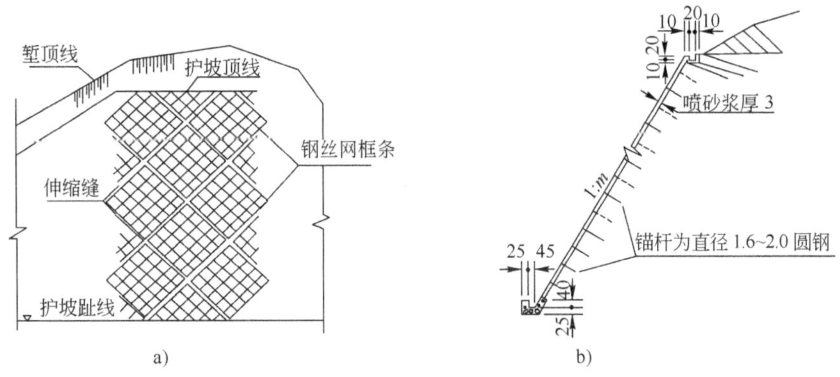

图 4-20　锚杆铁丝网喷浆示意图(尺寸单位:mm)

a)正视图;b)横断面图

锚杆用 ϕ16～20mm 的圆钢制成,锚固深度视岩石性质和风化程度而定,一般为 0.5～1.0m左右。喷浆厚度不少于 3cm,喷混凝土的厚度不少于 5cm。喷射厚度要均匀,注意勿使铁丝网及锚杆外露,其他施工技术要求与喷浆相同。

6. 灌浆勾缝

灌浆是将较稀的水泥砂浆或混凝土灌入较坚硬的、裂缝较大较深的岩石路堑边坡,借助砂浆或混凝土的黏聚力把裂开的岩石黏结成一个整体,从而防止岩石进一步风化。勾缝是用较稠的砂浆填塞岩石的细小裂缝,适用于较坚硬、不易风化、节理多而细的岩石路堑边坡。灌浆和勾缝还可用于修补原有圬工裂缝。

7. 干砌片石护坡

当边坡为缓于 1∶1.25 的土质或土夹石边坡,受地表水冲刷产生冲沟或坡面经常有少量地下水渗出而产生小型溜坍等病害时,可采用干砌片石护坡。

干砌片石护坡一般采用单层栽砌,厚度约 0.3m。当边坡为粉质土、松散砂及黏砂土等易冲蚀的土时,片石下设厚度不少于 0.1m 的碎石或砂砾垫层。

护坡应砌过边坡坡顶不少于 0.5m,基础应选用较大的石块砌筑,并埋至侧沟沟底以下,基础埋深和顶面宽度均不应小于 0.5m。当基础与侧沟相连时,应采用 M5 浆砌片石砌筑。

8. 浆砌片石护坡

在缓于 1∶1 的各类岩石和土质边坡上,因风化剥落、地表水冲刷而发生泥流、冲沟及边坡溜坍时,可采用浆砌片石护坡。

护坡采用 M5 浆砌片石,其厚度视边坡坡度及高度而定,一般为 0.3～0.5m。高边坡的浆砌片石护坡宜分级设置,每级高度不大于 20m,各级之间设宽度不小于 1m 的平台。当护坡面积较大且边坡较陡或坡面变形严重时，为保证护坡本身的稳定，可采用肋式护坡。

浆砌片石护坡上应设泄水孔。泄水孔间距 2～3m，孔径 10cm，上下左右交错布置。土质边坡泄水孔后面，在 0.5m×0.5m 范围内设置反滤层。每 10～20m 设伸缩缝一道，缝宽 2cm，内填沥青麻筋或沥青木板。为方便检查和维修，大面积的护坡上还应在适当位置设置宽 0.6m 的踏步，如图 4-21 所示。

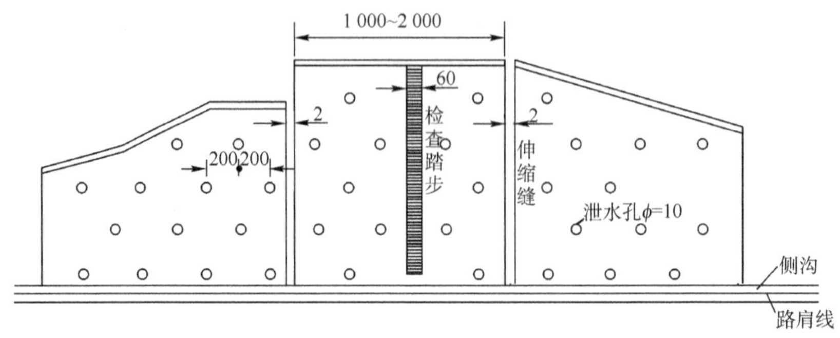

图 4-21 浆砌片石护坡示意图(尺寸单位:cm)

9. 浆砌片石骨架护坡

在易受冲刷的土质边坡和风化较严重的岩石边坡上，当坡度缓于 1∶0.5 且边坡潮湿、坡面溜坍及冲刷较严重，单纯采用草皮护坡或捶面护坡易冲毁脱落时，可采用 M5 浆砌片石骨架护坡，骨架内可采用草皮或捶面防护，也可在骨架内栽砌卵石。

浆砌片石骨架的常用结构形式有方格形、人字形、拱形等，如图 4-22 所示。

各类骨架的厚度和嵌入坡面的深度视边坡岩性和草皮、捶面厚度而定，通常厚 0.4～0.5m，嵌入边坡 0.3～0.4m，骨架顶面与骨架内护坡齐平。

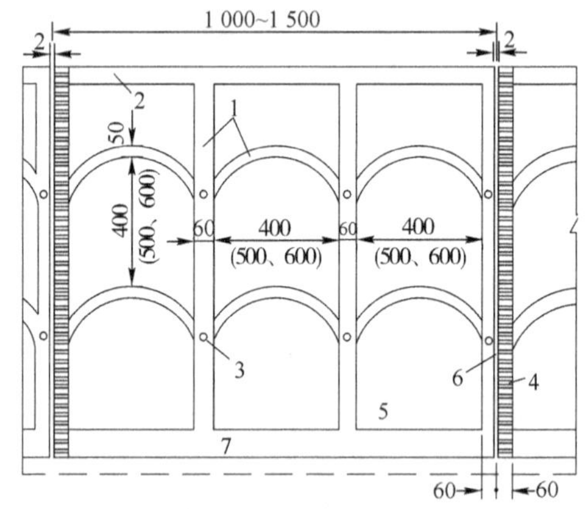

图 4-22 浆砌片石拱形骨架护坡示意图(尺寸单位:cm)

1-浆砌片石骨架；2-镶边；3-泄水孔；4-踏步；5-草皮；6-伸缩缝；7-侧沟流水面

10. 护墙

对于各类土质边坡及易风化剥落的岩石边坡，为防治较严重的坡面变形，或堑坡上有局部探头危石需做支顶时，可修筑浆砌片石护墙。

护墙适用不陡于 1∶0.3 的堑坡防护。护墙有实体护墙、窗式护墙、拱式护墙等多种形式，分别根据不同的边坡高度、坡度及岩层破碎情况来确定。当边坡为土质或破碎岩石时，采用实体护墙；当边坡不陡于 1∶0.75 时，为节省圬工采用窗式护墙；当边坡下部岩层较完整，仅需防护上部边坡时，可采用拱式护墙，如图 4-23 所示。

实体护墙墙壁有等截面和变截面两种。墙高 6～10m 时采用等截面，厚度 0.4～0.5m；墙高超过 10m 时，采用变截面，顶宽 0.4m，底宽为

$$B = 0.4 + 0.1H \text{ 或 } B = 0.4 + 0.05H \tag{4-1}$$

式中：H——护墙墙高，单级高度不宜超过 20m；

B——护墙底宽，一般当边坡陡于 1∶0.5 时，采用 0.1H，边坡为 1∶0.5～1∶0.75 时，

采用 0.05H。

各类护墙，应符合下列要求。

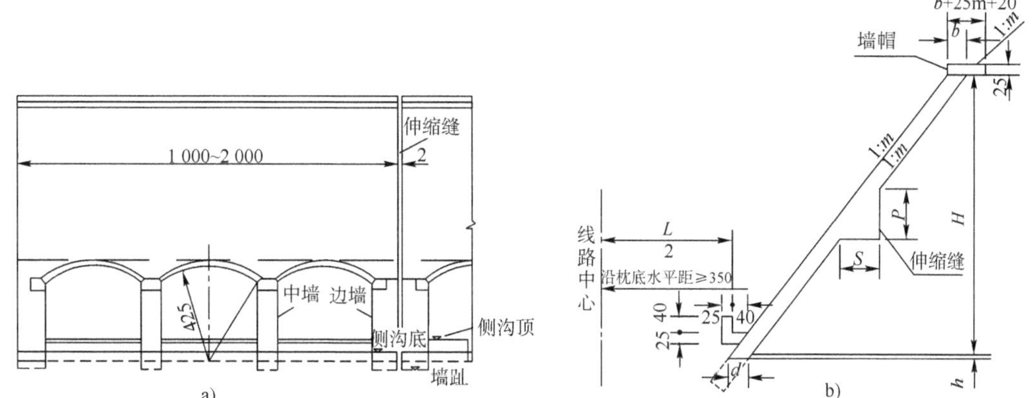

图 4-23 护墙示意图(尺寸单位:cm)

a)拱式护墙立面示意图;b)单级护墙横断面示意图

(1)除拱式护墙的拱圈需采用 C15 混凝土或 M10 浆砌片石外，其余各类护墙均采用 M5 浆砌片石砌筑，严寒地区应适当提高圬工强度等级。

(2)若为土质地基，护墙基础应埋入冻结线以下，并要求基础埋于路肩下，且不少于 1.0m。

(3)为增加护墙的稳定性，当其高度超过 8m 时，应于墙背中部设耳墙一道；高度超过 13m 时，设耳墙两道，间距 4～6m。耳墙宽度，当墙背坡陡于 1∶0.5 时，为 0.5m；墙背坡缓于 1∶0.5时，为 1.0m。

(4)墙顶设置厚 25cm 的墙帽，并嵌入边坡 20cm，以防雨水灌入。

(5)双级或多级护墙的上、下墙之间应设宽度不小于 1.0m 并带流水坡的平台。

(6)每隔 10～20m 设伸缩缝一道，不同地层交界处设沉降缝。

(7)护墙设孔径 10cm 的泄水孔，孔距 2～3m 并呈梅花形布置，泄水孔后设反滤层。

(8)护墙高度等于或大于 6m 时，墙面应设检查梯。多级护墙还需在上下检查梯的错台处设置安全栏杆。

(9)护墙背与边坡紧贴。施工前清除松土，坡面凹陷部分用与墙体同高程的浆砌片石嵌补。

11. 顶撑与嵌补

当路堑上部有探头危岩，下部有条件设置基础时，可在危岩下设置浆砌片石支顶墙；若山坡陡峻，无法用浆砌片石支顶，又不宜采用刷方清除，而危岩坚硬、节理较少时，则可用钢轨或钢筋混凝土柱、浆砌片石柱支撑。

当边坡上的凹陷较深，且凹陷上部有凸出的危岩时，可将较深凹陷表面的风化层凿除，并在内部以浆砌片石或混凝土嵌补处理。

(二)坡面防护的选用及其基本技术要求

在选用坡面防护类型时，如果当地的气候和土壤条件适宜草木生长且边坡较缓，宜优先采用植物防护；无此条件时，则应根据边坡上土(或岩石)的性质、边坡坡度和高度，结合就地就近取材的原则，选用其他合适的防护类型。

对于稳定性不足的边坡，则应采取清刷、支挡等措施，使之达到稳定状态。

各种坡面防护均应满足以下基本要求。

(1)下部基础要牢固可靠，并与护面本体很好地衔接。

(2)顶部及两侧边缘要妥善处理，适当嵌入边坡内，并修整与坡面平齐，防止雨水从裂隙渗入。

(3)护面本体要紧贴边坡，背后不留空隙。

(4)整个坡面要按照材料的伸缩性质、边坡的地质情况设伸缩缝和沉降缝。

(5)要设法引出边坡内的地下水，边坡外要有完整的地面排水系统。

(6)高而陡的防护结构应有便于维修、检查的安全设施。

三、路基冲刷防护

在河滩或岸边修筑的铁路路基，都或多或少地受到水流和波浪的冲刷和掏蚀。为保证路基的稳固，必须根据当地的地形、地质条件和水流特性，在此地段设置足够坚固的冲刷防护建筑物。

常用的路基冲刷防护方法有直接防护、间接防护及改河 3 类。这 3 类方法常综合使用，以期达到较好的防护效果。各类冲刷防护建筑物一般均应满足以下基本要求。

(1)应有足够的稳固性。

(2)防护范围应包括所有可能被水流冲刷和波浪作用的地段，并按其受影响的程度给予不同的处理。

(3)必须加强基础处理，以防止由于水流的掏蚀而使基础外露，影响建筑的稳定。

(4)防护高度应保证被防护的路基不致受到水流和波浪的侵袭。

(一)直接防护

直接防护是直接对路基边坡进行加固，以抵抗水流的冲刷和掏蚀。它适用于水流流速不大，流向与河岸基本平行，水流破坏作用较弱，或由于地形、地质条件受限制不得不采用直接防护的地段。其特点是对原来水流的干扰小，对防护地段的上下游及其对岸影响小。但由于这类建筑物直接修在受冲河岸或路堤边坡上，一旦破坏，将直接威胁铁路安全，因而必须具有足够的稳固性。

常用直接防护有以下几种类型。

1. 植物防护

植物防护是指直接在边坡上铺草皮或种植防护林、挂柳。它适用于水流流向与线路大致平行，边坡不受主流冲刷且适宜于植物生长的地段，其容许流速为 1.2～1.8m/s。草皮护坡一般采用台阶式或竖直式的叠砌方法，如图 4-24 所示。浅滩地段一般种植防水林、挂柳。

2. 干砌片石护坡

干砌片石护坡适用于水流比较平顺的河岸滩地边缘，不受主流冲刷的周期性浸水的路堤及波浪作用不太强烈的水库边岸防护。干砌片石护坡的容许流速为 2～3m/s，容许浪高在 1m 以内。但因其抵抗力较差，在有流冰、滚石及有漂浮物的河段，一般不宜采用。

干砌片石护坡通常采用等厚截面。单层干砌时，厚约 30cm；双层干砌时，上层用较大石块，厚 25～35cm，下层厚约 25cm。边坡为砂类土时，在护坡和边坡间铺设砂砾垫层。边坡为黏性土时，垫层下尚需铺设 10cm 的杂粒砂。

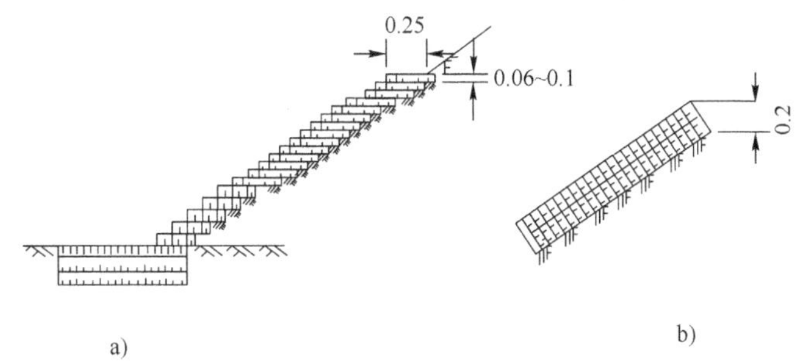

图 4-24 叠铺草皮示意图(尺寸单位：m)

a)水平层式；b)垂直于边坡式

护坡基础应埋置于最大冲刷深度下。当冲刷深度小于 1.0m 时，可采用墁石铺砌基础，如图 4-25 所示；冲刷深度大于 1.0m 时，宜采用浆砌片石脚墙基础，埋深宜在冲刷深度下不小于 0.5～1.0m，并置于冻结深度下不少于 0.25m。墙体在非严寒地区用 M7.5 浆砌片石砌筑，严寒地区用 M10 浆砌片石砌筑。

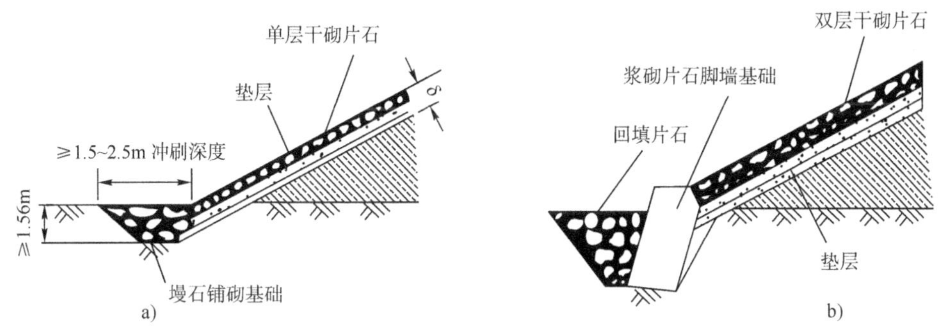

图 4-25 干砌片石护坡示意图

3.浆砌片石护坡

浆砌片石护坡除可用于周期性浸水的路基边坡防护外，还适用于经常浸水的、受主流冲刷或受强烈波浪作用或有封冰、流水的路基边坡及河岸和水库边岸的防护，其容许流速一般为 4～8m/s，容许浪高大于 1.5m。

护坡通常采用等截面厚，厚度不小于 35cm。当流速较大或波浪作用十分强烈时，厚度可达 60cm，并采用双层砌筑。护坡在非严寒地区用 M7.5 浆砌片石砌筑，在严寒地区用 M10 浆砌片石砌筑。对可能发生冻胀变形的土层边坡，必须设置垫层。当护坡较厚时，可采用 15～25cm 厚的级配砂砾卵石垫层，或采用由 10cm 厚的粗中砂和 15cm 厚的卵砾石组成的垫层；当护坡较薄时，可采用 10～15cm 厚的级配砂砾卵石垫层。

护坡沿纵向每 10～15m 设伸缩缝一道，缝宽 2cm，用沥青麻筋或沥青木板填塞。为排泄护面层背后可能的积水，一般在护坡的中下部设交错排列的泄水孔，孔径 10cm，间距 2～3m，呈梅花形交错设置，孔后设反滤层。

护坡基础多用脚墙形式。当冲刷深度在 3.5m 以内时，基础一般直接埋置在冲刷深度线以下不少于 0.5～1.0m，并使其底面低于河槽最深处。当冲刷深度更深时，基础可埋置在冲刷深度线以上，但需在基础脚前采取适当的平面防淘措施，如图 4-26 所示。

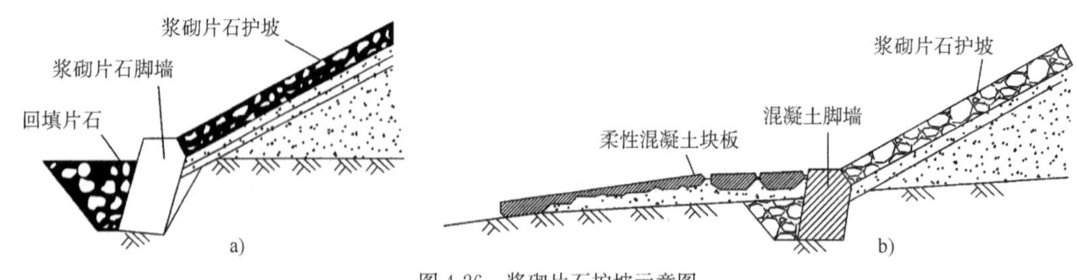

图 4-26　浆砌片石护坡示意图

a)基础脚墙埋设在冲刷深度线以下；b)柔性混凝土块板防护基础

4. 混凝土板护坡

混凝土板护坡用 C13～C18 混凝土预制成边长不少于 1.0m、厚度为 8～20cm 的板块，并配置一定数量的构造钢筋，如图 4-27 所示，用来代替浆砌片石砌筑成混凝土板护坡，其适用范围与浆砌片石护坡相同。

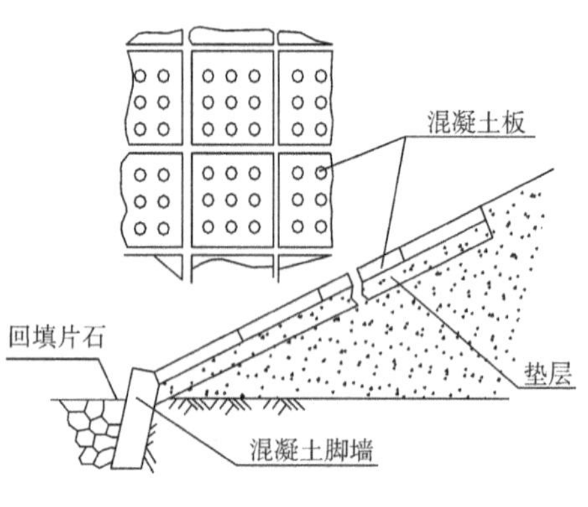

图 4-27　混凝土板护坡示意图

5. 抛石防护

抛石防护是选用一定粒径的坚硬、耐冻、不易风化的岩石，按照一定的断面形式抛掷或堆砌于路基边坡、坡脚或河床内，用以防止路基或岸坡冲刷的建筑物。它适用于水流方向稳定、无严重局部冲刷且河床地层承载力较高的路基边坡下部及河岸的防护。此外，它还常用作水库边岸和海岸的防浪建筑物和防洪抢险的临时加固工程。其容许流速由抛投石块的粒径而定，一般不宜超过 3m/s。

抛石防护护坡坡度一般为 1∶1.5～1∶3.5，抛石厚度不得小于石块粒径的 2 倍。既有路基抛石护坡如图 4-28 所示。

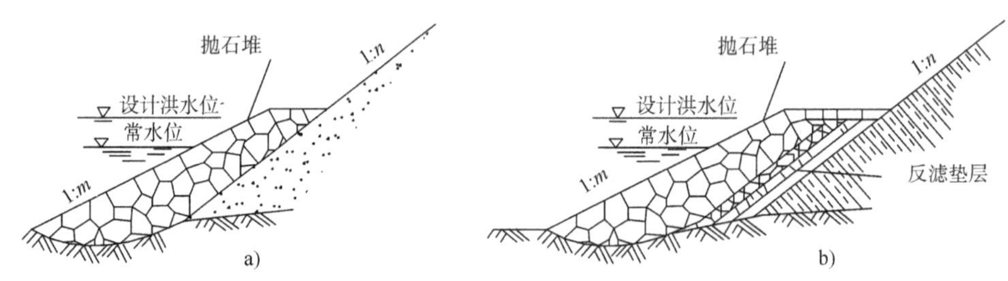

图 4-28　既有路基抛石护坡示意图

a)不设垫层；b)设置垫层

抛石的最小粒径可按下式估算

$$D = 0.04v^2 \tag{4-2}$$

式中：D——抛石的折算直径(m)；

　　v——水流行经抛石堆时的平均流速(m/s)。

6. 石笼防护

石笼防护是将装满石块的铁丝笼，按照一定的断面形式抛掷或堆砌在路基边坡、坡脚或河床内，用以防止路基或岸坡被冲刷的建筑物。它有较高的强度和柔性，不需用较大的石块，适用于受洪水冲刷但无滚石的河段和大石料缺少的地区。其容许流速可达 4～5m/s，容许浪高

1.5～1.8m。石笼内的填充石料宜选用浸水不崩解、密度大、未风化的石块。

石笼用于防护岸坡时一般应垒砌(见图4-29a),只有当边坡坡度不陡于1∶2时才平铺(见图4-29b)。平铺一般与坡脚线垂直,其铺设长度不宜小于冲刷深度的1∶5～2倍。

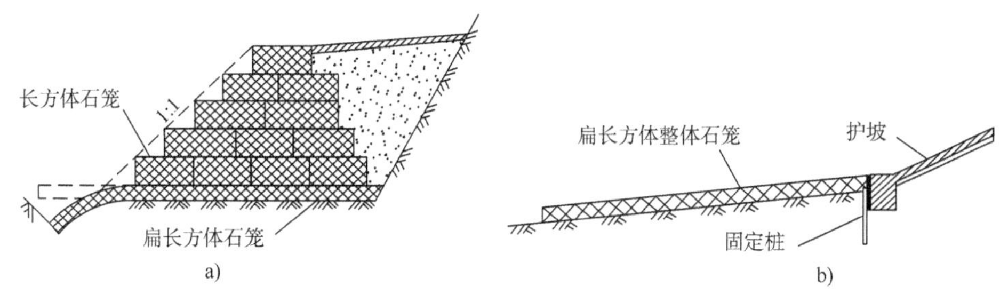

图4-29　石笼防护断面布置示意图

a)垒砌式;b)平铺式

铺设石笼的基底用0.2～0.4m的砾石或碎石垫平。底层石笼用旧钢轨或直径不小于20mm的钢筋锚固入基底地层中,若其前端需自由下弯时,只锚定靠岸边的一端,石笼之间可用直径为6mm的钢筋穿连在一起,也可将笼盖与笼体连接绑在一起形成一个整体。

7.浸水挡土墙

在需要设置坚强防护的地段,或因地形限制不宜设置其他类型冲刷防护建筑物的峡谷急流和冲刷严重的河段,采用浸水挡土墙比较经济合理。其容许流速5～8m/s,容许浪高大于2m。

浸水挡墙通常采用重力式或衡重式,用M10浆砌片石砌筑,石料应具有一定的耐水能力。墙的端部与河岸要圆顺连接,切不可挤压河道,以免造成严重的局部冲刷。

浸水挡土墙的基底应埋置在冲刷深度线下不少于1.0m,最好埋在不致被冲刷的完整的基岩上。如冲刷深度很深,则可根据河床及地质情况采用桩基或沉井基础,或者在采用浅基的同时采用其他平面防淘措施。

(二)间接防护简介

间接防护是在路基或河岸的外围设置导流或阻流建筑物(统称导治建筑物)以改变水流(如改变主流流向、减缓流速、改变冲刷或淤积部位等),从而间接地防护路基或河岸的一种方法,如挑水坝、顺坝、格坝等。这种方法的特点是防护建筑物都要或多或少地侵占一部分河床,不同程度地压缩和扰乱原来的水流,因而其侵占河床的部位会受到特别强烈的冲刷和掏蚀,必须采取相应的措施进行加固。间接防护方法适用河槽较宽,冲刷和淤积大致平衡,河性易改变且有条件顺河流之势设置导流建筑物的地段,当被防护地段较长时尤其适宜。挑水坝、顺坝及格坝的平面布置见图4-30、图4-31。

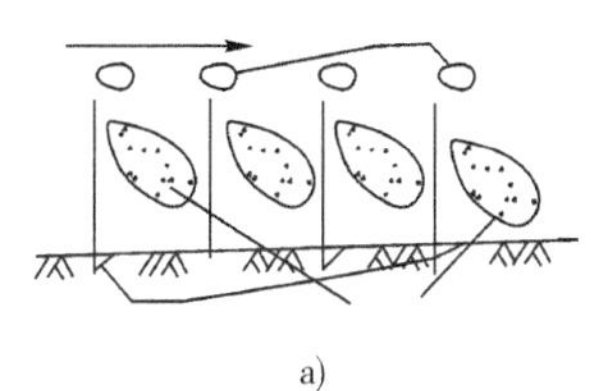

a)　　b)　　c)

图4-30　挑水坝的平面布置示意图

a)垂直布置形式;b)下挑布置形式;c)上挑布置形式

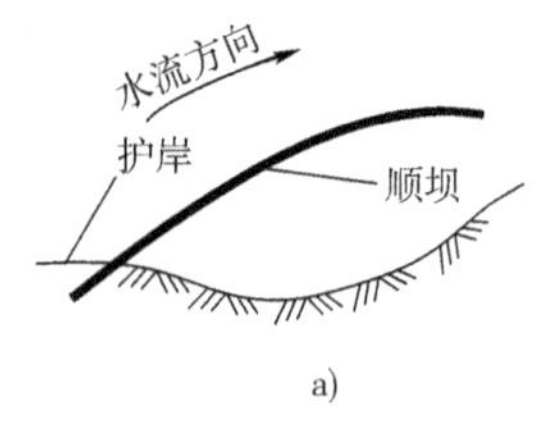

a)

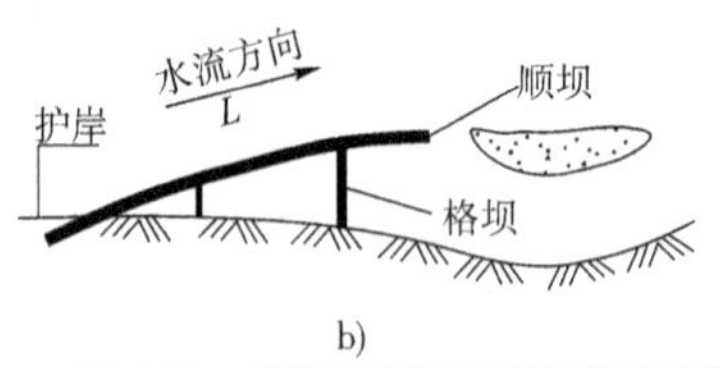

b)

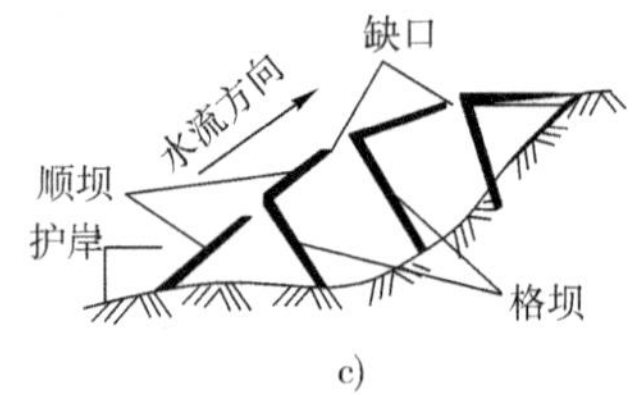

c)

图 4-31 顺坝和格坝的平面布置示意图

路基不宜过多侵占河床。遇有水流直冲威胁路基安全时，除应做好冲刷防护外，必要时还可局部改移河道。改河是将水流引入新的河道而避免其对路基、坡岸冲刷的一种措施。改河时必须掌握河流的性质及其演变规律和河床形成的特点，因势利导，防止硬性改动。改河的起终点要与原河床平顺相接。为防止水流重归故道，一般还应在旧河道上设置拦河坝。同时，还要注意改河后对附近农田、水利及居民点等的影响。

第三节 路基加固

一、挡土墙

(一)挡土墙的概念及应用

挡土墙是支撑天然斜坡或人工边坡保持土体稳定的建筑物。挡土墙的各部分名称如图 4-32 所示。墙的顶面部分称为墙顶；墙的底面部分称为墙底；与填土接触的面称为墙背；与墙背对应的另一面称为墙胸(墙面)；墙胸与墙底的交线称为墙趾；墙背与墙底的交线称为墙踵；墙背与竖直线的夹角称为墙背倾角，一般用 α 表示；墙踵到墙顶的垂直距离称为墙高，用 H 表示。

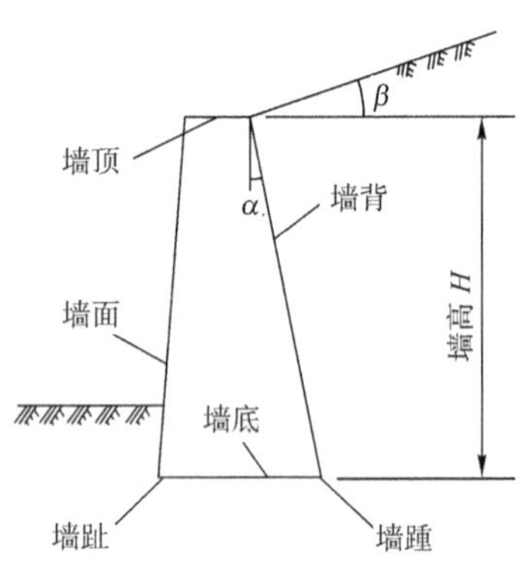

图 4-32 挡土墙各部分的名称

路基在遇到下列情况时可考虑修建挡土墙。

(1)陡坡和高填方地段，下方设置挡土墙，可防止路堤边坡沿基底滑动，保证路基稳定，同时又可收缩坡脚，减少填方和少占农田。

(2)岩石风化的路堑边坡地段，设置挡土墙可支撑开挖后不能自行稳定的边坡。

(3)为避免大量挖方及降低边坡高度的路堑地段。

(4)可能产生坍方、滑坡的不良地质地段。

(5)水流冲刷严重或长期受水浸泡的沿河路基地段。

(6)为保护重要建筑物、生态环境或其他特殊需要的地段。

在考虑挡土墙设计方案时，应与其他工程方案进行技术经济比较。例如，采用路堤或路肩挡土墙时，常与栈桥或填方等方案进行比较；采用路堑或山坡挡土墙时，常与隧道、明洞或刷缓边坡等方案作比较，以求工程技术经济合理。

(二)挡土墙的类型

1.根据挡土墙在路基横断面上的位置分类

根据挡土墙在路基横断面的位置分为路肩式、路堤式及路堑式 3 种，如图 4-33 所示。

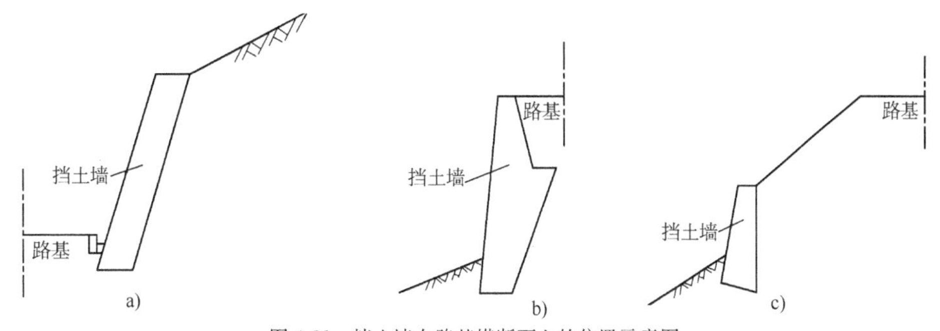

图 4-33　挡土墙在路基横断面上的位置示意图

a)路堑式;b)路肩式;c)路堤式

2. 按墙背形式分类

当墙背为一平面时,称为直线形墙背挡土墙。当墙背由一个以上平面组成时,称为折线形墙背挡土墙。根据墙背的倾斜方向,又可将挡墙分为俯斜式、仰斜式及竖直式 3 类,如图 4-34 所示。

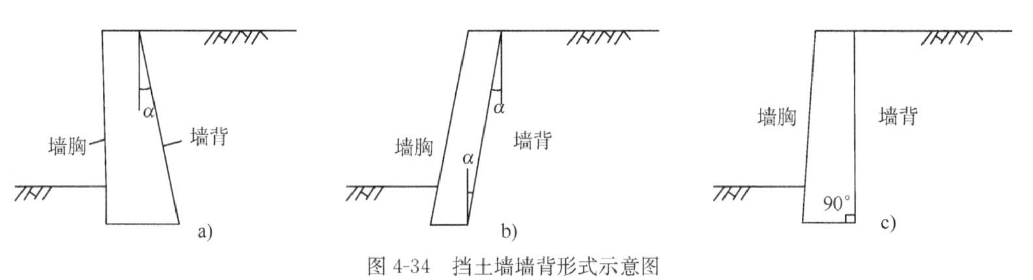

图 4-34　挡土墙墙背形式示意图

a)俯斜式;b 仰斜式;c)竖直式

3. 按结构形式分类

按挡土墙的结构形式可分为重型结构挡土墙和轻型结构挡土墙两类。重型结构挡土墙主要依靠本身自重来维持稳定,如我国目前常用的重力式和衡重式挡土墙。重型结构挡土墙一般由片石砌筑而成,具有构造简单、施工方便、易于就地取材等优点,因而得到普遍使用,但这种挡墙墙身断面较大,不易实现施工的机械化和工厂化。

根据建筑材料,挡土墙可分为石、混凝土及钢筋混凝土挡土墙等;根据所处的环境条件,挡土墙可分为一般地区挡土墙、浸水地区挡土墙与地震地区挡土墙等。

在石料丰富的地区,石砌重力式和衡重式挡土墙得到广泛应用。此外,为适应不同地区的条件和发展新技术的需要,逐步发展了各种形式的挡土墙,如悬臂式、扶臂式、板桩式、锚杆式、锚定板式、竖向预应力锚杆式、加筋土式及土钉式等新型挡土墙。这类挡土墙以抗拉强度较高的钢材或钢筋混凝土为材料,具有圬工用量少、造价低、便于拼装及机械化施工的优点,得到越来越广泛的使用。随着生产和技术的不断发展,今后还将会有一些新的结构形式不断出现。

(三)轻型挡土墙简介

1. 加筋土挡土墙

加筋土挡土墙由墙面板、拉筋及填料所组成,如图 4-35 所示。它依靠填料与拉筋间的摩擦力来平衡墙面板所受的土压力。

为保证拉筋的摩擦力,墙后填料应采用粗粒土,而块石与拉筋之间因受力不均匀,填筑时又易砸坏拉筋,故不宜作填料。

墙面板承受土压力,防止填料流失,要求具有一定刚度。目前使用的墙面板一般为钢筋混凝土板，形状多为矩形、十字形、六角形等。

拉筋材料要求抗拉强度大，不易脆断，有一定柔性；与填料间有足够的摩擦力，有较好的耐腐蚀性和耐久性。国外的拉筋普遍采用钢带，国内多采用钢筋混凝土板连接成的板条。公路部门较多采用土工格栅。

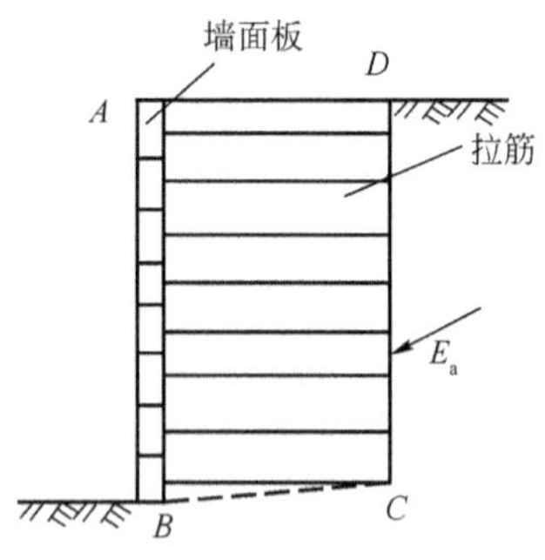

图 4-35　加筋土挡土墙示意图

2. 锚杆挡土墙

锚杆挡土墙由钢筋混凝土墙面系和锚杆组成，锚杆插入并锚固在稳定的岩层或土层中，如图 4-36 所示。作用于墙面系的土压力由锚杆埋入地层的抗拔力来平衡。这种挡土墙多用于岩质、半岩质深路堑及陡坡路堤地段。

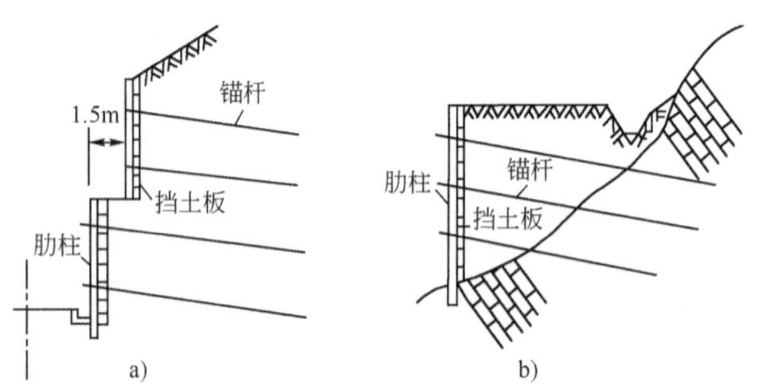

图 4-36　锚杆挡土墙示意图

a）二级锚杆路堑挡墙；b）路堤锚杆挡墙

墙面系多采用柱板式，即由肋柱和挡土板组成。肋柱多为预制钢筋混凝土柱，间距 2.0～2.5m。挡土板为钢筋混凝土槽形板、空心板或矩形板。板的长度为两肋柱间的净跨加两个搭接长度，搭接长度不小于 10cm。

锚杆多用单根或多根螺纹钢筋，直径 18～32mm，但每孔不宜多于 3 根。当拉力较大、长度较长时，也可采用高强度钢丝束。

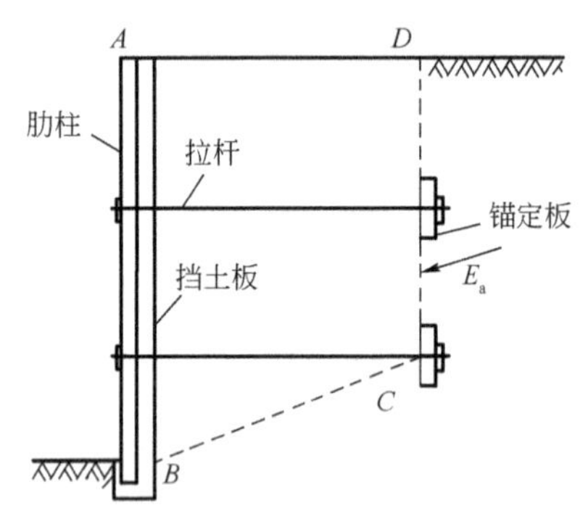

图 4-37　锚定板挡土墙示意图

3. 锚定板挡土墙

锚定板挡土墙由墙面系、拉杆、锚定板组成，如图 4-37 所示。它通过锚定板前填土的被动抗力来平衡拉杆拉力。因此，锚定板是依靠土体来保持自身稳定的支挡结构。

墙面系分有肋柱和无肋柱两种。有肋柱式的包括肋柱和挡土板，与锚杆挡土墙相似；无肋柱式的则全是墙面板，与加筋土挡墙相似，但由于拉杆数量比拉筋数量少，因此墙面板尺寸较大。

锚定板一般为钢筋混凝土板，其面积应满足因锚定板产生的容许抗拔力大于拉杆拉力的要求。

4. 钢筋混凝土悬臂式和扶壁式挡土墙

钢筋混凝土悬臂式挡土墙由立壁、趾板及踵板组成，呈现倒“T”字形，如图 4-38 所示。立壁用于支撑墙后土体，踵板上方土体重量起增加挡墙抗滑和抗倾覆稳定性的作用，趾板显著增加了抗倾覆力矩的力臂，并大大减少了基底应力。这种结构形式较好地发挥了钢筋混凝土的强度性能。

由于立壁悬臂受力，立壁与踵板连接处弯矩较大，所以悬臂式挡土墙的高度一般不大于4m；高度大于4m时，宜在墙面板前加肋。

当墙高大于6m时，可采用钢筋混凝土扶壁式挡土墙，如图4-39所示。它在悬臂式挡土墙的立壁与踵板间加肋板连接起来，以改善立壁和踵板的受力条件。肋间净距约为墙面板悬臂高度的$\frac{3}{10}$～$\frac{1}{2}$倍。

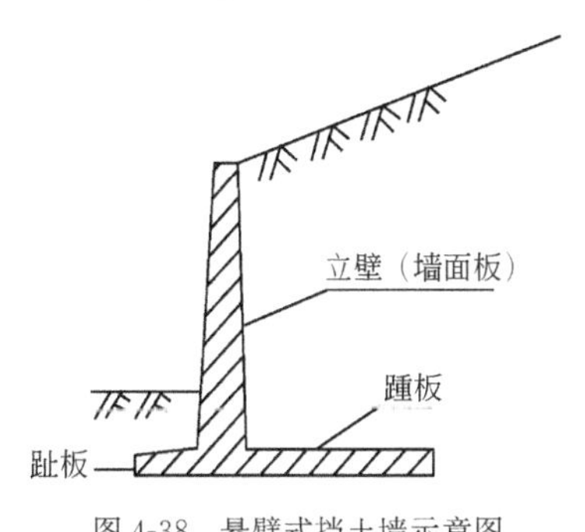

图4-38 悬臂式挡土墙示意图

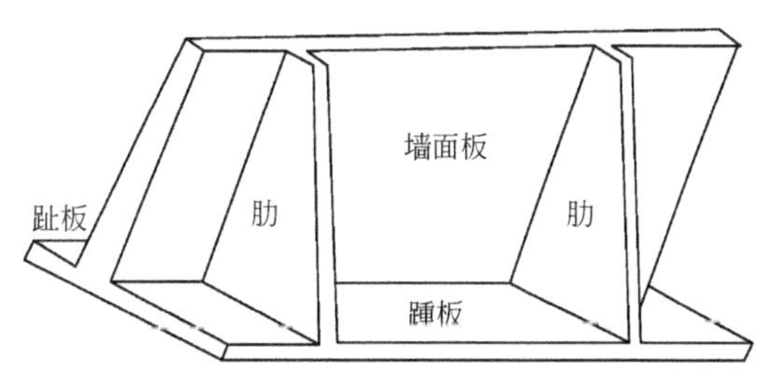

图4-39 扶壁式挡土墙示意图

5.对拉式挡土墙

对拉式挡土墙由墙面系和拉杆组成，如图4-40所示。它在路基两侧设墙面系，用拉杆连接起来，一侧墙面系承受的土压力由另一侧墙面系上的土压力来平衡，两侧墙面系相互支承。墙面系一般采用肋柱和挡土板，其形状与锚定板挡土墙的相同。

6.桩板式挡土墙

桩板式挡土墙如图4-41所示，由钢筋混凝土桩、板所组成。钢筋混凝土桩锚固于较深土层中，土压力通过挡土板传给桩并由桩前土体的弹性抗力来平衡。这种结构形式的挡土墙能适用于承载力较低的不良地基，可用作路肩墙、路堤墙及路堑墙。

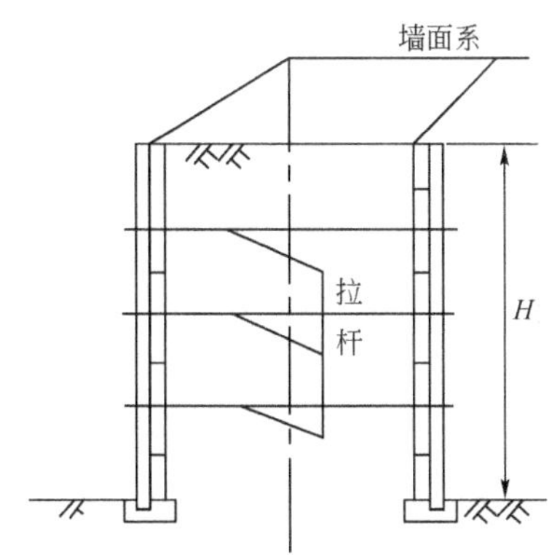

图4-40 对拉式挡土墙示意图

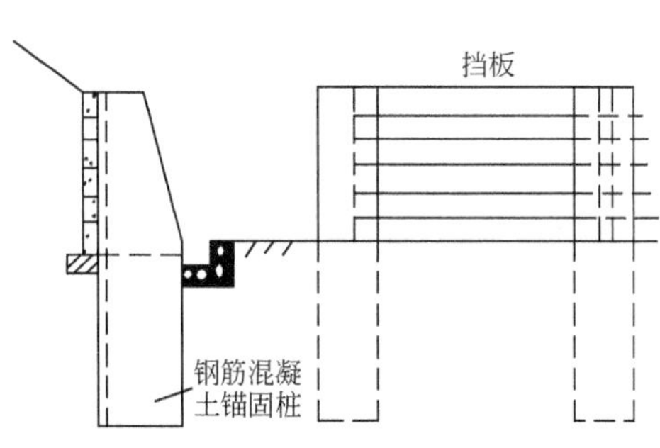

图4-41 桩板式挡土墙示意图

（四）重力式挡土墙的构造

重力式挡土墙的构造必须满足强度与稳定性的要求，同时应考虑就地取材、经济合理、施工养护的方便与安全。

1.墙身构造

重力式挡土墙的仰斜墙背坡度一般采用1∶0.25，如图4-42a)所示，不宜缓于1∶0.30。俯斜墙背坡度一般为1∶0.25～1∶0.40，如图4-43b)所示。衡重式或凸折式挡土墙下墙墙背坡度多采用 1∶0.25～1∶0.30 仰斜，上墙墙背坡度受墙身强度控制，根据上墙高度，采用 1∶0.25～1∶0.45 俯斜，如图 4-42c)所示。墙面一般为直线形，其坡度应与墙背坡度相协调。同时还应考虑墙趾处的地面横坡，在地面横向倾斜时，墙面坡度影响挡土墙的高度，横向坡度愈大影响愈大。因此，地面横坡较陡时，墙面坡度一般为 1∶0.05～1∶0.20，矮墙时也可采用直立；地面横坡平缓时，墙面可适当放缓，但一般不缓于 1∶0.35，见图 4-42d)。

仰斜式挡土墙墙面一般与墙背坡度一致或缓于墙背坡度，参见图 4-42a)。衡重式挡土墙墙面坡度采用 1∶0.05，参见图 4-42c)，所以在地面横坡较大的山区，采用衡重式挡土墙较经济。衡重式挡土墙上墙与下墙的高度之比，一般采用 2∶3 较为经济合理。对一处挡土墙而言，其断面形式不宜变化过多，以免造成施工困难，并且应当注意不要影响挡土墙的外观。

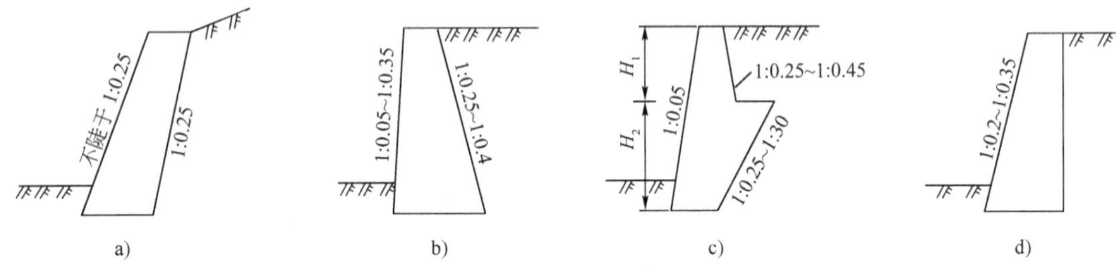

图 4-42 挡土墙墙背和墙面坡度

混凝土块和石砌体挡土墙的墙顶宽度一般不应小于 0.5m，混凝土墙顶宽度不应小于 0.4m。路肩挡土墙墙顶应以粗料石或 C15 混凝土做帽石，其厚度不得小于 0.4m，宽度不小于 0.6m，凸出墙外的飞檐宽应为 0.1m。如不做帽石或为路堤墙和路堑墙时，应选用大块片石置于墙顶并用砂浆抹平。

在有石料的地区，重力式挡土墙应尽可能采用浆砌片石砌筑，片石的极限抗压强度不得低于 30MPa。在一般地区及寒冷地区，采用 M7.5 水泥砂浆；在浸水地区及严寒地区，采用 M10 水泥砂浆。在缺乏石料的地区，重力式挡土墙可用 C15 混凝土或片石混凝土建造；在严寒地区用 C20 混凝土或片石混凝土建造。

为保证列车正常运行和线路养护及行人的安全，路肩挡土墙在一定条件下，应设置防护栏杆。

为避免因地基不均匀沉陷而引起墙身开裂，根据地基地质条件的变化和墙高、墙身断面的变化情况需设置沉降缝。在平曲线地段，挡土墙可按折线形布置，并在转折处以沉降缝断开。为防止圬工砌体因收缩硬化和温度变化而产生裂缝，应设置伸缩缝。设计中一般将沉降缝和伸缩缝合并设置，沿线路方向每隔 10～25 设置一道，如图 4-43 所示。缝宽为 2～3cm，自墙顶做到基底。缝内沿墙的内、外、顶三边填塞沥青麻筋或沥青木板，塞入深度不小于 0.2m。当墙背为岩石路堑或填石路堤时，可设置空缝。

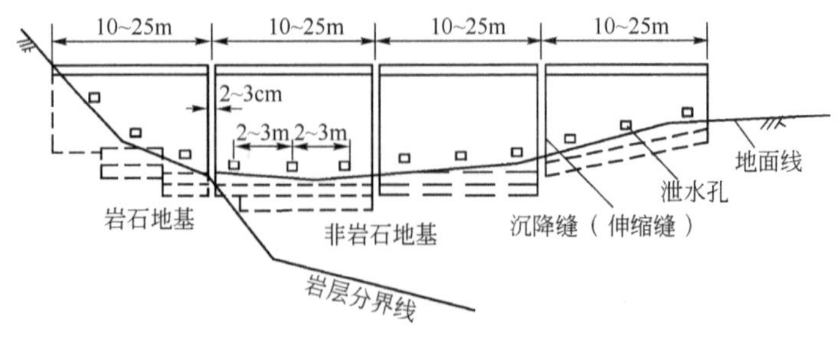

图 4-43 沉降缝与伸缩缝

挡土墙的排水措施通常由地面排水和墙身排水两部分组成。地面排水主要是防止地表水渗入墙后土体或地基，地面排水措施有：

(1)设置地面排水沟，截引地表水；

(2)夯实回填土顶面和地表松土，防止雨水和地面水下渗，必要时可设铺砌层；

(3)路堑挡土墙趾前的边沟应予以铺砌加固，以防止边沟水渗入基础。

墙身排水主要是为了排除墙后积水，通常在墙身的适当高度处布置一排或数排泄水孔，如图 4-44 所示。泄水孔的尺寸可视泄水量的大小分别采用 0.05m×0.1m、0.1m×0.1m、0.5m×0.2m 的方孔或直径 0.05～0.1m 的圆孔。孔眼间距一般为 2～3m，干旱地区可以增大，多雨地区则可减小。浸水挡土墙则为 1.0～1.5m，孔眼应上下左右交错设置。最下一排泄水孔的出水口应高出地面 0.3m；如为路堑挡土墙，应高出边沟水位 0.3m；若为浸水挡土墙，则应高出常水位 0.3m。泄水孔的进水口部分应设置粗粒料反滤层，以防孔道淤塞。泄水孔应有向外倾斜的坡度。在特殊情况下，墙后填土采用全封闭防水，一般不设泄水孔。干砌挡土墙可不设泄水孔。

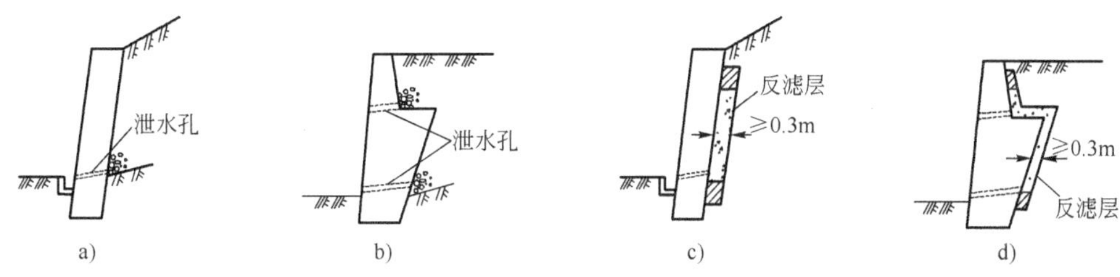

图 4-44 挡土墙泄水孔和反滤层

若墙后填土的透水性不良或可能发生冻胀时，应在最低一排泄水孔至墙顶以下 0.5m 的高度范围内，填筑不小于 0.3m 厚的砂加卵石或土工合成材料反滤层，既可减轻冻胀力对墙的影响，又可防止墙后产生静水压力，同时起反滤作用。反滤层的顶部与下部应设置隔水层。

2. 防水层

为防止水渗入墙身形成冻害及水对墙身的腐蚀，在严寒地区或有浸水作用时，常在临水面涂以防水层。

(1)石砌挡土墙，先抹一层 M5 水泥砂浆(2cm)，再涂以热沥青(2～3mm)。

(2)混凝土挡土墙，涂抹两层热沥青(2～3mm)。

(3)钢筋混凝土挡土墙，常用石棉沥青及沥青浸制麻布各两层防护，或者加厚混凝土保护层，一般情况下可不设防水层，但片石砌筑挡土墙需用水泥砂浆抹成平缝。

3. 基础埋置深度

挡土墙一般采用明挖基础。当地基为松软土层时，可采用加宽基础、换填或桩基础。水下基础挖基有困难时，可采用桩基础或沉井基础。.

基础埋置深度应按地基的性质、承载力的要求、冻胀的影响、地形及水文地质等条件确定。

挡土墙基础置于土质地基上时，其基础埋深应符合下列要求。

(1)基础埋置深度不小于 1m。当有冻结且冻结深度小于或等于 1m 时，基础埋深应在冻结线以下不小于 0.25m(不冻胀土除外)；当冻结深度超过 1m 时，可在冻结线下 0.25m 内换填弱冻胀土或不冻胀土，但埋置深度不小于 1.25m。不冻胀土层(如碎石、卵石、中砂或粗砂等)中的基础，埋置深度可不受冻深的限制。

(2)受水流冲刷时，基础应埋置在冲刷线以下不小于 1m。

(3)路堑挡土墙基础底面应在路肩以下不小于 1m，并应低于侧沟砌体底面不小于 0.2m。

挡土墙基础置于硬质岩石地基上时，应置于风化层以下。当风化层较厚，难以全部清除时，可根据地基的风化程度及其相应的承载力将基底埋于风化层中。置于软质岩石地基上时，埋置深度不小于 1.0m。

挡土墙基础置于斜坡地面时，其趾部埋入深度和距地面的水平距离应符合表 4-1 的要求。

斜坡地面趾部埋入的最小尺寸(单位:m)　　表 4-1

地 层 类 别	埋入深度 h	距离坡地面的水平距离 L	示 意 图
较完整的硬质岩层	0.25	0.25～0.50	
一般硬质岩层	0.60	0.60～1.50	
软质岩层	1.00	1.00～2.00	
土层	≥1.00	1.50～2.50	

(五)重力式挡土墙的布置

挡土墙的布置是挡土墙设计的一个重要内容，通常在路基横断面图和墙趾纵断面图上进行。布置前应现场核对路基横断面图，不满足要求时应补测，并测绘墙趾处的纵断面图，收集墙趾处的地质和水文等资料。

1.挡土墙位置的选定

(1)路堑挡土墙的位置通常设置在路基的侧沟边。山坡挡土墙应考虑设在基础可靠处，墙的高度应保证墙后墙顶以上边坡的稳定。

(2)路肩挡土墙因可充分收缩坡脚，大量减少填方和占地，当路肩与路堤墙的墙高或截面圬工数量相近、基础情况相似时，应优先选用路肩墙。若路堤墙的高度或圬工数量比路肩墙显著降低，而且基础可靠时，宜选用路堤墙。必要时应作技术经济比较以确定墙的位置。

(3)当路基两侧同时设置路肩和路堑挡土墙时，一般应先施工路肩墙，以免在施工时破坏路堑墙的基础。同时要求过路肩墙墙踵与水平面成 φ 角的平面不得伸入到路堑墙的基底面以下，否则应加深路堑墙的基础，或将两者设计成一个整体结构。

(4)沿河路堤设置挡土墙时，应结合河流的水文、地质情况及河道工程来布置。注意应保证墙后水流顺畅，不致挤压河道而引起局部冲刷。

(5)滑坡地段的抗滑挡土墙，应结合地形、地质条件、滑面的部位、滑坡推力，以及其他工程，如抗滑桩、减载、排水等综合考虑。

(6)带拦截落石作用的挡土墙，应按落石范围、规模、弹跳轨迹等进行考虑。

(7)受其他建筑物，如房屋、公路、桥涵、隧道等控制的挡土墙，在满足特定的要求下，尚需考虑技术经济条件。

2.纵向布置

纵向布置在墙址纵断面图上进行，布置后绘成挡土墙正面图，布置的内容如下。

(1)确定挡土墙的起讫点和墙长，选择挡土墙与路基或其他结构物的衔接方式。路肩挡土墙端部可嵌入石质路堑中，或采用锥坡与路堤衔接。当路肩挡土墙、路堤挡土墙兼设时，其衔接处可设斜墙或端墙。与桥台连接时，为防止墙后回填土从桥台尾端与挡土墙连接处的空隙中溜出，需在台尾与挡土墙之间设置隔墙及接头墙。

路堑挡土墙在隧道洞口应结合隧道洞门、翼墙的设置情况平顺衔接；与路堑边坡衔接时，一般将墙高逐渐降低至2m以下，使边坡坡脚不致伸入边沟内，有时也可用横向端墙连接。

(2)按地基、地形及墙身断面变化情况进行分段，确定伸缩缝和沉降缝的位置。当墙身位于弧形地段，如桥头锥体坡脚，因受力后容易出现竖向裂缝，宜缩短伸缩缝的间距，或考虑其他措施。

(3)布置各挡土墙的基础。墙趾地面有纵坡时，挡土墙的基底宜做成不大于5%的纵坡。但地基为岩石时，为减少开挖，可沿纵向做成台阶。台阶尺寸应随纵坡大小而定，但其高宽比不宜大于1∶2。

(4)布置泄水孔的位置，包括数量、间隔及尺寸等。

此外，在布置图上应注明各特征断面的桩号，以及墙顶、基础、顶面、基底、冲刷线、冰冻线、常水位或设计洪水位的高程等。

3.横向布置

横向布置选择在墙高最大处、墙身断面或基础形式有变异处。根据墙型、墙高、地基及填土的物理力学指标等设计资料，进行挡土墙设计或套用标准图，以确定墙身断面、基础形式及埋置深度，布置排水设施等，并绘制挡土墙横断面图。

4.平面布置

对于个别复杂的挡土墙，如较高、较长的沿河挡土墙和曲线挡土墙，除了纵、横向布置外，还应进行平面布置，绘制平面图，标明挡土墙与线路的平面位置及附近地貌和地物等情况，特别是与挡土墙有干扰的建筑物的情况。沿河挡土墙还应绘出河道及水流方向、其他防护与加固工程等。

在以上设计图中，还应标写简要说明。必要时可另编设计说明书，说明选用挡土墙方案的理由、选用挡土墙结构类型和设计参数的依据、对材料和施工的要求及注意事项、主要工程数量等。如采用标准图，应注明其编号。

(六)挡土墙的施工要点

挡土墙的施工大体上分施工放样、挖基坑、砌筑基础及砌筑墙身4个步骤，施工中应注意下列事项。

1.挖基

(1)基坑开挖前应做好截排水工作。

(2)随挖随核对基础地质资料，如遇地质不良、承载力不足的地基，应通过变更设计采取措施，然后据以施工。

(3)墙基位于斜坡地面时，其趾部埋入深度和距地面水平距离，应同时符合设计要求；墙基高程如不能满足设计要求时，应通过变更设计后再施工。

(4)采用倾斜基底时，应准确挖凿，不得用填补方法筑成斜面。

(5)基坑超挖部分，应用同强度等级浆砌体回填。

(6)基坑应视地质情况确定是否需要支撑加固及加固类型，特殊条件下采用沉井和挖孔桩基础，并通过设计确定后，据以施工。

2.砌筑基础

(1)砌筑前，应将基底表面风化、松散土石清除。

(2)硬石基坑中的基础，宜紧靠坑壁，并插浆塞满间隙，使之与岩层结为一体。

(3)雨季在土质或易风化软石基坑中砌筑基础，应于基坑挖好后，立即满铺砌筑一层。

(4)采用台阶式基础时，台阶转折处不得砌成竖向通缝，砌体与台阶壁间的缝隙应插浆塞满。

(5)应随砌筑分层回填、压实。

3. 砌筑墙身

(1)砌出地面后应立即回填夯实，并做好排水防渗设施。

(2)伸缩缝与沉降缝内两侧壁应平齐无搭叠，缝中防水材料应按要求深度填塞紧密。

(3)应按设计要求做好墙后隔水、排水设施，泄水孔的进水侧应设置反滤层，厚度大于0.3m。

(4)预埋构件、检查梯、台阶、栏杆等应与墙身同时砌筑，并连接牢固。

二、抗滑桩

抗滑桩又称锚固桩，是近二十多年来获得广泛应用的一种新型抗滑支挡结构物。我国于1967年首次用于整治沙北滑坡工点，获得成功。抗滑桩埋于稳定滑床中，依靠桩与桩周岩(土)体的相互嵌制作用将滑坡推力传递到稳定地层，利用稳定地层的锚固作用和被动抗力，使滑坡得到稳定。桩可改善滑坡状态，促使滑坡向稳定转化。抗滑桩的埋置情况如图4-45所示。

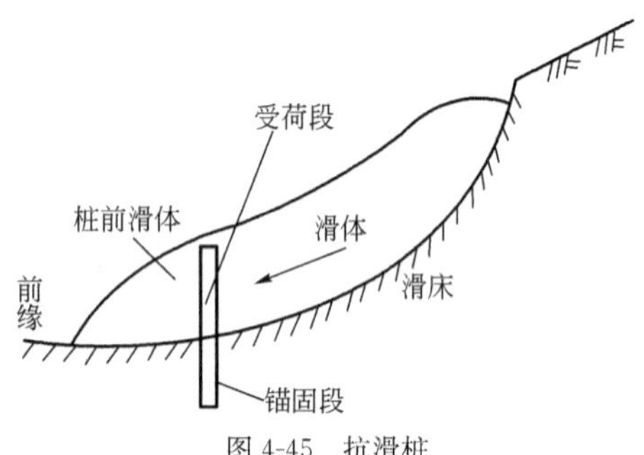

图4-45 抗滑桩

从桩的材料和施工方法上看，抗滑桩与一般用于基础的桩并无显著区别。目前，我国铁路部门所采用的抗滑桩均是人力挖孔就地灌注的钢筋混凝土矩形桩。

按桩的变形条件，抗滑桩可分为刚性桩、弹性桩两种。刚性桩在侧向推力作用下，桩身的挠曲变形很小，可忽略不计，桩在土中产生整体转动位移，桩的侧向位移随离转动中心的距离而成直线增加。弹性桩在侧向推力的作用下，变形以桩身的挠曲变形为主，而桩整体转动所引起的变形可略而不计。

按桩的埋置情况和受力状态，抗滑桩可分为全埋式和悬臂式两种。全埋式桩即是桩前桩后均受外力作用；如桩前滑动面以上部分对桩不产生作用力，则称该桩为悬臂桩。

抗滑桩应用于整治滑坡有如下一些优点：与抗滑挡土墙比较，它的抗滑能力大，圬工小；设桩位置比较灵活，可集中设置，也可分级设置，可单独使用，也可与其他支挡工程配合使用；桩施工时破坏滑体范围小，不致改变滑坡的稳定状态；施工简便，采用混凝土护壁后施工安全；由于分段同时施工，劳力易于安排，工期可缩短；成桩后能立即发挥作用，有利于滑坡稳定，而且施工可不受季节限制；施工开挖桩孔过程中易于校对地质资料，如有出入可及时修改设计；采用抗滑桩处理滑坡时，可不做复杂的地下排水工程。因此，抗滑桩在滑坡整治中得到了广泛应用。

抗滑桩除用于稳定滑坡外，还可用于路基边坡加固，阻止填方沿基底滑动，加固已成建筑物(如挡土墙及隧道)防止开裂扩大等。

抗滑桩一般设置在滑坡前缘抗滑段上，并垂直于滑坡主滑方向成排布置。

抗滑桩的设计计算包括桩截面尺寸及合理间距的确定、桩的长度及锚固深度的确定、作用于桩身的外荷载计算、桩的内力计算及配筋设计等。作用于桩上的滑坡推力可按传递系数法计算。推力在桩上的分布可根据滑体性质来确定。当滑体为黏聚力较大的黏土、土夹石、较完整的岩层时，滑体系均匀向下蠕动，或整体向下移动，故推力可按矩形分布考虑；当滑体为松散体或堆积层时，可按三角形分布考虑；当滑体不属上述情况，而介乎二者之间时，可按抛物线形或简化为梯形分布考虑。推力在桩上的分布，实际上还与桩的变形性质、桩前滑体产生抗力的性质、滑动面性质、倾角大小及滑动的速度等因素有关，是一个比较复杂的问题，所以精确的计算方法还需作进一步研究。

桩的截面形式与尺寸和施工方法有关。挖孔桩采用矩形断面，其长边顺滑动方向布置，最小边长不宜小于1.25m，长边一般用2～4m。桩的间距，应根据不使上方滑体从桩间滑走，又不致过密的原则来确定。有滑体试验资料时，应根据试验资料确定；无试验资料时，可参照经验数据确定。一般滑体较完整的，土质较密的，桩的间距可大一些。

桩的长度和锚固深度需经过计算确定。当桩的位置确定后，桩的全长等于滑体厚度加上桩的锚固深度。桩的锚固深度不足时，桩就有被推倒的危险，但锚固太深既增加施工难度又不经济，故一般锚固深度约为桩全长的1/2～1/3。

抗滑桩承受的荷载除滑坡推力外，还有地基抗力。抗滑桩所承受的滑坡推力经过桩的传递，为地基抗力所平衡。但是地基抗力是一个未知量，它的大小、分布与地基土的性质、桩的变形量的大小等有关。当桩周地基的变形处于弹性阶段时，抗力按弹性抗力计算；当变形处于塑性阶段时，则按地基侧向允许承载力计算；处于变形范围较大的塑性阶段时，则应采用极限平衡法计算岩、土层的抗力值。在一般条件下，若不产生塑性变形，均可按弹性抗力考虑。

所谓弹性抗力是指从弹性理论出发，假定地层为弹性介质，地基抗力与桩的位移量成正比，即温克勒(E. winkler)弹簧地基假定。

地基系数是地基土的一个物理量。由于图的可变性和复杂性，地基系数随深度的变化规律也比较复杂。根据一些试验资料，目前多假定地基系数随深度按幂函数规律变化，可表示为

$$C = m(y_0 + y)^n$$

式中：m——比例系数；

n、y_0——与岩、土类别有关的数及常数。

当$n=0$时，C值为常数，采用此种假定的计算方法称为K法，即$C=K$；当$n=1$时，C值呈梯形规律变化，称为m法，即$C=my$。

K法适用于软质岩层、未经扰动的硬黏土或性质相近的半岩质地层。m法适用于一般硬塑、半坚硬的砂黏土、碎石土或风化破碎成土状的软质岩层，以及密度随深度增加的地层。抗滑桩的计算，可根据桩变形条件按刚性桩或弹性桩的有关公式进行或按矩阵分析法的软件在计算机上实现。详见有关路基及支挡结构设计规范方面的资料。

实践证明，抗滑桩用于整治滑坡是有效的。设计中所引用的理论和计算方法在不断完善，结构形式也正不断改进。为增强支挡斜坡的稳定性，防止受荷段桩间土体下滑，在桩间增设挡土板，构成桩和板组成的桩板式抗滑桩(墙)。承台式抗滑桩是由若干单根桩的顶端用混凝土板或钢筋混凝土板连成一组共同抗滑的桩体。承台在平面上呈矩形、T形及拱形，可分别连接3根或4、5根桩共同抗滑，抗滑能力强、设置简便。当承台上增设有挡土墙和拱板时，就构成椅式桩墙。排架式抗滑桩是由两根竖桩与两根横梁连接成的整体桩体，刚度大、抗滑能力强，设置简便，受力条件较排式单桩有明显改善。

第四节 路基其他加固建筑物

路基加固工程除了挡土墙外，还有一些其他类型的加固建筑物。

一、土质护堤或干砌片石垛

因地形、地质条件需要回收路堤坡脚或在陡坡上修建路堤时，为防止路堤滑动，可在路堤坡脚处修建土质护堤或干砌片石垛，如图 4-46 所示。

二、浆砌片石补角墙

对于较坚硬的岩石路基，若路基宽度不够时，可清除表面松散的覆盖层，用浆砌片石补角，如图 4-47 所示。

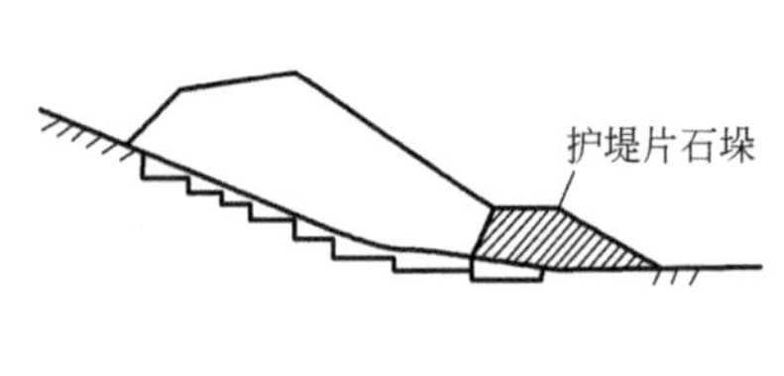

图 4-46 土质护堤或干砌片石垛

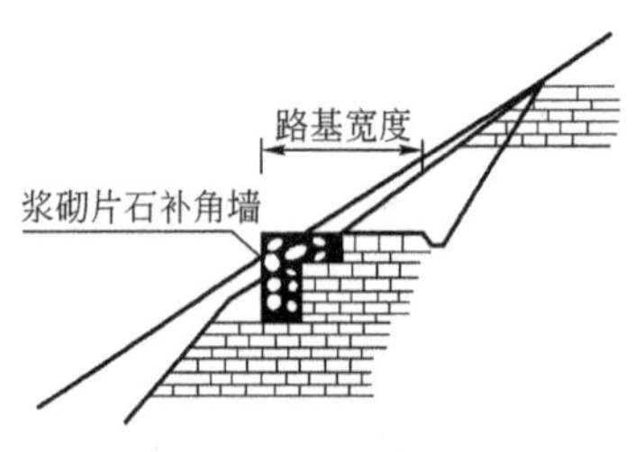

图 4-47 浆砌片石补角墙

三、支顶墙、支护墙

1. 支顶墙

对于上部探头而下部悬空的危岩，若下部有条件设置基础时，可设置浆砌片石或混凝土支顶墙。

2. 支护墙

在软硬岩层互层地段，常因软岩先行风化形成凹槽，而硬质岩层被构造面割切形成危岩，为了防止危岩崩坠及软岩继续风化，常采用浆砌片石支护墙进行处理。

3. 嵌补

山坡的岩层被节理切割，沿节理面常易发生局部坍塌，往往在边坡上形成深浅不同的凹陷。较深的凹陷上部凸出的岩块，日久可能会变为危石，此时可采用浆砌片石或混凝土进行嵌补处理。

4. 锚杆串联

路堑边坡上方有倾向线路的节理裂缝，若岩石坚硬，可用锚杆(钢轨、圆钢)串联的方法，使危石与下部较完整的岩层形成一个整体。

思 考 题

4.1 什么是路基排水?

4.2 路基排水的原则是什么?

4.3 简述地面水对路基稳定性的影响。

4.4　常见的地面排水设备有哪些?

4.5　侧沟、天沟、截水沟、排水沟各设置在什么位置?

4.6　简述地下水对路基稳定性的危害。

4.7　降低与排除路基地下水的主要设备有哪些?

4.8　简述渗水暗沟的类型。

4.9　边坡渗沟的平面形状有哪些?

4.10　常见的路基边坡病害是什么?

4.11　常用的路基坡面防护的类型有哪些?

4.12　常用的路基冲刷防护方法有哪些?

4.13　简述挡土墙的构造。

4.14　简述挡土墙的类型。

4.15　简述抗滑桩的作用和类型。

4.16　路基其他加固建筑物有哪些?

第五章　城市轨道交通线路工程

第一节　城市轨道的运输能力及主要技术标准

一、铁路能力及能力计算

1. 列车运行图

列车运行图是利用坐标原理表示列车运行状况的一种图解形式，是组织列车运行的基础，是运行组织的一个综合性计划。

(1)列车运行图的组成(见图 5-1)

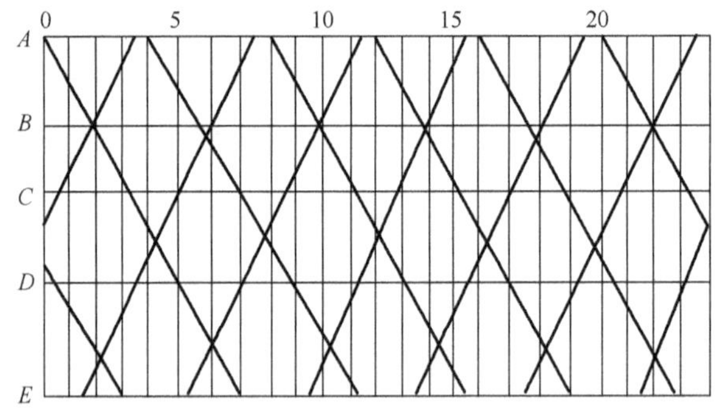

图 5-1　列车运行图

①横坐标。表示时间变量，按要求用一定的比例进行时间划分，一般城市轨道交通列车运行图采用 1 分格或 2 分格，即每一等份表示 1min 或 2min。

②纵坐标。表示距离分割，根据区间实际里程，采用规定的比例、位置进行距离定点。

③垂直线。是一族平行的等分线，表示时间等分段。

④水平线。是一族平行的不等分线，表示各个车站中心线所在的位置。

⑤斜线。列车运行轨迹(径路)线，一般以上斜线表示上行列车，下斜线表示下行列车。

⑥在列车运行图上，列车运行线与车站的交点即表示该列车到达、出发或通过的时刻。由于时间较短，一般不标明到、发不同时间。

⑦在列车运行图上，每个列车均有不同的车号与车次。一般按不同的列车类别规定代号与列车号，如专运列车、客运列车、施工列车等；按发车顺序编列车车次，上行采用双数，下行采用单数，但也有例外，如上海地铁目前使用的车次号由 5 位数组成，前 3 位为列车识别符，后 2 位为目的地符号(目的地代表列车的运行终点站)，如 11296 次表示 1 号线开往莘庄站的 112 次列车。

(2)列车运行图的分类

①按区间正线数分为单线运行图和双线运行图。

②按列车之间运行速度差异分为平行运行图和非平行运行图。

③按上下行方向的列车数分为成对运行图和不成对运行图。

④按同方向列车运行方式分为连发运行图和追踪运行图。

⑤按使用范围分为日常运行图、节假日运行图、其他特殊运行图。

城市轨道交通系统的列车运行图因其系统特征所致，一般均为双线成对追踪平行运行图。

(3)列车运行图的格式

列车运行图是列车在各区间运行和在各车站到达、出发(通过)时刻的图解形式。

①1 分格运行图。它的横轴以 1min 为单位用细竖线加以划分，主要供编制新运行图和调度指挥时使用。

②2 分格运行图。它的横轴以 2min 为单位用细竖线加以划分，常用于市郊铁路运行图的编制。

③10 分格运行图。它的横轴以 10min 为单位用细竖线加以划分，主要供日常指挥中绘制实际运行图使用。

④小时格运行图。它的横轴以小时为单位用竖线加以划分，主要供编制旅客列车方案图和机车周转图时使用。

⑤在列车运行图上，车站中心线位置处的横线表示换乘站或有折返作业的车站。

2. 列车运行速度

线路设计中涉及的列车速度有下列几种。

(1)运营速度。地铁列车在运营线路上运行时的速度，即为运营速度。

$$运营速度(km/h)=\frac{2\times 运营线路长度\times 60}{往返行驶时间+上下行终点调头和停站时间} \tag{5-1}$$

往返时间、单程时间、调头及停站时间均以“min”计算(下同)。

(2)运送速度(旅行速度)。地铁列车在运营线路上运载乘客时的速度，包括列车在各中间站的停站时间。

(3)技术速度。列车在运营线路上的运行速度，不包括列车在中间站的停站时间。

(4)计算速度。列车在各区间的运行时间包括列车启动加速、在区间纯运行、慢行及制动停车等时间，不包括地铁列车在运营线路上停站时间和列车在线路两端的折返停留时间。

$$计算速度(km/h)=\frac{运营线路长度\times 60}{单程行驶时间-中途停站时间} \tag{5-2}$$

3. 输送能力与通过能力计算

$$旅客输送能力=旅客列车数\times 列车定员$$

轨道交通的通过能力有现有通过能力和需要通过能力两种。需要通过能力计算公式为

$$需要通过能力=年运输量\times 波动系数\times(365\times 列车定员\times 平均载客系数) \tag{5-3}$$

提高列车平均载客系数，可以提高通过能力，这是显而易见的。即提高了列车运能，从而减少在现有通过能力既定条件下，可以节省通过能力的提高。

二、主要技术标准

线路是城市轨道交通工程的基本组成部分，线路的设计必须满足行车安全、平顺与养护维

修工作方便等要求，并保证乘客有一定的舒适度，符合有关设计规范的要求。由于我国轻轨交通的线路设计规范尚未制定，下面主要介绍地铁设计规范的主要技术标准。

城市轨道交通线路设计分平面、纵断面、横断面 3 个部分，各自均要满足一定的标准。同时，这三者又是同一个整体不同侧面的反映，设计时必须有机地结合起来。主要技术标准如下。

(1)标准轨距。1 435mm。

(2)正线数目。地铁线路应为右侧行车的双线线路。

地铁和轻轨线路按其在运营中的作用，可分为正线、辅助线、车场线。正线为载客运营的线路，行车速度高、密度大，且要保证行车的安全和舒适，因此线路标准较高；辅助线是为保证正线运营而配置的线路，一般不行驶载客车辆，速度要求较低，故线路标准也较低；车场线是场区作业的线路，行车速度低，故线路标准只要满足场区作业即可。

地铁的线路宜按独立运行进行设计，根据客流需要并通过论证，线路可按共线运行设计，但其出岔站汇入方向的线路应设平行进路。地铁线路之间应根据线网规划需要设置联络线。联络线应采用单线。但近期阶段性兼作运营线的联络线应设双线，有条件时宜按正线标准设计。

(3)旅行速度。地铁列车的旅行速度一般不低于 35km/h，设计最高运行速度大于 80km/h 的系统，旅行速度应相应提高。

(4)最小曲线半径。线路平面曲线半径应根据车辆类型、列车设计运行速度及工程难易程度经比选确定。

(5)缓和曲线长度。线路平面圆曲线与直线之间应根据曲线半径、超高设置及设计速度等因素设置缓和曲线，其长度可按表 5-1 的规定采用。

缓和曲线长度表(单位：m)　　表 5-1

R(m) \ v(km/h)	100	95	90	82	80	75	70	65	60	55	50	45	40	35	30
3 000	30	25	20												
2 500	35	30	25	20	20										
2 000	40	35	30	25	20	20									
1 500	55	50	45	35	30	25	20								
1 200	70	60	50	40	35	30	25	20	20						
1 000	85	70	60	50	45	35	30	25	25	20					
800	85	80	75	65	55	45	40	35	30	25	30				
700	85	80	75	70	60	50	45	35	30	25	20	20			
650	85	80	75	70	60	55	45	40	35	30	20	20			
600		80	75	70	70	60	50	45	35	30	20	20	20		
550			75	70	70	65	55	45	40	35	20	20	20		
500				70	70	65	60	50	45	35	20	20	20	20	
450					70	65	60	55	50	40	25	20	20	20	
400						65	60	60	55	45	25	20	20	20	
350							60	60	60	50	30	25	20	20	20
300								60	60	60	35	30	25	20	20
250									60	60	40	35	30	20	20
200										60	40	40	35	25	20
150												40	40	35	25

(6)线间距。综合考虑车辆限界、设备限界、建筑限界、车辆的轮廓尺寸和性能、施工方法等因素确定两线的线间距。

①单线隧道。采用暗挖法和盾构法的两单线隧道间线间距，应不小于13m。

②双线隧道。采用明挖法施工的双线矩形隧道直线地段，建筑限界为2.0m，考虑每侧50mm安全量和50mm施工误差，中隔墙按400mm设计，故线间距为4.6m。对于单洞双线无隔墙断面，车辆限界为1 700mm，两线车辆限界至少150mm安全量，如按200mm预留，故线间距为3.6m。

曲线地段线间距应在直线线间距的基础上，按不同曲线半径、超高及车辆的有关尺寸计算确定。

(7)最小圆曲线长度。正线及辅助线的圆曲线最小长度，A型车不宜小于25m，B型车不宜小于20m，在困难情况下不得小于一个车辆的全轴距。

(8)夹直线长度。正线及辅助线上两相邻曲线间的夹直线长度(不含超高顺坡及轨距递减段的长度)，A型车不宜小于25m，B型车不宜小于20m，在困难情况下不得小于一个车辆的全轴距；车场线上的夹直线长度不得小于3m。

(9)车站站台。车站站台计算长度段线路应设在直线上，在困难地段可设在曲线上，其半径不应小于800m。车站站台计算长度段线路应设在一个坡道上，地下车站有条件时布置在纵断面的凸形部位上，并设置合理的进、出站坡度。

(10)道岔。道岔应设在直线地段，道岔基本轨端部至曲线端部的距离(不含超高顺坡及轨距递减段)不宜小于5m，车场线可减小到3m。

道岔宜靠近车站设置，但道岔基本轨端部至车站站台计算长度端部的距离不应小于5m。

(11)坡度。正线的最大坡度不宜大于30‰，困难地段可采用35‰，联络线、出入线的最大坡度不宜大于40‰(均不考虑各种坡度折减值)；正线的最小坡度不宜小于3‰，困难地段在确保排水的条件下，可采用小于3‰的坡度。地下车站站台计算长度段线路坡度宜采用2‰，在困难条件下可设在不大于3‰的坡道上；地面和高架桥上的车站站台计算长度段线路宜设在平坡道上，在困难地段可设在不大于3‰的坡道上。车场线宜设在平坡道上，条件困难时库外线可设在不大于15‰的坡道上。折返线和停车线应布置在面向车挡或区间的下坡道上，隧道内的坡度宜为2‰，地面和高架桥上的坡度不宜大于1.5‰。道岔宜设在不大于5‰的坡道上，在困难地段可设在不大于10‰的坡道上。

(12)最小坡段长度。线路坡段长度不宜小于远期列车长度，并应满足相邻竖曲线间的夹直线长度的要求，其夹直线长度不宜小于50m。

(13)竖曲线。两相邻坡段间坡度代数差大于或等于2‰时，应设圆曲线形的竖曲线连接，竖曲线的半径应符合表5-2的规定。

竖曲线半径(单位:m)　　表5-2

线别		一般情况	困难情况
正线	区间	5 000	3 000
	车站端部	3 000	2 000
联络线、出入线		2 000	
车场线		2 000	

车站站台计算长度内和道岔范围内不得设置竖曲线，竖曲线离开道岔端部的距离不应小于5m。

第二节　轨道线路选线

一、线路设计的阶段和特点

城市轨道交通线路的空间位置由线路平面和纵断面决定。线路平面是线路中心线在水平面上的投影，线路纵断面是沿线路中心线展直后的轨面高程在铅垂面上的投影线。

城市轨道交通线路设计的任务是在规划线网的基础上，按不同的设计阶段，对拟建的城市轨道交通线路走向及其平面、纵断面和横断面位置，逐步由浅入深进行研究与设计，最终确定最合理的线路的三维空间位置。线路设计的基本要求是保证行车安全、平顺，并且使整个工程在技术上可行，经济上合理。

1. 设计阶段

城市轨道交通线路设计，一般分4个阶段进行，即可行性研究阶段、总体设计阶段、初步设计阶段及施工设计阶段。

(1)可行性研究阶段主要是通过线路多方案比选，完善线路走向、路由、敷设方式，基本确定车站、辅助线等的分布，提出设计指导思想、主要技术标准、线路平纵断面及车站的大致位置等。

(2)总体设计阶段是根据可行性研究报告及审批意见，通过方案比选，初步确定线路平面、车站的大体位置、辅助线的基本形式、不同敷设方式的过渡段位置，提出线路纵断面的初步高程位置等。

(3)初步设计阶段是根据总体设计文件及审查意见，完成对线路设计原则、技术标准等的确定，基本上确定线路平面位置、车站位置及进行右线纵断面设计。

(4)施工设计阶段是根据初步设计文件、审查意见及有关专业对线路平纵断面提出的要求，对部分车站位置及个别曲线半径等进行微调，对线路平面及纵断面(包括左线)进行精确计算和详细设计，提供施工图纸说明文件。

2. 城市轨道设计特点

与城市间铁路相比，城市轨道交通线路设计有如下特点。

(1)线路难以改建，线路设计要作长期的考虑。城市轨道交通线路一经建成运营，无论它在地下、地面还是在地面以上，线路位置的改变都十分困难。不言而喻，隧道与高架线路的改建也是非常困难的，即使是地面线路，因建成后周围建筑、道路等的建设，其改建也会引起很大的拆迁工程，并破坏多年来逐渐形成的环境。因此，城市轨道交通的设计年限较长，初期为建成通车后第3年；近期为建成通车后第10年；远期应符合城市总体规划规定的年限，且不少于建成通车后第25年。

(2)线路允许的设计坡度较大。线路主要用于客运，列车质量较小，基本上不受机车牵引力的限制，因此没有限制坡度概念。

(3)线路一般为双线，一般车站处只有2条正线，通常各条线路设有1个车辆段和1个停车场。城市轨道交通客运量大，必须采用分方向追踪运行；车站没有经常性的调车作业，为节省用地，一般车站不设到发线，车辆集中停放在车辆段和停车场。

(4)运距短、站点密、停车频繁、中等运速。由于城市内客运的运距较短,为保证线路的客流吸引力,站距通常设为 1～2km。由于站距短,列车速度太高没有实际意义。列车启动加速到最高速度或由最高速度开始施行制动使列车在车站范围内停下来,都需要一定的距离,其长度与最高速度成正比。站间距离短制约了列车的最大速度。目前,国内外城市轨道交通系统选用的车辆实际上最高运营速度都不超过 80km/h,旅行速度多为 30～45km/h。

(5)车站长度较短。城市客流要求等待的时间较短,因而发车间隔时间不能太长,一般不超过 15min,在这段时间里聚集的客流量有限,因而列车编组长度比城市间列车短,通常为 4～8 节车厢。这样,供乘客上下车的站台长度通常在 150～200m。

鉴于城市轨道交通的列车有长度短、载重量小、车速中等、运距短、停站频繁等特点,故其设计标准与城市间铁路有所不同,其差异程度与城市轨道交通类型及形式有关。

城市轨道交通线路按其与地面的关系可分为地下线路、地面线路及高架线路;按其在运营中的作用可分为正线、辅助线及车场线。正线是指两相邻车站之间贯通的线路,一般为双线;辅助线是为保证正常运营,合理调度列车而设置的线路,包括车辆段或停车场的出入线、车站配线(存车线、渡线、折返线)及两条线路之间的联络线;车场线简称场线,是车辆段场区作业的全部线路,包括牵出线、车底(空车列)停留线、检修线及综合维修基地内各种作业线。

二、选线原则

城市轨道交通的主要功能是为城市居民出行服务,所以城市轨道交通线路走向选择的基本原则是沿客流方向布置。同时应考虑有效利用土地、缩短建设工期、节约建设投资、线路运营后能方便旅客使用等方面的问题,市区线路绝大多数应铺设在城市街道地区的主要道路下面。由于轨道交通一旦建成,改造十分困难,而且费用昂贵,所以线路的走向应经慎重研究比较后选定。城市轨道交通线路走向选择应考虑以下主要原则。

(1)应符合城市轨道交通线网规划和城市发展总体规划要求,沿主客流方向选择并通过大客流集散点(如工业区、大型住宅区、商业文化中心、公交枢纽、火车站、码头、长途汽车站等),以便于乘客直达目的地,减少换乘。如上海轨道交通 1 号线一期工程将铁路上海南站、徐家汇、人民广场、铁路上海站等大客流集散点作为其必经的控制点,为解决铁路上海南站地区、徐家汇、人民广场及铁路上海站地区之间的南北客流交通发挥了重要的作用。

(2)应符合城市改造及发展规划,通过形成以轨道交通换乘站为核心的城市综合交通枢纽来引导或维持沿线区域中心或城市副中心的发展。如上海轨道交通 11 号线和 14 号线线路走向规划方案的调整,就是为了形成以铜川路换乘路站为核心的城市大型综合交通换乘枢纽,以支撑城市副中心的建设和发展。

(3)尽量避开地质条件差、历史文物保护、地面建筑和地下建筑物等地域,在老城区宜选择地下线路。

(4)应结合地形、地质及道路宽窄等条件,尽量将线路位置选择在施工条件好的城市主干道上。同时进行施工方法的比选,合理选择线路基本位置、埋置方式及深度,减少城市轨道交通地下线施工过程中对现有房屋等建筑物的拆迁及城市交通的干扰。在郊区及次中心区有条件地段,可以选择地面线或高架线,以节省建设投资,降低运营费用。

(5)尽可能减少线路通过建筑群区域的范围。线路在道路的十字路口拐弯时,通过十字路口拐角处往往会侵入现存的建筑用地,此时若以大半径曲线通过,虽然对运行速度、电能消耗、轨道养护、乘客舒适性等方面都有利,但会造成通过建筑群地带占用地面以下的区间增长,用地费用增加，征地困难。同时，还会出现基础托底加固等困难工程。

(6)车站应设置在客流量大的集散点和各类交通枢纽上，并与城市综合交通规划网相协调。这样有利于最大限度地吸引客流，方便乘客，使轨道交通成为城市公共交通骨干，轨道交通车站成为城市交通换乘中心。车站间的距离应根据需要确定，一般为 1～2km 之间，市郊区域可长些，而市中心区可以短些。

(7)对于浅埋隧道线路、地面线路或高架线路，其位置通常是沿着较宽的城市干道布设，或是通过建筑物稀少的地区，这样可以减少因避让线路穿越建筑群区域桩基或拆迁房屋而增加的麻烦及费用，也为线路施工创造了良好的明挖条件，并增加了车站位置选择的自由度。对于深埋隧道，其线路位置由车站位置决定，一般在其间取短直方向。

(8)应充分考虑城市轨道变通既有及规划线路的情况。当线路预定与远期规划线联络时，先期建设的线路应考虑与远期规划线路交叉点处的衔接，为方便未来线网中的乘客换乘创造条件，虽然费用支出可能有所增加，但较将来改建线路增设换乘设施所需的投资要少。

(9)应考虑车辆段、停车场的位置和连接两相邻轨道交通线路间的联络线。

实例分析——上海轨道交通 1 号线线路走向选择案例

上海轨道交通 1 号线线路走向选择的主要依据是客流的资料和城市规划的总体要求。其中，第一期工程确定为南起新龙华，北至新客站，中间经过徐家汇和人民广场两个控制点。为了使选线切合实际，在方案研究过程中，曾对客流量各控制点间的道路、交通、建筑物、地下管线等现状做了深入调查，并对沿线地形、地貌及地质情况进行了修正测量和勘探。根据所取得的大量资料逐段进行线路的多方案比选。

现举例说明徐家汇—人民广场间线路走向的选定方法。

如图 5-2 所示，徐家汇—人民广场间线路走向可以考虑以下 3 个方案。

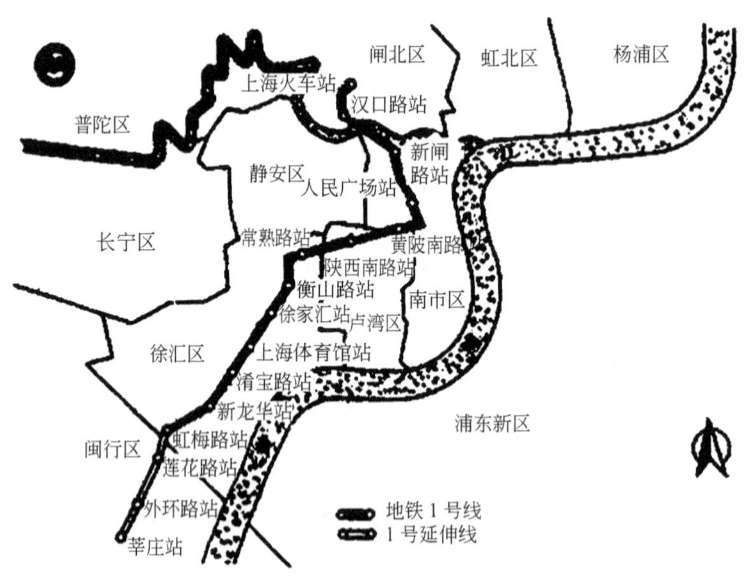

图 5-2　上海轨道交通 1 号线部分线路走向方案比较

第一方案：延安中路方案。线路由徐家汇站沿衡山路向北，经宝庆路过淮海中路，然后沿常熟路，右转进入延安中路。在上海展览馆前，顺着威海路往东，在武胜路、望亭路附近向北至人民广场站。其间设有衡山路站、常熟路站、延安中路站、陕西南路站、重庆北路站及人民广场站。

第二方案:淮海中路方案。线路由徐家汇站沿衡山路向北,自衡山路站北端斜穿乌鲁木齐路进入淮海中路,并沿淮海中路一直往东,过望亭路后朝北,经武胜路、西藏中路西侧到达人民广场站。其间设有衡山路站、常熟路站、陕西南路站、黄陂南路站及人民广场站。

第三方案:复兴中路方案。线路由徐家汇站沿衡山路向北,至宝庆路、复兴路口折入复兴中路。过瑞金二路后,线路北折穿越居住区、复兴公园,在黄陂南路、嵩山路之间过淮海中路,再经望亭路、普安路、延安中路接人民广场站。其间设有衡山路站、跳水池站、文化广场站、重庆南路站、西藏路站及人民广场站。

三个方案比较如下。

(1) 淮海中路是繁华的商业街,全日客流量比复兴中路大 50%,高峰小时单向断面流量比复兴中路大 80%。线路取淮海中路,吸引客流多,社会效益和经济效益好。

(2) 淮海中路的地下管网管径小且比较陈旧,可结合修建地铁综合改造;而复兴中路管线多,尤其是汾阳电话局出局电缆、700mm 煤气中压干管及复兴公园地下水库的出水管等,均为重要管道,不宜迁移。

(3) 淮海中路路面较复兴中路宽,有利于设置车站,拆迁房屋较少。

(4) 延安中路方案与规划的地铁 2 号线走向平行,且相距不远(约 300～500m) 投资效益低。因此,该方案在网络布局上不甚合理。

(5)淮海中路方案线形比其他两个方案短直。

综上比较,淮海中路方案虽有施工时对交通影响较大的缺点,但从长远来看,在社会效益、经济效益及便利乘客等方面,其优点显然比其他两个投资方案突出,故本段线路走向采用淮海中路方案。

经过各段线路走向的分析比较,汇总得到上海轨道交通 1 号线新龙华—上海火车站线路的具体走向与车站位置,如图 5-3 所示。

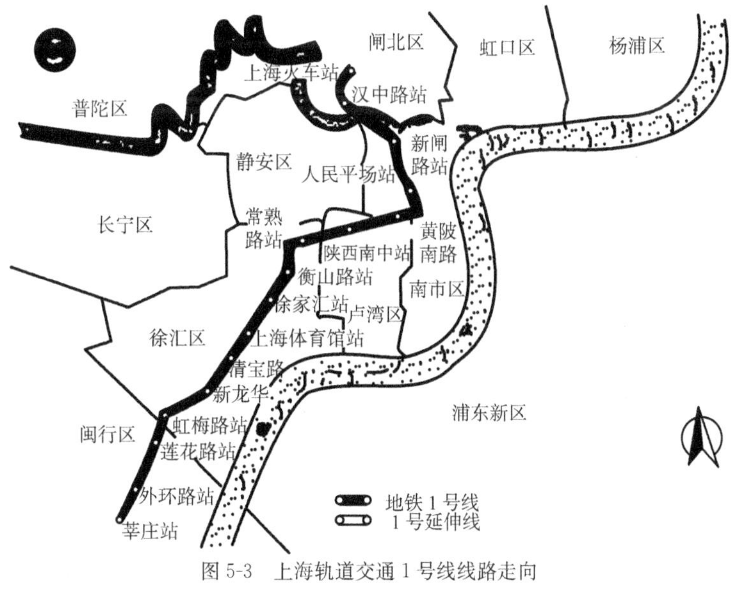

图 5-3　上海轨道交通 1 号线线路走向

三、车站分布原则

1. 影响车站分布的主要因素

不同的城市、不同的轨道交通系统,在实际运营中其乘客平均出行距离、到站方式和距离、车站内部走行距离、停站时间、车辆的启动和制动性能、车辆最高运行速度等因素都会有所差别。

(1) 客流吸引力

①大型客流集散点。大型客流集散点往往是城市的政治、经济活动中心，是城市的窗口地段，不但客流量大，而且集中，对地面交通压力很大。城市轨道交通通过车站吸引大量客流，对缓解城市交通压力可发挥重要作用，所以城市轨道交通在大型集散点必须设车站。如根据上海地铁运营公司客流统计资料，2005 年上海轨道交通 1 号线莘庄、徐家汇、人民广场、上海站等 4 站日均进站客流占全线进站总客流的 50.5%，4 个站平均进站客流为其他车站的 2 倍。

②在车站分布数量上，除大型客流集散点及铁路车站外，其他车站的设置主要受人们对站间距离的要求所支配。一般而言，车站分布较密，市民步行到车站距离短，节省步行时间，可以增加短程乘客的吸引量；车站分布较疏，减少乘客在车内的时间，可以增加线路两端乘客的吸引量，但由于乘客步行距离及时间加大，轨道交通在综合交通中的客流吸引能力会降低。从上海轨道交通 1 号线乘客出行特征的抽样问询调查资料可知，乘客从出发地到轨道交通车站的出行方式中，步行到站的占 45.71%，骑自行车到站的占 5.41%，乘公交车到站的占 41.31%，乘出租车到站的占 7.57%；而乘客下车后到达目的地的情况与之相仿。由此可见，1 号线乘客的出行方式中以步行为最高，其次是公交方式，其他方式所占比例较小。因此，对同一条线路，小的站间距可以使步行吸引范围外的部分客流进入步行吸引范围之内，因而可以吸引更多的步行到站客流。

对于平均站间距离，世界范围内有两种趋向：一种是小站间距，平均为 1km 左右；一种是大站间距，平均 1.6km 左右。中国香港地铁平均站间距为 1 050m，其中港岛线仅 947m；俄罗斯莫斯科地铁平均站间距为 1.7km 左右。中国香港、俄罗斯莫斯科都是以公共交通为主要运输工具，地铁都有很好的运营业绩。

(2)乘客出行时间

城市轨道交通车站数目的多少，直接影响市民利用轨道交通的出行时间。出行的总时间可分为以下几部分：从出发地至进入轨道交通车站站厅的时间和从下车出站至目的地的时间(以下简称为接驳时间)、在车站的候车时间、乘车时间。

①车站分布对乘客接驳时间的影响

根据对上海轨道交通 1 号线的调查分析，乘客步行和骑自行车到站平均费时 14min，从可以吸引更多步行及骑自行车的旅客到站的客流方面来看，小站间距无疑会节约乘客的接驳时间。

②车站分布对乘客候车时间的影响

对每个乘客而言，在站厅的候车时间主要与其到达的时刻有关；而对乘客总体来说，候车时间主要与发车间隔有关。

③车站分布对乘车时间的影响

当采用大站间距时，设站较少，一方面可以充分发挥系统的性能，以提高列车的走行速度；另一方面还可以减少制动减速和启动加速及停车所产生的延迟，从而缩短乘客的乘车时间。为了比较大、小站间距对旅客乘车时间的影响，这里通过一个案例来定量分析不同的平均站间距对列车速度和乘车时间所带来的影响。

假定基础资料为：线路全长 18km，平均站间距分别取为 0.6km、0.9km、1.2km、1.5km、1.8km。根据上海轨道交通 2 号线及广州地铁 1 号线所采用的德国车辆的技术资料，列车运行的最高速度取为 80km/h，列车牵引特性曲线如图 5-4 所示，列车常规制动时平均减速度采用 1.0m/s^2，计算中假定该制动减速度适用于所有负载情况。为了简化计算，线路条件假定为平直空旷地段。

列车基本阻力的计算公式为

$$R = 27 + 0.0042v^2 \quad (\mathrm{N/t}) \tag{5-4}$$

式中：v——列车速度(km/h)。

根据列车运动方程式，区段运行时间 Δt、区段运行距离 Δs 的计算公式分别为

$$\Delta t = \frac{v_m - v_q}{119.8C_p} \quad (\mathrm{h}) \tag{5-5}$$

$$\Delta s = \frac{v_m^2 - v_q^2}{239.6C_p} \quad (\mathrm{km}) \tag{5-6}$$

式中：v_q——速度间隔内的起点速度；

v_m——速度间隔内的终点速度；

C_p——速度间隔内平均速度所对应的单位合力(N/kN)，$C_p = F - R/9.8$。

根据上述基础资料和计算公式，当牵引计算的速度间隔 Δv 取为 10km/h 时的计算结果如表 5-3 和图 5-5 所示。计算表明，列车能实现 80km/h 的最小站间距为 1.012km。

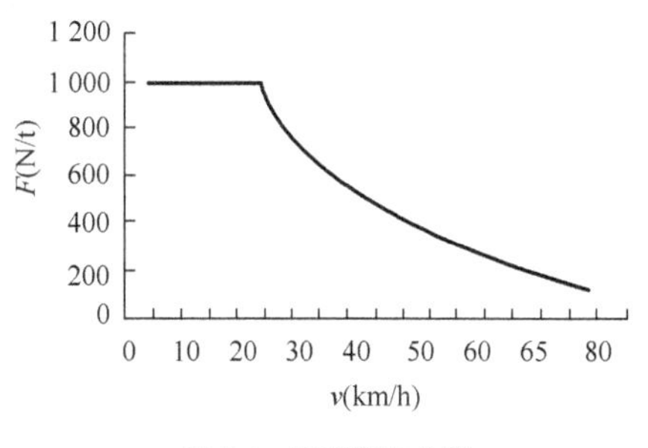

图 5-4 牵引特性曲线

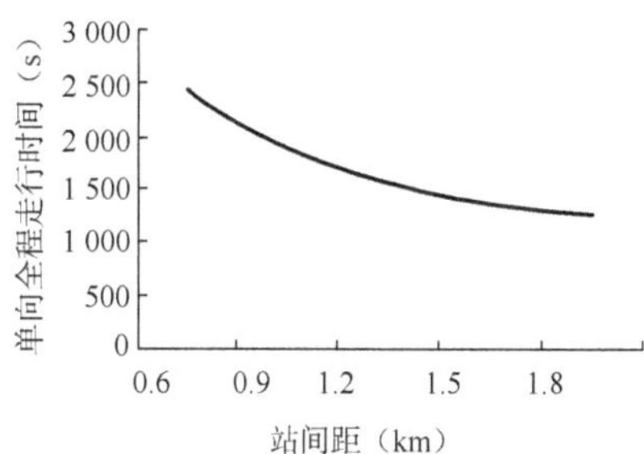

图 5-5 不同站距单向行走时间曲线

由表 5-3 和图 5-5 可以看出，列车从始发站至终点站的全程走行时间，随平均站间距的增加而减小，但减小的幅度却随站间距的增大而降低，这说明增大站间距不能无限制地减少乘客的乘车时间。根据上海轨道交通 1 号线的调查资料，旅客的平均乘距为 9km 左右，约占上海轨道交通 1 号线一期工程全长的 43%。由此可以推测，对于上海轨道交通 1 号线的乘客来说，采用 0.6km 的平均站间距将比采用 1.2km 和 1.8km 的平均站间距增加乘客出行时间 6.3min和 8.1min。

不同平均站间距对列车运行速度的影响 表 5-3

平均站间距(km)	区段可达最高速度(km/h)	单个区间运行时间(s)	每站停车时间(s)	停站次数(次)	全程时间(s)	旅行速度(km/h)
0.6	65	51.47	30	29	2 414	26.84
0.9	75	67.17	30	19	1 913	33.87
1.2	80	74.87	30	14	1 543	42.00
1.5	80	88.37	30	11	1 390	46.62
1.8	80	101.87	30	9	1 289	50.27

(3)工程与运营成本

车站的造价成本很高，其建筑费及设备费在初始投资中占有很大比重。根据上海轨道交通2号线的概算资料，一般车站长度为284m，其土建工程造价约为6 000～7 000元，拆迁工程和车站设备是车站土建造价的2.1～2.2倍，而区间每千米土建工程造价9 000万～10 000万元，单从土建工程造价比较，车站每延米的造价约是区间的2.4倍。

从工程造价角度来看，大站间距可以减少车站数量，从而节约车站的土建工程投资，但同时也将引起部分客流向邻近车站转移，导致邻近站规模增大。因此，从整条线路上看，大站间距虽然会降低工程造价，但究竟能降低多少还需视具体情况而定。而小站间距由于车站数量较多，故车站总投资会相应增大。

从运营角度来看，大站间距可提高列车的旅行速度，从而减少列车的周转时间，故在发车间隔不变的情况下，相应的车辆配属数就会减少；同时，大站间距的设站数量相对于小站间距要少，故相应的车站配套设施和管理维护人员也可相应减少，从而节省日常支出，降低运营费用。而小站间距则正好相反。根据前苏联地铁运营统计资料，地铁运营速度约与站间距离的平方根成正比。站间距离缩短会降低运营速度，从而增加线路上运行的列车对数。此外，因频繁起停车而增加电能消耗、轮轨磨耗等，均将增加运营成本。

(4)沿线土地开发

从沿线土地开发的方面来看，较密的车站设置将进一步带动沿线土地的开发，促使周边土地升值，从而给沿线区域带来巨大的社会经济效益。如图5-5所示的是日本某地铁线路新设站所带来的周边土地资产升值情况示意图，如图5-6所示的是上海轨道交通1号线设莘庄站后所带来的周边房产升值情况示意图。从图5-6可以看出，由于朱町站和新道荣站的设置，分别使沿线土地资产升值了13.04亿日元和14.28亿日元。从图5-7又可以看出，1991年莘庄站附近2km圈内平均房价为600元/m^2，而2km圈外平均房价为929元/m^2，即当时莘庄站附近远离轨道交通车站的地块房价高于车站附近的地块房价。但从1992年开始，莘庄站2km圈内的多层住宅房价开始显著高于圈外房价，而且进一步呈现不同的上升规律，其上升趋势要强于圈外的房价。这充分说明，上海轨道交通1号线的建设运营和莘庄站的设置，对莘庄站附近房地产价格上涨的影响力是非常大的。

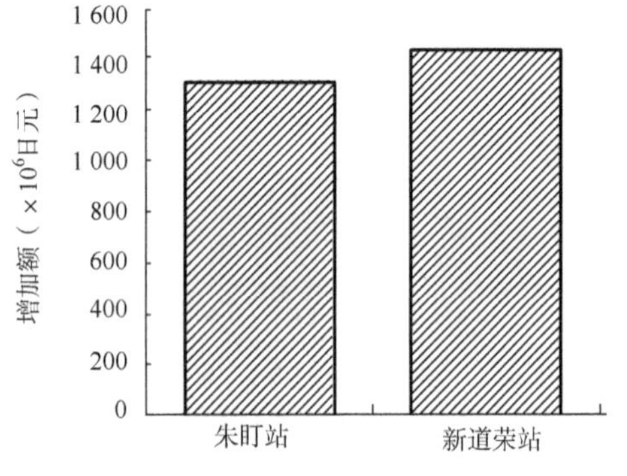

图5-6　日本某新设地铁站引起的土地资产价值的增加情况

(5)城市规模

城市规模包括城市建城区和规划区域面积及人口。一般来说，城市区域面积越大，乘距就越长。例如，莫斯科与圣彼得堡市中心区地铁乘客的平均出行距离各为10.0km和6.1km，而同一城市在市区与郊区的乘客的平均出行距离也有差别，莫斯科与圣彼得堡郊区的平均出行距离各为14.0km和9.5km。乘距长时，轨道交通应以长距离乘客为主要服务对象，车站分布宜稀一些，以提高轨道交通乘客的出行速度；反之，车站分布宜密一些。

此外，我国地域辽阔，分布在南北东西各地的城市人口密度差异很大，如北京市4个中心城区(东城、西城、崇文、宣武)人口密度为2.8万人/km^2(1991年)；上海内环线以内的常住人口密度为339万人/km^2(2005年)，其中黄浦区的人口密度超过5万人/km^2。人口密度高，同样吸引范围内，发生的交通客流量增大，因此车站分布宜密一些。

(6)线路长度

一条线路的长度，短则几千米，长则几十千米。不同的线路长度，车站的疏密宜有所不同，短线路宜多设站，长线路宜少设站。

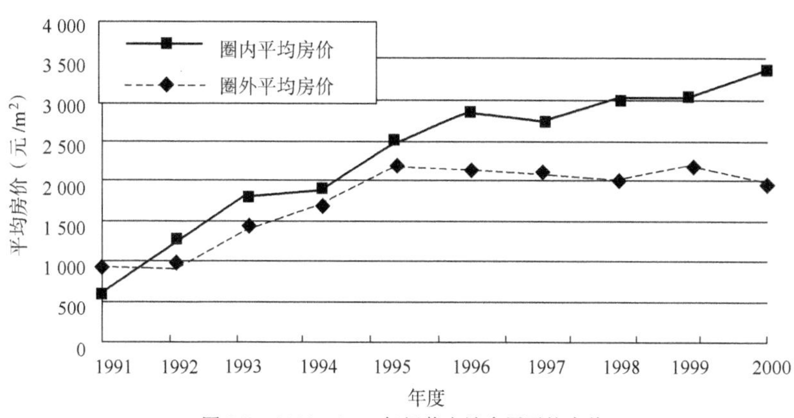

图 5-7　1991～2000 年间莘庄站多层平均房价

(7)轨道交通线网及城市道路网状况

在两条轨道交通线路的交叉点应设乘客换乘站；在与城市主干道交叉时，为了让乘坐城市其他交通工具的乘客方便换乘轨道交通，也宜设车站。

除上述各因素外，线路平面、纵断面，站址的地形，地质条件，城市公交线网及车站位置，也会对轨道交通车站分布造成一定的影响。

综上所述，车站的间距大小会对客流量、乘客出行时间、工程费、运营费及车站在城市中的作用等多方面产生不同的利弊影响，在分布车站时应综合考虑，合理确定。

我国轨道交通在吸取世界轨道交通建设经验的基础上，在《城市快速轨道交通工程项目建设标准(试行本)》中提出“车站间距应参照城市道路布局和客流吸引范围而定。在市中心区宜为 1km 左右，在市区外围宜为 2km 左右”。而在《地下铁道设计规范》(GB 50157—2003)中规定“车站间的距离应根据实际需要确定，在市区宜为 1km 左右，在郊区不宜大于 2km”。我国已建轨道交通典型线路的平均站间距离如表 5-4 所示。

我国已建地铁典型线路的平均站间距离　　表 5-4

城 市 名	线 路 名 称	线路运营长度(km)	车站数(个)	平均站间距(m)
北京市	1 号线西段	16.87	12	1 543
北京市	环线	23.01	18	1 354
上海市	1 导线	21.35	16	1 423
上海市	2 号线	19.15	13	1 596
上海市	3 号线	24.97	19	1 387
广州市	1 号线	18.48	16	1 232

2. 上海、东京轨道交通车站分布及运营组织方式的比较分析

(1)上海、东京轨道交通车站分布的比较

上海既有轨道交通线路与东京几条轨道交通线路车站分布的比较如表 5-5 所示。表 5-5 的资料显示：①从最大站间距与平均站间距的实际数据来看，上海与东京的轨道交通车站分布

并没有显著的差异，相比较而言，东京轨道交通的平均站间距较小，而最大站间距略大一些；②从最小站间距来看，东京轨道交通的最小站间距明显小于上海既有轨道交通的最小站间距，如日比谷线的最小站间距只有 0.40km，这可以说明上海比较注意列车系统的运营效率和车站分布的均衡性，而东京更加注重客流集散点的客流吸引能力；③京王线是一条由东京市区通往郊区且绝大部分线路位于郊区的轨道交通线路（相当于我国的市郊轨道交通线），其最大站间距为 2.40km，而最小站间距只有 0.60km，平均站间距也只有 1.08km，最大、最小站间距相差高达 4 倍。由此可见，东京城市轨道交通车站分布充分体现了“以人为本、按需设置”的基本思想，非常值得研究和借鉴。

上海、东京轨道交通车站间距比较（单位：km）　　表 5-5

线路名称		长　度	平均站距	最小站距	最大站距
上海	地铁 1 号线	20.97	1.40	0.80	2.10
	地铁 2 号线	19.00	1.58	1.10	1.81
	明珠线一期	24.98	1.39	0.90	2.01
东京	千代田线	21.90	1.21	0.70	2.60
	日比谷线	20.30	1.02	0.40	2.10
	三田线	26.50	1.01	0.60	1.70
	银座线	14.30	0.79	0.50	1.30
	京王线	37.90	1.08	0.60	2.40

（2）上海、东京轨道交通运营组织方式的比较

上海目前已运营的 3 条轨道交通线采用的都是站站停车的运营组织方式，这种方式的优点是行车组织较简单且无需乘客选择车次，比较适合于市区范围。但是，对于那些线路较长、郊区线路长度比例较高的线路，为了充分发挥轨道交通的优势，在轨道交通基本网络成形后，可以借鉴东京等轨道交通发达城市的经验，采取灵活机动的行车组织方式。例如，对于0.6km 平均站距的线路方案，若采用隔站停车的运营方式，几乎可以达到 1.2km 平均站距时的系统运营效率。特别是在市中心以外地区，客流较分散，采用这种运营方式可以大大降低运营费用和提高运营效率。如图 5-8 所示为东京京王轨道交通线的运营组织方案示意图，全长 37.9km，设站 34 座，该线按照特急、急行、通勤及普通 4 种列车运营方式组织停站方案。其中，特急列车只停靠 7 个车站，平均停车间距高达 6.3km；急行列车停靠 13 个车站，平均停车间距为 3.2km；通勤快速列车停靠 19 个站，平均停车间距是 1.99km；普通列车为站站停车，平均停车间距为 1.11km，以吸引沿线较小规模车站的客流。

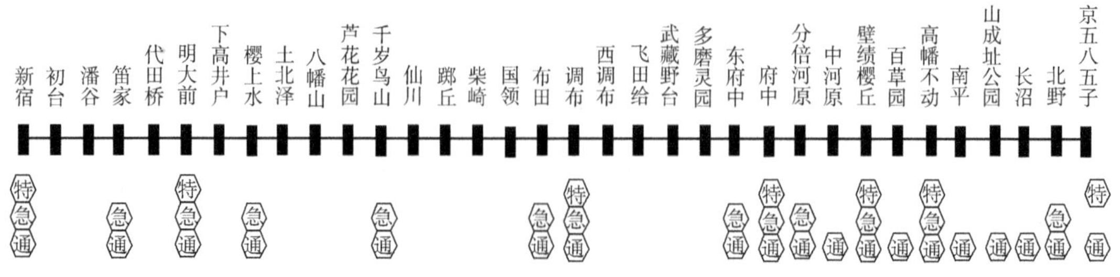

图 5-8　日本京王线运营组织示意图

特-特急停车；急-急行停车；通-通勤快速停车

因此，在进行城市轨道交通特别是位于郊区的轨道交通线路车站分布时，应尽量避免人为地追求按预定的大站间距进行设站的现象，而应始终贯彻"以人为本、按需设置、技术可行、经济合理"的车站分布基本理念。当一条线路出现部分较小的站间距时，可以根据客流特点，采用灵活机动的运营组织方式，以尽量同时实现吸引沿线客流和提高旅行速度的目标。

第三节　线路平面设计

一、线路平面位置选择

1. 地下线路平面位置

城市轨道交通地下线路的平面位置主要有如下两类。

(1)轨道交通线路位于城市规划道路红线范围内。这是常用的线路平面位置形式，其特点是对道路红线范围以外的城市建筑物干扰较小。图 5-9 是城市轨道交通地下线路的 3 种代表位置。

A 位：轨道交通线路居道路的中心，对两侧建筑物影响小，地下管网拆迁较少，有利于线路裁弯取直，减少曲线数量，并能适应较窄的道路红线宽度。缺点是当采用明挖法施工时，会破坏现有道路路面，对城市交通干扰大。

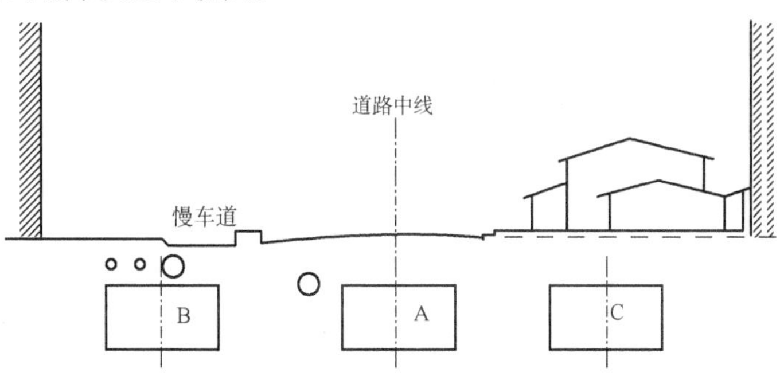

图 5-9　城市轨道交通地下线路设置位置示意图

B 位：轨道交通线路位于慢车道和人行道下方，能减少对城市交通的干扰和对机动车路面的破坏。

C 位：轨道交通线路位于待拆的已有建筑物下方，对现有道路及交通基本上无破坏和干扰，地下管网也极少。但房屋拆迁及安置量大，只有与城市道路改造同步进行，才十分有利。

(2)轨道交通线路位于道路范围以外。轨道交通地下线路置于道路范围之外，可以达到缩短线路长度、减少拆迁、降低工程造价的目的，但必须具备如下条件之一：

①沿线区域地质条件好，基岩埋深很浅，隧道可以用矿山法在建筑物下方施工；

②沿线区域为城市非建成区或广场、公园、绿地(耕地)等；

③沿线区域为老的街坊改造区，可以与轨道交通同步规划设计，并能按合理施工顺序进行施工。

除上述条件外，若线路从既有多层、高层房屋建筑下面通过，不仅施工复杂、难度大，而且造价高昂，选线时要尽量避免。

2. 高架线路平面位置

高架线路平面位置选择，较地下线路严格，自由度更少，一般要顺城市主干道平行设置，道路红线宽度宜大于40m。在道路横断面上，轨道交通高架桥墩柱位置要与道路车行道分隔带配合，一般将桥柱置于分隔带上，如图5-10所示。

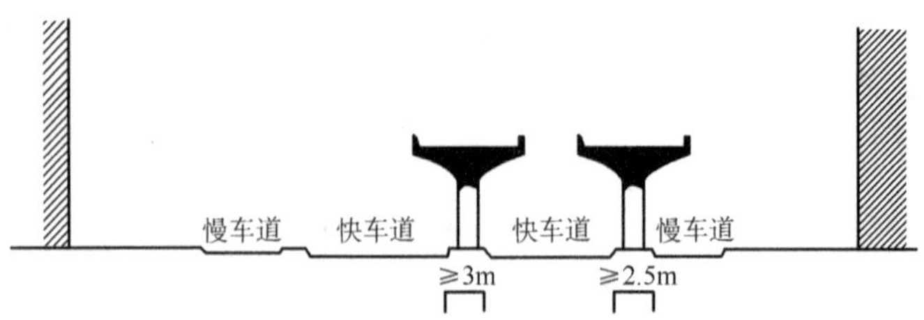

图5-10　轨道交通高架桥设置位置示意图

(1)高架桥位于道路中心线上对道路景观较为有利，噪声对两侧房屋的影响相对较小，路口交叉处，对拐弯机动车影响也小。但是，在无中间分隔带的道路上敷设高架桥时，改建道路的工程量大。

(2)高架桥位于快慢车分隔带上，充分利用道路隔离带减少高架桥柱对道路宽度的占用和改建，一般偏房屋的非主要朝向面，即东西街道的南侧和南北街道的东侧。缺点是噪声对一侧市民的影响较大。

(3)除上述两种位置外，还可以将高架轨道交通线路置于慢车道、人行道上方及建筑区内，但仅适用于广场、公园、绿地及江、河、湖、海岸线等空旷地段或将轨道交通高架线与旧房改造规划为一体时的情况。

3.地面线路平面位置

(1)轨道交通地面线位于道路中心带上，如图5-11a)所示，带宽一般为20m左右。当城市快速路或主干道的中间有分隔带时，地面线路设于该分隔带上，不阻隔两侧建筑物内的车辆按右行方向出入，不需设置辅道，有利于城市景观及减少轨道交通噪声的干扰。其不足之处是乘客均需通过地道或天桥进入轨道交通站台。

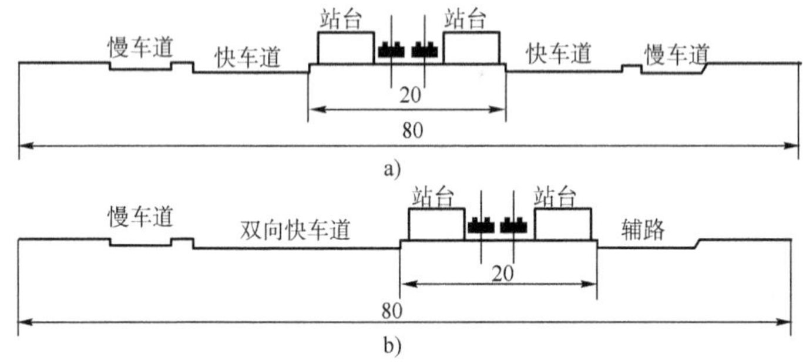

图5-11　轨道交通地面线设置位置示意图(尺寸单位：m)

(2)轨道交通地面线位于快车道一侧，如图5-11b)所示，带宽一般为20m左右。当城市道路无中间分隔带时，线路设于该位置可以减少道路改移量。其缺点是在快车道另一侧需要建辅路，增加了道路交通管理的复杂性。

(3)当道路范围之外为江、河、湖、海岸滩地，不能用于居住建筑的山坡地等，可考虑将轨道交通线路布置于这些地带上，但要充分考虑路基的稳固与安全。轨道交通地面线一般应设计成封闭线路，防止行人、车辆进入，与城市道路交叉一般应采用立交。

4.轨道交通线路与地面建筑物之间的安全距离

(1)地下线与地面建筑物之间的安全距离。为了确保地下线施工时地面建筑物的安全，轨道交通线路与建筑物之间应留有一定的距离。它与施工方法和施工技术水平密切相关。采用放坡明挖法施工时,其距离应大于土层破坏棱体宽度。北京地铁一期工程采用工字钢桩加护板支护,深水泵降低地下水位的明挖法施工。由于护板与土层之间有空隙,施工过程中,在距基坑边 10mm 左右的地面处,平行线路方向出现明显的裂缝。上海地铁一期工程施工中,无论采用盾构法,还是采用连续墙支护的明挖法,隧道(连续墙)外缘至建筑物间的距离一般不小于 2m。由于施工过程中采取了措施,从施工结果看,房屋基本上没有受到影响。

(2)高架线与建筑物之间的安全距离。轨道交通高架线与建筑物之间的安全距离,由防火安全距离与防止物体坠落轨道交通线路内的安全距离确定。前者参照《建筑设计防火规范》(GB 50016—2006)与《铁路工程设计防火规范》(TB 10063—2007)执行;后者暂无规范,可视具体情况考虑。

(3)地面线与道路及建筑物之间的最小安全距离。目前规范未作出规定,建议按下列值考虑:

①轨道交通围护栏杆外缘至机动车道道崖内缘最小净距 1.0m(无防护挡墙)或 0.5m(有防护挡墙);

②轨道交通围护栏杆外缘至非机动车道道崖内缘最小净距 0.25m;

③轨道交通围护栏杆外缘至建筑物外缘最小净距 5.0m(无机动车出入)或 10m(有机动车出入)。

此外,在决定安全距离时,尚应考虑列车运行的振动、噪声的影响。

5.线路平面位置方案比选

线路平面位置比选主要包括直线位置的比选和曲线半径的比较,其主要比选内容如下。

(1)线路条件比较。包括线路长度、曲线半径、转角等。对于小半径曲线,在拆迁数量、拆迁难度、工程造价增加不多的情况下,宜推荐较大半径的方案,若半径大于或等于 400m,则不宜以增加工程造价来替换大半径曲线。

(2)房屋拆迁比较。包括拆迁房屋数量、质量、使用性质、拆迁难易等的比较。质量差的危旧房屋可以拆;住宅房易拆迁,办公房次之,工厂厂房难拆迁;学校、医院等单位,一般考虑邻近安置;商贸房异地搬迁,在市场经济条件下拆迁难度大。

(3)管线拆迁比较。包括地下水管网、地下和地上电力线(管)、地下和地上通信电缆线(管)、煤气管、热力管等的数量、规格、费用及拆迁难度比较。大型管道改移费用高,地下水管改移难度大。

(4)改移道路及交通便道面积比较。包括施工时改移交通的临时道路面积及便桥,恢复被施工破坏的正式路面及桥梁等。

(5)其他拆迁物比较。不属于上述拆迁内容的其他拆迁。

(6)城市轨道交通主体结构施工方法比较。包括施工的难易度、安全度、工期、质量保证、对市民生活的影响等方面的综合分析评价。

二、线路平面主要技术要素的选择

1.平面曲线半径

(1)最小曲线半径标准选择的主要影响因素

①曲线半径对行车速度的影响。城市轨道交通线路最小曲线半径的理论计算公式为

$$R_{\min} = \frac{11.8v^2}{h_{\max} + h_{qy}} \tag{5-7}$$

式中：R_{min}——满足欠超高要求的最小曲线半径(m)；

v——设计速度(km/h)；

h_{max}——最大超高(mm)，曲线地段轨道超高是指为了平衡曲线上运行列车所受离心力而设置的内、外轨面的高度差，$h=11.8v^2/R$，根据《地铁设计规范》(GB 50157—2003)规定h_{max}取120mm；

h_{qy}——允许欠超高(mm)，根据《地铁设计规范》(GB 50157—2003)及2008条文说明可取61mm。

由此可见，列车运行速度的平方与曲线半径成正比。

②曲线半径对运营费的影响。曲线半径越小，钢轨磨耗越严重，钢轨更换周期越短。根据国内对铁路曲线钢轨磨耗的研究结果，推算出半径为200m的曲线的换轨周期比半径为400m的曲线的换轨周期约缩短40%。由于大部分小半径曲线是设在道路交叉口转弯处，且曲线转角多为90°，此时小半径曲线的曲线长度短于大半径的曲线长度，则小半径曲线的换轨费用还会增加。

③曲线半径对工程的影响。较小的曲线半径，能够较好地适应地形、地物、地质等条件的约束。在上海、北京等城市，随着社会经济的快速发展，高层建筑、高架桥等设施大量兴建，其深桩基对轨道交通选线形成很大的约束。在这样复杂的约束条件下，不同的曲线半径标准产生的工程拆迁量的差异很大。如果遇到高层建筑群，一处曲线采用大、小不同的半径造成拆迁工程费的差异高达数千万元甚至上亿元。

④曲线半径对换乘站设计方案的影响。当曲线半径大于300m时，在大城市中心区域的轨道交通线路走向调整的余地较小，从而在设计时大大限制了可提出的换乘方案数量；而当半径降至200m或以下时，交叉线路(尤其是交角小于60°时)设置平行换乘或其他较短换乘路径的换乘方案的可行性将大大提高。

⑤曲线半径与工程可实施性。在地面或高架线路中，任何小半径曲线均可实施。在地下线路中，明挖、暗挖等施工方法能够适应各种小半径曲线的施工，但对于盾构法，目前国内受现有设备的限制，只能实施半径300m以上的曲线施工。而日本早已具备实施半径80m以上的盾构设备，并大量运用于东京、大阪的地铁建设中。

(2)最小曲线半径的合理选择

随着大城市向高密度方向发展，城市轨道交通的最小曲线半径标准将会对工程、运营、换乘设计方案等方面产生越来越大的影响。400m以下的小半径曲线具有限制列车速度、养护比较困难、钢轨侧面磨耗严重及噪声大等缺点，特别是在轨道交通运量大、密度高的情况下，上述缺点更加突出。因此，曲线半径宜按标准半径系列从大到小合理选用，在实际工作中，最大曲线半径一般不超过3 000m。同时，从运营角度出发，最小曲线半径应尽量少用，并应有一定限制。我国《地铁设计规范》(GB 50157—2003)规定的线路最小曲线半径标准如表5-6所示，《城市快速轨道交通工程项目建设标准(试行本)》规定的线路工程主要技术指标如表5-7所示。

线路最小曲线半径 表5-6

线路		一般情况(m)		困难情况(m)	
		A型车	B型车	A型车	B型车
正线	≤80km/h	350	300	300	250
	>80km/h	550	500	450	400
联络线、出入线		250	200	150	
车场线		150	100	110	

线路工程主要技术指标 表 5-7

技术名称及线路		A 型车	B 型车	C 型车
最小曲线半径(m)	正线	300～350	250～300	50～100
	辅助线	250	150～200	25～80
	车场线	150	80～110	25～80
最大坡度(‰)	正线	30～35	30～35	60
	辅助线	40	40	60
	车场线	1.5	1.5	1.5
竖曲线半径(m)	正线	3 000～5 000	2 500～5 000	1 000
	辅助线	2 000	2 000	1 000
钢轨(kg/m)	正线	≥60	≥60	50
	辅助线	≥50	≥50	50
道岔(N_0/R_0)	正线	9/200	9/200 或 7/150	7/150
	车场	7/150	6/110	待定

注：1. 特殊困难地段的技术标准，应按国家现行有关技术规范执行。

2. C 型车的线路最小曲线半径 80m，是指受流器的车辆。

3. N_0 是指道岔号，R_0 是指道岔的曲线半径(m)。

美国、日本、法国等国家为了降低工程造价而采取了较为灵活的最小曲线半径标准值，主要线路上的曲线半径比我国的标准小得多。纽约地铁的最小曲线半径为 107m，芝加哥和波士顿地铁为 100m；东京、大阪等城市的地铁线路最小曲线半径大部分不足 200m(见表 5-8)；巴黎地铁的最小曲线半径仅为 75m。

日本部分城市地铁线路最小曲线半径标准 表 5-8

经营主体	线路名称	车辆宽度(m)	最小曲线半径(m)	旅行速度(km/h)	最高速度(km/h)
札幌市	南北线	3.470	200.0	31.7	70
交通局	东西线	3.080	201.0	34.6	70
交通营团	银座线	2.580	90.0	24.9	55
	丸之内线	2.790	127.0	27.4	60
	日比谷线	2.790	126.0	28.3	70
	东西线	2.870	200	38.5	75
	千代田线	2.865	143.8	31.5	55
	有乐町线	2.865	150.0	30.0	75
	半藏门线	2.835	200.2	36.9	75
东京市交通局	浅草线	2.800	161.0	31.8	70
	三田线	2.800	162.0	31.4	70
	新宿线	2.800	204.0	31.9	75
大阪市交通局	御堂筋线	2.890	120.0	33.0	70
	谷町线	2.890	122.0	31.6	70
	四桥线	2.890	122.0	32.6	70
	中央线	2.890	160.0	33.5	70
	千日前线	2.890	122.0	29.9	70
	筋线	2.840	190.0	30.0	70

在目前车辆条件下，在车站两端可视具体情况降低最小曲线半径标准，同时尽快投入力量积极研究适应较小半径曲线的新型车辆，以降低轨道交通土建成本，并为改善换乘设计方案提供更有利的条件。

(3)各类车型的主要技术规格(可参照表 5-9 选定)

各类车型主要技术规格 表 5-9

<table>
<tr><td colspan="2" rowspan="2">项 目 名 称</td><td>A 型车</td><td>B 型车</td><td colspan="3">C 型车</td></tr>
<tr><td>四轴车</td><td>四轴车</td><td>四轴车</td><td>六轴车</td><td>八轴车</td></tr>
<tr><td colspan="2">车辆基本长度(m)</td><td>22</td><td>19</td><td>18.9</td><td>22.3</td><td>29.5</td></tr>
<tr><td colspan="2">车辆基本宽度(m)</td><td>3</td><td>2.8</td><td colspan="3">2.6</td></tr>
<tr><td rowspan="3">车辆高度
(m)</td><td>受流器车(加空调/无空调)</td><td>3.8/3.6</td><td>3.8/3.6</td><td colspan="3">3.7/3.25</td></tr>
<tr><td>受电弓车(落弓高度)</td><td>3.8</td><td>3.8</td><td colspan="3">3.7</td></tr>
<tr><td>受电弓工作高度</td><td colspan="5">3.9～5.6</td></tr>
<tr><td colspan="2">车内净高(m)</td><td colspan="5">2.1～2.15</td></tr>
<tr><td colspan="2">地板面高(m)</td><td colspan="2">1.1</td><td colspan="3">0.95</td></tr>
<tr><td colspan="2">车辆定距(m)</td><td>15.7</td><td>12.6</td><td colspan="2">11</td><td>7.2</td></tr>
<tr><td colspan="2">固定轴距(m)</td><td>2.2～2.5</td><td>2.1～2.2</td><td colspan="3">1.8～1.9</td></tr>
<tr><td colspan="2">车轮直径(m)</td><td colspan="2">φ840</td><td colspan="3">φ760</td></tr>
<tr><td colspan="2">车门数(每侧/个)</td><td>5</td><td>4</td><td>4</td><td>4</td><td>5</td></tr>
<tr><td colspan="2">车门宽度(m)</td><td colspan="5">≥1.3</td></tr>
<tr><td colspan="2">车门高度(m)</td><td colspan="5">≥1.8</td></tr>
<tr><td rowspan="2">定员人数(人)</td><td>单驾驶室车</td><td>295</td><td>230</td><td>200</td><td>240</td><td>315</td></tr>
<tr><td>无驾驶室车</td><td>310</td><td>245</td><td>210</td><td>250</td><td>325</td></tr>
<tr><td colspan="2">车辆轴重(t)</td><td>≤16</td><td>≤14</td><td colspan="3">≤11</td></tr>
<tr><td rowspan="2">站立人员标准
(人/m²)</td><td>定员</td><td colspan="5">6</td></tr>
<tr><td>超员</td><td colspan="5">9</td></tr>
<tr><td colspan="2">最高运行速度(km/h)</td><td colspan="2">≥80</td><td colspan="3">≥70</td></tr>
<tr><td colspan="2">启动平均加速度(m/s²)</td><td colspan="2">≥0.9</td><td colspan="3">≥0.85</td></tr>
<tr><td colspan="2">常用制动减速度(m/s²)</td><td colspan="2">1.0</td><td colspan="3">1.1</td></tr>
<tr><td colspan="2">紧急制动减速度(m/s²)</td><td colspan="2">1.2</td><td colspan="3">1.3</td></tr>
<tr><td rowspan="3">噪声[dB(A)]</td><td>驾驶室内</td><td colspan="2">≤80</td><td colspan="3">≤70</td></tr>
<tr><td>客室内</td><td colspan="2">≤83</td><td colspan="3">≤75</td></tr>
<tr><td>车外</td><td colspan="2">80～85(站台)</td><td colspan="3">≤82</td></tr>
</table>

注：1. 车辆详细技术条件，可参照《地下铁道车辆通用技术条件》(GB/T 7928—2003)和《轻轨交通车辆通用技术条件》(CJ/T 5021—1995)。

2. C 型车未包括低地板车。

由于轻轨交通运量较地铁小，故最小曲线半径视车型情况可采用比地铁线路更小的数值。

车站站台段线路应尽量设在直线上。因为站台上有大量旅客活动，直线站台通视条件好，有利于行车安全；而且城市轨道交通多为高站台，曲线站台与车辆间的踏步距离不均匀，不利于旅客上下车和乘车安全。在困难地段，站台段线路也可设在曲线上，为了保证行车安全和合理的踏步距离，其半径不应小于 800m。

2. 平面圆曲线长度

城市轨道交通圆曲线长度短，对改善条件、减少行车阻力及养护维修有利。但当圆曲线长度小于车辆的全轴距时，车辆将同时跨越在 3 种不同的线形上，会危及行车安全、降低列车的稳定性和乘客的舒适度。因此，我国《地铁设计规范》(GB 50157—2003)规定，正线及辅助线的圆曲线最小长度，A 型车不宜小于 25m，B 型车不宜小于 20m，在困难情况下不得小于车辆的全轴距。

3. 缓和曲线

由于直线与圆曲线间存在曲率半径的突变，圆曲线半径越大，突变程度就越小。当圆曲线半径超过 3 000m 时，这种突变对城市轨道交通行车影响很小。而当正线上曲线半径等于或小于 3 000m 时，则要在圆曲线与直线间加设缓和曲线，实现曲率半径、轨距加宽及外轨超高的逐渐过渡，减少列车在突变点处的轮轨冲击。因此，我国《地铁设计规范》(GB 50157—2003)规定，在正线上，当曲线半径等于或小于 3 000m 时，圆曲线与直线间应根据曲线半径及行车速度设置缓和曲线。缓和曲线长度可以参照表 5-1 的标准选用。车场线由于运行速度低，可不设缓和曲线和超高。

4. 夹直线

当相邻曲线距离较近时，可能会出现两曲线(有缓和曲线时，指缓和曲线；无缓和曲线时，指圆曲线)相邻两端点间的夹直线过短的情况。夹直线短于车辆的全轴距时，会出现一辆车同时跨越两条曲线的情况，引起车辆左右摇摆，影响行车平稳性；夹直线太短，也不易保持夹直线的方向，增加养护困难。因此，我国《地铁设计规范》(GB 50157—2003)规定，正线及辅助线上相邻曲线间的夹直线长度(不含超高顺坡及轨距递减段的长度)，A 型车不宜小于 25m，B 型车不宜小于 20m，在困难情况下不得小于一个车辆的全轴距；车场线上的夹直线长度不得小于 3m。

5. 其他

(1)道岔应设在直线上。在困难情况下，道岔也可设在曲线上，但道岔端部至曲线端部的距离不宜小于 5m，车场线可减少到 3m。道岔宜靠近车站位置，但道岔基本轨端部至车站站台端部的距离不小于 5m。

(2)不同号数道岔的导曲线半径和长度也不同，会影响线路线间距和线路长度。正线和辅助线上为保证必要的侧向过岔速度，宜采用 9 号道岔；车场线因过岔速度要求低，可采用不大于 7 号的道岔，以缩短线路长度，节省造价。设置交叉渡线两平行线的线间距宜按规定采用：12 号道岔采用 5.0m，9 号道岔采用 4.6m 或 5.0m，6 号、7 号道岔采用 4.5m 或 5.0m。

(3)城市轨道交通线路不宜采用复曲线。在困难地段，有充分技术依据时可采用复曲线。当两圆曲线的曲率差大于 1/2 500 时，应设置中间缓和曲线，其长度根据计算确定，在困难情况下不得小于 20mm。

(4)折返线的有效长度，宜为远期列车长度加 40m(不含车挡长度)。

三、线路平面设计方法

1. 设计步骤及方法

城市轨道交通平面设计以右线为准，具体设计步骤及方法如下。

(1)确定线路任意点坐标及直线边方位角

根据定线所要求的线路与城市规划道路或指定建筑物的关系，求取线路右线直线边及任一点坐标和方位角。为了方便施工，轨道交通线路平面及高程控制系统应尽量与城市控制系统取得一致，方位角一般取整到秒，线路长度取整到毫米，交点坐标取值精确到 0.1mm。

当道路中线由多个极小折角、短边组成近似直线时，轨道交通线路应尽量取直，并与城市规划部门协调，得到认可。

若控制点在曲线地段，则宜先确定圆心点坐标。有时需要通过变更曲线半径反复计算，才可得出线路的最佳位置。

(2)右线交点坐标计算

右线坐标计算从起点开始，先用已知直线相交公式及点间距离公式求出起始边长，取整后用坐标公式计算交点坐标。用交点坐标及第二直线边方位角作为新起始边直线，再用上述公式求出第二直线边长，取整后计算第二个交点坐标。这种交替计算边长和坐标的方法，可以保持线路的计算位置与设计位置一致，误差在 0.5mm 以内。

(3)曲线要素计算

①曲线半径。初步设计阶段，右线曲线半径一律采用标准整数。施工设计阶段，当左右线为同心圆曲线时，外圆曲线半径采用标准整数；若是最小曲线半径，内圆一般应采用标准整数半径。

②缓和曲线长度。初步设计阶段根据曲线距车站的远近，依据经验按《地铁设计规范》(GB 50157—2003)初步选用缓和曲线长度，如表 5-1 所示。施工设计时根据列车运行速度图，选用缓和曲线长度。

左右线并行于同一隧道结构内，左、右曲线一般设计为同心圆，线间距按限界要求加宽。当右线为外圆曲线时，右线缓和曲线长度按规范标准设计，其左线的缓和曲线长度按加宽要求，由计算确定加长，并取整到 1m；当右线为内圆曲线时，缓和曲线长度按加宽要求计算，有条件时，取整到 5m，外圆再根据内圆缓和曲线长度及线间距加宽要求，调整缓和曲线长度至整数米。

当一个较长曲线紧邻车站端部时，靠近车站端可以用较短缓和曲线，另一端用较长缓和曲线，以利于车站站位布置。在曲线两端线间距略有差异时，也可以用不等长缓和曲线调制同心圆曲线。

切线长与曲线长按有关公式计算，精度为 0.1mm，取整到毫米。

初步设计阶段，左线一般不进行曲线要素计算，但夹直线长度紧张地段除外。

(4)右线里程计算

轨道交通里程曾采用百米标表示，现改用千米标表示，如 K8＋800，表示为 8km 加 800m 处。另外，可以在“K”字前冠以不同的西文字母，表示不同比较方案。对不同设计阶段，一般不需用字母区分，以简化设计工作。

断链使里程失去线路直观长度，也容易造成设计施工中的差错，因此右线在任何设计阶段，里程不宜产生断链。

(5)建筑物控制点与线路相互关系计算

建筑物控制点至线路的垂距及其里程，可用点线间垂距公式计算，也可以用两直线的交点公式计算。

(6)车站中心右线里程及坐标计算

根据定线要求的站位首先计算右线车站中心里程，移动车站中心位置取车站里程为整数米，再计算站中心坐标，坐标取值到0.1mm。

2.施工设计阶段设计步骤及方法

以下各步骤仅在施工设计阶段进行，初步设计阶段并不要求。

(1)左线交点坐标计算

左右线平行地段，首先从右线控制点上，根据定线要求的线间距，计算左线各直线边上任一点坐标，然后按右线交点坐标计算方法，求出左线各交点坐标。左右线非平行地段，根据左右线平面相应的几何关系进行坐标计算。左线单独绕行地段与右线坐标计算方法相同。

计算完成后，应检查左右线平面相互关系与设计要求是否相符，线间距离误差应在0.5mm以内。

(2)内外曲线交点错动量计算

错动量计算可以应用三角方程公式和点线垂距公式进行。当应用三角方程公式时，曲线两端线间距离应是精确到0.1mm的计算值，而不是设定值，否则在小转角曲线上将产生较大误差；当采用点线距离公式时，用左右线交点坐标和转换两切线方位角代入公式求得。

(3)左线里程及断链计算

左线里程按右线里程推算，由于曲线内外长度不同等原因，将产生断链。因左线绕行或内外曲线的关系，左线与右线长度不等，但为了设计及施工上的便利，左右线平行直线段同一断面上的里程宜一致。通常在每一处左右线长度不等的地段设置左线断链，尤其在左右线处于同一隧道结构内时，更宜如此。但在曲线多的地段，若在每一曲线设一断链，也会给设计及施工带来不便。为了减少左线断链数量，可对左线断链进行适当合并。当两个曲线间夹直线较短时，两个断链宜合并为一个；当区间左右线隧道结构分开时，可将两车站间的多个曲线断链合并为一个。断链不应进入曲线范围和车站站界范围。

(4)线路详细坐标计算

左右线均需进行详细坐标计算，包括曲线头尾、缓和曲线头尾、曲线中点、千米及百米里程点、道岔中心、车挡、区间附属建筑物(通风道连接口、排水泵站、隔断门、区间连接通道等)中心(或接口中心)、车站端墙外缘(或竖井中心)等位置的详细坐标计算。

线路详细坐标计算，以就近的交点或站中心点为原始坐标点，分段计算，坐标取整到毫米，计算误差允许1mm。

(5)左右线间距计算

当左右线处于同一隧道，线间距离发生变化时，或左右线隧道分开，但有附属建筑物连接时，为隧道结构设计之需要，一般每隔10～20m计算一点线间距。

线间距离计算采用解析几何公式，计算误差不大于10mm。曲线地段的线间距离计算以右线法线方向为准。

四、线路平面图

线路平面图，是在绘有初测导线和经纬距的大比例带状地形图上，设计出线路平面和标出有关资料的平面图，如图5-12所示。线路平面图是线路设计的基本文件。在各个设计阶段都要编制要求不同、用途不同的各种平纵面图，其比例尺、项目内容及详细程度均不相同。

1. 线路里程和百米标

整千米处注明线路里程，里程前的符号初步设计用 CK，技术设计用 DK。千米标之间的百米标注上百米标数。数字写在线路右侧，面向线路起点书写。两方案或两测量队衔接处，应在图上注明断链和断高关系。

2. 曲线要素及其起终点里程

曲线交点应标明曲线编号，曲线转角应加脚注 Z 或 Y，表示左转角或右转角。曲线要素应平行线路写于曲线内侧。曲线起点 ZH 和终点 HZ 的里程，应垂直于线路写在曲线内侧。

3. 线路上各主要建筑物

沿线的车站、大中桥、隧道、平立交道口等建筑物，应以规定图例符号表示，并注明里程、类型及大小。如有改移公路、河道时，应绘出其中线。

4. 初测导线和水准基点

图中连续的折线表示初测导线，导线点符号为 C，脚注为导线点编号。图中应绘出水准基点的位置、编号及高程，其符号为 BM。

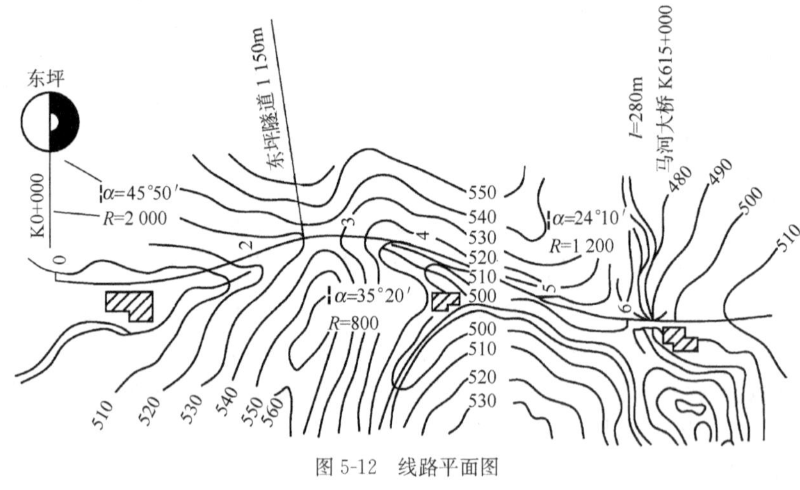

图 5-12　线路平面图

第四节　线路纵断面设计

一、坡度

1. 定义

城市轨道交通线路的纵断面是由坡段和连接相邻坡段的竖曲线组成的。坡段的特征用坡段长度和坡度值来表示。

坡段长度 L_i 为该坡段前后两个变坡点之间的水平距离(m)。

坡段坡度 i 为该坡段两端变坡点的高程 H_i(m)除以坡段长度 L_i(m)，其值以千分数表示(见图 5-13)。坡度值上坡取正值，下坡取负值。如坡度为 30‰，即表示每千米高差为 30m。其计算公式为

$$i=\frac{H_i}{L_i}\times 1\,000‰ \tag{5-8}$$

轨道交通线路纵断面设计的主要技术要素有坡度、坡段长度及坡段连接。

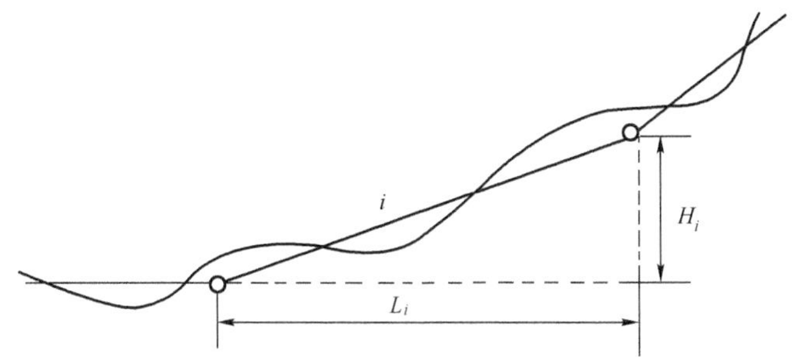

图 5-13　坡段长度与坡度示意图

2. 设计原则

(1)纵断面设计要保证列车运行的安全、平稳及乘客舒适,高架线路要注意城市景观,坡段应尽量长些。

(2)线路纵断面要结合不同的地形、地质、水文条件、线路敷设方式与埋深要求、隧道施工方法、地上地下建筑物与基础情况、线路平面条件等进行合理设计,力求方便乘客使用和降低工程造价。必要时,可考虑变更线路平面及施工方法。

(3)尽量设计成符合列车运行规律的节能型坡道组合的纵断面。车站一般位于纵断面的高处,区间位于纵断面的低处。除车站两端的节能坡道外,区间一般宜用缓坡,避免列车交替使用制动-给电运行。

3. 主要技术要素的确定

正线最大坡度是线路的主要技术标准之一,对线路的埋深、工程造价及运营都有较大的影响。因此,合理地确定线路最大坡度具有重要的意义。

城市轨道交通由于载重量小、运距短,坡度已不是限制列车牵引重量的主要因素。城市轨道交通线路纵断面的最大坡度值,不包含曲线阻力、隧道内空气阻力等附加当量坡度,与我国城市间铁路设计中的限制坡度值定义有区别。

(1)城市轨道交通列车为了适应小站距的频繁启动、制动,要求具有良好的动力性能,一般采用全动轴或 2/3 动轴列车,启动加速度要求达到 $1m/s^2$ 及以上,这就意味着列车可以爬 100‰及以上的当量坡度(最大坡度加上曲线阻力坡度、隧道附加阻力坡度)。

在实际设计纵断面时,线路坡度在满足排水及高程控制要求的前提下应尽可能平缓,一般应在 20‰以下。正线允许的最大坡度值,主要受行车安全(与制动设备性能有关)、旅客舒适度、运营速度 3 方面影响。从保证行车安全出发,要求列车在失去部分(最大可达到一半)牵引动力的条件下,仍能用另一部分牵引动力,将列车从最大坡度上启动。因此,最大坡度阻力及各种附加阻力之和,不宜大于列车牵引动力的一半。我国《地铁设计规范》(GB 50157—2003)规定,正线的最大坡度不宜大于 30‰,困难地段可采用 35‰,联络线、出入线的最大坡度不宜大于 40‰(均不考虑各种坡度折减值),已经考虑了列车动力的丧失及各种附加阻力和黏着力的影响。但随着各种城市轨道交通车辆的改进,允许的最大坡度值也正在增大。例如,新型的线性电机车允许的正线设计最大坡度可以达到 60‰。目前,日本东京都营地铁 12 号线路的正线设计最大坡度已经达到 50‰。

前苏联的地下铁道设计规范(1981 年 7 月 1 日起执行)规定的地下线段及隐蔽地面路段的纵断面坡度不大于 40‰,而敞开的地面线段的纵断面坡度则不大于 35‰。法国巴黎市区地铁线路最大坡度为40‰，地区快车线最大坡度为30‰，困难地段的坡度还可以大一些。我国香港地铁的线路最大坡度为30‰，个别地段允许超过。由此可见，我国《地铁设计规范》(GB 50157—2003)及《城市快速轨道交通工程项目建设标准(试行本)》中规定的最大坡度值，与世界城市轨道交通建设标准是大体一致的。

(2)为便于排水，地下线路区间不能设计成平坡，而应设计不小于3‰的坡度。困难地段在确保排水的条件下，可采用小于3‰的坡度；地面和高架桥上正线最小坡度在采取了排水措施后不受影响。

(3)地下车站站台计算长度范围内的线路坡度宜采用2‰，条件困难时，可设在不大于3‰的坡道上。

(4)在地下线路的存车线和车辆折返用的尽端线上，应设2‰的纵向坡度，且是由车站向车挡为上坡。道岔宜设在不大于5‰的坡道上，在困难地段可设在不大于10‰的坡道上。

(5)地面和高架桥上的车站站台计算长度范围内线路宜设在平坡道上，在困难地段可设在不大于3‰的坡道上。车场线宜设在平坡道上，条件困难时，库外线可设在不大于15‰的坡道上。

(6)车站站台计算长度范围内线路应设在一个坡道上，有条件时宜布置在纵断面的凸形地段上，并设置合理的进、出站坡度。

(7)折返线和停车线应布置在面向车挡或区间的下坡道上，隧道内的坡度宜为2‰，地面和高架桥上的折返线、停车线，其坡度不宜大于1.5‰。

二、坡段长度

两个坡段的连接点，即坡度变化点，称为变坡点。一个坡段两端变坡点之间的水平距离称为坡段长度。如果坡段长度小于列车长度，那么列车就会同时跨越两个或两个以上的变坡点，各个变坡点所产生的附加应力和局部加速度会因叠加而加剧，影响列车的平稳运行和旅客的舒适。因此，线路坡段长度不宜小于远期列车计算长度。按每节车厢19.11m计算，当列车编组为8节车厢时，约为150m；当列车编组为6节车厢时，约为115m；当列车编组为4节车厢时，约为75m。与城际铁路不同，城市轨道交通线路不要求坡段长度取整为50m的整倍数。

三、坡段连接

1.坡度代数差

列车通过变坡点时，车钩产生附加应力，并致使车辆的局部加速度增加，其值与相邻两坡段的坡度代数差成正比。坡度代数差太大，会影响旅客舒适度。虽然我国《地铁设计规范》(GB 50157—2003)没有对坡度代数差加以限制，但根据国内外传统的经验，如两反向坡段的坡度值均超过5‰时，通常采用一段坡度不大于5‰的坡段连接。

2.竖曲线

在纵断面上，若各坡段直接相连则形成一条折线，列车运行至坡度代数差较大的变坡点处，容易造成车轮脱轨、车钩脱钩等问题。为避免出现这类情况，当坡度代数差等于或大于2‰时，应在变坡点处设置竖曲线，把折线断面平顺地连接起来，以保证行车的安全和平稳。竖曲线有抛物线形和圆曲线形两种。抛物线形曲率是渐变的，更适宜列车运行，但由于铺设和养护工作较复杂，且城市轨道交通的最高运行速度并不高，故基本上不采用。而圆曲线形竖曲线具有便于铺设和养护的优点，且当竖曲线半径较大时，近似于抛物线形。因此，我国城市轨道交通线路采用圆曲线形竖曲线。

我国《地铁设计规范》(GB 50157—2003)和《城市快速轨道交通工程项目建设标准(试行本)》规定：对正线的区间线路，竖曲线半径一般取 5 000m，困难情况下取 2 500～3 000m；车站两端因行车速度较低，其线路的竖曲线半径可取 3 000m，困难情况下可取 2 000m。对辅助线和车场线，竖曲线半径可取 2 000m，而对于 C 型车，竖曲线半径可以取 1 000m。

车站站台和道岔范围内不得设竖曲线，竖曲线离开道岔端部的距离不应小于 5m，渡线应设在 5‰以内的坡度上，而且竖曲线不应伸入道岔范围之内。竖曲线起点至道岔基本轨起点的距离或距辙叉跟端以外短轨端点的距离，均不应小于 5m。

竖曲线半径的理论计算公式为

$$R_{sh}=\frac{v_{max}^2}{3.6a_{sh}} \tag{5-9}$$

式中：R_{sh}——竖曲线半径(m)；

v_{max}——最高行车速度(km/h)；

a_{sh}——竖向离心加速度(m/s^2)。

竖向离心加速度不得超过一定的允许值，否则会影响旅客的舒适度。竖向离心加速度的取值范围一般为 0.3～1.0m/s^2。

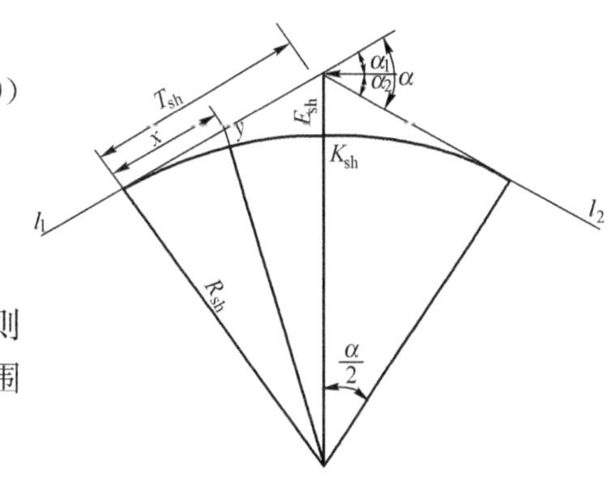

图 5-14 圆形竖曲线示意图

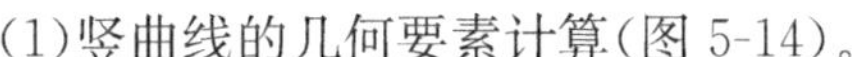

(1)竖曲线的几何要素计算(图 5-14)。

①竖曲线切线长度 T_{sh}

$$T_{sh}=R_{sh}\cdot\tan\frac{a}{2}\approx\frac{R_{sh}}{2}\cdot\tan a=\frac{R_{sh}}{2}\tan|a_1-a_2|=\frac{R_{sh}}{2}\left|\frac{\tan a_1-\tan a_2}{1+\tan a_1\cdot\tan a_2}\right|$$

$$\approx\frac{R_{sh}}{2}|\tan a_1-\tan a_2|=\frac{R_{sh}}{2}\left|\frac{i_1}{1\,000}-\frac{i_2}{1\,000}\right|=\frac{R_{sh}\cdot\Delta i}{2\,000} \tag{5-10}$$

式中：a——竖曲线的转角(°)；

a_1、a_2——前、后坡段与水平线的夹角(°)，上坡为正值，下坡为负值；

i_1、i_2——前、后坡段的坡度(‰)，上坡为正值，下坡为负值；

Δi——相邻坡度代数差的绝对值(‰)。

②竖曲线长度

$$K_{sh}\approx 2T_{sh} \tag{5-11}$$

③竖曲线纵距 y

因为 $$(R_{sh}+y)^2=R_{sh}^2+x^2$$

$$2R_{sh}\cdot y=x^2-y^2\quad(y^2\text{ 值很小，可略去不计})$$

所以 $$y^2=\frac{x^2}{2R_{sh}}\quad(\text{m}) \tag{5-12}$$

式中：x——切线上计算点至竖曲线起点的距离(m)。

变坡点处的纵距称为竖曲线的外矢距 E_{sh}，其计算公式为

$$E_{sh}=\frac{T_{sh}^2}{2R_{sh}} \tag{5-13}$$

(2)竖曲线夹直线

由于允许的坡段长度较短，而允许的坡度值又较大，因而实际设计时常会出现两条竖曲线重叠或相距很近的情形。为了避免或减轻列车同时位于两条竖曲线而产生的振动叠加，《地铁设计规范》(GB 50157—2003)规定，两条竖曲线之间的夹直线长度不宜小于 50m。

(3)其他因素

地下隧道车站的纵断面设计，除了满足相应的坡度、坡段长度、坡段连接要求外，还要综合考虑隧道类型、拟采用的施工方法及运营特点等因素。

对于浅埋隧道，一般采用明挖法施工，宜接近地面，以减少土方工程量，简化施工条件。同时，又要考虑在隧道上面预留足够的空间来设置城市地下管线，并有足够厚度的土壤层来隔热，使隧道内不受地面温度变化的影响。通常浅埋区间隧道衬砌顶部至地面距离不小于 2m。由于车站本身要求的净空高度大于区间，因而浅埋车站一般位于凹形纵断面的底部。这种纵断面形式是进站下坡、出站上坡，导致列车进站制动和出站加速都需要耗费更多的能量，不利于运营。

对于深埋隧道，通常位于比较稳定的地层内，其顶部以上的地层厚度要能够形成承载拱，为此应埋深一些。在保证车站净空要求的前提下，深埋隧道的车站应埋浅一些，尽量接近地面，因为这样设计的车站土建工程量较少，还可节省升降设备投资，乘客上下地面的时间也相应减少。在这种情况下，车站位于线路凸形纵断面顶部，便于进站减速、出站加速，节省运营成本。

四、线路纵断面设计方法

1.纵断面设计步骤

(1)绘制基础资料。根据不同的设计阶段、设计深度，按不同的纵断面图幅格式，将不同繁简的基础资料绘制于厘米格纸上(或输入计算机)。这些资料包括：

①地面线(道路线)及其跨越道路立交桥、河床底、航行水位、洪水位、铁路、高压线高程等资料；

②地下管道及主要房屋、人防工程基础高程等资料；

③道路、立交桥、铁路、河渠、地下管道等规划高程资料；

④地质剖面及地下水位高程资料；

⑤线路平面及附属结构物设计资料。

(2)找出线路控制高程。根据设计原则、标准、隧道结构外轮廓尺寸、覆土厚度、桥下净高、距建筑物的最小距离、地铁排水位置等要求，找出纵断面设计的控制高程。

(3)右线坡度设计。右线坡度设计贯穿于各个设计阶段。初步设计及以前各阶段，坡段长度宜为 50m 的倍数，变坡点一般落在百米里程及 50m 里程处。施工设计阶段，右线坡段长度一般取整为 10m 的倍数，变坡点落在整 10m 的里程上，坡度一般用千分整数表示，以便于其他设计专业和施工人员使用。设计高程应为轨顶高程。

(4)右线竖曲线设计。右线竖曲线设计包括竖曲线半径选择、竖切线长度计算及竖曲线高程改正值计算。初步设计阶段只进行竖曲线半径设计，施工设计阶段才进行竖曲线高程改正值计算，精度至毫米。

施工图设计阶段的内容还包括左线坡度设计、左线竖曲线设计、左右线轨顶详细高程计算等。左右线轨顶详细高程计算包括百米及千米标、控制加标、车站中心、道岔中心、附属结构物中心或接口中心、线路最低点、断链，有时还应包括隧道结构变形缝等高程计算，高程值计算至毫米。

2. 左线坡度设计

(1)左线与右线并行于同一隧道内。左线与右线位于同一隧道结构体内,无论隧道结构是单孔(跨)还是多孔(跨),无论是车站隧道结构还是区间隧道结构,左线坡度应与右线一致,同断面的左右线高程应相等。

曲线地段,左、右线(内、外曲线)长度不同,左线坡度应作调整,使曲线范围内同一法线断面上的左右线高程相同。调整坡度段与原坡段视为同一坡段,调整坡度段的变坡点最好位于缓和曲线中部的整 10m 里程位置上,并验算左右线同断面高程是否相同,允许高程差不大于 2cm。在小曲线小坡度地段,可以调整变坡点位置,避免零碎坡段和坡度,但要满足相同断面高程差不大于 2cm 的要求。调整坡度值与调整变坡点也可以同时进行。

左线与右线上下重叠于同一隧道内,是一种立体并行形式。这种形式的左线坡度与右线坡度应完全相同,高程相差一常数。

(2)左线与右线分设于单线隧道内。车站范围内的左线坡度及高程宜与右线一致(左右线站台位于同一平面上)或高程相差一常数(左右线站台不位于同一平面上)。虽然车站范围内左线与右线的隧道是单独的,但站台之间、站台与站厅之间都有通道相互联络,左右线坡度及高程一致(或差一常数),有利于车站各部分的设计与施工。

区间地段的左线坡度不要求与右线相同,坡度设计较为灵活。但左右线宜共用一个排水站,要求左线最低点位置处于右线最低点同一断面处,如错动则不应大于 20m,最低点高程宜相等,但允许有 30cm 以内高差。左右线之间若有连接通道,其左右线高程宜相同,允许有 50cm 以内高差。

3. 纵断面修改设计

地基原因:软土地基及软硬土层交界地段。

施工原因:不同施工方法、新老施工段相隔时间久、利用隧道上方场地大量存土等原因,造成建好的隧道结构不均匀下沉;又由于隧道结构净孔限制,致使轨道无法按原纵断面设计坡度及高程铺设,必须修改纵断面坡度及高程。

纵断面坡度修改设计标准与新线设计标准基本相同,允许的最小坡度可用到 2‰,但排水沟要特殊施工,以保持水沟不积水。变坡点位置可以设在整数米的位置,坡度可以用非整数千分坡。

修改纵断面设计的关键工作是准确掌握已完工的隧道结构沉降、断面净孔尺寸及其误差情况。设计人员应深入现场,实地检查,在此基础上提出横断面净孔测量及加密底板面高程测量要求。一般对底板面高程,沿线路中心线每隔 5~20m 测量一次。对断面净孔尺寸及顶板底面高程,一般每隔 10~50m 测量一次。

4. 纵断面修改设计步骤

(1)审阅线路平面贯通测量及隧道底板高程资料,现场踏勘检查;

(2)提出左右线隧道结构断面净孔及高程测量要求;

(3)标绘隧道结构底、顶板净孔的放大纵断面图;

(4)分析隧道结构净孔的放大纵断面图,找出高程控制点;

(5)纵断面坡度修改设计;

(6)检查净孔高度及道床厚度是否满足要求。

在困难条件下,限界中可以适当扣除施工误差,道床可做特殊设计,减薄厚度。在采取上述措施后仍不能满足净孔要求时,由施工单位采取补救措施,扩大隧道净孔,并根据施工补救方案进行纵断面修改设计。

五、线路纵断面图

线路纵断面图是线路设计的基本文件，在各个设计阶段都要编制要求不同、用途不同的各种平纵面图，其比例尺、项目内容及详细程度均不相同。

线路纵断面图由图和资料两部分组成。图的部分表示线路纵断面概貌和沿线主要建筑物特征，绘于图的上方。图中细实线为地面线，粗实线为设计线。设计线上方数字为路基填方高度，下方为路基挖方深度。

详细纵断面图，横向表示线路的长度，竖向表示高程。

线路资料和数据标注在图的下方，自下而上的顺序为：

(1)连续里程。一般以线路起点车站的旅客站房中心线处为零起算，在整千米处注明里程。

(2)线路平面。是表示线路平面的示意图。凸起部分表示右转曲线，凹下部分表示左转曲线。凸起与凹下部分的转折点依次为 ZH 点、HY 点、YH 点、HZ 点。在 ZH 点和 HZ 点处要注上距前 100m 的距离。曲线要素注于曲线内侧。两相邻曲线间的水平线为直线段，要标注其长度。

(3)百米标与加标。在整百米标处标注百米标数，加标处应标注距前 100m 的距离。

(4)地面高程。各百米标和加标处应填写地面高程。在地形图上读取高程时，精度为1/10的等高线距；外业测得的高程，精度为 0.01m。

(5)设计坡度。向上或向下的斜线表示上坡道或下坡道，水平线表示平道。线上数字表示坡度的千分数(单位：‰)，坡度值一般为整数，如遇曲线折减、车站及困难地段可用至小数一位；线下数字表示坡度长度(单位：m)。

(6)路肩设计高程。图上应标出各变坡点、百米标及加标处的路肩设计高程，精度为 0.01m。

(7)工程地质特征。扼要填写沿线各路段重大不良地质现象、主要地层构造、岩性特征及水文地质等情况。

线路纵断面图如图 5-15 所示。

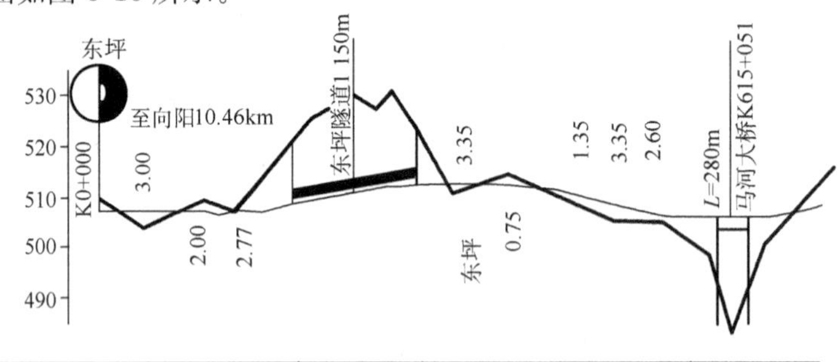

工程地质概况	砂黏土	黏土	砂黏土	砂岩			
路肩设计高程	507.0	510.0	514.4	514.4	508.4	506.1	506.1
设计坡度	0 / 1 150	3.5 / 2 100	0 / 500	4 / 1 500	3 / 750	0 / 500	4
里程	K1	K2	K3	K4	K5	K6	K7
线路平面	α=15°50′ R=2 000	α=35°20′ R=300	α=24°40′ R=1 200				

图 5-15　线路纵断面图

思 考 题

5.1　城市轨道线路的主要技术标准有哪些?

5.2　缓和曲线长度根据何种因素设置?

5.3　两相临曲线的夹直线长度设置有何规定?

5.4　曲线平面设计中缓和曲线长度如何确定?

5.5　最小曲线半径如何确定?

5.6　轻轨高架线和地面线与地铁线路有何不同?

5.7　地铁正线最大、最小纵坡怎样确定?有何规定?

5.8　竖曲线设置有何要求?

5.9　环境保护指哪些方面?

5.10　地铁噪声污染是指哪些?

5.11　地铁轨道振动有哪些?

5.12　什么是列车运行图?简述列车运行图的分类。

5.13　简述列车运行图的图解形式。

第六章 无缝线路

第一节 无缝线路基本原理

一、概念

无缝线路是用焊接长轨条铺设的轨道，因长轨条没有轨缝而得名。西方国家称该种轨道为焊接长钢轨轨道。

首先介绍一下无缝线路的发展概况。1915 年，欧洲在有轨电车轨道上开始使用焊接长钢轨，焊接轨条长度约为 100～200m。20 世纪 30 年代，世界各国开始在铁路上进行铺设试验。到了 50～60 年代，由于焊接技术的发展，无缝线路得到推广应用和迅速发展。例如，德国于 1926 年在普通线路上铺设轨条长 120m 的焊接轨道，1935 年正式铺设 1km 长的无缝线路，至 1945 年无缝线路总长约 29 000km，1974 年底达到 53 000km，至今已达 76 000km，约占营业线路的 80%。德国是无缝线路发展最早和最快的国家。前苏联于 1935 年在加里宁铁路的莫斯科近郊车站线路上铺设第一根长约 600m 的焊接轨条轨道，到 1961 年已铺设无缝线路约 1 500km，至今已有无缝线路 50 000km。前苏联大部分地区轨温变化幅度较大，最高达 115℃，所以前苏联的铁路有一部分铺设季节性放散应力式无缝线路。美国于 1930 年在隧道内开始铺设无缝线路，并从 1955 年开始进行大量的铺设，1970 年以后每年以 8 000km 以上的速度增长，至今已有无缝线路 120 000km，是世界上铺设无缝线路最多的国家。法国也是铺设无缝线路较早、发展较快的国家，于 1948～1949 年间进行了大量的铺设试验后即推广应用，到 1970 年有无缝线路约 12 900km，并以每年约 660km 的速度发展，至今有无缝线路 20 500km，占营业线路的 59.06%。日本于 20 世纪 50 年代开始铺设无缝线路，60 年代在东海道新干线高速铁路采用一次性铺设方法，长轨两端连接伸缩调节器以伸缩。中国于 1957 年开始在京沪两地各铺设 1km 无缝线路，1961 年底全国共铺设无缝线路约 150km，60～70 年代开始对在特殊线路上（桥梁、楼道、小半经曲线、大坡道等）铺设无缝线路进行理论和试验研究，并取得了成功，为在线路上连续铺设无缝线路创造了条件。

在普通线路上，钢轨接头是轨道的薄弱环节之一，由于钢轨接头的存在，列车通过时发生冲击和振动，并伴随有打击噪声，冲击力最大可达到非接头区 3 倍以上。接头冲击力影响行车的平稳和旅客的舒适，并促使道床破坏、线路状态恶化、钢轨及连接零件的使用寿命缩短、维修劳动费用增加。养护线路接头区的费用占养护总经费的 35%以上，钢轨因轨端损坏而抽换的数量较其他部位大 2～3 倍，重伤钢轨 60%发生在接头区。随着列车轴重、行车速度和密度的不断增长，普通线路的上述缺点更加突出，已不能适应现代高速重载运输的需要。无缝线路的优点是接头比普通线路大大减少，不仅可以节省大量的接头零件、减少线路维修工作量，而且还可以减少列车的接缝振动，使列车运行平稳，降低噪声。此外，由于减少了在接头处的振动，又能延长线路设备和机车车辆的使用年限。因此，无缝线路是现代铁道发展的方向。

为了改善钢轨接头的工作状态，从20世纪30年代开始至今，研究人员一直致力于这方面的研究和实践，采用各种方法把钢轨焊接起来构成无缝线路。这期间，首先遇到了接头焊接质量问题，其次是长轨在列车动力和温度力共同作用下的强度和稳定问题，还有无缝线路设计、长轨运输、铺设施工、养护维修等一系列理论和技术问题。随着上述一系列问题的逐步解决，无缝线路在世界各国得到广泛的运用。无缝线路由于消灭了大量的接头，因而具有行车平稳、旅客舒适，同时机车车辆和轨道的维修费用减少，使用寿命延长等一系列优点。有资料表明，从节约劳动力和延长设备寿命方面计算，无缝线路比有缝线路可节约维修费用30%～70%。

实践证明，无缝线路由于消灭了钢轨接头轨缝，因而具有行车平稳、机车车辆及轨道维修费用降低、设备使用寿命延长、适合于高速行车等优点，是铁路轨道现代化的一项重要技术措施，也是当前高速、重载铁路的必需条件。但是现有的无缝线路在缓冲区尚存在有轨缝。为了消除无缝线路缓冲区中钢轨接头的不良影响，充分发挥无缝线路的优越性，目前世界各国都在进行试验研究，尽量把无缝线路的长轨条延长，一个运营区间铺设一条长轨条或把道岔区的钢轨接头焊接起来连成一体，形成跨区间无缝线路。近年来，中国在这方面的发展迅速。

二、钢轨温度应力和温度力

无缝线路必须是在设计轨温范围内进行铺设锁定。若是不在设计轨温范围内进行铺设锁定，如夏季施工时往往轨温高于设计轨温，冬季施工时往往轨温低于设计轨温，在这种条件下铺设锁定的无缝线路，或者铺设时两股钢轨的锁定轨温大于5℃，或者在相邻的两单元无缝线路的锁定轨温超过5℃，或者在运营过程中锁定轨温发生了变化，或者钢轨的纵向力分布不均匀，或者在线路大修作业前，则必须进行温度力放散或调整，在设计轨温范围内重新准确地进行锁定。

无缝线路分温度应力式及放散温度应力式两种。目前，世界各国绝大多数采用温度应力式无缝线路。

温度应力式无缝线路，一般是指由一根焊接长轨条及其两端连接2～4根标准轨，接头采用高强度螺栓连接所铺成的线路(图6-1)。当轨温变化时，焊接长轨条受到接头阻力和道床阻力的抵抗，其两端自由伸缩受到限制，中间区段(又称固定区)完全不能伸缩，在钢轨内部产生温度力，其大小随轨温变化幅度而异。温度应力式无缝线路结构简单，铺设和维修保养方便，故而得到世界各国广泛应用。

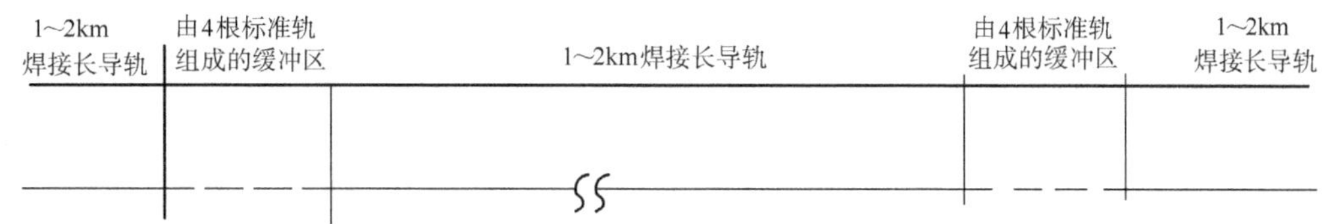

图6-1　温度应力式无缝线路示意图

放散应力式无缝线路，又分为自动放散应力式和定期放散应力式两种。自动放散应力式无缝线路在焊接长轨条的两端连接钢轨伸缩调节器，中间扣件扣紧程度由设计来确定，不设防爬器。焊接长轨条可以伸缩，随时释放温度力，一般在特大桥梁上或年轨温差很大的地区使用，另见桥上无缝线路。在路基上铺设的自动放散应力式无缝线路，除在焊接长轨条两端连接钢轨伸缩调节器外，还设有清除列车作用下引起轨道爬行的弹簧复原装置。法国和前苏联曾试铺过这种无缝线路，但由于设备复杂，缺点很多，目前很少使用。

定期放散应力式无缝线路的结构形式与温度应力式相同，但缓冲区的钢轨不是标准轨，而是根据年轨温变化幅度大小设计一组一定长度的短轨，一般用于年轨温差很大的寒冷地区。中国东北的寒冷地区(年轨温差大于 95℃)和前苏联都铺设有这种无缝线路。其做法是根据当地轨温变化条件，一般在冬季低温或夏季高温季节来临之前把钢轨内部的温度力放散，同时用另一长度的钢轨(冬季用较长的，夏季用较短的)来更换缓冲区的钢轨，调整长钢轨内部的钢轨温度力，以保证冬季低温时不拉断钢轨，夏季高温时不发生胀轨跑道。

无缝线路与传统的标准轨线路在受力方面的根本区别在于钢轨承受着较大的温度力。因此，在研究无缝线路的强度和稳定问题时，首先要了解钢轨的温度力及其变化规律。钢轨的温度力是在轨温发生变化，而钢轨不能自由伸缩的情况下发生的。

一根不受任何限制而自由伸缩的钢轨，当轨温变化时其伸缩量为

$$\Delta L=\alpha \cdot L \cdot \Delta t \tag{6-1}$$

钢轨铺设到线路上被锁定后，不能随轨温变化而自由伸缩，则在钢轨内部将产生温度应力，由胡克定律知，钢轨的温度应力 σ_t 为

$$\sigma_t=E \cdot \varepsilon_t=E\frac{\Delta t}{L}=E\frac{\alpha \cdot L \cdot \Delta t}{L}=E \cdot \alpha \cdot \Delta t \tag{6-2}$$

$$\Delta t=t-t_0 \tag{6-3}$$

式中：E——钢的弹性模量，$E=2.1\times10^5$ MPa；

α——钢轨的线膨胀系数，$\alpha=11.8\times10^{-6}/℃$；

Δt——相对零应力轨温的轨温变化幅度(℃)；

L——钢轨长度；

t——计算钢轨温度应力时的轨温(℃)；

t_0——零应力轨温(℃)，即长度被固定的钢轨，当温度力为 0 时的轨温。

我国铁路习惯称零应力轨温为锁定轨温。将 E 和 α 的数值代入式(6-2)，则得

$$\sigma_t=2.48\Delta t \quad (\text{MPa}) \tag{6-4}$$

当钢轨横断面面积单位为厘米时，钢轨温度力 P_t 可表示为

$$P_t=F \cdot \sigma_t=F \cdot E \cdot \alpha \cdot \Delta t=248F \cdot \Delta t \tag{6-5}$$

当钢轨横断面面积单位为毫米时，钢轨温度力 P_t 可表示为

$$P_t=F \cdot \sigma_t=2.48F \cdot \Delta t$$

式中：F——钢轨的横断面面积。

钢轨的温度力均以受拉为正。我国钢轨的轨温每变化 1℃，各类钢轨温度力的变化见表 6-1。

各类钢轨的断面面积及钢轨温度力变化率 表 6-1

钢轨类型(kg/m)	钢轨断面面积(cm^2)	钢轨温度力变化率(kN/℃)
50	65.80	16.3
60	77.45	19.2
75	95.06	23.6

由表 6-1 可知，各类型钢轨的温度力变化率（$EF\alpha$ 值）均大于 15kN/℃。所以，温度力的计算精度达到 10kN 即可。

由式（6-5）可以得出如下结论。

（1）在长度被固定的钢轨内所产生的钢轨温度应力，仅与轨温变化幅度 Δt 有关，而与钢轨本身的长度无关。因此，从理论上讲，无缝线路上的长轨条可以焊成任意长度，它并不影响钢轨内的温度应力。这也是发展超长无缝线路的理论根据。

（2）长轨的温度力，即使在一天当中，也是随着昼夜轨温的变化而不断变化。而锁定轨温，一般来说是个常量，是决定钢轨温度力的基准。因此，在无缝线路的管理中，最为重要的并不是要掌握某一时刻的温度力，而是要正确掌握实际的锁定轨温。因为只要掌握了实际的锁定轨温（即零应力轨温），就可以知道任意轨温时的轨温变化幅度及相应的温度力。

（3）所谓轨温，指的是钢轨断面的平均温度，亦称有效轨温。在太阳下量测轨温时，钢轨断面上各点的温度是不均匀的，再加上测温计本身的误差，因此对轨温变化幅度的实际测量精度，控制在 1℃即可。

三、锁定轨温和轨温变化幅度

锁定轨温实际上指的就是零应力轨温，或者说是我国工务工程界对零应力轨温的一种习惯叫法。

被锁定的长轨条，冬受拉夏受压，在拉与压之间必然存在温度力为零的轨温。锁定轨温指的是把长轨条扣结于轨枕时的轨温，或者说是锁定钢轨时的轨温。由于锁定钢轨的瞬间 Δt 接近于 0，按温度力的定义，此时的钢轨温度力应为 0，锁定轨温也就接近或等于零应力轨温。正因为如此，我国工务工程界习惯上把零应力轨温称之为锁定轨温，工务现场及有关科技文献也把锁定轨温当作零应力轨温的代名词来使用，约定俗成，通用至今。

无缝线路是一系统工程。从设计、施工、养护这一整体来看，锁定轨温在各方面的运用是各有特点的，因此在称呼上应有所区别，一般以设计锁定轨温、施工锁定轨温和实际锁定轨温分别称之为宜。

1. 中和轨温

设计锁定轨温亦称中和轨温。它是根据线路结构的具体条件，通过轨道强度和稳定性的检算所确定的零应力轨温。在无缝线路的铺设施工中，很难在某一设计锁定轨温下把整段长轨条锁定。因此，这就需要决定一个既满足强度条件，又满足稳定条件的锁定轨温允许范围。设计锁定轨温范围可按公式（6-6）的要求确定。

中和轨温的具体计算方法如下：

根据无缝线路稳定性和强度计算，可以求得允许温升（Δt_u）和允许温降（Δt_d）[也可按照《无缝线路铺设及养护维修方法》（TB/T 2098—2007）中的表 1、表 2 查表获得]，再根据当地近 30 年内的最高轨温 t_{max}、最低轨温 t_{min}，并考虑轨温的季节性变化情况，按照图 6-2 或式（6-6）计算中和轨温 t_e。

$$t_e=\frac{t_{max}+t_{max}}{2}+\frac{[\Delta t_d]-[\Delta t_u]}{2}\pm\Delta t_k \tag{6-6}$$

式中：Δt_k——中和轨温修正值，其数值大小考虑当地轨温的季节性变化情况，取 0～5℃。

根据大量观测，最高轨温 t_{max} 要比当地最高气温高 20℃，最低轨温 t_{max} 与当地的最低气温大致相同。中间轨温 t_{av} 指两者的代数平均值。表 6-2 为我国一些地区的最高、最低及中间轨温。

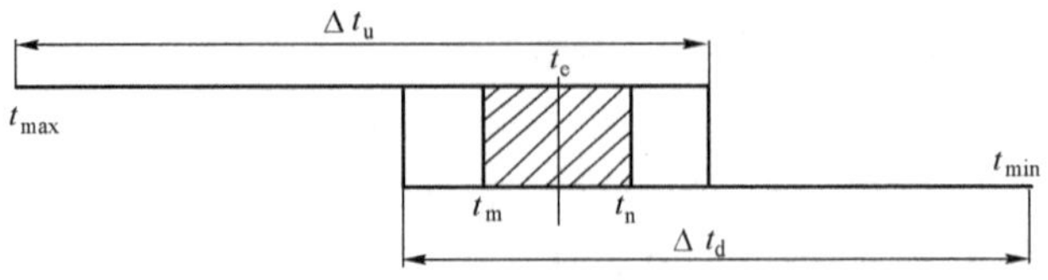

图 6-2　中和轨温计算图

通常情况：设计锁定轨温上线

$$t_m = t_e + (5 \sim 6)℃ \tag{6-7}$$

设计锁定轨温下线

$$t_n = t_e - (5 \sim 6)℃ \tag{6-8}$$

困难情况：设计锁定轨温上线

$$t_m = t_e + (3 \sim 4)℃ \tag{6-9}$$

设计锁定轨温下线

$$t_n = t_e - (3 \sim 4)℃ \tag{6-10}$$

求得的 t_m、t_n 值必须满足以下条件

$$t_m - t_{min} < [\Delta t_d]$$

$$t_{max} - t_n < [\Delta t_u]$$

采用式(6-6)计算中和温度的前提条件是$[\Delta t_u]$、$[\Delta t_d]$的计算结果必须切合实际，否则不可能获得 t_e 的正确值。

【例 6-1】 郑州地区的最高轨温 $t_{max} = 63℃$，最低轨温 $t_{min} = -18℃$，查允许温差表得 $[\Delta t_u] = 50℃$，$[\Delta t_d] = 69℃$。求设计锁定轨温。

解　$$t_e = \frac{t_{max} + t_{max}}{2} + \frac{[\Delta t_d] - [\Delta t_u]}{2} \pm \Delta t_k = \frac{63 - 18}{2} + \frac{69 - 50}{2} + 3 = 35℃$$

设计锁定轨温上限

$$t_m = t_e + (5 \sim 6)℃ = 35 + 5 = 40℃$$

设计锁定轨温下限

$$t_n = t_e - (5 \sim 6)℃ = 35 - 5 = 30℃$$

则　$$t_{max} - t_n = 63 - 30 = 33℃ < 50℃$$

$$t_m - t_{min} = 40 - (-18) = 40 + 18 = 58℃ < 69℃$$

所以，设计锁定轨温范围为 30～40℃合格。

全国各地区最高、最低及中间轨温表(单位:℃)　　表 6-2

地区	最高轨温	最低轨温	中间轨温	地区	最高轨温	最低轨温	中间轨温	地区	最高轨温	最低轨温	中间轨温
北京	62.6	−27.4	17.6	库尔勒	60.0	−28.1	16.0	深圳	58.7	0.2	29.3
天津	65.0	−22.9	21.1	喀什	60.1	−24.4	17.9	湛江	58.1	−2.8	30.5
石家庄	62.7	−26.5	18.1	成都	60.1	−5.9	27.1	汉中	58.0	−10.1	24.0
承德	61.5	−23.3	19.1	资阳	59.2	−4.0	27.6	宝鸡	61.6	−16.1	22.8
张家口	60.9	−26.2	17.4	内江	61.1	−3.0	29.1	安康	61.7	−9.5	26.1
唐山	63.3	−22.6	20.4	绵阳	57.1	−2.3	27.4	兰州	59.1	−23.3	17.9
保定	63.3	−23.7	19.8	重庆	64.0	−2.5	30.8	玉门	56.7	−28.2	14.3
邢台	61.8	−22.4	19.7	西昌	59.7	−6.0	26.9	酒泉	58.4	−31.6	13.4
太原	61.4	−29.5	16.0	宜宾	59.5	−3.0	28.3	天水	58.2	−19.2	19.5
大同	58.0	−30.5	13.8	昆明	52.3	−5.4	23.5	西宁	53.5	−26.6	13.5
运城	65.0	−18.9	23.1	河口	60.9	1.0	31.4	格尔木	53.1	−33.6	9.8
呼和浩特	58.0	−36.2	10.9	拉萨	49.4	−16.5	16.4	银川	59.3	−30.6	14.4
满洲里	58.7	−46.9	5.9	日喀则	58.2	−25.1	16.6	中卫	58.5	−29.2	14.7
二连浩特	59.9	−40.2	9.9	贵阳	61.3	−7.8	26.8	乌鲁木齐	60.7	−41.5	9.6
包头	59.5	−32.8	13.4	遵义	58.7	−7.1	25.8	塔城	61.3	−39.2	11.1
赤峰	62.6	−31.4	15.6	安顺	54.3	−7.6	23.4	克拉玛依	62.9	−35.9	13.5
集宁	55.7	−33.8	11.0	桐梓	57.5	−6.9	25.3	德州	63.4	−27.0	18.2
沈阳	59.3	−33.1	13.1	济南	62.5	−19.7	21.4	郴州	61.3	−9.0	26.2
本溪	57.3	−32.3	12.5	延安	59.7	−25.4	17.2	衡阳	61.3	−7.9	26.7
丹东	57.8	−31.9	13.0	青岛	56.6	−20.5	18.1	南宁	60.4	−2.1	29.2
锦州	61.8	−24.7	18.6	兖州	61.0	−19.0	21.0	桂林	59.7	−5.0	27.4
大连	56.1	−21.1	17.5	南京	63.0	−14.0	24.5	柳州	59.2	−3.8	27.7
长春	59.5	−36.5	11.5	徐州	63.3	−22.6	20.4	长沙	63.0	−11.3	25.9
四平	56.6	−38.7	9.0	上海	60.3	−12.1	24.1	郑州	63.0	−17.9	22.6
延吉	60.3	−37.1	11.6	杭州	62.1	−10.5	25.8	开封	63.0	−16.0	23.5
通化	55.5	−36.3	9.6	金华	61.2	−9.6	25.8	安阳	61.7	−21.7	23.0
哈尔滨	59.1	−41.4	8.9	合肥	61.0	−20.6	20.2	许昌	61.9	−17.4	22.3
齐齐哈尔	60.1	−39.5	10.3	安庆	64.7	−12.5	26.1	洛阳	64.2	−20.0	22.1
佳木斯	56.4	−39.6	8.4	蚌埠	64.5	−19.4	22.6	南阳	63.2	−21.2	21.0
牡丹江	57.2	−39.7	8.8	福州	59.8	−2.5	28.7	信阳	62.0	−20.0	21.0
安达	59.5	−44.3	7.6	邵武	60.4	−7.9	26.3	宜昌	63.9	−9.8	27.1
嫩江	58.1	−47.3	5.4	厦门	58.5	−2.0	28.3	武汉	61.3	−18.1	21.6
加格达奇	57.3	−45.4	6.0	南昌	60.6	−9.3	25.7	台北	58.6	−2.0	28.3
西安	65.2	−20.6	22.3	九江	61.0	−10.0	25.5	台南	59.0	2.0	30.5
吐鲁番	67.6	−28.0	19.8	广州	58.7	−0.3	29.2	香港	56.1	−0.0	28.1
哈密	63.9	−32.0	16.0	韶关	62.0	−4.3	28.9				

注:本表摘自国家气象局有记载以来至 1980 年极端气温资料,然后以最高气温加 20℃为最高轨温,最低轨温与最低气温相同。

2. 施工锁定轨温

目前尚无准确测量无缝线路应力状态的手段，因此，施工是无法根据零应力的测定结果确定实际锁定轨温的。为了施工单位简便、易行地确定锁定轨温，《无缝线路铺设及养护维修方法》（TB/T 2098—2007）规定：以长轨条始端或终端落槽时，分别测量两次轨温的平均值作为施工锁定轨温。如果长轨条始端或终端落槽时不在设计锁定轨温的间隔范围内，则必须进行应力调整或放散，并重新锁定。施工锁定轨温一旦确定，应计入无缝线路技术资料登记表，存入档案，绝对不允许改变。

无缝线路铺设必须保证施工锁定轨温准确、可靠，严禁采取撞轨、顶轨等强制办法合龙。

3. 实际锁定轨温

实际锁定轨温所强调的是"实际"二字。它即用以区别施工锁定轨温所表示的名义上的零应力轨温，又说明零应力轨温在运营过程中是可能发生变化的。

为实时准确测定无缝线路实际锁定轨温，可采用钢弦位移尺测量钢轨位移，通过计算确定实际锁定轨温的变化。测定时，在钢轨上每隔一定标距 d 粘贴位移观测标（通常 d 为 25m 或 50m），将长轨条上的扣件拆除，并抬上滚筒放散应力，使之处于自由状态，测量每一标距钢轨截面的伸缩量 ΔL（伸长取正号、缩短取负号）。设无缝线路原实际锁定轨温为 t_y，长轨条搁置在滚筒上处于自由状态的轨温为 t_0，则存在以下 3 种情况：

$\Delta L-\alpha(t_0-t_y)d=0$，实际锁定轨温未变化；

$\Delta L-\alpha(t_0-t_y)d>0$，实际锁定轨温降低；

$\Delta L-\alpha(t_0-t_y)d<0$，实际锁定轨温升高。

可用下式计算实际锁定轨温变化量值 Δt_b，即

$$\Delta t_b=\frac{\Delta L}{\alpha \cdot d}-(t_0-t_y)$$

无缝线路施工必须力求使施工锁定轨温在设计锁定轨温的范围内，尽可能与零应力状态的轨温接近，而无缝线路养护维修则应加强锁定，并经常监视实际锁定轨温的变化，使实际锁定轨温保持在设计锁定轨温范围内。上述要求是无缝线路安全应用的保证。

4. 轨温变化幅度

轨温变化幅度，为计算钢轨温度应力时的实测轨温与锁定轨温之差。实地测量轨温，用 RT 型钢轨测温计。

正确测量轨温的方法是：在钢轨的全断面上选定多点测量，取其平均值。铺设无缝线路时，确定实际锁定轨温，就应如此测量。

钢轨温度沿其断面的分布是不一致的，如阳光直射面与背阴面不同、轨底与轨头不同、钢轨内部与表面不同。据测试，在夏天上午升温阶段，钢轨表面温度高于内部温度；下午降温阶段，钢轨内部温度高于表面温度。因此，实测时要求在全断面上多点测量。

四、无缝线路纵向阻力

无缝线路锁定后，焊接长轨条两端由于温度变化而引起的伸缩量受到很大的限制，并在其中部积存巨大的温度力。产生这种情况的原因是轨道具有抵抗钢轨和轨道框架（钢轨和轨枕钉连在一起，也称轨排）纵向位移的阻力。它包括接头阻力、道床纵向阻力及扣件阻力。

1. 接头阻力

长钢轨两端接头处，阻止钢轨纵向位移的阻力，称接头阻力。接头阻力 R_j 由长钢轨两端的钢轨夹板与钢轨间的摩擦阻力及螺栓的抗剪力等组成。为了安全，我国铁路只考虑夹板与钢轨间的摩擦阻力。

$$R_j = ns \quad (\mathrm{kN})$$

式中：s——一个螺栓在钢轨与夹板间产生的摩擦阻力(kN)；

n——钢轨接头一端的螺栓数，6 孔夹板 $n=3$。

摩擦阻力的大小主要取决于螺栓所承受的拉力和钢轨与夹板之间的摩擦系数。夹板螺栓拧紧后，螺栓产生拉力 $P_{拉}$，此时作用于夹板上的力如图 6-3 所示。

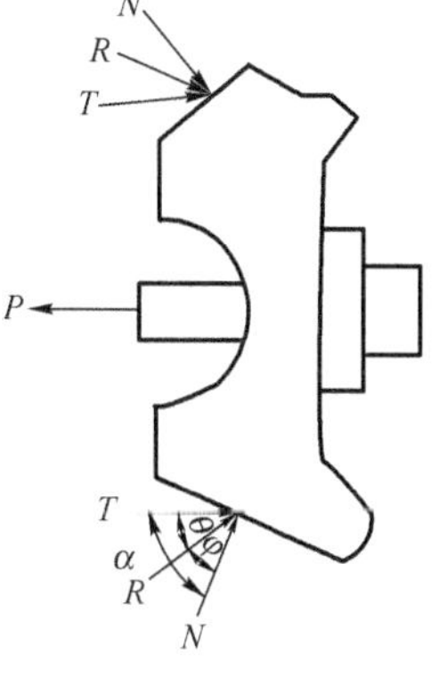

图 6-3　接头夹板受力图

图 6-3 中的符号意义如下：

T——R 的水平分力，$T=\dfrac{P_{拉}}{2}$；

N——R 的法向分力，N 垂直于夹板与钢轨下颚的接触面；

R——T 与 N 的合力；

φ——摩擦角，R 与 N 的夹角。

一般地，钢与钢之间的摩擦系数为 1/3～1/5，若取 1/4，则 $\varphi=\arctan(1/4)$。T 与 N 的夹角 α 与接触面斜度 i 有关，$\cot\varphi=i$，$\varphi=\arctan(1/i)$。50kg/m、75kg/m 钢轨，$i=1/4$；43kg/m 钢轨，$i=1/3$。水平力 T 与合力 R 的夹角 $\theta=\alpha-\varphi$。

钢轨发生位移时，夹板与钢轨接触面之间将产生摩擦力 F，摩擦力 F 将阻止钢轨位移。

$$F=N\cdot f=R\cos\varphi\cdot f=\frac{T}{\cos\theta}\cos\varphi\cdot f$$

一根螺栓对应 4 个接触面，4 个接触面上所产生的摩擦阻力之和为 S，于是得

$$S=4\cdot F=\frac{4T}{\cos\theta}\cos\theta\cdot f$$

因 $T=\dfrac{P_{拉}}{2}$，故

$$S=\frac{2P_{拉}}{\cos\theta}\cos\theta\cdot f$$

$$R_j=\frac{6\cos\varphi\cdot f}{\cos\theta}\cdot P_{拉} \tag{6-11}$$

式中：f——钢轨与夹板之间的摩擦系数；

φ——摩擦角，$f=\tan\varphi$；

θ——T 与 R 的夹角，$\theta=\alpha-\varphi$；

$P_{拉}$——一根螺栓在螺母拧紧之后产生的拉力(kN)。

螺栓拉力 $P_{拉}$ 与螺帽拧紧力矩有关，其经验公式为

$$P_{拉}=\frac{T'}{KD} \tag{6-12}$$

式中：T'——拧紧螺母的扭力矩(N·m)；

K——扭矩系数，$K=0.4$；

D——螺栓直径(mm)。

由式(6-11)可知，接头阻力的大小与下列因素有关。

(1)接头螺栓螺母扭矩的大小。螺栓扭矩 T'越大，螺杆产生的拉力越大，接头阻力越大。螺栓所能承受的最大扭矩，取决于螺栓的强度等级。我国铁路使用的夹板螺栓的强度等级及材质如表 6-3 所示。

夹板螺栓的强度等级及材质 表 6-3

类别	强度等级	材料	极限强度(MPa)	屈服强度(MPa)	螺母标记
高强度螺栓	10.9 级	20MnSi	1 040	940	平头
普通螺栓	8.8 级	Q275	830	660	半圆

由式(6-12)可以看出，螺栓拉力与扭矩系数成反比，扭矩系数 K 越小，螺栓拉力越大，反之则越小。螺栓脏污会使 K 值增大，R_j 值降低。扭矩系数 K 一般为 0.18 ～0.23 。认真清洁涂油的螺栓，K 值会降低至 0.19。

(2)钢轨与夹板间的摩擦系数 f。钢材之间的摩擦系数，取决于钢材接触面的状态。一般情况下，$f=1/3\sim1/5$。新轨、新夹板表面有锈，比较粗糙，摩擦系数较高，$f=0.65$。但经接触面相互摩擦，f 值可由 0.65 下降到 0.2，一个螺栓产生的摩阻力可能下降 64%。据试验测试，60kg/m 新钢轨，6 孔夹板，平均 $f=0.55$，$T'=900\text{N}\cdot\text{m}$ 时，$R_j=890\text{kN}$；使用 3 年后，接触面磨光，$f=0.185$，当 $T'=900\text{N}\cdot\text{m}$ 时，R_j 只有 390kN。

(3)钢轨与夹板的接触状态。上面的分析是基于钢轨与夹板之间的接触处于正常状态，而实际上钢轨与夹板之间的接触并不十分正常，有时只有几个点或线的接触，一般经过几年运营之后，也只是形成局部的面接触。钢轨与夹板接触面的斜度，也未必十分吻合。由接头阻力的计算可知，接触面斜度的改变直接影响接头阻力的大小。为提高接头阻力，应合理改善设计，减少制造公差。

(4)列车的冲击、振动工况。列车通过钢轨接头时，产生剧烈振动和冲击，使螺栓松动，阻力 R_j 值下降。据试验测试，通过几趟列车之后，阻力下降很大，迎车端接头阻力下降更大。扭矩 $T'=400\text{N}\cdot\text{m}$ 时，下降 38.1%；$T'=600\text{N}\cdot\text{m}$ 时，下降 11.4%；$T'=800\text{N}\cdot\text{m}$ 时，下降 6%。可见，扭矩越大，阻力下降越小。对接头螺栓及时复拧，接头阻力的衰减更小，当按 800N·m复拧后，迎车端接头阻力只衰减 2.6%。因此，对无缝线路上的螺栓扭矩，必须保持在规定的范围以内，并按规定进行复拧。

综上所述，并考虑列车动荷载的影响，式(6-11)可改写为

$$R_j=\frac{6\cdot f\cos\phi}{K'\cos\theta}\cdot\frac{T'}{KD} \tag{6-13}$$

式中：T'——接头螺栓的螺母扭矩(N·m)；

D——螺栓的螺杆直径(mm)；

K——螺栓扭矩系数，$K=0.18\sim0.23$；

K'——动荷载影响系数。

$T'\leqslant600\text{N}\cdot\text{m}$ 时，$K'=1.1$；$T'>600\text{N}\cdot\text{m}$ 时，$K'=1.0$。

对钢轨接头阻力，在不同技术条件下，科研部门通过大量试验，根据所测得的结果提出建

议值，如表 6-4 所示。

螺栓扭矩与接头阻力的关系 表 6-4

扭矩(N·m) 接头阻力(kN) 钢轨类型(kg/m)	600	700	800	900	1 000	备注
50	300	370	430	490		高强度螺栓
60			490	510	570	高强度螺栓
80	350	430	500	550		高强度螺栓

2. 道床纵向阻力

道床纵向阻力指的是道床抵抗轨道框架纵向位移的阻力。道床纵向阻力一般以每根轨枕的阻力 R 或每延长厘米分布阻力 p 表示。它是抵抗钢轨纵向位移，防止线路爬行的重要参数。

试验表明，混凝土枕位移小于 2mm，木枕位移小于 1mm，道床纵向阻力成抛物线状增长，此时道床处于弹塑性工作范围；位移超过该值之后，纵向的增长趋缓。通过试验 I、II、III 型混凝土枕的纵向阻力进行测试，得出了道床纵向阻力与轨枕纵向位移的关系，如图 6-4 所示。

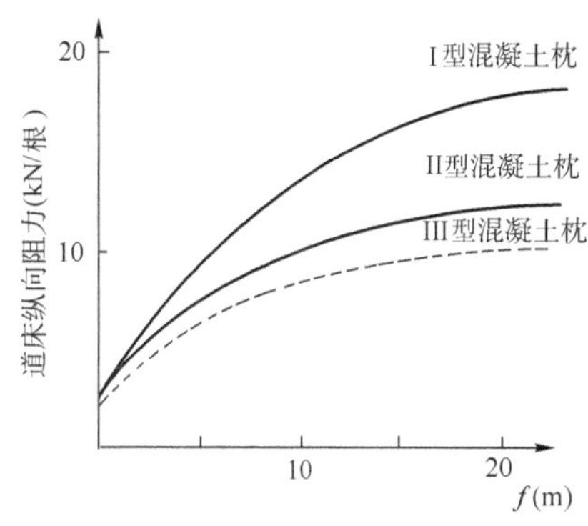

图 6-4 道床阻力与轨枕纵向位移关系图

通常取位移量为 2mm 时相应阻力值，作为设计无缝线路时的计算阻力值，表 6-5 为我国设计无缝线路时常用的道床纵向阻力值。其中 II、III 型混凝土枕线路的道床纵向阻力是北京交通大学在秦沈线的测量结果。

道床纵向阻力值 表 6-5

线路特征			单枕的道床纵向阻力(N)	一股钢轨下单位道床纵向阻力(N/cm)		
				1 667 根/km	1 760 根/km	1 840 根/km
木枕线路	正常条件		7 000		62	64
	捣固作业后		4 000		35	37
混凝土枕线路	I	正常条件	10 000		87	91
		捣固作业后	7 000		62	64
	Ⅱ		12 500		109	115
	Ⅲ		18 300	152	160	

注：道床为一级道碴。

应当指出：

(1)不同线路的道床纵向阻力各不相同，必要时，应取实测数据作计算依据。

(2)道床纵向阻力的测定是以单根轨枕的抽样试验为基础的，当轨枕成组移动时，其平均阻力值较单根轨枕移动时的阻力值小，对混凝土轨枕来说，前者约为后者的 80%。

(3)线路的养护维修作业会在一定程度上破坏道床原状，使道床纵向阻力降低，需要通过一定时间的列车碾压后，才能恢复到原来的阻力值。

道床纵向阻力与下列因素有关：

(1)道碴材质；

(2)道碴级配，粒径尺寸；

(3)道床断面形状；

(4)道床脏污状况；

(5)道床捣实质量等。

3. 扣件阻力

中间扣件和防爬设备共同抵抗钢轨沿轨枕面纵向移动的阻力，称扣件阻力。扣件阻力必须大于道床纵向阻力，才能保证钢轨不沿轨枕面移动，充分发挥道床纵向阻力的作用。这是无缝线路轨道结构设计的基本要求之一。

我国常用扣件的阻力值见表 6-6。为了保证扣件阻力达到设计要求，必须经常打紧防爬设备，混凝土轨枕上的中间扣件扭力矩，应经常保持在 80～150N・m，木枕上的钩头道钉应经常打紧。

常用扣件阻力值 表 6-6

名　　称	单　　位	阻力(kN)
穿销式防爬器	个	20
混凝土枕扣板式扣件	每根轨枕	6
混凝土枕弹条Ⅰ形扣件	每根轨枕	16
K 形分开式扣件	每根轨枕	15
普通道钉	每根轨枕	0.04

五、温度力纵向分布规律

温度力沿长钢轨的纵向分布规律，常用温度力分布图来表示。温度力分布图的横坐标轴表示钢轨长度，纵坐标轴表示钢轨的温度力(拉力为正，压力为负)。钢轨内部温度力和钢轨外部阻力随时保持平衡是温度力纵向分布的基本条件。一根焊接长钢轨沿其纵向的温度力分布并不是均匀的。它不仅与阻力和轨温变化幅度等因素有关，而且还与轨温变化的过程有关。

1. 温度力与纵向阻力的关系

(1)温度力与接头阻力的关系。为简化无缝线路内部温度力纵向分布规律的研究，通常假定接头阻力 R_j 为常量，并不考虑动荷载振动的影响。当温度力 P_t 小于接头阻力时，钢轨与夹板间不发生任何相对位移，有多少温度力作用于接头上，接头就提供多少的阻力与之相平衡。如果没有温度力作用于接头上，接头就不提供任何阻力，接头阻力是被动力。

仅当温度力 P_t 大于接头阻力时，接头提供为常量的最大接头阻力 R_j，以与温度力 P_t 相抗衡，同时钢轨方能开始伸缩。

当轨温变化使原来为缩短的焊接长钢轨转为伸长时(或从伸长转为缩短时)，只有在原方向上的接头阻力 R_j 已被抵消，反方向上的接头阻力 R'_j(量值上，$R'_j=R_j$)已被克服后方能实现。即焊接长钢轨从缩短转为伸长(或伸长转为缩短)的过程中，必须克服双倍的接头阻力。

(2)温度力与道床纵向阻力的关系。在现有的轨道条件下，碎石道床只有当轨枕因温度力而被钢轨带动在道床中产生一微小位移时，道床才能起提供阻力的作用。如果钢轨在受力过程中不产生任何轨枕与道床间的相对位移，则道床纵向阻力将保持其原值不变。可见，在温度力与道床纵向阻力这一对相互平衡的力系中，前者是主动力，后者是被动力。

同样地，仅当温度力 P_t 克服接头阻力 R_j 后的余量大于某段道床长度的纵向阻力时，钢轨方能开始伸缩。道床提供的该段道床长度的纵向阻力与温度力抗衡，直至轨温变化幅度达到最大，此时温度力也达到最大，温度力克服接头阻力的余量也达到最大，提供与温度力抗衡的纵向阻力的道床长度也达到最长，长钢轨两端带动轨枕一起伸缩的长度也达到最长。而当钢轨从缩短转为伸长，或从伸长转为缩短，也要克服双倍道床纵向阻力后方能实现。

严格地说，不仅道床纵向阻力与轨枕位移量有关，而且动态响应也与静态响应不一致，但为了简化计算，通常假定道床的单位长度纵向阻力为常值，仅有方向上的变化，也不考虑动荷载作用的影响。该假定的基本前提是无缝线路上轨枕无失效，轨道无爬行，扣件无松动，状态符合规定要求。

2. 温度力分布图

温度力沿长钢轨的纵向分布是不均匀的，它不仅与轨温变化幅度和阻力有关，而且还与轨温变化过程有关。因而，温度力分布图有两种类型，一种为轨温单向变化时的温度力分布图，另一种为轨温往复变化时的温度力分布图。

(1)轨温单向变化时的温度力分布图

轨温单向变化是指长钢轨锁定后，轨温从锁定轨温向增温(或向降温)一个方向变化。以轨温从锁定轨温向最低轨温方向降温变化，绘制温度力分布图，如图 6-5 所示。

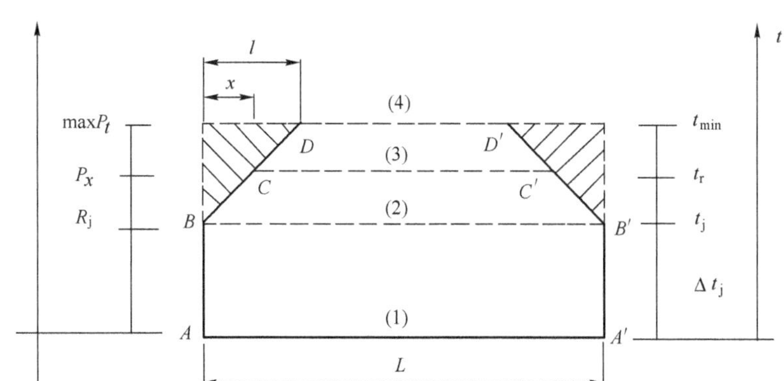

图 6-5　温度降至 t_{min} 温度力图

①当轨温为锁定轨温时，钢内部无温度力，在温度力图 6-5 上，则为 AA' 基线。

②轨温从锁定轨温下降，下降幅度等于 Δt_j 时，在温度力图 6-5 上，温度力的分布为 $ABB'A'$ 线所示的矩形，此时

$$P_t = R_j = 248F \cdot \Delta t_j \tag{6-14}$$

则

$$\Delta t_j = \frac{R_j}{248F} \tag{6-15}$$

第六章　无缝线路

式中：Δt_j——温度力等于接头阻力时的轨温变化幅度(℃)。

【例 6-2】 60kg/m 钢轨，$F=77.45\text{cm}^2$，$R_j=460\text{kN}$，则得

解
$$\Delta t_j=\frac{R_j}{248F}=\frac{460\,000}{248\times 77.45}=23.9℃$$

无缝线路锁定后，只有当轨温下降幅度大于 Δt_j 时，接头阻力才能被克服，长钢轨两端才能开始产生缩短；如果轨温下降幅度小于 Δt_j，则长钢轨两端是不会缩短的。

③当轨温继续下降，下降幅度大于 Δt_j 时，温度拉力大于接头阻力，道床纵向阻力将起抗衡温度拉力的作用，在距轨端长度 x 范围内，钢轨将带动轨枕一起缩短，发生轨枕位移，道床受挤压。这时，在长钢轨两端除接头阻力外，还有 x 长度范围内的道床纵向阻力，共同起着平衡温度拉力的作用。在温度力图 6-5 上，温度力的分布为 $ABCC'B'A'$线所示的形状，根据温度力与阻力平衡原则，这时长钢轨内最大的温度力 P_x 为

$$P_x=R_j+p\cdot x$$

④当轨温下降到 t_{min}时，下降幅度达到 $\max\Delta t$，温度拉力也达到 $\max P_t$，x 达到其极限长度 l，在温度力图 6-5 上，温度力的分布为 $ABCDD'C'B'A'$线所示的形状，此时

$$\max\Delta t=t_0-t_{min} \tag{6-16}$$

$$\max P_t=248F\cdot \max\Delta t \tag{6-17}$$

$$l=\frac{\max P_t-R_j}{p} \tag{6-18}$$

式中：$\max\Delta t$——最大降温幅度(℃)；

t_0——钢轨实际锁定轨温(℃)；

$\max P_t$——最大温度拉力(N)；

l——最低轨温时伸缩区的长度(cm)；

p——单位道床纵向阻力(N/cm)。

从无缝线路焊接长钢轨的温度力分布图可见，长钢轨中间部分温度力最大，等于 $\max P_t$，但没有丝毫伸缩。而两端部分的温度力，则从中间部分端部的 $\max P_t$ 开始，逐渐减少到两端的 R_j 为止，并出现不同程度的限制伸缩。为区分起见，中间部分称为焊接长钢轨的"固定区"，两端部分称为"伸缩区"(或称"呼吸区")，分别用 l 和 l'表示。

如轨温上升幅度 $\max\Delta t'$和轨温降低幅度 $\max\Delta t$ 不相等，$\max P_t$ 和 $\max P'_t$也不相等，计算升温或降温时的伸缩区及固定区长度时，应根据不同的轨温升降幅度分别进行。

一般情况下，锁定轨温高于中间轨温，所以 $l>l'$。实际设计中，一般用较长的 l 加 20m，并按 10m 取整作为伸缩区的设计长度，且加强对这段线路的管理。

【例 6-3】 郑州地区的最高轨温为 $t_{max}=63℃$，最低轨温为 $t_{min}=-18℃$，60kg/m 钢轨，断面面积为 $F=77.45\text{cm}^2$，$R_j=392\text{kN}$，混凝土枕，1 840 根/km，道床纵向分布阻力 $p=90\text{N/cm}$，锁定轨温 $t_0=28℃$。求伸缩区长度。

解 当 $P_t=R_j$ 时

$$\Delta t_j=\frac{R_j}{248F}=\frac{392\,000}{248\times 77.45}=20.4℃$$

当轨温降到最低 t_{min}或升到最高 t_{max}时

$$\max\Delta t'=t_{max}-t_0=63-28=35℃$$

$$\max\Delta t=t_{min}-t_0=-18-28=-46℃$$

$$\max \Delta t' \neq \max \Delta t$$

所以
$$\max P'_t = 248F \cdot \max \Delta t' = 248 \times 35 \times 77.45 = 672\,266\text{N}$$

$$l' = \frac{\max P'_t - R_j}{p} = \frac{672\,266 - 392\,000}{90} = 3\,114\text{cm}$$

$$\max P_t = 248F \cdot \max \Delta t = 248 \times 46 \times 77.45 = 883\,550\text{N}$$

$$l = \frac{\max P_t - R_j}{p} = \frac{883\,550 - 392\,000}{90} = 5\,462\text{cm}$$

则伸缩区长 $L_{升}$＝5 462cm＋2 000cm＝7 462cm，为安全取整为 80m。

注：实际设计时，一般用较长的 l 加 20m(即文中的 2 000cm)，并按 10m 取整作为伸缩区的设计长度。

(2)轨温往复变化时的温度力图

轨温往复变化是指长钢轨锁定后，轨温已发生变化，再从增温(或降温)转为降温(或增温)往复发生变化。以轨温单向变化到最低轨温 t_{min}时的温度力图为初始状态，向最高轨温 t_{max}方向增温变化时，绘制温度力变化分布图，如图 6-6 所示。

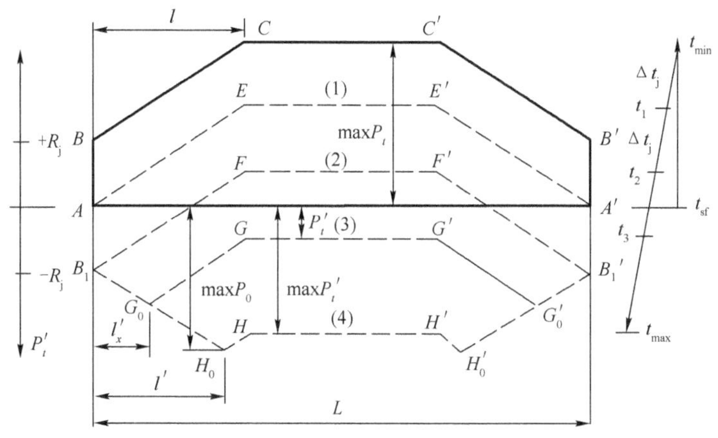

图 6-6　轨温往复变化的温度力图

①轨温从最低轨温 t_{min}回升，回升幅度等于 Δt_j 时，接头阻力阻止钢轨伸长，产生温度压力($-P_t$)，抵消了原来产生的温度拉力($+P_t$)，长钢轨内部的温度拉力均匀下降，在温度力图6-6上，温度力的分布为 $AEE'A'$线所示的梯形。

这一阶段的特点是长钢轨上任一点无新的纵向相对位移，全长范围内的温度力图线平行向下移动，温度拉力均匀减小 P_t，温度力在长钢轨内仍全部为拉力。

②轨温继续回升，回升幅度等于 $2\Delta t_j$ 时，此时接头阻力达到受压的最大值($-R_j$)，在温度力图上，温度力的分布变为 $AB_1FF'B'_1A'$线所示。

这一阶段的特点是长钢轨上任一点仍无新的纵向相对位移，全长范围内的温度力图线仍平行向下移动，固定区钢轨受到温度拉力(也可能是温度压力)作用，而两端伸缩区内靠近接头处的钢轨受到温度压力作用。

③轨温进一步回升，回升幅度大于 $2\Delta t_j$ 后，这时接头阻力已经用尽，道床纵向阻力开始起作用，而平衡由于轨温变化产生的温度力，只需要一部分长度的道床纵向阻力，所以在长钢轨两端伸缩区内都会有一个道床纵向阻力的变换点，如距轨端距离为 l_x 处。在这一变换点的左侧，道床纵向阻力起阻止钢轨伸长的作用，因为它要克服双倍的道床纵向阻力，所以出现反方向的道床纵向阻力($-p$)；而在另一侧，因为不需要动用道床纵向阻力(p)，其阻力仍保持原方

向不变($+p$);在两变换点中间范围内的温度力图线平行向下移动。在温度力图 6-6 上,温度力的分布变为 $AB_1G_0GG'G'_0B'_1A'$线所示。

这一阶段的特点是长钢轨两端长度 l_x 范围内,其道床的纵向阻力反向,钢轨伸长;而长度 $(l-l'_x)$范围,道床纵向阻力未反向,仍保持原来方向,钢轨无新的纵向相对位移。反向阻力梯度线与正向阻力梯度线相交点 G_0 及 G'_0 称为温度压力峰,它高出固定区钢轨所受的温度压力。

根据力的平衡条件

$$R_j + p \cdot l'_x = P'_t + p(l - l'_x)$$

由此得到峰位距长钢轨端的距离为

$$l_x = \frac{P'_t + p \cdot l - R_j}{2p} \quad (\mathrm{cm}) \tag{6-19}$$

温度压力峰值为

$$P_0 = R_j + p \cdot l'_x \quad (\mathrm{N}) \tag{6-20}$$

④当轨温回到 t_{max}时,在温度力图 6-6 上,温度力分布变为 $AB_1H_0HH'H'_0B'_1A'$线所示。

这一阶段的特点是道床纵向阻力反向的长度增加到最长,温度压力峰值增大到 $\max P'_0$,这对无缝线路的胀轨跑道会产生一定的影响。

根据力的平衡条件

$$R_j + p \cdot l'_x = \max P'_t + p(l - l'_x)$$

由此得到峰位距长钢轨端的最大距离为

$$l' = \frac{\max P'_t + p \cdot l - R_j}{2p} \quad (\mathrm{cm}) \tag{6-21}$$

而

$$\max P'_t = 248F \cdot \max \Delta t' \tag{6-22}$$

$$\max \Delta t' = t_{max} - t_0 \tag{6-23}$$

式中:l'——最高轨温时的伸缩区长度;

$\max P'_t$——最大温度压力;

$\max \Delta t'$——最大升温幅度。

最大温度压力峰值为

$$\max P'_0 = R_j + p \cdot l' \quad (\mathrm{N}) \tag{6-24}$$

【例 6-4】 资料采用例 6-3 的资料,在轨温从低温到高温的变化过程中,当 $\Delta t=0$ 时,固定区的温度力 $P'=0$,求最大温度压力峰值。

解

$$l'_x = \frac{\max P'_t + p \cdot l - R_j}{2p} = \frac{0 + 90 \times 5\,462 - 392\,000}{2 \times 90} \approx 553\mathrm{cm}$$

$$\max P'_0 = R_j + p \cdot l' = 392\,000 + 90 \times 553 = 441\,790\mathrm{N}$$

当 $t_{max}=63$℃,$\max \Delta t=35$℃时

$$\max P'_t = 248 \times \max \Delta t' = 248 \times 77.45 \times 35 = 672\,266\mathrm{N}$$

$$l' = \frac{\max P'_t + p \cdot l - R_j}{2p} = \frac{672\,266 + 90 \times 5\,462 - 392\,000}{2 \times 90} = 4\,288\mathrm{cm}$$

$$\max P'_0 = R_j + p \cdot l' = 392\,000 + 90 \times 4\,288 = 777\,920\mathrm{N}$$

$\max P'_0$比 $\max P'_t$大 105 654N，相当于温度变化幅度 5.5℃。

（3）无缝线路伸缩区温度力的问题总结

由上面的温度力变化图和例题得知：

①温度力峰现象的实质。在轨温季节循环的过程中，由于部分钢轨产生反向位移，致使部分道床阻力反向，从而在正反向温度力梯度相交处产生温度力峰。温度力峰现象是由道床阻力塑性性质决定的，其量值及位置均取决于接头阻力及道床阻力梯度的大小，而与锁定轨温无关。

②春夏之交的温度压力峰。伸缩区温度力峰的拉压性质有可能和固定区温度力的性质相反。从国内外无缝线路失稳事故的经验来看，事故多发季节不是在夏季的高温季节，而是在春夏之交，即 3～5 月份。很重要的原因是，在这一季节，轨温接近甚至低于锁定轨温，在这样的轨温条件下进行线路作业时，维修人员容易误认为钢轨温度力较低，而放松对失稳的警惕性，忽视遵章守制的要求，进行不适当的线路作业。而实际上，此刻在伸缩区却有可能存在着相当于 Δt 为 20℃的温度压力峰，因而导致事故的发生。

③夏季的最大温度力峰值。由图 6-6 可知，在反向升温过程中，随着 Δt 的增加，温度力峰 P'_0与固定区温度力的差值逐渐减小。当温度变化幅度达到 $\max\Delta t$ 时，l 大于 l'，道床阻力还有一段未能反向，这时温度力峰将达到其最大值 $\max P'_0$。如果假设轨温变化幅度可以继续增加，并能达到与最大降温幅值（46℃）相同的水平，则温度力峰将完全消失。由此可见，如果这时轨温再从最高轨温 $t_{\max}$降到最低轨温 $t_{\min}$，因 $l>l'$，则不会产生最大温度拉力峰。

第二节　轨端位移和缓冲区预留轨缝计算

无缝线路缓冲区内的长钢轨与标准轨之间及标准轨与标准轨之间，在铺设时均应预留必要的轨缝 Δ，以保证轨温升至最高时，轨缝不会顶严，以免造成接头向上（或向旁）的支嘴（注：支嘴，接头病害的一种。接头“支嘴”多数发生在小半径曲线上，特别是相对式的接头曲线上。曲线接头处的“支嘴”是曲线圆弧在钢轨接头有向外的弹力造成的。这主要是因为养护不良而引起的。另外，还有接头处道碴不足，捣固不良，接头轨枕失效，螺栓松动，有连续瞎缝而破坏曲线方向，引起轨距扩大等多方面的因素。轨缝过大，造成鱼尾板弯曲，所产生的曲线接头支嘴最为常见。）；轨温降至最低时，螺栓不会受力，以免造成螺栓拉弯（或拉断）。因此，必须先计算长钢轨伸缩区随轨温变化的伸缩量，以及标准轨随轨温变化的伸缩量，从而计算预留轨缝的大小。

1. 长钢轨一端的伸缩量 λ_1

$$\lambda_1 = \frac{1}{2}(\lambda_f - \lambda_r) \tag{6-25}$$

式中：λ_f——长钢轨的自由伸缩量；

λ_r——阻力阻止长钢轨未能实现的伸缩量。

（1）长钢轨的自由伸缩量 λ_f

长钢轨锁定后，如果全部未实现伸缩，将使长钢轨内产生相应的温度力，如图 6-7 所示，因而可借助温度力分布图来求取自由伸缩量。

根据胡克定律，则

$$\lambda_f = \frac{\max P_t \cdot L}{EF} = \frac{A_f}{EF} \tag{6-26}$$

（2）长钢轨未能实现的伸缩量 λ_r

该伸缩量将使长钢轨内产生相应的温度力，如图 6-8 所示，为了简化计算，现借助温度力

分布图来求长钢轨未能实现的伸缩量。根据胡克定律利用微分方程求得

$$\lambda_r = \int_0^L d\lambda_r = \int_0^L \frac{P_x \cdot dx}{EF} = \frac{A_r}{EF} \tag{6-27}$$

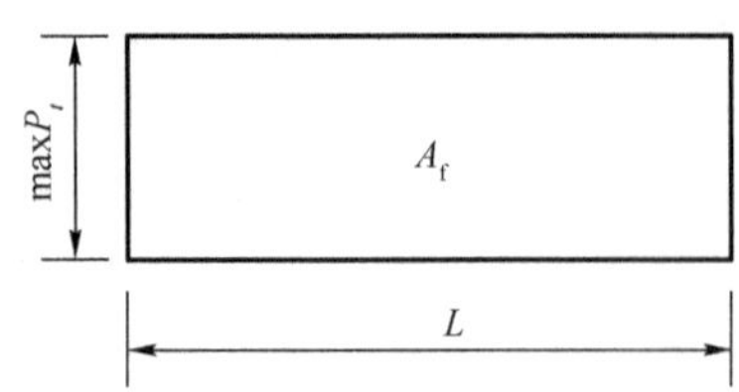

图 6-7 长钢轨伸缩前温度力分布图

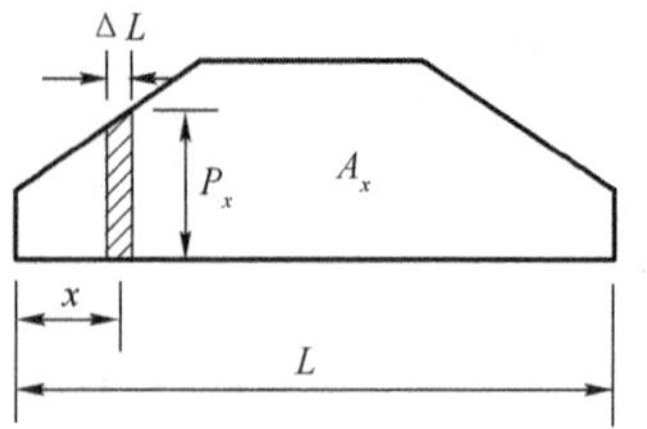

图 6-8 长钢轨伸缩后温度力分布图

(3)长钢轨一端的伸缩量λ_1

$$\lambda_1 = \frac{1}{2}(\lambda_f - \lambda_r) = \frac{1}{2}\left(\frac{A_f}{EF} - \frac{A_r}{EF}\right) = \frac{1}{EF}A_1 \tag{6-28}$$

$$A_1 = \frac{1}{2}(A_f - A_r)$$

A_1 为图 6-9 中阴影部分△BCD 的面积。这部分温度力在长钢轨两端伸缩区范围内,以伸缩的方式释放,所以

$$\lambda_1 = \frac{1}{EF}A_1 = \frac{1}{EF} \cdot \frac{1}{2}(\max P_t - R_j)l$$

又因 $l = \dfrac{\max P_t - R_j}{p}$,代入上式得

$$\lambda_1 = \frac{(\max P_t - R_j)^2}{2EFp} \tag{6-29}$$

2. 标准轨一端的伸缩量λ_2

设标准轨长为 $L_{标}$,当轨温下降或升高时,标准轨伸缩,其伸缩过程如图 6-10 所示。

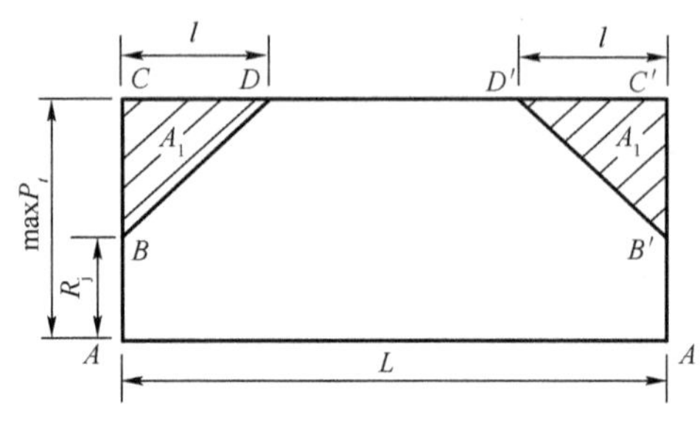

图 6-9 长钢轨伸缩温度力分布图

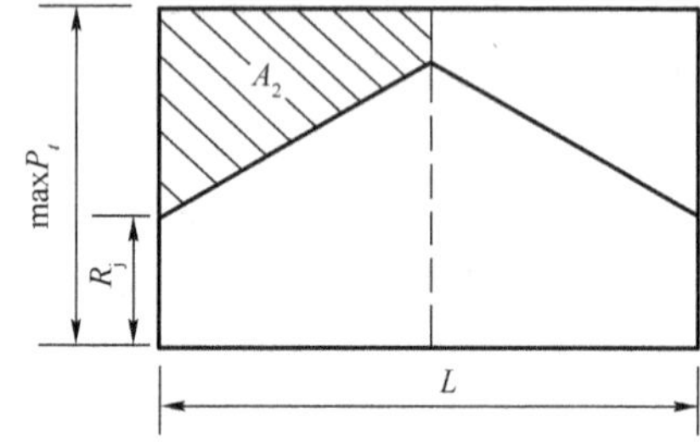

图 6-10 标准轨伸缩温度力分布图

当温度力 P_t 小于接头阻力 R_j 时,轨端无位移;温度力随轨温的变化幅度增大而增大,当大于接头阻力 R_j 时,轨端开始位移,道床阻力开始发挥作用,直至整根标准轨长度 $L_{标}$ 范围内的道床阻力充分发挥完,此阶段为轨端有约束伸缩阶段;此后,温度继续下降或升高,道床阻力不能再进一步提供阻力,此时轨端的伸缩无约束,相当于自由伸缩,此阶段为自由伸缩阶段。标准轨一端的最大伸缩量 λ_2 等于图 6-10 中的阴影面积 A_2 除以 EF。即

$$\begin{aligned}\lambda_2 = \frac{A_2}{EF} &= \frac{\max P_t \times L_{标}}{2EF} - \frac{R_j \times L_{标} + pL_{标}^2/4}{2EF} \\ &= \frac{(\max P_t - R_j)L_{标} - pL_{标}^2/4}{2EF}\end{aligned} \tag{6-30}$$

在用式(6-29)及式(6-30)计算 λ_1 与 λ_2 时,如计算伸长量,用最大的温度压力 $\max P'_t$ 代入公式即可;如计算缩短量,则用最大的温度拉力 $\max P_t$ 代入公式即可。

3.预留轨缝计算

在锁定轨温为 t_0 时铺设的长轨条,其伸缩区的标准轨与长轨条之间及标准轨之间应预留轨缝 Δ_1 及 Δ_2,如图 6-11 所示。预留轨缝的大小应满足以下两个条件:

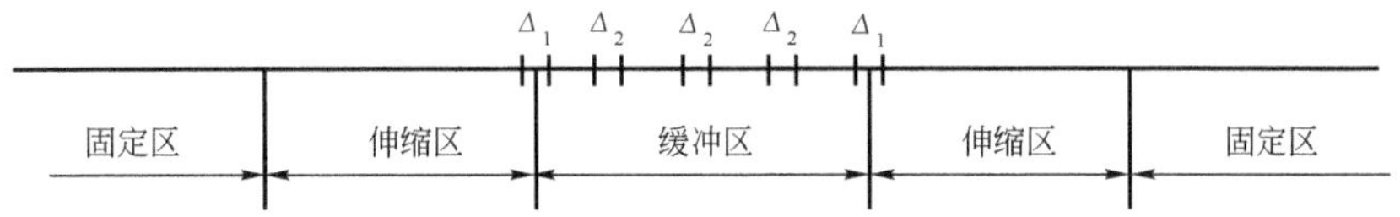

图 6-11 无缝线路缓冲区布置图

(1)在当地最高轨温时,轨端刚好顶严,两轨端不受纵向压力作用;

(2)在当地最低轨温时,轨缝最大不超过构造轨缝,以保证螺栓既不承剪也不承弯。

即预留轨缝 Δ 必须满足

$$\Delta' < \Delta < \Delta'' \tag{6-31}$$

式中:Δ'——轨温升至最高时,保证轨缝不顶严的预留轨缝值;

Δ''——轨温降至最低时,保证螺栓不受力的预留轨缝值。

①长钢轨与标准轨的预留轨缝 Δ_1

$$\Delta'_1 < \Delta_1 < \Delta''_1 \tag{6-32}$$

要保证轨温升至最高时轨缝不顶严,应有

$$\Delta'_1 \geqslant \lambda'_1 + \lambda'_2 \tag{6-33}$$

要保证轨温降至最低时螺栓不受力,应有

$$\Delta''_1 \leqslant \delta_0 - (\lambda''_1 + \lambda''_2) \tag{6-34}$$

式中:λ'_1——轨温升至最高时,长钢轨一端的伸长量;

λ'_2——轨温升至最高时,标准轨一端的伸长量;

λ''_1——轨温降至最低时,长钢轨一端的缩短量;

λ''_2——轨温降至最低时,标准轨一端的缩短量;

δ_0——构造轨缝,取 18mm。

②标准轨与标准轨之间的预留轨缝 Δ_2

$$\Delta'_2 < \Delta_2 < \Delta''_2 \tag{6-35}$$

要保证轨温升至最高时轨缝不顶严,应有

$$\Delta'_2 \geqslant 2\lambda'_2 \tag{6-36}$$

要保证轨温降至最低时螺栓不受力,应有

$$\Delta''_2 \leqslant \delta_0 - 2\lambda''_2 \tag{6-37}$$

【例 6-5】 北京地区铺设无缝线路,具体资料如下:

已知钢轨为 60kg/m,缓冲区钢轨长 $L_{标}=25$m,钢轨断面面积 $F=77.45\text{cm}^2$;接头为 ϕ24mm,10.9 级螺栓,6 孔夹板,接头阻力 $R_j=460$kN;轨枕为混凝土枕,1 840 根/km,单位道床纵向阻力 $p=91$N/cm;北京地区最高轨温 $t_{max}=62.6$℃,最低轨温 $t_{min}=-22.8$℃;锁定轨温 $t_0=25$℃;构造轨缝 $\delta_0=18$mm。

解 预留轨缝计算

①最大轨温变化幅度

$$\max t_{(升)} = 62.6 - 25 = 37.6℃$$

$$\max t_{(降)} = -22.8 - 25 = -47.8℃$$

②最大温度力

$$\max P_{t压} = 248 \times 77.45 \times 37.6 = 722\,206\text{N}$$

$$\max P_{t拉} = 248 \times 77.45 \times 47.8 = 918\,123\text{N}$$

③长钢轨一端的伸缩量

$$\lambda'_1 = \frac{(722\,206 - 460\,000)^2}{2 \times 2.1 \times 10^5 \times 100 \times 77.45 \times 91} \times 10 = 2.3\text{mm}$$

$$\lambda''_1 = \frac{(918\,123 - 460\,000)^2}{2 \times 2.1 \times 10^5 \times 100 \times 77.45 \times 91} \times 10 = 7.1\text{mm}$$

④标准轨一端的伸缩量

$$\lambda'_2 = \frac{(722\,206 - 460\,000) \times 25 \times 1\,000 - 91 \times 25^2 \times 100^2/4 \times 10}{2 \times 2.1 \times 10^5 \times 100 \times 77.45} = 1.6\text{mm}$$

$$\lambda''_2 = \frac{(918\,123 - 460\,000) \times 25 \times 1\,000 - 91 \times 25^2 \times 100^2/4 \times 10}{2 \times 2.1 \times 10^5 \times 100 \times 77.45} = 3.1\text{mm}$$

⑤长钢轨与标准轨之间的预留轨缝 Δ_1

$$\Delta'_1 \geqslant 2.3 + 1.6 = 3.9\text{mm}$$

$$\Delta''_1 \leqslant 18 - (7.1 + 3.1) = 7.2\text{mm}$$

所以

$$3.9 < \Delta_1 < 7.2$$

取 $\Delta_1 = 6\text{mm}$。

⑥标准轨与标准轨之间的预留轨缝 Δ_2

$$\Delta'_2 \geqslant 2 \times 1.6 = 3.2\text{mm}$$

$$\Delta''_1 \leqslant 18 - 2 \times 3.1 = 11.8\text{mm}$$

所以

$$3.2 < \Delta_2 < 11.8$$

取 $\Delta_2 = 8\text{mm}$。

第三节 无缝线路稳定性分析

一、基本概念

处于高温条件下的无缝线路易发生横向位移(即臌曲),形成线路方向不良,影响列车行驶的平稳性,甚至引发列车脱轨事故。因此,无缝线路稳定性成为铁路工程中普遍关注的问题之一。

无缝线路稳定性主要研究高温条件下轨道横向位移与温度应力变化的规律，并针对既有轨道与运营环境条件，确定相应的轨温变化幅度及横向变形位移容许值，制定相应的线路维修作业标准。

无缝线路稳定性分析的正确性及精确程度首先取决于对计算模型的正确抽象。为此，就应对轨道臌曲的物理过程及主要影响因素有详尽的了解，以便在计算中做出正确反应。

无缝线路的臌曲是轨道结构局部的一种爆发性破坏，俗称胀轨跑道。这一基于现场经验的通俗叫法，确切地反映了轨道这一结构物的失稳特征，即在臌曲（跑道）之前或多或少总有一个胀轨变形过程。从国内外进行的大量试验和现场事故的调查分析来看，轨道臌曲的发展是有一个过程的。这一过程基本上可分为3个阶段，即持稳阶段（相对稳定阶段）、胀轨阶段（缓慢变形阶段）及跑道阶段（突然变形阶段、最终破坏），见图6-12。轨道的胀轨跑道还有一个明显的特征，即它总是发生在轨道具有初始弯曲处，一般顺直的轨道上是不会发生胀轨跑道的。图6-12的纵坐标为钢轨温度压力，横坐标为弯曲变形矢度 $f+f_0$，其中 f_0 为初始弯曲矢度，在温升之前即已存在于线路。

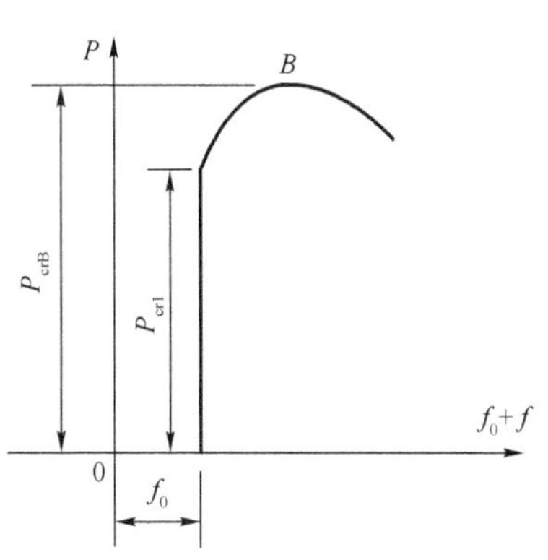

图6-12　无缝线路轨道臌曲变形图

当轨温开始高于零应力轨温时，在钢轨内虽已产生温度压力，但轨道仍能保持初始状态，并不变形。这时轨道能量的增加，主要是以压缩形变能的形态储存于钢轨中。这种状态一直保持到温度力达到某一临界值 P_{cr1} 时为止，称之为持稳阶段。一般称 P_{cr1} 为第一临界力。

其后，随着轨温的增加，轨道框架开始产生微小的横移，即进入了胀轨阶段。在此阶段，温度压力的增加与横向变形之间的关系呈现非线性。开始横移时，变形的趋向目视不甚明显。随着温度压力的继续升高，变形速率不断加快，变形的形状也逐渐清晰，并趋于稳定。变形的形状基本上可分为两种类型，即对称型和反对称型，参见图6-13。

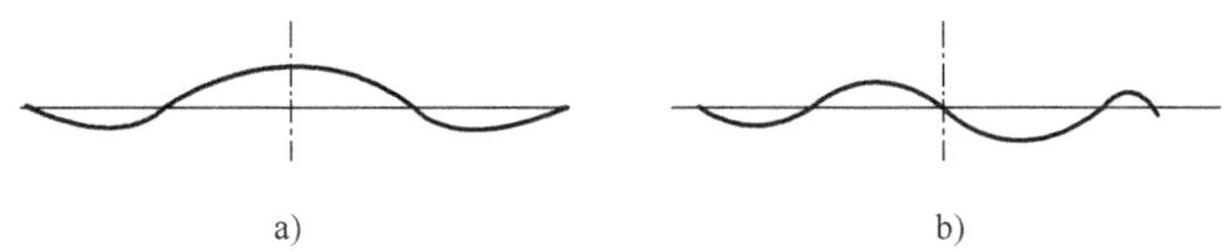

图6-13　无缝线路胀轨阶段钢轨变形图

a)对称型；b)反对称型

此后，变形继续发展，不仅矢度扩大，波长亦有所增加。当发展到某种程度时，道碴被挤压错动，并伴有轻微响声，这预示着轨道的受力与变形已逼近临界状态。

当钢轨温度压力达到臌曲临界力 P_{crB} 时，轨道一经干扰将伴随巨大声响而突然臌曲，释放能量，道碴抛出，轨枕裂损，钢轨严重弯曲变形，轨道受到破坏，这就是跑道阶段。变形曲线相对臌曲前的线形发生了很大变化。弯曲变形矢度一般可达30～50cm，变形范围可达20～30m。跑道的物理实质是轨道框架抵抗弯曲的能力，尤其是道床横向分布阻力已约束不住轨道的横移和弯曲变形的发展，以致整个轨道失去稳定平衡，从而使积存于轨道框架内的巨大弹性势能，主要是钢轨轴向压缩变形能，骤然释放出来。这个过程是在瞬间完成的，具有明显而强烈的动态特征。

二、影响无缝线路稳定性的因素

影响无缝线路稳定性的主要因素有钢轨的温升幅度、轨道原始不平顺、道床阻力及轨道框架刚度等。为了简化计算，一般只考虑钢轨温升幅度、轨道原始不平顺、横向道床阻力及钢轨的横向刚度。对于道床纵向阻力、中间扣件的作用等，一般忽略不计。

1. 钢轨的温升幅度

温升引起钢轨轴向温度压力增高，是影响无缝线路稳定的根本原因。在无缝线路设计中合理选择允许温升、确定锁定轨温是至关重要的。

2. 道床横向阻力

道床抵抗轨道框架横向位移的阻力称道床横向阻力。它是防止胀轨跑道，保持轨道稳定的重要因素。据前苏联的研究报告，保持轨道的稳定性，道床横向阻力的作用约占 65%。

道床横向阻力是由轨枕两侧及枕底与道碴接触面之间的摩阻力和枕端碴肩阻止轨枕横移的抗力组成。由实测得出，道床横向阻力与轨枕位移之间的关系曲线如图 6-14 所示。试验还表明，单根轨枕的道床横向阻力与轨道框架整体的道床横向阻力基本接近(按单根对比)。

影响道床横向阻力的因素如下。

(1)道床的饱满程度。道床的饱满程度，关系到轨枕与道碴接触面的大小，直接影响道床的阻力值。

(2)道床肩宽。道床肩部所分担的道床横向阻力约占总阻力值的 1/3。轨枕横移挤动碴肩的道碴棱体的阻力见图 6-15。轨枕挤动道床将形成破裂面，碴肩的宽度必须覆盖这一破裂面，以保证有较大的阻力。

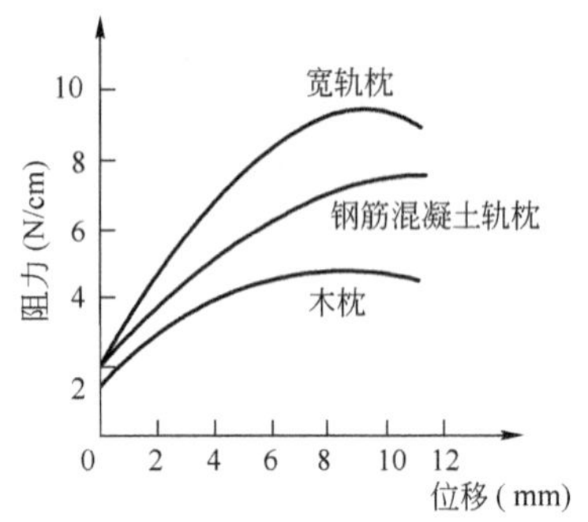

图 6-14 道床横向阻力与轨枕位移关系图

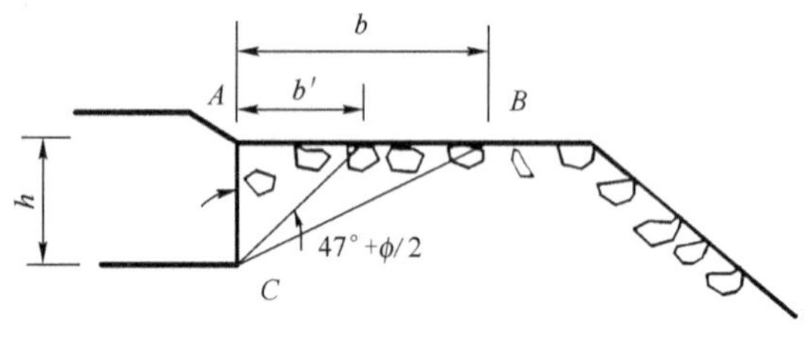

图 6-15 道床碴肩棱体阻力图

破裂面的顶宽可用下式计算。

$$b = H\tan(45^\circ + \varphi/2)$$

式中：H——轨枕端部高度；

φ——摩擦角，一般 $\varphi=35^\circ\sim50^\circ$。

通过试验得知，从 30cm 的肩宽起测，道床横向阻力随碴肩宽度的增加而加大，肩宽增加到 55cm 时达最大值，总阻力值增加 16%。若再加宽，阻力将不再增加。为此，我国规定碴肩宽度：普通线路为 30cm，无缝线路为 40cm，$R<800$m 的曲线外侧、制动地段、桥头路基、年轨温差大于 90℃的地区为 50cm。

(3)道床肩部堆高。道床肩部堆高有提高道床横向阻力的作用。通过在大秦线试验得知，在道床肩宽 40cm 的混凝土枕线路上，对 II、III 型混凝土枕进行了测试，当肩部堆高 15cm 时，道床横向阻力增加 8%～16%。

(4)道碴种类及粒径尺寸。道碴材质不同,道碴间的摩阻力也不同。据德国试验,砾石道床比碎石道床的阻力低 30%～40%。道碴粒径对道床阻力也有影响,道碴粒径由 25～65mm 减小到 15～30mm,道床横向阻力降低 20%～40%。据匈牙利铁路介绍,以粒径 25～60mm 的道碴代替粒径 40～60mm 的道碴,道床横向阻力可提高 20%;法国铁路验证,道碴粒径较大时,道床横向阻力较高;荷兰铁路证明,道碴粒径较大的道床,维修作业后,道床阻力恢复较快。

(5)线路维修作业影响。线路维修作业中,凡扰动道床,影响道碴间的相互咬合和道碴与轨枕的接触状况,都将导致道床阻力下降。

(6)轨枕类型。轨枕类型不同,其道床横向阻力也不同。由试验知,如以 II 型混凝土枕的阻力值为 100%,则 III 型混凝土枕为 129%,I 型混凝土枕为 91%。

3. 轨道框架刚度

道床框架刚度 EJ 的大小,表示轨道抵抗弯曲变形能力的大小。轨道框架刚度越大,弯曲变形越小,轨道框架刚度是保持轨道稳定的因素。

轨道框架刚度,在水平面内,等于两股钢轨的水平刚度及钢轨与轨枕节点间的阻矩之和。节点阻矩与轨枕类型、扣件类型及扣压力等有关。中间扣件的扣压力越大,钢轨与轨枕连接越牢固,轨道框架的水平刚度就越大。木枕轨道,使用普通道钉,扣压力小,道钉容易浮起,节点阻矩几乎为零;混凝土轨枕轨道,使用弹性扣件,扣压力大,节点阻矩增大。目前,上述两种轨道的框架水平刚度值,暂时都不考虑节点阻力值的大小。

轨道框架水平刚度 EJ 为

$$EJ = \beta EJ_y$$

式中:β——轨道框架换算系数,暂取 $\beta=2$;

J_y——钢轨对竖直轴的惯性矩。

4. 轨道初始弯曲

轨道初始弯曲是影响无缝线路稳定性的最敏感也是最直接的原因。初弯矢度增加几毫米,可导致臌曲临界力的大幅度下降。因此,加强对初弯矢度,即线路方向不良的监控,对保证无缝线路的稳定有着重要的作用。轨道的初始弯曲,由初始塑性弯曲和初始弹性弯曲组成。现场称初始塑性弯曲为死弯。钢轨死弯多半是在钢轨的轧制、运输、焊接及铺设过程中形成的。钢轨出厂时允许有 1/2 200 的初始弯曲。此外,由于作业的起拨道操作不当,轮轨的相互作用,特别是横向力的作用、温度力的升降变化等,都有可能扩大长轨条的初始弹性弯曲。

三、计算公式简介

无缝线路稳定分析若按解题方法分类,有微分方程法、能量法。

能量法是一种假设变形曲线的方法,是一种近似方法。国内外研究无缝线路稳定问题的绝大多数学者都采用此法。

采用能量法的统一无缝线路稳定性计算公式的稳定准则是确定容许温度压力及容许温升。

统一公式计算方法认为,为了避免或尽量减小在温度的反复变化过程中残余变形的积累,应对变形幅值 f 加以限制,并认为道床的弹性范围为 1～2mm。同时,又为了避免过分限制温度力，从而影响无缝线路的铺设范围，定义由 2mm 时计算出的温度力为计算温度压力 P_N，见图 6-16（图中 f_{0e}为初始弹性弯曲变形矢度，f_{0p}初始塑性弯曲变形矢度）。将计算温度压力除以一定的安全系数 K，即为容许温度压力$[P]$。

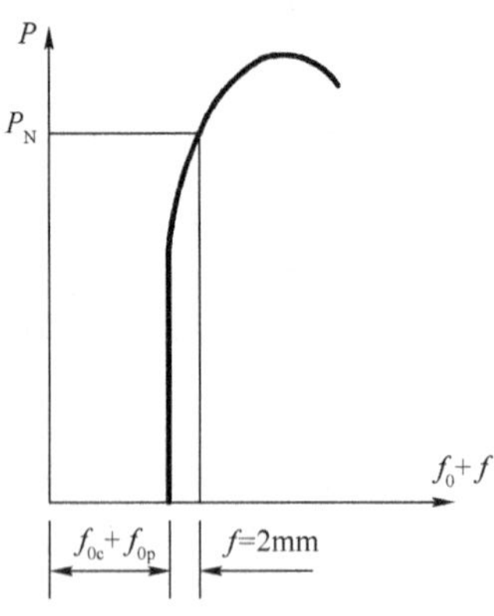

图 6-16 计算允许温度力轨道变形图

$$[P]=\frac{P_N}{K}$$

式中：K——安全系数，规定取值 1.25。

由于该算法属于小位移情况，故不考虑胀轨区的温度压力降低，从而有容许温升

$$[\Delta t_u]=\frac{[P]}{EF\alpha}$$

式中：F——两根钢轨截面面积之和。

1.计算前提条件

把整个轨道框架视为一根铺设在连续弹性均匀介质（道床）上的梁，在梁的两端作用了温度压力，其计算前提条件如下。

（1）轨道变形曲线。假定在温度压力作用下，轨道弯曲成各半波相同的多波变形曲线，并仅取半波作为计算对象，而且假定变形曲线为正弦曲线，其方程式为

$$y_f=f\cdot\sin\frac{\pi x}{l} \tag{6-38}$$

式中：y_f——轨道横向变形量；

f——变形曲线矢度；

x——横坐标；

l——变形曲线半波长。

（2）轨道原始弯曲线。假定弹性原始弯曲为半波正弦曲线，其方程式为

$$y_{0e}=f_{0e}\cdot\sin\frac{\pi x}{l_0} \tag{6-39}$$

式中：f_{0e}——弹性原始弯曲变形矢度；

l_0——弹性原始弯曲半波长。

假定塑性原始弯曲为圆曲线，其近似方程式可表达为

$$y_{0p}=\frac{(l_0-x)x}{2R_0} \tag{6-40}$$

式中：l_0——塑性原始弯曲半波长，假定与弹性原始弯曲半波长相等；

R_0——塑性原始弯曲半径，$R_0=\frac{l_0^2}{8f_{0p}}$；

f_{0p}——塑性原始弯曲矢度。

（3）对半径为 R 的圆曲线轨道。

$$y_R=\frac{(1-x)x}{2R} \tag{6-41}$$

考虑具有塑性原始弯曲的圆曲线，其合成曲率为

$$\frac{1}{R'}=\frac{1}{R_0}+\frac{1}{R}$$

根据前提条件,变形曲线的计算图式,如图 6-17 所示。

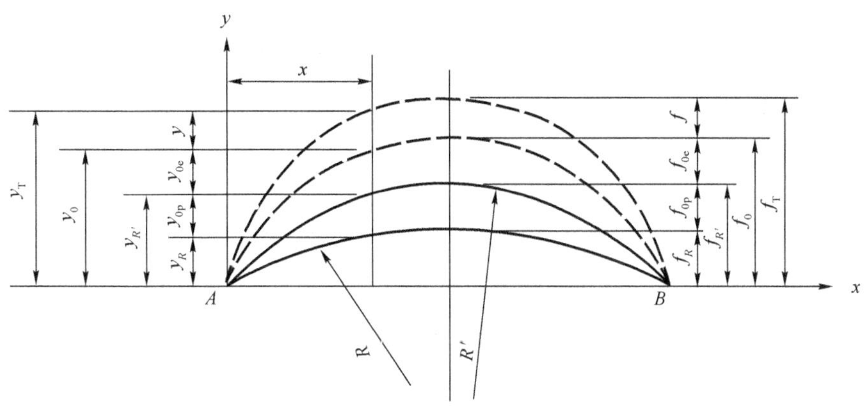

图 6-17　变形曲线计算图

原始弯曲中,参数 f_{0e}、f_{0p} 及 l_0 应采用现场测定值。但 f_{0e}、f_{0p} 是针对一定的半波长 l_0 而言,而在稳定性计算公式推导过程中,假定 l_0 等于变形曲线长度 l 是一个无法事先确定的参数。通过现场调查,得到允许 f_{0e}/l_0^2 和 $1/R_0$,经数理统计分析,给出一定的常量,从而求出 l_0 为任意值时的原始弯曲矢度。

通过现场资料分析,$l_0=4$m 时,对混凝土轨枕 f_{0e} 及 f_{0p} 均采用 3mm,对木枕线路 f_{0e} 及 f_{0p} 均采用 2.5mm。

2. 计算公式

根据上述前提条件,按照静力平衡原理,采用能量法推导结果,得出 P 与 l 的计算式如下

$$P=\frac{\beta EJ_y\pi^2\dfrac{f+f_{0e}}{l^2}+\dfrac{4}{\pi^3}Ql^2}{f+f_{0e}+\dfrac{4}{\pi^3R'}l^2} \tag{6-42}$$

$$l^2=\frac{1}{Q}\left[\frac{\beta EJ_y\pi^2}{R'}+\sqrt{\left(\frac{\beta EJ_y\pi^2}{R'}\right)^2+\beta EJ_y\pi^2\frac{\pi^3}{4}(f+f_{0e})Q}\right] \tag{6-43}$$

式中的 Q 称为等效道床阻力,以 N/cm 计,当 $f=2$mm 时,其值见表 6-7。

等效道床阻力表　　表 6-7

轨道条件 / Q(N/mm) / 轨道配置(根/km)	碎石道床、木枕		碎石道床混凝土枕	
	道床肩宽 30cm	道床肩宽 40cm	道床肩宽 30cm	道床肩宽 40cm
1 760	—	—	76	84
1 840	54	62	79	87
1 920	56	65	—	—

计算时，以 $l_0=4\text{mm}$ 的弦测量，并换算曲率，代入式(6-43)求变形曲线的弦长 l。如果 l 与 $l_0=4\text{mm}$ 有较大的出入，再假设 $l_0=l$，并在弹性原始弯曲曲率不变的条件下，按下式重新计算弹性原始弯曲矢量 f'_{0e}。

$$f'_{0e}=l^2\frac{f_{0e}}{400^2} \tag{6-44}$$

再将 f'_{0e}代入式(6-43)重新计算 l。如果求出的 l 与最后假定的 l_0 相差不大，则不再修正，就可以将 f'_{0e}及其相应的 l 值代入式(6-42)求取 P 值。

当取 $f=2\text{mm}$ 时，则求得的 P 以 P_N 代表，称为计算温度压力，为安全计，除以安全系数 K(暂定为 1.25)，求得容许温度压力$[P_N]$。

$$[P_N]=\frac{P_N}{K} \tag{6-45}$$

容许温升

$$[\Delta t_N]=\frac{[P_N]}{EF\alpha} \tag{6-46}$$

【例 6-6】 钢轨 50kg/m，混凝土轨枕 1 840 根/km，曲线半径 $R=900\text{m}$，线路容许弯曲矢度 $f=0.2\text{cm}$，$\beta=2$，$Q=87\text{N/cm}$，$f_{0e}=f_{0p}=0.3\text{cm}$，$J_y=377\text{cm}^2$，求$[P_N]$和$[\Delta t_N]$。

解 ①换算曲率 $\dfrac{1}{R'}=\dfrac{1}{R_0}+\dfrac{1}{R}=\dfrac{8\times0.3}{400^2}+\dfrac{1}{9\,000}=2.61\times10^{-5}/\text{cm}$

②$\beta EJ_y\pi^2=2\times21\times10^6\times377\times9.87=15.63\times10^{10}\text{N}\cdot\text{cm}^2$

③$\dfrac{4}{\pi^3}=0.129$

④$$l^2=\frac{1}{Q}\left[\frac{\beta EJ_y\pi^2}{R'}+\sqrt{\left(\frac{\beta EJ_y\pi^2}{R'}\right)^2+\beta EJ_y\pi^2\frac{\pi^3}{4}(f+f_{0e})Q}\right]$$

$$=\frac{1}{87}\times\left[15.63\times2.61\times10^5+\sqrt{(15.63\times2.61)^2\times10^{10}+\frac{15.63\times10^{10}\times0.5\times87}{0.129}}\right]$$

$$=14.26\times10^4\text{cm}^2$$

所以 $$l=377.7\text{cm}$$

⑤$l=377.7\text{cm}$ 与 400cm 相差较大，再设 $l_0=377.7\text{cm}$，重新计算 f'_{0e}

$$f'_{0e}=l^2\frac{f_{0e}}{400^2}=14.26\times10^4\times\frac{0.3}{400^2}=0.267\text{cm}$$

将 $f'_{0e}=0.267\text{cm}$ 代入式(6-43)，求得 $l^2=14.02\times10^4\text{cm}^2$，$l=376.8\text{cm}$，与再设的 $l_0=377.7\text{cm}$相近，则不再修改。

⑥将 $l^2=14.02\times10^4\text{cm}^2$，$f'_{0e}=0.267\text{cm}$ 代入式(6-42)，得

$$P_N=\frac{\dfrac{15.63\times10^{10}\times(0.2+0.267)}{14.02\times10^4}+0.129\times87\times14.02\times10^4}{0.2+0.267+0.129\times2.61\times10^{-5}\times14.02\times10^4}$$

$$=2.226\times10^6\text{N}$$

⑦$[P]=\dfrac{P_N}{K}=\dfrac{2.226\times10^6}{1.25}=1.781\times10^6\text{N}$

⑧ $[\Delta t_N]=\frac{[P]}{\alpha EF}=\frac{1.781\times10^6}{11.8\times10^{-6}\times2.1\times10^7\times2\times65.8}=54.6℃$

四、无碴轨道无缝线路稳定性

城市轨道交通大量采用无碴轨下基础，道床用混凝土、沥青混凝土或CA砂浆灌注，取代了松散的碎石道床，虽然无碴轨下基础上的无缝线路因压弯变形而失稳的可能性不大，但城市轨道交通受既有建筑物和地下管线的限制，小半径曲线的数量较多，又由于跨越街道、铁路或高架结构的需要，线路坡度较陡。高温下，在小半径曲线和大坡道地段，无缝线路受温度压力作用而产生弯曲变形(简称压弯变形)。大量连续的压弯变形不仅影响列车运行的平稳性，而且累积压弯变形超限，同样威胁行车安全。试图通过线路整修消除此类不平顺，不仅花费工时劳力，且很难奏效。此外，板式无碴轨道的凸形挡台设计，不仅应考虑无缝线路的纵向力，而且还应考虑无缝线路产生压弯变形的横向分力，应作两向受力检算。

1. 压弯变形量的影响因素

(1)温度压力。在线路条件、轨道结构标准一定的情况下，无缝线路压弯变形量的大小取决于温度压力的大小，因而中和轨温设计应当合理。

(2)线路平剖面。观测证明，高温下，直线、平坡地段无缝线路同样产生压弯变形，但在曲线、坡道地段，无缝线路压弯变形更为集中。

(3)轨道施工质量。混凝土道床的灌注、扣件的安装及长轨条的焊铺不可避免地存在轨向的偏差，因而在无碴轨下基础上的无缝线路存在初始弯曲，在温度压力作用下进一步扩大弯曲变形。

(4)扣件横向抗力。无碴轨下基础上的无缝线路通常使用无挡肩扣件，为保证运营安全，要求扣件必须具有足够横向抗力，使之控制压弯变形不超限。对此应予以重视。

2. 压弯变形计算

在温度压力作用下，无碴轨下基础上的无缝线路产生弯曲变形，其变形过程和规律与有碴轨下基础无缝线路并无本质区别，只不过它的道床刚度很大，不可能达到临界状态而失稳。因此无碴轨下基础无缝线路的压弯变形计算仍采用前文所讲的基本原理，但计算中设单股轨条为埋置在均匀介质中的长梁，单位长度扣件横向抗力和阻矩分别为梁上的分布荷载和分布弯矩，运用势能逗留值原理，建立作用于梁上力的平衡方程。因篇幅有限，计算过程及公式可参见有关参考书籍。

3. 大坡道无缝线路防爬锁定措施

(1)轨条布置。尽可能延长无缝线路的轨条长度，使列车运行时长轨条保持“前挡、后拽”状态，并使计算轨条范围内扣件的平均阻力达到防爬限定值。

(2)支承块间距设计。支承块布置间距减小，可使列车通过时钢轨挠度减小，并增大单位长度的扣件纵向阻力，必要时可采取这一措施。

(3)扣件布置。城市轨道交通的高架桥，往往是各种不同跨度、不同梁型混合布置，小跨度、矮墩桥梁所受无缝线路的纵向力、横向力的量值较小，地面线路更可增大扣件的纵向阻力，因而宜充分利用小跨度、矮墩的桥梁和地面线路作为无缝线路的锁定区段。

第四节 无缝线路的铺设

一、超常无缝线路

1. 基本概念

超长无缝线路，即轨条与轨条、轨条与道岔直接焊连，取消或减少缓冲区，轨条之间直接传递纵向力和位移的线路。其中把原普通无缝线路 1～2km 的长轨条焊连延长，使长轨条达到或接近两个车站之间的区间长度，这种形式的无缝线路叫区间无缝线路。当把区间无缝线路的长轨条延长与车站道岔焊连在一起，就形成穿越车站的跨区间无缝线路。

由于区间无缝线路只是把普通无缝线路的轨条长度进行了延长，在理论与技术上二者没有本质区别。适用于普通无缝线路的强度与稳定性计算理论、无缝线路设计原则、施工与养护要求和规定，也适用于区间无缝线路。

跨区间无缝线路不仅长轨条延长穿越站区并与道岔焊连在一起，而且道岔本身也应焊连成无缝道岔，因而跨区间无缝线路的受力与变形将在岔区发生变化，其受力复杂，在计算理论、设计原则和施工养护方面有别于其他无缝线路，在此本文不作详细介绍。

目前，在我国城市轨道交通中，线路采用普通无缝线路和区间无缝线路两种形式。

2. 超长无缝线路的优越性

(1)超长无缝线路的长轨条贯穿全区间或整个区段的各站区，后者并与站区无缝道岔焊连，彻底实现了线路的无缝化，充分发挥了无缝线路的优越性。超长无缝线路有力地推动了道岔的无缝化，全面提高了线路的平顺性和整体强度。

(2)超长无缝线路取消了缓冲区及其钢轨接头，因而钢轨部件的损耗率和维修工作量得以进一步减少。

(3)超长无缝线路最大限度地消除了钢轨接头，不仅进一步提高了线路的平顺性，同时也改善了列车的运行工况。据铁道科学研究院的测试，与普通线路相比，车辆簧下质量的垂直振动加速度明显减小。

(4)改善了线路的整体工况。超长无缝线路没有伸缩区，伸缩区的缺点自然不复存在。伸缩区与固定区的交接处和伸缩区因过量伸缩而不能复位时产生的温度力峰，都随之消失，有利于轨道的稳定和维修管理。

(5)无缝道岔为道岔实现上部准、下部稳的整体稳固状态打下了基础。

(6)超长无缝线路及无缝道岔的绝缘接头一律采用胶接绝缘接头。

3. 跨区间无缝线路设计的一般原则与要求

(1)需铺设跨区间无缝线路的地段，路基及下部建筑应坚实、稳定，无任何病害。

(2)跨区间无缝线路的轨道标准应为：60kg/m 及以上钢轨；II 型或 III 型混凝土轨枕；扣件应为 II 型或 III 型弹条扣件；一级石碴道床，道床肩宽应不小于 45cm，碴肩堆高 15cm。

(3)跨区间无缝线路的道床应稳固、密实，道床横向阻力应不小于 10kN/枕。

(4)跨区间无缝线路锁定轨温的容许变化幅度为±5℃，即跨区间无缝线路最长轨条的各段锁定轨温差不应大于 10℃。

(5)跨区间无缝线路的长轨条长度、施工时的单元轨条长度及厂焊轨条长度，应根据具体情况由设计和施工部门确定。

二、长轨的焊接

城市轨道的普通无缝线路每段长轨条的长度一般为 1 500～2 500m。超长无缝线路虽不受这一限制，但一次铺入的单元长轨条长度也与此相近。长轨条是由厂焊长钢轨连焊而成，单独铺入。把标准长度的钢轨焊接而成的长钢轨线路就是普通无缝线路。超长无缝线路采用长轨条依次连焊铺入的方法构成。

无缝线路铺设涉及长钢轨焊接、轨道铺设、长钢轨锁定 3 个主要环节。

长钢轨的焊接是铺设无缝线路的重要环节，其几何外形尺寸的平顺和内部质量，是保证无缝线路正常运营的关键。实践证明，若钢轨焊接质量不良，将使线路维修工作后患无穷，严重者危及行车安全。

钢轨焊接有铝热焊法、气压焊法、接触焊法等。接触焊法是目前钢轨焊接的主流方法，有固定式工厂接触焊和线上移动式接触焊两种。气压焊有大型固定式和现场移动式两种。国家铁路无缝线路焊接采用固定式工厂接触焊，铁路工务维修多采用现场移动式气压焊法。在城市轨道工程中一般也采用固定式工厂接触焊法，近几年来才开始采用线上移动式接触焊法。

（一）接触焊

1. 焊接原理

接触焊的基本原理是利用电流通过某一电阻时所产生的热量熔接焊件，再经顶锻以达焊接目的。

当两焊接钢轨之间通过电流时，由于两钢轨接触面之间存在着较大电阻，因电热效应使钢轨迅速得到加热。两钢轨的接触面从微观上看则是凸凹不平的，因此，首先接触的是一些凸出点。这些接触点通电后在瞬间被加热到熔化状态，从而在钢轨接触面之间形成多个液体金属过梁。这些过梁在进一步加热的过程中被“爆炸”而破坏，使熔化的金属从钢轨接触面的缝隙中飞溅而出，形成闪光，与此同时，进一步加热钢轨。钢轨通过继续加热和连续闪光的作用，钢轨端面的温度逐渐均匀一致，形成一熔化金属薄层，防止周围气体侵入。与此同时，迅速施加顶锻力，迫使焊面相互挤压，使闪光时形成的火口得到充分闭合，并挤出全部液体金属，将两轨焊连成一体。

2. 工厂内长钢轨接触焊接工序及操作要点

（1）配轨。根据无缝线路设计图纸，编制配轨表。按配轨表的顺序和要求，丈量每根钢轨长度，依次配轨，并在自动流水作业线上，按顺序焊接钢轨。

（2）打磨除锈。钢轨两端的夹紧部位及两轨接触端面应进行打磨除锈，使之具有良好的接触导电性能。要求钢轨端部截面光洁，具有金属光泽，其与钢轨纵轴垂直面的最大偏差，不大于 0.25mm。

（3）焊接。焊接时两轨端通电加热，包括断续预热和连续闪光两个阶段，前者使钢轨端部加热到一定的温度和深度，后者是进一步使轨端轨温均匀化和建立一层防止金属强烈氧化的保护层。当轨端加热到塑性状态后，焊接机能自动夹紧钢轨使轨端顶压，顶压力为 35～49MPa，顶锻量为 7～15mm，使轨端焊成整体。

（4）推平。钢轨焊接后，由于焊接时的顶压，使焊接轨端处凸出，当焊接处金属尚处于高温塑性状态时，用液压推除设备把凸出部分推除。

(5)打磨焊缝。在轨端焊接处，除轨腰部分外均应符合原钢轨断面尺寸。因此，对焊缝应进行打磨，保证车轮通过时的平顺性。

(6)整细矫直。对焊接长钢轨要用矫直机矫直，并用1m直尺检查弯曲矢度，其值不超过0.5mm。

(7)超声波探伤。对焊缝用超声波探伤仪进行检查，探明是否有焊接缺陷，并做好检查记录。

(8)堆码。对焊接好的长轨条堆码到高站台上，以备吊装到运轨列车上。

3.长钢轨焊接列车

国家大型铁路铺设无缝线路，长钢轨是由定点焊轨厂焊接的。工地联合接头的焊接多采用小型移动式气压焊。近年从德、法等国引进了铝热焊剂和工艺设备，采用铝热焊法焊接联合接头日渐增多。对城市兴建的轻轨铁道、地下铁道，因施工环境的限制，其长钢轨的焊接多设计为便于移动的长钢轨焊接列车施焊，联合接头的焊接以采用铝热焊法焊接为主。

(1)长钢轨焊接列车的组成

长钢轨焊接列车由牵引车、平板车、焊机、发电机、焊前工艺设备、焊后工艺设备、长钢轨走行滚道等装配而成，焊机是核心装备。焊轨列车专用线一般设在铺设区段的铺架基地，亦可边焊接边铺设。

(2)工艺线上的配套设备

①焊前工艺流水线的工装。焊前工装主要有钢轨调直机1台、小型轨端平面铣床2台、磨刷除锈机2台、其他钳工常用工具。

装备焊前工艺流水线的平车，应停在靠近存放钢轨的场地。为缩短列车焊前工艺流水线，钢轨调直机可装在钢轨整备平台处，将轨端调直工作置于车下。列车焊前流水线的对应工位，平车上安装待焊钢轨整修架，将调直好的钢轨一一输入车上整修架。待焊钢轨的两端设铣床和除锈机各1台，车工负责钢轨端面铣平，除锈工负责轨端除锈。负责待焊钢轨配置工作的技术员，根据轨节设计布置图，有序地将整修好的钢轨引向滑道，进入焊机焊接。

②焊后工艺流水线的工装。焊后工装主要有粗磨机1台、精磨机1台、正淬火设备、钢轨矫直机1台、钢轨探伤设备及滚轮滑道。滑道与运轨列车靠连。

焊接长钢轨的焊道(焊瘤)的大部分已被焊机的推凸装置除去，经粗磨工位进行粗磨，粗磨可用粗磨机或人工完成。粗磨后进入精磨工位，精磨最好采用数控机床仿形研磨或数控仿形铣床进行精加工，使之符合钢轨断面的几何形位及误差标准。

经过精磨后，焊接轨进入正淬火工位。正淬火时，焊道温度冷却至300～400℃时再加热。加热温升：轨顶加热至930℃，风冷淬火；轨底加热至900℃，自然冷却。淬火宽度为80mm，相对于焊道中心线前后各40mm。过渡区(软区)宽度小于20mm，其硬度相当于母材帽形淬火硬度(350HB)。

正淬火后，焊接轨进入调直机热调，平直度要求达到1m，直尺测量小于0.2mm。

最后一道工序是焊道探伤。探伤后长钢轨沿滑道进入运轨车存放。运轨车相当于存放钢轨的平台。到位后，运轨列车逆行尾接于焊轨列车尾部，即靠在焊后工艺流水线的最后一节平板车之后。焊满一车运走一车，长钢轨卸下后再返回基地。

(二)气压焊

1.焊接原理

金属构件的气压焊法，热源多采用氧-乙炔火焰。其焊接原理是：将被焊金属构件的焊接端加热到熔化状态或塑性状态后，在顶锻力的作用下，相互焊接的金属端面的熔体或塑体的原子之间，相互扩散渗透再结晶，在两个相互焊接的金属面之间，形成新的结晶，使两金属构件熔结成一体。

2. 气压焊的种类

我国城市铁道现行气压焊接法可分为两种：一种是工厂焊接，即将气压焊机安装在焊轨厂的焊接车间，进行定位焊接，焊机体形较大；另一种是移动焊接，焊机体形较小，质量较轻，便于在工地移动焊接联合接头。

(1)工厂焊接法。工厂焊接法是利用固定在工厂焊轨车间的气压焊机，将标准钢轨焊成一定长度的长钢轨。目前，各焊轨厂的焊接长度一般为250～500m，厂焊长度以500m为宜。

厂焊的焊接工艺分为焊前工艺和焊后工艺，两相衔接构成整个长钢轨的焊接工艺流程。以焊机为界，钢轨进入焊机施焊之前的工艺为焊前工艺，包括配轨、探伤、整修钢轨端面、设标、进入待焊台位；钢轨进入焊机施焊之后的工艺为焊后工艺，包括焊接、推凸、粗磨、细磨、调直、正火、探伤、进入承轨台存放待运。

(2)移动焊接法。移动焊接法主要指的是我国城市铁道采用依据气压焊原理研制成功的小型化的轻便型气压焊机(即小型移动式气压焊机)，以焊接工地长钢轨联合接头，或超长无缝线路连入法施工的终焊时接头焊接。

小型移动式气压焊设备有压接机、加热器、控制箱、高压电动泵站、水冷装置及辅助装置(发电机、端磨机、顶磨机、手把砂轮、管路系统、氧气瓶、乙炔瓶等)，因其质量轻、体积小、操作维修方便，因而非常适合现场接头的焊接。

小型移动气压焊的工艺流程为：焊前准备—拉轨—锯轨、配轨—焊前钢轨端面打磨—对轨和夹轨—装加热器—点火焊接—加热及预顶—推除焊瘤—正火—打磨及矫正—质量验收—清理施工现场。

(三)铝热焊

1. 焊接原理

钢轨的铝热焊是利用焊剂中的铝在高温条件下与氧有较强的化学亲和力，它从重金属的氧化物中夺取氧，使重金属还原，同时放出热量，将金属熔成铁水，浇铸施焊而成。

铝热焊剂是由还原金属(铝)、氧化金属(氧化铁)、铁合金及铁钉头配制而成。为提高铝热焊质量，可按需要在铝热焊剂中掺入少量合金元素，如锰、钛、钼、硅等，以及加入石墨，调整碳的含量。

铝热焊法是将配制好的铝热焊剂，放入特制的坩埚，用高温火柴引燃焊剂，产生强烈的化学反应，得到高温的钢水和熔渣，待反应平静后，将高温的钢水注入扣紧钢轨经过预热的砂型中，将砂型中对接好的钢轨端部熔化，冷却后去除砂型，并及时对焊好的接头整形，两节钢轨即焊接成一体。

2. 工艺流程

制作砂型、坩埚→工地布置→切轨→对轨→扣箱及封箱→坩埚装料及安放支架→预热→浇筑→推凸及整修→质量检查→正火。

三、长轨的运输

工厂焊好的长钢轨，用长钢轨专用列车运至施工地段卸下。装、运、卸的作业要求如下。

1. 长钢轨的装车

现在铁路已统一采用由沈阳机车车辆工厂生产的长钢轨运输列车。其装载长钢轨的车辆设 4 层承轨架，每层可装 14 根长钢轨，全车最大容量为 56 根长钢轨，轨长 500m，总装载长度为 14km。

2. 长钢轨列车的运行和卸轨

长钢轨运输列车由间隔车、装轨车、锁定车及作业车组成。定量装载，既不偏载也不超载，只要认真按规定装载操作，设好间隔器和锁定器，便可保证运行的安全平稳。但途中停站，随车人员应下车检查，发现钢轨异常串动应及时处理，以确保运行安全。列车应按规定速度开行。

列车到达卸车地点，车上作业人员应按卸轨顺序依次松开锁定器。作业车上操作员先用车装钢轨引拉器把待卸的长钢轨拉到有驱动装置的平台上。开始卸轨时，开动驱动装置，将长钢轨推送到车尾出轨口处，轨端接地后对位。而后，再开动驱动器，列车以相应速度向前开行。长钢轨落地 50m 后，驱动器停车，列车可快速开行。在前一根钢轨下卸的同时，应引拉后续钢轨尾随而至，停于钢轨驱动台旁。待前一根钢轨的尾端到达后，后续钢轨随即跟下，如此依次卸下，直至到点或卸毕为止。长钢轨卸在两侧碴肩上。

四、无缝线路的铺设方法

1. 有碴轨道无缝线路铺设法

有碴轨道类型比较单一，铺轨及焊接方法与国家铁路基本一致。一般采用长轨枕，且采用工厂固定接触焊焊接长钢轨，现场用移动气压焊焊接联合接头。高架桥梁设计荷载小，一般采用轻型铺轨机施工。

(1)工具轨换铺法。此法先利用工具轨、轨枕、扣件组装成临时轨排，采用轻型铺轨机铺设标准轨排，上碴整道成型；工厂或基地固定接触焊焊接长钢轨；利用临时线路或正线运输长轨条；现场用移动气压焊焊接联合接头，换轨入槽。优点：设备简单、速度快、安全可靠。缺点：需要工具轨和轻型铺轨机，需要换铺工序。

(2)人工布设轨枕“长钢轨放送车”一次卸车入槽法。此法先由人工沿线路布设轨枕，并调整到位；工厂或基地固定接触焊焊接长钢轨，利用平板车运输长钢轨，“长钢轨放送车”一次卸车入槽，上碴整道；移动气压焊焊接联合接头，最后完成长钢轨锁定。优点：费用低、安全可靠。缺点：工人劳动强度大，需要有轨枕运输通道，需要长钢轨放送设备。

2. 无碴轨道无缝线路铺设法

(1)固定接触焊换铺工具轨法

此法简称“换铺法”：利用工具轨组装轨排，铺设轨道，完成整体道床施工后，暂不拆除工具轨；同时在焊轨工厂或焊轨基地用固定式接触焊机将标准钢轨焊接成 150～300m 的长轨条，利用工具轨轨道运输、卸铺长轨条，铝热焊或移动气压焊焊连长轨条至设计长度，换轨入槽并锁定；最后回收工具轨。

优点：传统方法，工艺成熟，不需要专门的技术装备。缺点：工具轨使用量大，施工环节多，需要换铺工序，工期长，可能需要建设临时焊轨基地，费用较高。

(2)直铺法

①固定接触焊长轨排法。此法先在地面焊轨或铺轨基地将标准钢轨焊成 125m 的长轨条，再组装成长轨排；利用特制的长轨排运输车运送至洞内作业面，利用多台龙门式铺轨机将

轨排调至安装位置，再进行联合接头焊接；对长轨排精调后浇筑道床混凝土一次成型无缝线路轨道。

优点：取消了工具轨，减少了换铺工序；一次成型整体道床及无缝线路，工期短、效率高、成本低。缺点：地面焊轨及铺轨基地场地要求较大，并需布置成流水作业线；长轨排的吊装和运输需要特制的运输车，洞内铺设需要机械数量多；轨排基地必须位于车辆段或其他有坡道运输条件的洞口，长轨排一般无法在垂直吊装的轨排口实现装车。

该方法适用于车辆段具有较大场地用于布置焊轨及组装长轨排，机械充足，具有适用于地铁的特制长轨排运输车的情况。

②线上移动式接触焊短轨排法。此法在地面铺轨基地直接用正式钢轨组装标准轨排，不用工具轨；利用轨道平板车通过已铺线路运输轨排到工作面，现场（或洞内）小龙门吊铺设轨排；精调轨排后浇注道床混凝土；待道床混凝土达到强度后，在不影响铺轨通道的前提下，利用线上移动式接触焊焊轨车直接焊接钢轨接头，完成无缝线路的施工。

优点：取消了工具轨，减少了换铺工序，机械化程度高，整体道床施工和焊轨作业在不同的工作面上可同时进行；施工组织灵活，工期短，效率高，成本低。缺点：需要购买移动式焊轨车组，洞内焊接烟尘及噪声防治难度大，作业环境差。

该法适用条件较广，除需要移动式焊轨车组外，不需要其他特殊设备；若能有效克服洞内焊轨烟尘和噪声，该法将是一种特别适用于地铁、轻轨线路的轨道施工方法。

上述几种铺轨方法，在我国城市轨道交通铺轨施工中分别采用过，均取得了较好的效果。

五、超长轨的铺设方法

超长无缝线路是以一次铺入锁定的长轨条为单元，依次分段铺设而成。施工方法有以下两种可供选择：其一叫做“连入法”，用于作业轨温与设计轨温范围相符合的情况；另一叫做“插入法”，用于作业轨温与设计锁定轨温范围不符合的情况。

1. 连入法铺设

超长无缝线路采用连入法铺设时，长轨条的始端要用焊接法与上次铺入的长轨条终端焊连。也就是说，在续铺的始端，新旧钢轨引入换轨车龙门，换轨车即缓慢前进，待新轨已稳定落地之后，即开始进行始端的连入焊接，此时，边连入焊，换轨车边前进，直至终端，新铺入的长轨条的终端与线路上的旧轨用临时连接器连接。

连入焊采用小型气压焊或铝热焊均可。

2. 插入法铺设

铺设时的轨温与设计允许铺设轨温范围不符时，多采用插入法铺设。采用此法铺设长轨条时，可在任意轨温条件下，先依次分段铺设，在两单元长轨条之间插入一根缓冲轨，待轨温适宜时放散应力；而后将缓冲轨拆除，并锯下长轨条的有孔端，插入一段焊接轨进行终焊。

施工注意事项如下：

(1)虽然原则上可在任何轨温条件下铺设，但实际操作还是要尽量选择在设计轨温范围内铺设，或靠近设计轨温范围的轨温条件下铺设；

(2)终焊最好选在较低温度下进行，采用拉伸法，放散应力与终焊并举；

(3)终焊最好选用具有拉伸功能的小型气压焊机进行；

(4)终焊采用铝热焊时，要采用宽臂距拉伸机，拉伸到位后保压施焊；

(5)放散应力时，必须采用轨下支垫滚筒与撞轨相结合的方法进行。

第五节　无缝线路应力放散与调整

一、应力放散

1. 应力放散的概念

应力放散，就是使积累在长钢轨内的温度力释放出去，使其恢复原来铺设时的无应力状态或设计锁定轨温。根据放散前的实际锁定轨温与原铺设时的施工锁定轨温（或设计锁定轨温）的变化情况，应力放散分为"伸长放散"（又称"放伸"或"放升"）和"收缩放散"（又称"放缩"或"放降"）两种，大约有 95%以上的放散属于"伸长放散"。

2. 锁定轨温变化的原因

(1)为了扩大施工季节，加速无缝线路的铺设，在气温较高或较低季节进行铺设施工，因此造成锁定轨温比设计锁定轨温过高或过低的情况。

(2)低温焊接断缝。冬季固定区钢轨折断后，断口处两端钢轨收缩，放散了一部分温度拉力。如果为了抢修通车，在当时低温条件下焊上一段短轨，这就相当于这段线路在低温下锁定，改变了原来的锁定轨温。

(3)作业不当。如在低温或高温时解开接头、在伸缩区超限超温作业等，均会导致钢轨产生不正常的伸缩变形，相当于放散了钢轨应力。作业完后恢复线路，等于重新加以锁定线路，改变了原来的锁定轨温。

(4)由于线路严重爬行，使钢轨产生不正常的伸缩变形，改变了原来的锁定轨温。

3. 锁定轨温的检验

检验长钢轨锁定轨温的变化情况，简单易行的方法是设置位移观测桩，通过观测钢轨长度的变化，计算出锁定轨温变化的大小，从而确定应力放散或调整区段。

普通无缝线路，长轨条长度不超过 1 000m 时，设置 5 对位移观测桩；长轨条长度大于 1 000m 时，设置 7 对位移观测桩。固定区较长时，可适当增加对数（其中固定区中间点 1 对，伸缩区始、终点各 1 对，其余设置在固定区）。

超长无缝线路，单元轨条长度不超过 1 200m 时，设 6 对位移观测桩（单元轨条起、讫点，距单元轨条起、讫点 100m 及 400m 各设置 1 对）；单元轨条长度大于 1 200m 时，设 7 对位移观测桩（单元轨条中点设置 1 对，单元轨条起、讫点，距单元轨条起、讫点 100m 及 400m 各设置 1 对）。

钢轨长度变化引起锁定轨温变化的关系式为

$$\Delta t = \frac{\Delta l}{0.118 \times l} \quad (℃)$$

式中：Δl——钢轨长度变化(mm)；

Δt——锁定轨温变化度数(℃)；

l——钢轨原始长度(m)。

【例 6-7】 某上行线一段无缝线路，全长为 1 348m，原锁定轨温为 30℃，由于彻底清筛后，线路爬行不均，观察资料如表 6-8 所示。

以右股 1～2 号桩钢轨长度变化情况为例。

钢轨原始长度为　　$l=100\text{m}$

钢轨长度缩短量　　$\Delta l=30-6=24\text{mm}$

锁定轨温变化度数为 $\Delta t=\dfrac{24}{0.118\times 100}=20℃$

这段钢轨的实际锁定轨温为 $t_{锁}=30-20=10℃$

线路爬行观测资料 表 6-8

钢轨	缩短(mm)	22　28				
	伸长(mm)	24　6				
爬行后	爬行量(mm)	28	6	30	2	8
爬行前		0	0	0	0	0
两桩之间的距离(m)		100　574　574　100				
爬行观测桩编号		1号　2号　3号　4号　5号				
行车方向		⟶				
爬行观测桩编号		1号　2号　3号　4号　5号				
两桩之间距离(m)		100　574　574　100				
爬行前	爬行量(mm)	0	0	0	0	0
爬行后		30	6	12	0	10
钢轨	伸长(mm)	6　10				
	缩短(mm)	24　12				

4. 应力放散量的计算

(1)放散量。按长轨自由伸缩公式计算

$$\Delta l=\alpha L(t'_0-t_0) \tag{6-47}$$

式中:α——$11.8\times10^{-6}/℃$;

L——需放散的长轨长度(mm);

t'_0——应力放散后的锁定轨温(℃),应在设计锁定轨温范围内;

t_0——原锁定轨温(℃)。

(2)锯轨量。放散时长轨发生伸缩,达到计算的放散量后,必须将与长轨连接的缓冲轨锯短或换长。在"放伸"时缓冲轨应锯短(或换为标准缩短轨),其锯轨量为

$$K=\Delta l+\sum a-\sum b\pm c\ (\text{mm}) \tag{6-48}$$

式中:Δl——放散量(mm);

$\sum a$——放散后缓冲区上预留轨缝之和(mm);

$\sum b$——放散前缓冲区上预留轨缝之和(mm);

c——整治线路爬行时的钢轨爬行量(mm),当放散方向与爬行方向一致时为"+",反之为"−"。

"放缩"后需更换的缓冲轨,其长度亦可按式(6-48)计算。

二、应力放散的作业标准

过去常用的有列车碾压法、撞轨法及滚筒放散法。实践证明，前两种方法由于轨底与胶垫（或垫板）间摩阻力很大，放散应力很不均匀，离放散始端500m以外的钢轨断面位移量很小，故效果很差，已多不采用。

目前，常用的方法有滚筒放散法（与撞击结合）和拉伸放散法（与滚筒结合）两种。放散时，每隔50～200m设置一个观测点，观测钢轨位移量，及时排除影响放散的故障，以求放散均匀。

1. 滚筒放散法

适用条件：一般是当放散时的自然轨温在设计锁定轨温铺设范围之内时采用。适用于放伸或放缩。其优点是方法简便、放散均匀准确，对于目前使用弹条扣件的无缝线路是一种较好的放散方法。

方法简介：封锁线路后，将扣件及防爬设备全部松开，在长轨轨底垫入滚筒，使轨底与轨枕离开，然后辅之敲击或撞击钢轨，使钢轨自由伸缩。待放散均匀基本达到零应力后，将放散量视伸长或缩短采取切锯或更换缓冲轨，然后锁定线路恢复通车。如采用撞轨器辅助撞击钢轨，当放伸时每千米处设一个撞轨点，放缩时300～500m设一处，遇曲线或上坡地段应适当缩短间隔。

2. 拉伸放散法

适用条件：放散时的自然轨温低于设计锁定轨温铺设范围时，宜采用本方法进行“放伸”。其优点是可以保证锁定轨温准确，放散均匀，同时因拉伸器的拉力很大，可以节省人力，缩短放散时间。

方法简介：在滚筒放散的基础上，先将钢轨放至“零应力”状态（一般不辅用撞轨器），然后在长轨端加上1组（单股拉）或2组（双股拉）拉伸器，对长轨施加拉力，达到计算放散量后进行锁定。

拉伸法要求放散时，必须先将长钢轨放散到“零应力”状态后，再拉至所需要调整的轨温长度，这样可以准确掌握放散后的锁定轨温。如果拉伸器的拉力不足以达到放散量时，可辅以撞轨器，在拉稳后进行撞轨。

三、应力调整

应力调整与应力放散的不同点是，应力放散要改变原有的锁定轨温，而应力调整则只对局部应力不均之处进行调整，不改变原有长轨的锁定轨温。因此，应力调整是针对长轨出现局部爬行不均或夏季局部方向变化较大碎弯较多时而采取的改善温度应力分布状况的措施。应力调整常用的方法有滚筒法和列车碾压法两种。

（1）滚筒法调整应力与滚筒法放散应力大体相同，不同的是调整应力时，只在局部范围内松开扣件，调够位移量后再锁定线路。

（2）列车碾压法可用于行车密度较大的区段，采取在不中断行车的情况下，利用列车碾压的方法进行应力调整。利用列车碾压分为顺向、逆向及双向调整3种情况。顺向调整是在双线地段，将需要顺列车运行方向调整地段的始端锁定不动，松开扣件后进行列车碾压调整；逆向调整是在双线地段，将需要逆列车运行方向调整地段的终端锁定不动，松开扣件后进行列车碾压调整；双向调整是在单线地段，将需要调整地段的中部约50m范围内用防爬器锁定不动，然后松开两端扣件，利用列车碾压调整。

第六节　无缝线路的养护与故障处理

一、基本原则

(1)无缝线路的长轨条，必须在设计锁定轨温范围内牢固锁定，如有变动，必须适时放散应力，在设计锁定轨温范围内重新锁定。

(2)道床横断面必须按设计标准经常保持完好。因清筛或其他施工原因导致缺碴时，应及时按规定标准补足、夯实、整形。

(3)线路纵平面应经常保持平整圆顺，其几何偏差要经常控制在养护标准的限值以内。

(4)要根据季节性特点、锁定轨温情况及线路状态，制订维修计划和组织线路作业。

(5)当轨温超过锁定轨温的差值，大于规定的容许限值时，不得进行削弱线路阻力的有关作业。

(6)在无缝线路伸缩区与固定区交界处、道口前后、桥头、曲线头尾、变坡点、制动地段等容易出现温度力峰值的处所，尤应注意加强线路结构，对有关作业规定从严掌握，对线路状态加强检测。

(7)要注意伸缩区和缓冲区的养护工作。

(8)经常保持路基及排水设备处于良好状态。

二、有关标准

(1)缓冲区接头螺栓必须使用10.9级螺栓，扭力矩要达到900N·m，并经常保持在700N·m以上。

(2)混凝土枕扣件要经常保持紧、密、靠、正、润，扭力矩要保持在80～150N·m，扣件不良率不得超过8%，且不能连续不良。

(3)道床要经常保持丰满、密实、整齐、排水良好。道床顶面宽度为3.4m，碴肩堆高0.15m，半径小于或等于600m的曲线地段外侧加宽0.10m。

(4)线路方向要经常保持顺直。钢轨硬弯或焊缝工作边矢度用1m直尺测量，超过0.5mm时要及时整修。

(5)路基翻浆下沉，以及其他影响线路稳定的病害要及时整治。

(6)根据季节气候特点，有重点地检查线路，发现异状应及时采取措施并汇报，确保行车安全。

(7)要建立无缝线路技术档案，普通无缝线路按单元轨条建档，超长无缝线路按一次铺设锁定的轨条长度为管理单元建档。要及时、准确登记胀轨、断轨、修复、放散、调整、大中修施工等情况，以及线路上进行各种影响无缝线路的施工情况。

(8)要严格按作业轨温条件及各种有关的规章制度作业，严格执行维修作业半日一清，临时补修作业一撬一清和作业前、作业中、作业后测量轨温制度，确保线路状态稳固。

(9)备齐各种常备材料并保持完好，一经动用，应及时补齐。

三、作业轨温条件

(1)混凝土枕(含混凝土宽枕)无缝线路维修作业轨温条件见表6-9和表6-10。

混凝土枕(含混凝土宽枕)无缝线路维修作业轨温条件(单位:℃)　　表6-9

作业项目及作业量 线路条件	连续扒开道床不超过25m 起道高度不超过30mm 拨道量不超过10mm	连续扒开道床不超过50m 起道高度不超过40mm 拨道量不超过20mm	扒道床、起道、 拨道与普通线路同
直线及$R \geq 2\ 000$m	+20	+15 −20	±10
800m$\leq R<2\ 000$m	+15 −20	+10 −15	±5
400m$\leq R<800$m	+10 −15	+5 −10	

混凝土轨枕维修作业轨温条件　　表6-10

序号	作业项目	按实际锁定轨温计算				
		−20℃以下	−20～−10℃	−10～10℃	10～20℃	20℃ 以上
1	改道	与普通线路同	与普通线路同	与普通线路同	与普通线路同	禁止
2	松动防爬设备	同时松动不超过25m	同时松动不超过25m	与普通线路同	同时松动不超过25m	禁止
3	更换扣件或涂油	隔二松动一,流水作业	隔二松动一,流水作业	隔二松动一,流水作业	隔二松动一,流水作业	禁止
4	方正轨枕	当日连续方动不超过二根	隔二方一,方后捣固恢复道床,逐根进行(配合起道除外)	与普通线路同	隔二方一,方后捣固恢复道床,逐根进行(配合起道除外)	禁止
5	更换轨枕	当日不连续更换	当日连续更换不超过二根(配合起道除外)	与普通线路同	当日连续更换不超过二根(配合起道除外)	禁止
6	更换接头螺栓或涂油	禁止	逐根进行	逐根进行	逐根进行	禁止
7	更换钢轨或夹板	禁止	禁止	与普通线路同	禁止	禁止
8	不破底清筛道床	逐孔倒筛夯实	逐孔倒筛夯实	逐孔倒筛夯实	逐孔倒筛夯实	禁止
9	破底清筛道床	禁止	禁止	与普通线路同	禁止	禁止
10	矫直硬弯钢轨	禁止	禁止	禁止	与普通线路同	与普通线路同

(2)混凝土枕(含混凝土宽枕)无缝线路,当轨温在实际锁定轨温减30℃以下时,伸缩区和缓冲区禁止进行维修作业。

(3)木枕地段无缝线路作业轨温,按表6-9和表6-10规定减5℃。当轨温在实际锁定轨温减20℃以下时,禁止在伸缩区和缓冲区进行维修作业。

四、胀轨、跑道的防止及处理

1. 胀轨、跑道的原因

（1）降低锁定轨温，加大温度压力。铺设无缝线路时，由于某种原因未按设计锁定轨温铺设，造成低温锁定。另外，在合龙口时，因计划不周，钢轨长出一定值，采用撞轨办法合龙口，这样钢轨在未锁定前就承受了预压应力，相当于降低了锁定轨温。如果锁定轨温偏低，钢轨在高温时承受的温度压力就会增大，容易引起胀轨、跑道。

在冬季，无缝线路固定区的钢轨折断，断缝处温度力降为零，断缝两端钢轨收缩，形成断口。若断轨于低温时焊接修复，高温时就会在断缝附近出现很大的温度压力，使线路丧失稳定，发生胀轨、跑道。

无缝线路由于爬行不均匀，某段钢轨产生相对压缩变形而增加附加压力，即相当于降低了锁定轨温，高温时该段钢轨内部温度压力就会增大，容易引起胀轨、跑道。

（2）道床横向阻力降低。无缝线路维修作业时，违章进行作业，如扒道床过长、起道过高、连续松开扣件过多等，都会使道床横向阻力降低过多，加大胀轨、跑道的危险性。

无缝线路设备状态不良，如道床断面尺寸不足，轨枕盒内石碴不饱满、不密实、不清洁，尤其是轨枕端头外露，都将严重削弱道床横向阻力，增加胀轨、跑道的危险性。

（3）轨道原始弯曲变形增大，轨道框架刚度下降。无缝线路的长钢轨在运输和铺设过程中，因作业不当而引起原始弯曲变形增大，原始弯曲矢度越大，线路稳定性越低。现场的实际情况和理论计算都证明，线路发生胀轨、跑道大多出现在轨道原始弯曲处。这一点应特别注意，应及时整治钢轨硬弯，经常保持线路大平及方向良好。

轨道框架刚度是保持轨道稳定的重要因素。轨道框架刚度是两根钢轨的刚度和钢轨与扣件连接刚度的总和。其中，节点刚度与轨枕类型及钢轨扣件的牢固程度有密切关系。扣件的扣着力越强，框架刚度就越大。因此，要求经常拧紧扣件螺栓、打紧道钉以增大轨道框架刚度，提高线路的稳定性。

2. 防止胀轨、跑道的措施

（1）要经常保持无缝线路设备状态良好，保证线路有足够的抵抗轨道弯曲变形的能力和稳定性。

（2）无缝线路的维修计划应根据季节特点、线路状态及锁定轨温合理安排，高温季节不要进行影响线路稳定性的作业，并加强对轨道的检查，冬季作业要注意钢轨长度变化引起的锁定轨温下降。

（3）作业时，严格执行“二清”（维修作业一日一清，紧急补修作业一撬一清）、“三测”（作业前、作业中、作业后测量轨温）、“四不超”（作业不超温、扒碴不超长、起道不超高、拨道不超量）的制度。

（4）养护维修作业中，若发现轨向、高低不良，起道、拨道省力，枕端道碴离缝，必须停止作业，并采取加强线路稳定措施，因为这些现象都是胀轨、跑道的预兆，如不停止作业进行处理，则有发生胀轨、跑道危及行车安全的可能。

（5）加强技术管理，建立无缝线路技术档案。

3. 胀轨跑道的处理

（1）发生胀轨跑道事故后，首先按规定办法设置停车信号，同时对胀轨两端线路加强防爬锁定。

(2)浇水或喷洒液态二氧化碳降低钢轨温度。浇水或喷洒液态二氧化碳的长度为50～100m,应从胀轨、跑道地段两端向中间作业。轨温降下后,尽快拨道恢复原位置并夯实道床,必要时应补充石碴,堆高碴肩,以提高道床横向阻力。

(3)如果轨温较高,浇水或喷洒液态二氧化碳不奏效或受水源条件限制,可将轨道顺胀轨、跑道后的波形拨成半径不小于200m的曲线。拨成反向曲线时,两曲线间应有不小于10m的夹直线。拨道时,以先拨跑道中部,后拨两端为好;拨道后,必须夯实道床并以5km/h的速度限速行驶。

无缝线路发生胀轨、跑道时,应对胀轨、跑道情况做好记录。

五、钢轨折断的预防及处理

无缝线路钢轨折断多发生在焊缝处或焊缝热影响区附近。由于断轨多在低温时发生,经列车振动,钢轨断缝将被拉开,一般可能拉开50mm左右,严重时可达100～200mm,甚至破碎性折断,这是很危险的。因此,应做好钢轨折断的预防工作,并及时处理伤轨和断轨。

1.预防钢轨折断的主要措施

为预防无缝线路钢轨折断,应做好以下各点。

(1)加强焊接工艺的管理,加强技术培训,提高操作人员的技术水平,未经考试合格的人员不得参加焊接工作。

(2)对有缺陷的焊缝要综合整治。对铝热焊缝要加强检查监视,发现有伤,在未切掉重焊之前,应用鼓包夹板加强。

(3)对焊缝及附近的线路质量要加强,并严格执行有关焊缝处的作业规定。

(4)在做好钢轨探伤工作的同时,还要按规定对焊缝进行全断面探伤。

2.无缝线路钢轨重伤和折断的处理

(1)钢轨或焊缝重伤时的处理

探伤检查发现钢轨或焊缝有重伤时,不待钢轨或焊缝断裂,即切除重伤部位,实施原位重焊。这一措施与断裂后再处理相比,技术经济效果明显,操作工艺简便,锁定轨温可保持不变。但这一措施只能采用铝热焊法,因此受到铝热焊工艺的制约。目前,铅热焊焊缝最宽只能达到60mm,切除部位的宽度(断口)小于60m时才能使用此法。

发现重伤及时切除实施原位重焊,是防止钢轨或焊缝折断的有效措施。这种措施对超长无缝线路尤为必要和有利。

(2)钢轨或焊缝折断时的处理

①紧急处理。当钢轨或焊缝折断时,其断缝小于50mm的,应立即进行紧急处理。

紧急处理时,在断缝处上好夹板或鼓包夹板,用急救器固定,在断缝前后各50m拧紧扣件,并派人看守,限速5km/h放行列车。断缝小于30mm时,放行列车速度为15～25km/h。如有条件应尽量原位复焊,否则应在轨端钻孔,上好夹板或鼓包夹板,拧紧接头螺栓,而后可适当提高行车速度。

②临时处理。钢轨折损严重或断缝大于50mm,以及紧急处理后不能及时焊接修复时,应立即进行临时处理。

临时处理时,应封锁线路,沿断缝两侧对称锯下伤损部分,两锯口间插入不小于4.5m同型钢轨,锯口距断缝处不小于1m,轨端钻孔,上接头夹板,用10.9级螺栓拧紧。在短轨前后50m范围内拧紧扣件后,按正常速度放行列车。

紧急处理或临时处理时，应在断缝两侧各 3.8m 处轨头非工作边上作出标记，并准确丈量两标记间的距离和轨头非工作边一侧的断缝值，做好记录，待永久修复时使用。

③永久处理。钢轨或焊缝折断经紧急处理或临时处理后，应在适当时机进行永久处理，以恢复无缝线路结构。

永久处理时，应在轨温接近或低于实际锁定轨温的条件下，插入短轨，重新焊接修复，并力求原锁定轨温保持不变。修复时采用小型气压焊或铝热焊法均可。

a. 采用有张拉功能的小型气压焊时，插入短轨长度应等于切除钢轨长度加上 2 倍顶锻量长度。先焊好一端，焊另一端时，先张拉钢轨，使断缝两侧标记等于原丈量距离减去断缝值加顶锻量后再进行焊接。如此焊法，焊修后的无缝线路锁定轨温将保持不变，或稍有变化，进行局部应力调整后，即可视为已恢复正常。

b. 采用铝热焊时，插入短轨长度等于切除钢轨长度减去 2 倍预留焊缝值。先焊好一端，焊接另一端时，先张拉钢轨（使用专门配合铝热焊用的张拉器），使断缝两侧标记的距离等于原丈量距离减去断缝值后再焊接。此法同样可以基本保持原锁定轨温不变。

在线路上焊接时的轨温不得低于 0℃；放行列车时，焊缝处轨温应降至 300℃以下。

思 考 题

7.1 无缝线路轨道结构有哪几种类型，各有什么特点？城市轨道交通中常用的是哪种？

6.2 推导温度力与轨温变化幅度的关系式。这个关系式表明了什么？

6.3 无缝线路轨道纵向阻力有哪些？

6.4 影响接头阻力的因素有哪些？

6.5 无缝线路伸缩区长度如何计算？

6.6 作图，阐明轨温往复变化时温度力的变化规律。

6.7 什么叫温度力峰？峰值与峰位如何计算？

6.8 缓冲区轨缝如何预留，原则是什么？

6.9 什么叫胀轨？什么叫跑道？各有什么特点？

6.10 影响无缝线路稳定性的因素有哪些，各有什么特点？

6.11 举例说明中和轨温的计算过程。

6.12 超长无缝线路有哪些优越性？

6.13 焊接长钢轨有哪些方法，各有什么特点？

6.14 无碴轨道无缝线路的铺设方法有哪几种？

6.15 城市轨道交通无碴轨道大坡道无缝线路的防爬锁定措施有哪些？

6.16 观测桩如何设置？如何根据观测结果计算锁定轨温的变化情况？

6.17 什么叫应力放散？什么叫应力调整？

6.18 应力放散的方法有哪几种，各有什么特点？

6.19 引起胀轨、跑道的原因有哪些，如何防止？

6.20 胀轨、跑道后如何处理？钢轨断裂后应如何处理？

第七章　城市轨道交通轨道

第一节　轨 道 构 造

城市轨道交通的地面线大多采用有碴轨道。轨道结构是城市轨道交通系统的重要组成部分，这里所指的轨道包括钢轨、轨枕、连接零件、道床、防爬设备及道岔等见图7-1。作为一个整体性工程结构，轨道铺设在路基之上，起着列车运行的导向作用，直接承受机车车辆及其荷载的巨大压力。在列车运行的动力作用下，它的各个组成部分必须具有足够的强度和稳定性，保证列车按照规定的最高速度，安全、平稳及不间断地运行。

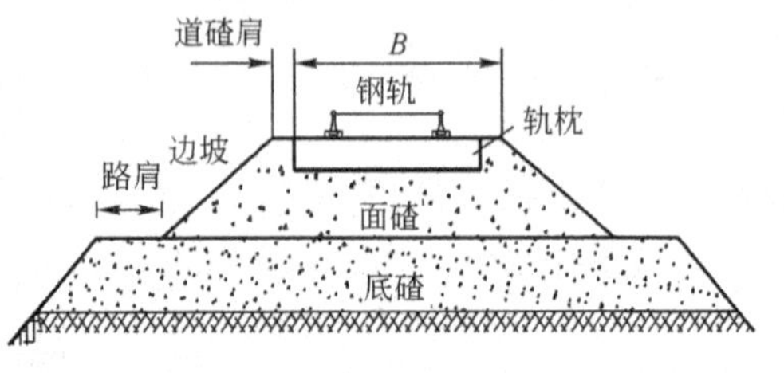

图7-1　有碴轨道断面构造图

一、钢轨

不管城市轨道交通采用何种类型、何种形式的轨道结构，钢轨都是铁路轨道的主要部件。钢轨与机车车辆的车轮直接接触，钢轨质量的好坏直接影响到行车的安全性和稳定性。为了使线路能按照设计速度保证列车运行，钢轨必须具备以下几方面的功能。

(1)为车轮提供连续、平顺及阻力最小的滚动面，引导机车车辆前进。车辆要求钢轨表面光滑，以减小轮轨阻力；而机车要求轮轨之间有较大的摩擦力，以发挥机车的牵引力。

(2)钢轨要承受来自车轮的巨大垂向压力，并以分散的形式传给轨枕；在轨面要承受极大的接触应力。即除垂向压力外，钢轨还要承受横向力和纵向力。在这些力的作用下，钢轨要产生弯曲、扭转、爬行等变形，轨头的钢材还要产生塑性流动、磨损等。因此，要求钢轨有足够的强度、韧性及耐磨性。

(3)兼作轨道电路，为轨道电路提供导体。

世界上铁路所用的钢轨类型通常按每延米质量来分，在轴重大、运量大及速度高的重要线路上采用质量大的钢轨，在一般次要线路上使用的钢轨质量相对要小一点。我国铁路所使用的钢轨类型有43kg/m、45kg/m、50kg/m、60kg/m及75kg/m。钢轨的刚度大小直接影响到轨道总刚度的大小。轨道总刚度越小，在列车动荷载作用下钢轨挠度就越大，对于低速列车来说，不影响行车的要求，但对于高速列车，就会影响到列车的舒适度和列车的速度提高。

如上所述，钢轨要有足够的强度，以延长其使用寿命，又要求具有一定的塑性，以防脆性折断；需要有一定的硬度以增加其耐磨性，又要有适当韧性；要有相当的刚度，抵抗挠曲，又要有可挠性，以减轻轮轨冲击；钢轨踏面应粗糙，以增加轮轨间的黏着力，又要光滑，以减少行车阻力。以上矛盾使钢轨的设计及制造成为一个非常复杂的问题。从构件截面的力学特性可知，工字形截面的构件具有较好的抗弯曲性能。可把钢轨看成是连续弹性地基梁，或连续点支撑地基梁，根据钢轨的功能要求，一般将钢轨截面设计成工字形，如图7-2所示。钢轨截面由轨头、轨腰及轨底3部分组成，相互之间用圆弧连接，以便安装钢轨接头夹板和减少截面突变引起的应力集中。钢轨的3个主要尺寸是钢轨高度、轨头宽度、轨底宽度。根据钢轨的受力特点，对轨头、轨底、轨腰的要求如下。

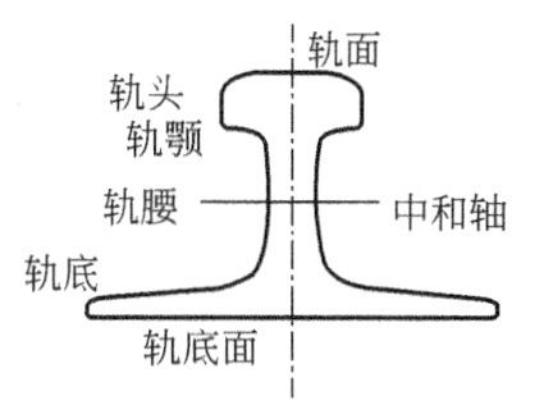

图 7-2 钢轨截面形状

轨头宜大而厚，并具有与车轮踏面相适应的外形，以改善轨轮接触条件，提高抵抗压陷的能力，同时具有足够的支撑面积，以备磨耗。钢轨顶面在具有足够宽度的同时，为使车轮传来的压力更集中于钢轨中心轴，顶面形状为隆起的圆弧形。圆弧的半径不能太小，虽可以使压力集中于钢轨中心轴，但又不至于轮轨间的接触面积太小造成过大的接触应力。实践表明，钢轨顶面被车轮长期滚压以后，顶面近似于半径200～300mm的圆弧。因此，我国轻型的钢轨顶面常用一个半径为300mm的圆弧组成，而较重型的钢轨顶面，则用3个半径分别为80mm-300mm-80mm或80mm-500mm-80mm的复合圆弧组成。轨头侧面形式在不增加轨顶面宽度又能扩大轨头下部宽度，使夹板与钢轨之间有较大的接触面，并可使轨头下颚与轨腰之间用较大半径的圆弧连接起来，有利于改善该处应力集中的前提下，宜采用向下扩大的形式。

轨头顶面与侧面的连接圆弧半径为13mm(75kg/m钢轨为15mm)。这比机车车辆轮的轮缘内圆角的半径16mm和18mm略小些。如此值再大，轮缘就有爬上钢轨的危险；若再小，将加速轮缘的磨耗。轨头底面称轨头的下颚，是和夹板顶面接触的部分，其斜坡常用1∶2.75、1∶3、1∶4。这个斜坡不宜过于平缓也不宜于过于陡峻。过缓则使夹板受到过大的动力作用，加速夹板螺栓的松动和磨耗；过陡则螺栓所受的拉力过大而容易折断。轨头下角亦应做成圆弧，以免应力过于集中，但又不使夹板的支承宽度减小过多，一般圆弧的半径为2～4mm。

轨腰必须有足够的厚度和高度，具有较大的承载能力和抗弯能力。轨腰的两侧或为直线，或为曲线，而以曲线最常用，以有利于传递车轮对钢轨的冲击力作用和减少钢轨轧制后因冷却而产生的残余应力。我国50kg/m、60kg/m及75kg/m标准钢轨的轨腰圆弧半径分别采用350mm、400mm、450mm。轨腰与钢轨头部和底部的连接，必须保证夹板能有足够的支承面，并使截面的变化不致过分突然，以免产生过大的应力集中。为此，轨腰与轨头之间可采用复曲线的连接方式，如我国60kg/m标准钢轨采用了半径分别为25mm、8mm的复曲线。轨腰与轨底之间的连接曲线一般采用单曲线，半径为14～20mm。

轨底直接支承在轨枕顶面上，为保持钢轨稳定，应有足够的宽度和厚度，并具有必要的刚度和抗锈蚀能力。轨底顶面可以做成单坡或折线坡的斜坡。如为单坡，则要求与轨头下颚的斜坡相同；如为折线坡，则支托夹板部分的斜坡要求与轨头下颚相同，其余部分可采用较平缓的斜坡，如1∶6～1∶9，两斜面之间用半径为15～40mm的圆弧连接。轨底的上下角也应做成圆角，半径一般为2～4mm。

钢轨高度要保证有足够的惯性矩和截面系数来承受车轮的竖直压力，并要使钢轨在横向水平力作用下具有足够的稳定性。根据多种类型钢轨几何尺寸的设计资料，钢轨截面的4个主要尺寸按经验公式分别如下。

轨头顶面宽度 $b=0.34m+51.7(\text{mm})$

轨腰厚度 $t=0.16m+7.08(\text{mm})$

轨身高度 $H=1.92m+54.16(\text{mm})$

轨底宽度　　　　　　　　$B=1.25m+69.25$(mm)

式中：m——每米钢轨的质量(kg)。

钢轨身高与轨底宽度之间应有一个适当的比例，一般，$H/B\approx1.15\sim1.20$。

为使钢轨轧制冷却均匀，轨头、轨腰及轨底的面积应有一个最适当的比例。根据上述要求，我国60kg/m和75kg/m钢轨标准截面尺寸如图7-3所示，其余部分的截面尺寸及特征如表7-1所示。

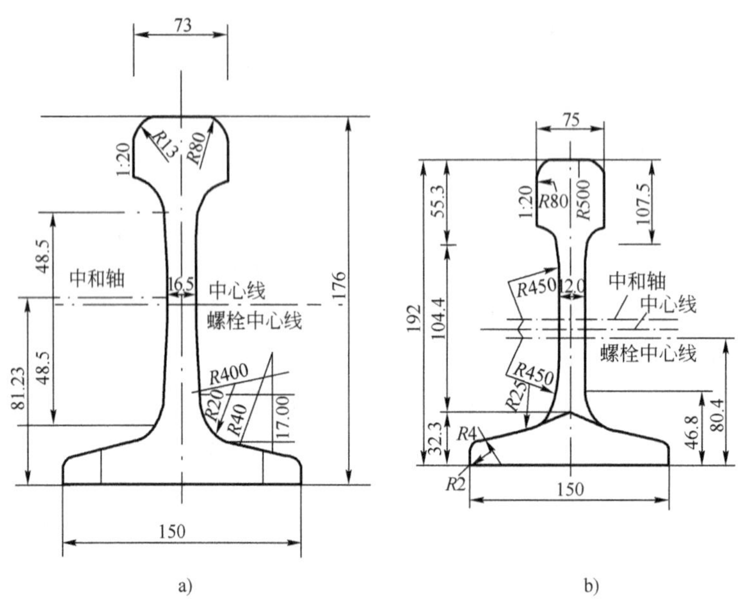

图7-3　60kg/m、75kg/m钢轨的标准断面形状(尺寸单位：mm)

a)60kg/m钢轨；b)75kg/m钢轨

钢轨截面尺寸及特性参数　　　　表7-1

项　目	钢轨类型(kg/m)			
	75	60	50	45
每米质量(kg/m)	74.414	60.64	51.514	44.653
截面面积(cm^2)	95.073	77.45	65.8	57
重心距轨底面的距离 y(mm)	88	81	71	69
对水平轴的惯性矩 J_x(cm^4)	4 490	3 217	2 037	1 489
对竖直轴的惯性矩 J_y(cm^4)	665	524	377	260
底部截面系数 W_1(cm^3)	509	396	287	217
头部截面系数 W_2(cm^3)	432	339	251	208
轨底横向挠曲截面系数 W_y(cm^3)	89	70	57	46
钢轨高度 H(mm)	192	176	152	140
钢轨底宽 B(mm)	150	150	132	111
轨头高度 h(mm)	55.3	48.5	42	42
轨头宽度 b(mm)	75	73	70	70
轨腰厚度 t(mm)	20	16.5	15.5	14.5

钢轨的材质是指钢轨的化学成分及金属组织。要使钢轨具有高可靠度的前提是,钢轨的材质具有高的纯净度和合理的化学成分。钢轨出现质量问题的主要形式是,由于钢轨的内部杂质、缺陷所引起的疲劳损失。所以提高钢轨的纯净度是减少钢轨疲劳折损、提高钢轨可靠度、延长其使用寿命的有效途径之一。

钢轨的主要成分是铁(Fe),其次是碳(C)。含碳量的增加,钢筋的抗拉强度、耐磨性及硬度均迅速增加,但含碳量越高,钢轨越脆,钢的延伸率、断面收缩率及冲击韧性反而下降。所以含碳量一般不超过 0.82%。

其他成分还有锰(Mn)、硅(Si)、磷(P)及硫(S)等。锰可以提高钢的强度和韧性,除去氧化铁、硫化杂物。硅与氧结合,能除去钢中的气泡,增加密度,使钢密实而细致。钢中含有有限的硅能提高钢的强度、硬度,而不影响其塑性。磷的含量过高,将使钢轨具有冷脆性,在冬天严寒地区易突然折断。硫不熔于铁内,所以不论其含量多少,均生成硫化铁,使金属在 800～1 200℃发脆,因而在轧制及加工时易产生次品。一般要求硫和磷的含量都小于 0.04%,但国外有些钢轨磷和硫的含量达到或小于 0.015%。此外,目前世界各国也生产合金轨,即在钢中加入钒(V)、铬(Cr)、钼(Mo)等,以提高钢轨的材质,满足高速铁路的要求。我国和世界各国主要钢轨的化学成分如表 7-2 所示。

中国和世界主要钢轨化学成分 表 7-2

项　目	C	Si	Mn	P	S	Al	σ(MPa)	δ(%)
京沪技术条件	0.65～0.75	0.10～0.50	0.80～1.30	≤0.025	0.008～0.025	0.004		
U71Mn	0.65～0.77	0.15～0.35	0.10～0.15	≤0.04	≤0.04	—	883	8
U71MnSi	0.65～0.75	0.85～1.15	0.85～1.15	≤0.04	≤0.04	—	883	8
U75V(PD3)	0.71～0.80	0.50～0.80	0.70～1.05	≤0.03	≤0.03	V0.04～0.12	900	
UIC900A	0.60～0.80	0.10～0.50	0.80～1.30	≤0.04	≤0.04	—	880～1 030	10
TGV	0.60～0.80	0.10～0.50	0.80～1.30	≤0.035	≤0.035	≤0.004		
EN 规定(液/固)	0.62～0.80 0.60～0.82	0.15～0.85 0.13～0.60	0.70～1.20 0.65～1.25	≤0.025 ≤0.03	≤0.025 ≤0.030	≤0.004 ≤0.004		
JISE 1101	0.63～0.75	0.15～0.30	0.70～1.10	≤0.03	≤0.030	—		

钢号为 U71、U74 中的 U 表示钢轨的符号,71、74 表示钢轨含碳量为 0.71%、0.74% ,其他 Cu、Mn、Si 表示这种钢轨的合金成分,序号 1～3 为普通碳素轨,4～6 为低合金轨。U71Mn 为中锰轨,其质量较高,可延长钢轨的使用寿命;U71MnSi 为高硅轨,其耐磨性为碳素轨的 2～4 倍。

表 7-3 列出了对残留元素上限值的规定。可以看出,为了提高钢轨材质的纯净度,在化学成分上可对 P、S、Al、H、O 等有害元素的含量进行更严格的限制,并对残留元素的含量做了规定。京沪技术条件中的化学成分主要是参考了法国 TGV 及德国 ICE 使用 UIC900 钢种的经验及 TGV 和 EN 标准对 UIC900A 标准的部分补充和修订,并考虑提高焊接性能的需要而对碳的含量做了小量调整之后提出的,它综合了国外高速铁路钢轨的经验,因而具有更优良的性能。为了提高国产钢轨的纯净度,在冶炼和轧制过程中必须引入铁水预处理、碱性氧气转炉或电弧冶炼、炉外精炼、真空脱气、连铸、高压水除磷等先进措施。

钢轨的力学性能也是钢轨的主要特征，包括强度极限、屈服期限、疲劳极限、延伸率、断面收缩率、冲击韧性及布氏硬度指标等。这些指标对钢轨的承载力、磨耗、压溃、断裂及其他伤损有很大的影响。高速铁路钢轨还对裂纹扩展速度、残余应力、落锤性能等提出比常速铁路更高的要求。

钢轨伤损是指钢轨在使用过程中发生裂纹、折断、磨耗及其他影响和限制钢轨使用性能的病害。钢轨伤损是铁路上一个比较突出的问题，并严重影响行车的安全。我国根据伤损的种类、位置及原因进行分类，共分 9 类 32 种伤损，并用两位数编号，十位数表示伤损部位和状态，个位数表示造成伤损的原因。以下介绍几种常见的钢轨伤损。

钢轨残留元素上限 表 7-3

项目		Cr	Mo	Ni	Cu	Sn	Sb	Ti	Nb	V	Cu+10Sn	Cr+Mo+Ni+Cu+V
京沪技术条件		0.15	0.02	0.10	0.15	0.040	0.020	0.025	0.01	0.03	0.35	0.35
TGV	平均值	0.028	0.004	0.036	0.026	0.011	微量	微量	微量	微量	—	0.35
	偏差	0.010	0.002	0.005	0.010	0.007						
EN		0.15	0.15	0.1	0.15	0.04	0.020	0.025	0.01	0.03	0.35	0.35

(一)钢轨接头螺纹孔裂纹和焊接接头裂纹

在普通线路上，钢轨接头无法避免，一般在轨腰中和轴附近钻孔，以便安装接头螺栓。由于轨腰钻孔，强度被削弱，钢轨在应力传递过程中，在螺栓孔周围产生应力集中，同时由于车轮通过接头时产生冲击，螺栓孔周围应力集中现象更为严重。研究结果表明，轮轨高频冲击荷载 P_1 决定轨端第一螺栓孔的应力水平，低频冲击荷载 P_2 决定第二螺栓孔的应力水平。在轮轨冲击荷载作用下，螺栓孔周围先产生肉眼看不见的 45°斜向(与主应力垂直方向)细微裂纹，也称裂纹萌生期，在列车荷载的进一步作用下，裂纹进一步扩展并产生断裂，如图 7-4 所示。

研究表明，裂纹萌生期远大于扩展期，一般情况下是 4 倍左右，所以控制裂纹萌生期是延长螺纹孔裂纹发展的有效措施。一般措施有：提高钢轨接头区轨道结构的弹性，降低轮轨冲击荷载 P_1 和 P_2，螺栓孔应力可减小 30%左右；提高螺栓孔表面的加工光洁度和在孔口倒棱；对螺栓孔表面进行硬化、防锈等处理，提高螺栓表面强度。

采用无缝线路，取消钢轨接头，可以从根本上消除轨腰螺栓孔裂纹。

钢轨焊接接头的轨面平顺性较普通螺栓接头好得多，但由于焊接(主要是铝热焊接头)材料与钢轨母材不一致，造成焊接处钢轨的磨损与母材不一致而产生轨面不平顺，增大了轮轨冲击荷载，从而造成焊接接头钢轨的断裂，如图 7-4 所示。

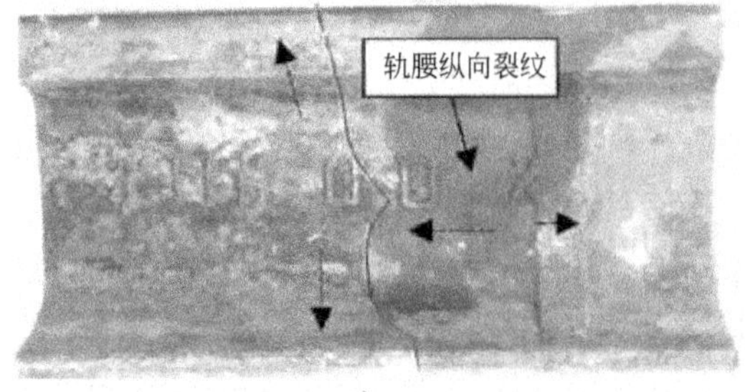

a)

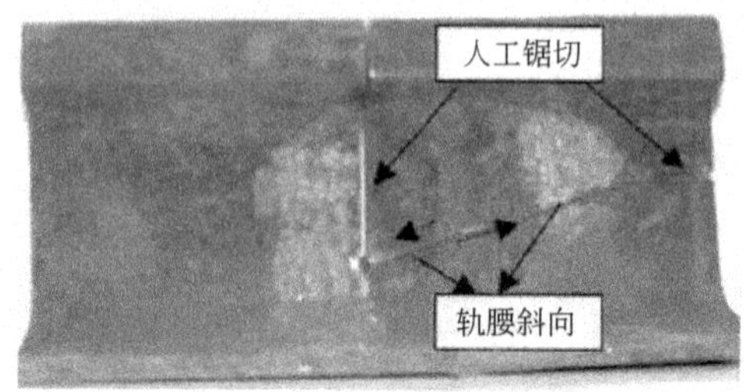

b)

图 7-4 钢轨焊接接头的断裂

(二)轨头核伤

轨头核伤是对行车威胁最大的一种钢伤损。在列车荷载的反复作用下,轨头内部出现极为复杂的应力分布和应力状态,使细小裂纹横向扩展成核伤,直至核伤周围的钢材强度不足以抵抗轮载作用下的应力,钢轨发生猝断,如图 7-5 所示。

钢轨核伤的内因是钢轨在制造过程中,钢轨中存在非金属夹杂物或微小气泡;外因是在列车荷载作用下,产生巨大的接触应力,使钢轨接触疲劳破坏。研究表明,轴载与轨头横向裂纹发展的关系为 $d \propto P^{3.3}$(钢轨内部最大夹杂物直径大于 0.15mm),其中 d 为夹杂物直径,P 为轴载。防止和减缓核伤的发生和发展的措施有:提高钢轨的纯净度,减少钢轨中的非金属夹杂物;提高钢轨接触疲劳强度;提高轨道结构弹性,减小轮轨冲击荷载。

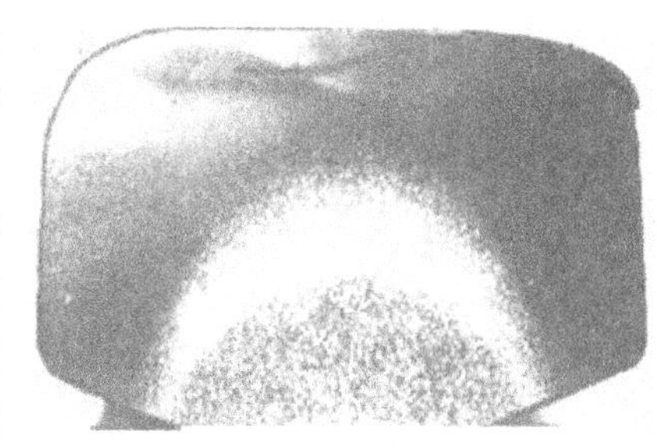

图 7-5 轨头核伤

(三)轨头剥离

轨头剥离是当今重载铁路运输中经常出现的一种钢轨伤损,主要发生在轨头内侧圆角处。发生轨头剥离的主要原因是,由于在轨头内侧圆角处的轮轨接触应力最大,钢轨表面下几毫米处的剪应力使得钢轨产生剪切疲劳,产生裂纹后,钢轨表面出现间距呈规律的 45°细微斜裂纹,裂纹方向与行车方向相反。之后轨头表面下出现微裂纹,当裂纹在表面下发展几毫米,几乎成水平裂纹,且裂纹面积达到一定程度时,裂纹顶层便在列车车轮碾压下产生塑性变形,最后断裂,轨面出现凹坑。

钢轨剥离的主要原因是接触应力过大,钢轨强度不足;钢轨材质有缺陷;车轮和轨道维修工作不良等。钢轨剥离使得轮轨接触区产生较大变化,如细微裂纹向下发展,就有可能形成轨头核伤,造成钢轨断裂。

(四)钢轨磨耗

钢轨磨耗分轨顶垂直磨耗、轨头侧面磨耗及波浪形磨耗,如图 7-6 所示。不管在直线上还是在曲线上都存在垂直磨耗。垂直磨耗与轮轨之间的垂直力及轮轨之间的蠕滑、摩擦等因素有关,随着线路通过总质量的增大,垂直磨耗也相应的增大。当垂直磨耗量增加到一定值的时候就得更换钢轨。在正常情况下,决定钢轨使用寿命的两项依据是钢轨强度下降和车轮轮缘不与接头夹板上缘碰撞。

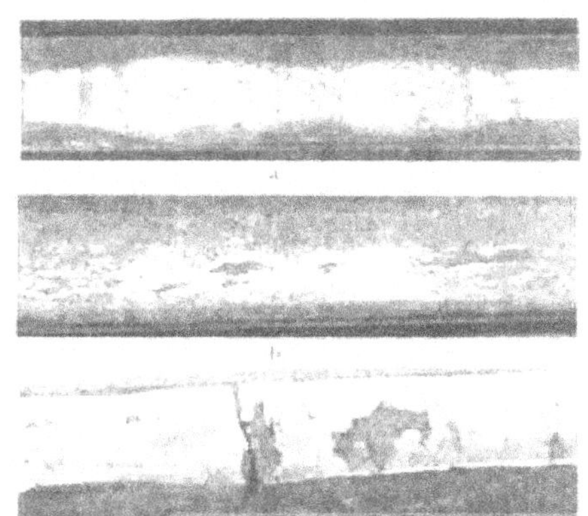

图 7-6 钢轨磨损

钢轨侧面磨耗主要发生在曲线轨道的外股钢轨。随着电力、内燃机的应用和机车牵引功率的增大,钢轨侧磨的情况更加严重。钢轨侧磨直接影响到曲线钢轨的使用寿命,特别是在半径 800mm 以下的曲线,这一情况更加严重。在直径为 600mm 的曲线上,运量达到

1 亿 t 就要更换钢轨，仅为其使用寿命的 1/7。

钢轨侧磨使得轨头宽度变窄。钢轨在侧磨过程中轨头下侧钢材产生塑性变形，出现裂纹，严重者形成核伤等病害。工务方面减缓曲线钢轨侧磨的措施有：合理调整轨道结构参数，如轨距、轨底坡、超高等；改善轨道结构的动力性能，如改变轨道结构动力弹性；钢轨侧面涂油等。

钢轨波浪形磨耗简称波磨，是指钢轨投入运行后在钢轨表面上出现的有一定规律的周期性磨损和塑性变形。钢轨波磨的问题一直是制约铁路高速重载发展的主要因素，其发生和发展规律的机理相当复杂，至今未被人们所掌握。根据波长可将波磨分两大类：波长 30～80mm，波深 0.1～0.5mm，波峰亮，波谷暗，规律明显，此类波磨称为波纹磨耗；波长 150～600mm 及以上，波深 0.5～5mm，波峰、波谷都发亮，波浪界限不规则，此类波磨称为长波磨耗。

波磨一般出现在曲线地段，在半径为 300～4 500m 的曲线上都有可能发生。列车制动地段波磨出现的概率和磨耗速率都较大，直线地段出现的情况很少。波磨的成因十分复杂，有钢轨材质原因，也有机车车辆动力性能的原因，还有列车运行工况的原因。防止和减缓钢轨波磨的措施有：提高轨道结构的弹性，合理设置曲线轨道参数，钢轨表面打磨等。

二、轨枕

轨枕是轨下基础的部件之一，它的功能是保持钢轨的位置、方向及轨距，并将其承受的钢轨力均匀地分布到道床上。轨枕要有一定的坚固性、弹性及耐久性，并能便于固定钢轨，抵抗轨道框架结构的纵向和横向位移，还应具有价格低廉、制造简单、易于铺设养护的特点。

世界铁路有碴轨道所用的轨枕主要有木枕、钢枕及混凝土枕。混凝土枕由于原料充分、轨道结构稳定、弹性均匀，是目前高速和重载铁路的首选轨枕类型，我国铁路技术政策也规定新建线路用混凝土轨枕。虽然近年来世界经济的发展，使得对木材的需求量增大，造成木材资源缺乏，但北美一些国家的森林资源相当丰富，所以这些国家的普速铁路仍以木枕为主。钢枕的使用范围更小，只在一些工业发达国家和一些特殊地区使用。

1. 木枕

木枕即为木制轨枕。木枕富于弹性，便于加工、运输及维修；有较好的电绝缘性能。但是木枕有易腐烂、轨道稳定性差、弹性不均匀等缺点，所以高速铁路基本上不用木枕轨道。木枕也分普通木枕、岔枕及桥梁木枕。我国铁路的普通木枕长为 2.5m，有 160mm(高)×220mm(宽)和 145 mm(高)×200 mm(宽)两种规格。在不同的道岔部位，岔枕长度也不一样，最短为 2.6m，最长为 4.85m，级差为 0.15m，岔枕截面为 160mm(高)×240mm(宽)。桥枕的截面高度为 220～300mm，宽度为 200～240mm，见图 7-7。

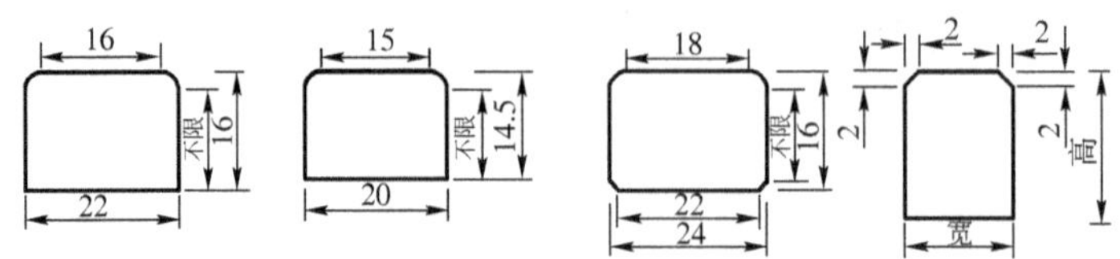

图 7-7　木枕断面形状(尺寸单位：cm)

木枕失效原因很多，其中主要是腐朽、机械磨损及裂缝。三者互为因果，相互促进。对付腐朽的办法，是将木枕进行防腐处理。木枕防腐剂很多，主要有油类和水溶性防腐剂两大类，其中以油类防腐剂为主，适用于大工厂浸注木枕。我国木枕防腐工厂多采用防腐油与煤焦油混合的油剂，煤焦油含煤沥青，可以防止木枕开裂，也可以起到防水作用。

在一些运量大的线路中，往往由机械磨损控制木枕的使用寿命。减小机械磨损的途径有：

(1)扩大垫板面积或在铁垫板下加胶垫，降低木枕表面单位面积的压力；

(2)道钉应预先钻好，钻孔需经防腐处理；

(3)最好采用分开式扣件。

对付木枕劈裂的措施是在开裂处打入C钉或S钉(其形状像C、S)，还有“组钉板”，它是比木枕断面稍小的钢板，能冲出许多尖钉，使用时将钉板钉在开裂处(或预防开裂表面)，起到预防开裂的作用。另外，还可将木枕端部用铁丝或其他金属部件捆扎，以防木枕端部开裂。

为了节省木材、废物利用，将失效木枕中完好的部分拼合在一起，可用于次要线上。

2. 钢枕

钢枕使用由来已久。在非洲和印度，由于白蚁对木枕的蛀蚀而无法使用，当时混凝土枕还没有发明，所以就寻求钢枕代替，并取得了较好的使用效果。在二次世界大战前，英国木材短缺，引进使用钢枕，直到战后的1946年，仍使用钢枕。到20世纪80年代后期，由于钢枕质量较轻，便于捆扎码堆，英国又一次提出使用钢枕。

世界铁路的钢枕分两种，一种是凹槽形轨枕，另一种是工字钢Y形轨枕。世界上大多数钢枕为凹形。钢枕的壁厚一般为7～12mm，截面高度115mm左右，单枕质量约为75kg。由于凹槽形钢枕内填满道碴，线路稳定，但每延米的用钢量较大，所以使用的范围受到一定的限制。

3. 混凝土枕

混凝土枕全称是预应力混凝土轨枕。混凝土枕的结构形式有整体式、组合式及短枕式3种，见图7-8。

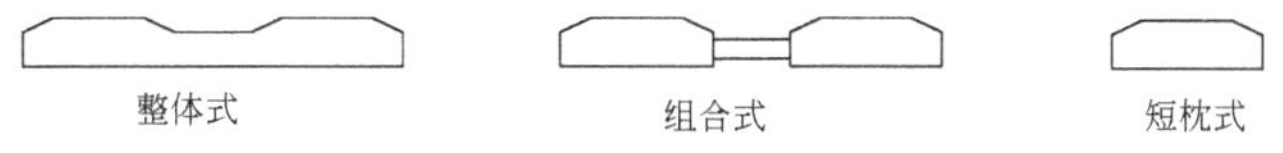

图7-8　混凝土枕的结构形式

在设计混凝土轨枕时，从以下几方面考虑轨枕的长度：轨枕长度越长，轨下截面的下弯矩越大；轨中截面的负弯矩越小，甚至为正弯矩。所以轨枕长度要合理，使得轨枕受力最佳。轨枕太短，轨枕端部的长度不足以锚固预应力筋，轨下截面的抗弯能力达不到要求。对于标准轨距轨道，世界各国混凝土轨枕长度一般为2.2～2.7m。

轨枕截面尺寸与轨枕受力有关。首先轨枕顶部要有一定的宽度，在轨座压力的作用下不被压溃，一般承轨台的宽度为185～190mm。其次在轨枕长度确定的情况下，轨底宽度要考虑道床的承载能力，一般枕底宽度为250～330mm。考虑轨枕制造时的脱模方便，也要将轨枕截面设计成梯形。

混凝土轨枕在长度方向的高度是不一致的，轨下部分截面高度较高，中间截面高度相对较低。这是因为轨枕纵向预应力筋为直线配筋，且在轨枕通长上配筋一致，轨下截面承受正弯矩，所以要求预应力筋的重心在截面形心以下；枕中截面一般承受负弯矩，所以要求预应力筋重心在截面形心上。如图7-9所示。

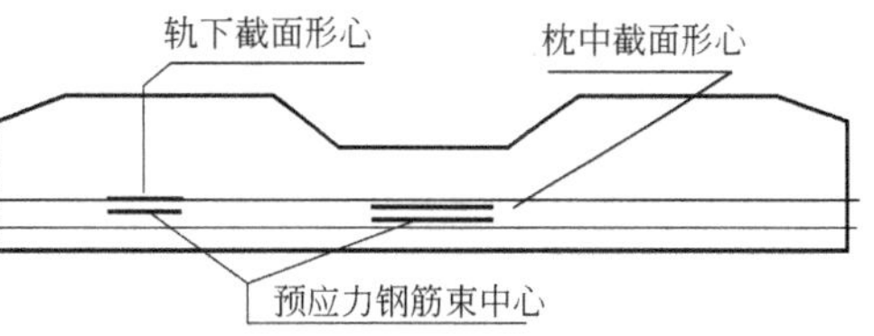

图7-9　混凝土轨枕截面形心与钢轨重心之间的关系

目前,我国使用的混凝土轨枕有 I、II、III 型。其中 I 型目前已经停止生产,在一级干线上也不得使用;II 型轨枕目前使用的较为广泛,主要用于一般轨道,轴重为 23t,客车行车速度在 160km/h 以下;III 型是近几年开发研制的,主要用于速度在 140~160km/h,轴重为 25t 的提速重载线路。III 型轨枕的外形和尺寸如图 7-10 所示,我国 3 种类型轨枕的主要设计参数如表 7-4 所示。

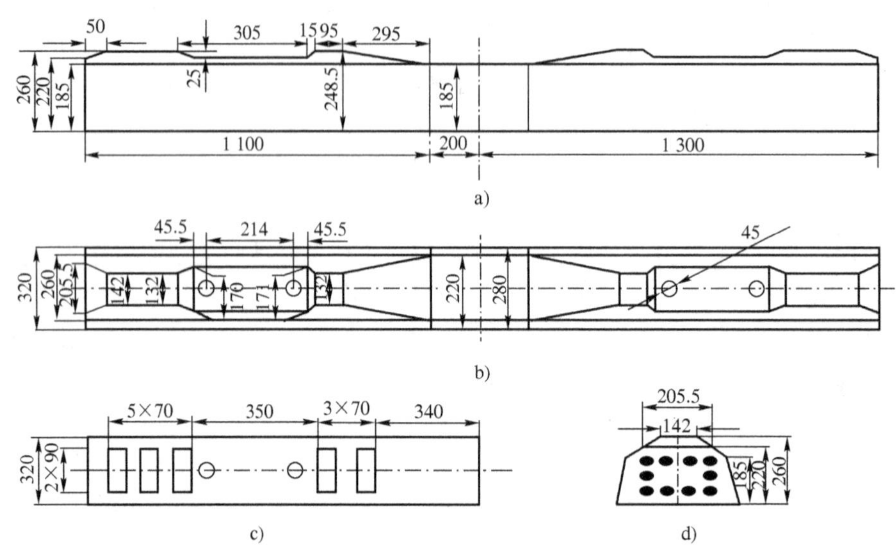

图 7-10 III 型混凝土轨枕的外形和截面尺寸(尺寸单位:mm)

a)立面;b)平面;c)底面;d)端面

我国各类混凝土轨枕的主要设计参数 表 7-4

轨 枕 类 型	I 型		II 型		III 型	
轨枕长度(mm)	2 500		2 500		2 600	
轨枕质量(kg)	250		251		320,340	
轨枕底面积(cm^2)	6 588		6 588		7 720	
端头面积(cm^2)	490		490		590	
截面位置	轨下	中间	轨下	中间	轨下	中间
高度(mm)	201	175	201	201	230	185
表面宽度(mm)	165	155	165	165	170	200
底面宽度(mm)	275	250	275	250	300	280
设计承载弯矩(kN·m)	11.9	−8.0	13.3	−10.5	19.05	−17.30
抗裂弯矩(kN·m)	17.7	−11.9	19.3	−14.0	27.90	22.50
扣件类型	70 型扣板式,弹条 I 型		弹条 I 型		弹条 II 型 弹条 III 型	

三、连接零件

轨道连接零件分为连接钢轨与钢轨的接头扣件和连接钢轨与轨枕的中间扣件(简称扣件)。

(一)钢轨接头扣件

钢轨接头的连接零件由夹板、螺栓、螺母、弹簧垫圈组成。

接头夹板的作用是夹紧钢轨。夹板以双头对称式最常用。接头夹板分斜坡夹板支承型和圆弧支承型,如图 7-11 所示。我国目前标准钢轨接头用斜坡支承型双头对称式夹板。这种夹板的优点是,在竖直荷载作用下具有较大的抵抗弯曲和横向位移的能力。夹板上下两面的斜坡能楔入轨腰空间,但不贴住轨腰。这样当夹板稍有磨耗,以致连接松弛时,仍可重新旋紧螺栓,保持接头螺栓的牢固。接头夹板有 4 孔和 6 孔,在我国铁路使用的夹板上有 6 个螺栓孔,圆形与长圆形孔相间布置。圆形螺栓孔的直径较螺栓直径略大,长圆形螺栓孔的长径较螺栓头下长圆形短柱体的长径略大,当夹板就位后螺栓头部的长圆形柱体部分与夹板的长圆孔配合,拧螺母时螺栓就不会转动。依靠钢轨圆形螺栓孔直径与螺栓直径之差,以及夹板圆形螺栓孔直径与螺栓直径之差,就可以得到所需的预留轨缝。夹板的 6 个螺栓头部交替布置,以免列车脱轨时,车轮轮缘将所有的螺栓剪断。我国使用的接头夹板和接头螺栓如图 7-12 所示。

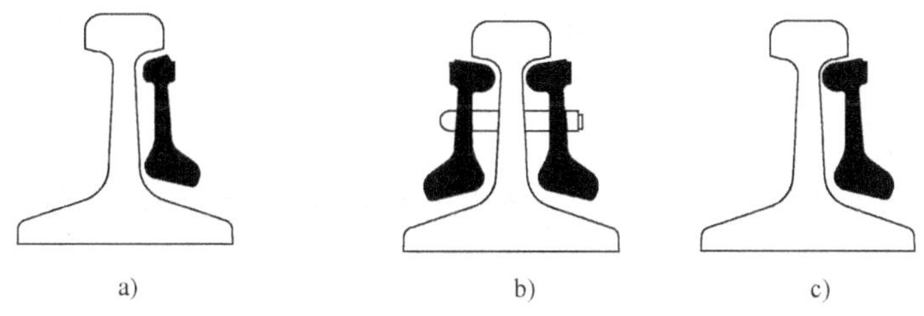

图 7-11 接头夹板的支承形式

a)斜坡支承型;b)双头式夹板;c)圆弧支承型

接头螺栓、螺母是在钢轨接头处用以夹紧夹板和钢轨的配件,使夹板连接牢固,阻止钢轨部分伸缩。螺栓由螺栓头、径、杆组成,与夹板长孔相对应。螺杆长度、直径与钢轨型号相适应。垫圈是为了防止螺母松动,普通线路用弹簧垫圈,其断面形状有圆形、矩形两种。

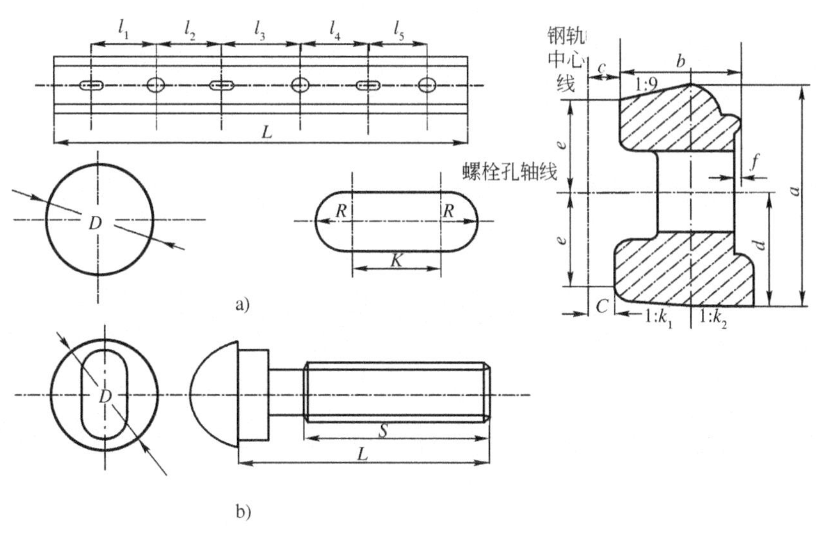

图 7-12 钢轨夹板螺栓与夹板图

a)接头夹板;b)轨道接头螺栓

钢轨接头类型按照左右股钢轨接头位置来分，有相对式（轨缝对接）和相互式（轨缝错接）两种，如图 7-13 所示。对接式可减少车轮对钢轨的冲击次数，使左右钢轨受力均匀，旅客舒适，也有利于机械化铺设，被世界各国广泛采用。只有一些非标准长度的钢轨或旧杂钢轨，在站线上使用错接，并要求错开距离大于 3.0m。

按钢轨接头与轨枕的相对位置来分，有悬接式、单枕承垫式及双枕承垫式 3 种，如图 7-14 所示。目前，我国广泛采用的是悬接式，即将轨缝悬于两接头轨枕之间，当车轮通过时，钢轨挠曲、轨端下落、弯矩增大，为了减少挠曲和弯矩，可采用较小的接头轨枕间距。单枕承垫式很少采用，因为当车轮通过时，轨枕左右摇动，不稳定。双枕承垫式可保证稳定性，但又有刚度大、不易捣固的不足。一般为了加强木枕地段钢轨接头，只在正线绝缘接头处，采用双枕承垫式。

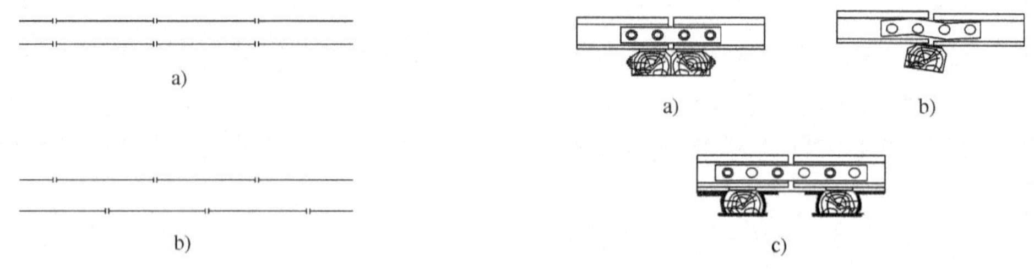

图 7-13　钢轨接头布置

a)对接；b)错接

图 7-14　钢轨接头的承垫方式

a)双枕承垫式；b)单枕承垫式；c)悬接式

按照接头连接的用途及工作性能来分，有普通接头、导电接头、绝缘接头、异型接头、绝缘接头、尖轨接头、冻结接头。

普通接头用于前后同类型钢轨的正常连接。

异型接头（又称过渡接头）则用于前后不同类型钢轨的连接。由于异型接头较易损坏，现多用异型钢轨代替。

导电接头和绝缘接头是用于自动闭塞区段上的两种接头。将钢轨作为导电体的自动闭塞区段，为了确保和加强导电性，要在接头处锚上或焊上一根导线，称为导电接头。使信号电流不能从一个闭塞分区传到另一个闭塞分区的接头，称为绝缘接头。

尖轨接头（又称伸缩接头或温度调节器）是将接头以尖轨的形式连接。尖轨接头用于一些轨端伸缩量大的线路，如无缝线路长轨节、温度跨度大的桥梁。

上述几种接头结构允许轨端伸缩。也有一种接头不允许钢轨伸缩，称为冻结接头，一般用于道口、明面小桥等不适宜设钢轨接头的地方。

（二）中间扣件

扣件是连接钢轨和轨枕的中间连接零件。其作用是将钢轨固定在轨枕上，保持轨距和阻止钢轨相对于轨枕的纵、横向移动。在混凝土轨枕的轨道上，由于混凝土轨枕的弹性较差，扣件还要提供足够的弹性。为此，扣件必须具有足够的强度、耐久性和一定的弹性，并有效地保持钢轨与轨枕之间的可靠连接。此外，还要求扣件系统零件少，安装简单，便于拆卸。这里主要介绍木枕和混凝土枕上使用的扣件。

1. 木枕扣件

木枕扣件有混合式和分开式两种。

混合式扣件较为简单，且在木枕轨道上用得最多。扣件系统由铁垫板和道钉组成。铁垫板上有 5 个方形孔，钩头道钉为方形，从铁垫板孔中打入轨木后，既扣住钢轨，又固定住铁垫板。但这种道钉的扣压力较小，为防止钢轨纵向爬行，需要较多的防爬器配合使用。

分开式扣件是将固定钢轨和固定铁垫板的螺栓或道钉分开。一般用螺旋道钉将铁垫板固定在枕木上，铁垫板有承轨槽，固定钢轨的螺栓安装在铁垫板上，然后用弹条或扣板将钢轨固定住，如图 7-15 所示。分开式扣件一般用在桥上线路。

分开式扣件扣压力强，垫板振动得到减缓，并且能有效地制止钢轨的纵横向移动，更换钢轨时，不需要松开铁垫板，对枕木的伤损小，组装轨排方便。但分开扣件的零件较多，用钢量大，相应成本也大。

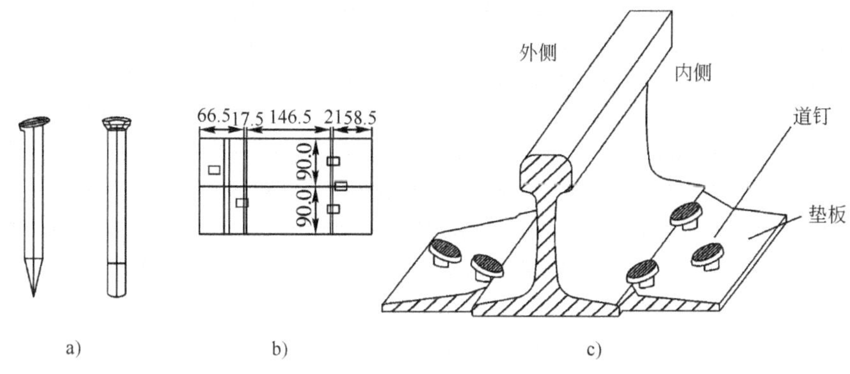

图 7-15　木枕混合式扣件(尺寸单位:mm)

a)道钉;b)无孔双肩垫板;c)木枕

2. 混凝土枕扣件

混凝土枕扣件，按钢轨与轨枕的连接形式可分为不分开式、半分开式及分开式 3 种；按轨枕上有无挡肩，可分为有挡肩扣件和无挡肩扣件；按扣件的弹性性能，可分为全弹性扣件、半弹性扣件和刚性扣件。

我国铁路扣件经历了扣板扣件、拱形弹片式扣件、I 型弹条扣件、II 型弹条扣件及 III 型弹条扣件的发展阶段。随着运量和速度的提高，扣板扣件和拱形弹片式扣件已不能满足使用要求，正在逐渐被淘汰。

弹条 I 型扣件由 ω 弹条、螺旋道钉、轨距挡板及橡胶垫组成。I 型弹条分 A、B 两种，A 型用于 50kg/m 钢轨，B 型用于 60kg/m 钢轨。轨距挡板的作用是传递横向力和调整轨距，所以也有多种号码，以满足轨距调整的需要。

弹条 II 型扣件除采用新材料(优质弹簧钢 60SiCrVA)重新设计外，其余部件与 I 型弹条扣件通用。II 型弹条扣件具有扣压力大、强度安全储备大、残余变形小等优点，适用于 II 型和 III 型混凝土枕的 60kg/m 钢轨线路。

弹条 III 型扣件为无挡肩扣件，适合于重载大运量、高密度的运输条件。III 型弹条扣件由弹条、预埋铁件、绝缘轨距块及橡胶垫组成，具有扣压力大、弹性好等优点，特别是取消了混凝土挡肩，消除了轨底在横向力作用下发生横向位移导致轨距扩大的可能性，因此具有较强的保持轨距的能力，又由于该扣件采用无螺栓连接，大大减小了扣件的维修养护工作量。

四、道碴道床

道床是轨道框架的基础，它的功用是：

(1)机车车辆的荷载通过钢轨、轨枕传递给道床，道床将荷载扩散，然后传给路基，从而减小路基面上的荷载压强，起到保护路基顶面的作用；

(2)提供抵抗轨道框架纵、横向位移的阻力，保持轨道稳定和正确的几何形位，保证行车安全；

(3)道床具有良好的排水作用，可减少轨道的冻害和提高路基的承载能力；

(4)提供轨道弹性，起到缓冲、减振、降噪的作用；

(5)调节轨道框架的水平和方向，保持良好的线路平纵断面，为轨道几何尺寸超限的维修保养提供便利条件。

为了满足以上道床功能，道碴应质地坚硬，有弹性，不易压碎和捣碎，排水性能良好，吸水性差，不易风化，不易被风吹走或被水冲走。

道碴材料有碎石(花岗岩、大理石、石灰岩)、筛选级配卵石、天然级配卵石、粗砂、中砂及熔炉矿渣等。目前，我国铁路的道碴分面碴和底碴。

面碴的材料一般为级配碎石。我国《铁路碎石道碴》(TB/T 2140—90)标准中将道碴质量划分为一级和二级(见表 7-5)，并规定在特重型、重型轨道地段应优先采用一级道碴。碎石道碴属于散粒体，其级配是指道碴中不同大小粒径颗粒的分布。道碴级配对道床的物理力学性能、养护维修工作量有重要的影响。现有的道碴级配标准如表 7-6 所示。道碴颗粒形状对道床质量也有较大的影响，一般要求道碴颗粒棱角分明，近于立方体。针状、片状颗粒容易破碎，使道床强度和稳定性下降。颗粒长度大于平均粒径 1.8 倍称为针状，厚度小于平均粒径 0.6 倍称为片状。我国道碴标准规定针状和片状指数均不大于 50%。道碴中的黏土团或其他杂质、粉末都直接影响道碴排水、加速板结等，要求黏土团或其他杂质的含量不超过 0.5%，粒径 0.1mm 以下粉末含量的质量不超过 1%。

碎石道碴标准 表 7-5

性能	参数	特级道碴	一级道碴	二级道碴	评价方法	
①抗磨耗、抗冲击性能	洛杉矶磨耗率 LAA(%) 标准集料冲击韧度 IP 石料耐磨硬度系数 K	≤20 ≥100 >18	≤27 ≥95 >18	27≤LAA<32 80<IP≤95 17～18	若 3 个指标分属 2 个等级，则以 2 个指标为准； 若 3 个指标分属 3 个等级，则划分为中间等级	道碴的最终等级以①②③中的最低等级为准。并满足④⑤⑥三项的性能要求
②抗压碎性能	标准集料压碎率 CA(%) 道碴集料压碎率 CB(%)	<9 <18	<9 <18	9～14 18～22	若 2 指标分属 2 个等级，则定为低等级	
③渗水性能	渗透系数(10^{-6}cm/s) 石粉试磨件抗压强度 σ(MPa) 石粉液限(%) 石粉塑限(%)	>4.5 <0.4 >20 >11	>4.5 <0.4 >20 >11	3～4.5 0.4～0.55 16～20 9～11	4 个指标中，以其中 2 个指标最高的等级为准，若这 2 个指标的等级不在同一级别，则定为低一级	
④抗大气压腐蚀破坏	硫酸钠溶液浸泡损失率(%)	<10	<10	<10		
⑤稳定性能	密度(g/cm^3) 干密度(g/cm^3)	>2.55 >2.50	>2.55 >2.50	>2.55 >2.50		
⑥软弱颗粒	饱和单轴抗压强度(MPa)	≤20	≤20	≤20	含量少于 10%(质量比)	

道 碴 级 配 标 准 表 7-6

方孔筛边长(mm)	16	25	35.5	45	56	63
过筛质量百分率(%)	0～5	5～15	25～40	55～75	92～97	97～100

底碴的功能是隔离面碴层的颗粒与路基面直接接触，截断地下水的毛细管作用，并降低地面水的下渗速度，防止雨水对路基面的侵蚀。我国《铁路碎石道床底碴》(TB/T 2897—1998)规定："底碴材料可取自天然砂、砾材料。也可由开山块石或天然卵石、砾石经破碎、筛选而成。"底碴材料的粒径级配应符合表 7-7 的规定，且 0.5mm 以下的细集料中通过 0.075mm 筛的颗粒含量应小于或等于 66%。

底 碴 颗 粒 级 配 表 7-7

方孔筛边长(mm)	0.075	0.1	0.5	1.7	7.1	16	25	45
过筛质量百分率(%)	0～7	0～11	7～32	13～46	41～75	67～91	82～100	100

在粒径大于 16mm 的粗颗粒中，带有破碎面的颗粒所占质量百分率不少于 30%。粒径大于 1.7mm 集料的洛杉矶磨耗率不大于 50%，其硫酸钠溶液浸泡损失率不大于 12%；粒径小于 0.5mm 细集料的液限不大于 25%，其塑性指数小于 6%，黏土团及其他杂质含量的质量小于或等于 0.5%。

道床断面包括道床厚度、顶面宽度及边坡坡度 3 个主要特征。

道床厚度是指在直线上钢轨或曲线上内股钢轨中心线与轨枕中心线相交点处的轨枕底面至路基顶面的距离。道床厚度应根据作用在道床顶面上的轨枕压力在道床内部的传递特性及路基的承载力来决定。我国铁路的道床厚度为 250～350mm。

道床顶面宽度取决于轨枕长度和轨道类型。其伸出轨枕端的部分称为道床肩宽，一般情况下的道床肩宽为 200～300mm，在无缝线路上定为 400～500mm。为提高道床的横向阻力，还需要将碴肩堆高 150mm。

自道床顶面引向路基顶面的斜坡称为道床边坡，其大小对道床的稳定性有十分重要的意义。道床边坡的大小与道碴材料的内摩擦角和黏聚力有关。我国铁路的道床顶面宽度和边坡坡度如表 7-8 所示。

道床顶面宽度及边坡坡度 表 7-8

线路类别		顶面宽度(m)	曲线外侧道床加宽		碴肩堆高	边坡坡度
			半径(m)	加宽(m)		1∶1.75
正线	无缝线路	3.4	>600		0.15	1∶1.75
		3.5	≤600		0.15	1∶1.75
	普通线路	3.1	≤800	0.10		1∶1.75
	年通过总重小于 8Mt	3.0	≤600	0.10		1∶1.75
站线		2.9				1∶1.50

五、轨道的几何形位

轨道几何形位指的是轨道各部分的几何形状、相对位置及基本尺寸，是保证列车按规定速度安全平稳运行的重要条件之一。轨道由直线部分和曲线部分组成，一般在直线与曲线之间设有一条曲率渐变的缓和曲线相连接。

轨道几何形位要素有轨距、水平、高低、方向及轨底坡。各种轨道几何形位都存在一定的偏差，但不得超过其容许值，即轨道几何尺寸的容许偏差。不同的铁路等级，容许偏差的大小也不一样，世界各国都有本国铁路的轨道几何形位容许偏差。

轨距为两股钢轨头部内侧与轨道中线相垂直的距离。因为钢轨头部外形由不同半径的复曲线组成，钢轨底面设有轨底坡，钢轨向内倾斜，车轮轮缘与钢轨侧面接触点发生在钢轨顶面下 10～16mm 处，我国《铁路技术管理规程》规定轨距测量部位在钢轨顶面下 16mm 处。目前，世界大多数国家铁路普遍采用 1 435mm 轨距，称为标准轨距。轨距宽于 1 435mm，称为宽轨距，常用的有 1 542mm、1 600mm 及 1 676mm；轨距窄于 1 435mm，称为窄轨距，常用的有 1 067mm、1 000mm及 762mm。

轨距用道尺或轨检车进行测量。前者测得的是静态的轨距，后者可以测得列车通过时轨距的动态变化，这对高速运行的列车来说是非常重要的。我国静态的标准轨距容许偏差值为 +6mm 和 -2mm，即宽不能超过 1 441mm，窄不能小于 1 433mm。轨距变化应和缓平顺，其变化率：正线、到发线不应超过 2‰，站线和专用线不得超出 3‰。即在 1m 长度内的轨距变化值：正线、到发线不得超过 2mm，站线和专用线不得超过 3mm。

为使机车车辆能在线路上两股钢轨间顺利通过，机车车辆的轮对宽度应小于轨距。当轮对的一个车轮轮缘紧贴一股钢轨的作用边时，另一个车轮轮缘与另一股钢轨作用边之间便形成一定的间隙，这个间隙称为游间，如图 7-16 所示。游间计算方法为

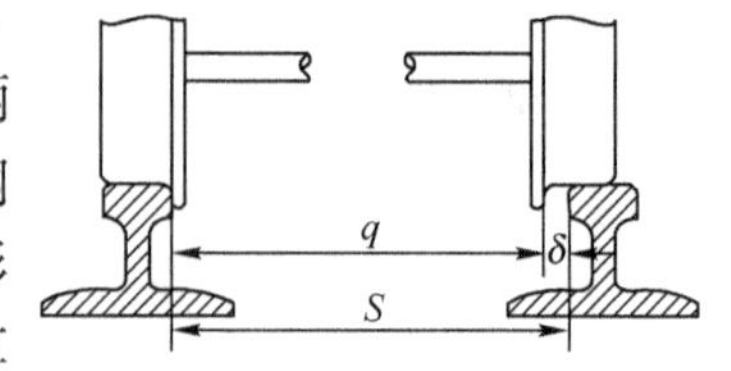

图 7-16　游间示意图

$$\delta = S - q \tag{7-1}$$

式中：δ——游间(mm)；

q——轮对宽度(mm)；

S——轨距(mm)。

若 S_0 为标准轨距，q_0 为正常轮对宽度，则正常轮轨游间 δ_0 为

$$\delta_0 = S_0 - q_0 \tag{7-2}$$

轨距和轮对宽度均规定有容许的最大值 S_{max} 和最小值 S_{min}。若轨距最大值为 q_{max}、最小值为 q_{min}，轮对宽度最大值为 δ_{max}、最小值为 δ_{min}，则游间最大值、最小值分别为

$$\begin{aligned} \delta_{max} &= S_{max} - q_{max} \\ \delta_{min} &= S_{min} - q_{min} \end{aligned} \tag{7-3}$$

游间 δ 的大小对列车运行的平稳性和轨道的稳定性有重要的影响。如果游间 δ 太大，则列车运行的蛇形幅度增大，作用于钢轨上的横向力大，动能损失大，会加剧轮轨磨耗和轨道变形，严重时将引起列车脱轨，危及行车安全；如果太小，则增加行车阻力和轮轨磨耗，严重时还可能楔住轮对、挤翻钢轨或导致爬轨事故，危及行车安全。因此，必须对游间值进行限制。我国机车车轮轮轨游间最大值、正常值及最小值见表 7-9。

轮轨游间表(单位：mm)　　表 7-9

车轮名称	轮轨游间值 δ		
	最大	正常	最小
机车轮	45	16	11
车辆轮	47	14	9

水平是指线路左右两股钢轨顶面的相对高差。为保持列车平稳运行，并使两股钢轨均匀受力，直线地段上两股钢轨顶面应保持同一水平。

水平可用道尺或轨检车进行测量。《铁路线路维修规则》规定：两股钢轨顶面水平的容许偏差，正线和到发线不得大于4mm，其他站线不得大于5mm。两股钢轨顶面水平偏差沿轨道方向的变化率不可太大，要求在1m范围内，变化不大于1mm，否则即使两股钢轨顶面的水平偏差在允许范围内，也将引起机车车辆的剧烈摇晃。实践中有两种性质不同的钢轨水平偏差，对行车的危害程度也不相同。一种是水平差，另一种称为三角坑。水平差是指在一段规定的距离内，一股钢轨的顶面始终比另一股钢轨的顶面高，高差值超过容许偏差值。三角坑是指在一段规定的距离内，先是左股钢轨高于右股，后是右股高于左股，高差值超过容许偏差值，而且两个最大水平误差点之间的距离不足18m。

在一般情况下，超过允许限值的水平差，只是引起车辆摇晃和两股钢轨的不均匀受力，并不导致钢轨不均匀磨耗。但如果在延长不足18m的距离内出现水平差超过4mm的三角坑，将使同一转向架的4个车轮中，只有3个正常压紧钢轨，另一个形成减载或悬空。如果恰好在这个车轮上出现较大的横向力，就可能使悬浮的车轮只能以它的轮缘贴紧钢轨，在最不利条件下甚至可能爬上钢轨，引起脱轨事故。因此，一旦发现三角坑，必须立即消除。

前后高低是指轨道沿线路方向的竖向平顺性，即轨面在较短范围内不能有较大的上下起伏。

轨道的前后高低是由以下两种原因产生的：

(1)新铺设的轨道或大修后的线路，经过验收即使轨面平顺，但经过一段时间列车运行后，因道床的累积变形、路基不均匀下沉、木枕腐朽、三角坑及弹性不均匀等原因，使轨面出现高低不平，这种不平顺称为静态不平顺。

(2)有些地方在无列车荷载作用时，轨面是平顺的，但在钢轨与轨枕之间或轨枕与道床之间存在空隙而形成空吊板和暗坑，当车轮通过时，轨面下沉形成了不平顺，或轨道的弹性不均匀，在列车荷载作用下形成了不平顺，这种不平顺称为动态不平顺。

轨道前后高低不平顺危害甚大。列车通过这些地方时，会引起轮轨间的振动和冲击，产生动力增载，即附加动力。这种动力作用加速了道床变形，进而扩大了不平顺，加剧了轮轨的动力作用，形成恶性循环。

经过维修或大修的轨道，要求目视平顺，一股钢轨前后高低偏差用10m弦量测最大矢度值，正线和到发线不应超过4mm，其他站线不得大于5mm。

轨道的方向是指轨道中心线在水平面上的平顺性。按照行车的平稳与安全要求，直线应当笔直，曲线应当圆顺。严格地说，经过运营的直线轨道并非直线，而是由许多波长10～20m的曲线所组成，因其曲度很小，偏离中心线不大，故通常不易被发现。若直线不直则必然引起列车的蛇形运动。在行驶快速列车的线路上，线路方向对行车的平稳性具有特别重要的影响。相对轨距来说，轨道方向往往是行车平稳性的控制因素。只要方向偏差保持在容许范围内，轨距变化对车辆振动的影响就处于从属地位。

在无缝线路地段，若轨道方向不良，还可能在高温季节引发胀轨、跑道事故，严重威胁行车安全。《铁路线路维修规则》规定：直线方向必须目视平顺，用10m弦测量，正线上正矢不应超过4mm，站线机专用线不得大于5mm。

因车轮踏面的主要部分为1∶20的斜坡，所以在直线上，钢轨不应竖直铺设，而要适当地向内倾斜，因而定义轨底坡为钢轨底面对轨枕顶面的倾斜度（也叫内倾度）。钢轨设计轨底坡可使其轮轨接触集中于轨顶中部，提高钢轨的横向稳定性，避免或减小钢轨偏载，减小轨腰的弯曲应力，减轻轨头不均匀磨耗，延长钢轨使用寿命。

我国铁路在 1965 年以前轨底坡定为 1∶20。但在机车车辆的动力作用下，轨道发生弹性挤开，轨枕产生挠曲和弹性压缩，加上垫板与轨枕不密贴，道钉的扣压力不足等因素，使轨底坡与原设计有较大的出入。另外，车轮踏面经过一段时间的磨耗后，原来 1∶20 的斜面也接近 1∶40的坡度。所以自 1965 年以后，我国铁路的轨底坡统一改为 1∶40。在曲线地段，由于超高的存在，内股钢轨的轨底坡要有适当的调整才能保证其不向轨道外方倾斜，调整范围见表 7-10。当轨顶面由于不均匀磨耗形成横向坡度时，轨底坡应按轨顶磨耗情况予以调整。在任何情况下，轨底坡都不应大于 1∶12 或小于 1∶60。

轨底坡设置得正确与否，可根据钢轨顶面有车轮踏面碾磨形成的光带位置判断，一般情况下，要求光带宽度一致，并稍偏向轨头中心内侧。如光带偏向钢轨中心内侧较大，则说明轨底坡不足；如偏向外侧，则说明轨底坡过大。所以在线路维修养护工作中，可根据轨顶面的光带判断轨底坡设置得正确与否。

内股钢轨轨底坡调整范围 表 7-10

外轨超高(mm)	轨枕面最大坡度	铁垫板或承轨槽面倾斜度		
		0	1/20	1/40
0～75	1∶20	1∶20	0	1∶40
80～125	1∶12	1∶12	1∶30	1∶17

第二节　曲 线 轨 道

一、曲线外轨超高

机车车辆在曲线上行驶时，由于惯性离心力的作用，将机车车辆推向外股钢轨，加大了外股钢轨的压力，使旅客产生不适、货物位移，因此需要把曲线外轨适当抬高，使机车车辆的自身重力产生一个向心的水平分力，以抵消惯性离心力，达到内外两股钢轨受力均匀和垂直磨耗均匀等，满足旅客舒适感，提高线路的稳定性和安全性。

外轨超高度是指曲线外轨顶面与内轨顶面水平高度之差。在设置外轨超高时，主要有外轨提高法和线路中心高度不变法两种。外轨提高法是保持内轨高程不变而只抬高外轨的方法。线路中心高度不变法是内外轨分别各降低和抬高超高值一半而保证线路中心高程不变的方法。外轨超高计算公式为

$$h = 11.8\frac{v^2}{R} \tag{7-4}$$

式中：h——外轨超高值(mm)；

v——行车速度(km/h)；

R——曲线半径(m)。

上式中的 v 是列车通过曲线时的瞬时速度。实际上，通过曲线的列车种类、重量及速度各不相同，为了合理设置超高，式中的 v 应当采用各次列车的平均速度 v_0，即

$$h_0 = 11.8\frac{v_0^2}{R} \tag{7-5}$$

目前，我国根据既有的客货混运线路和新建铁路设计施工时的需要，采用以下两种平均速度 v_0 来设置超高。

1. 全面考虑每次列车的速度和质量时计算 v_0

$$v_0 = \sqrt{\frac{\sum mv^2}{\sum m}} = \sqrt{\frac{\sum Nm'v^2}{\sum Nm'}} \tag{7-6}$$

式中：m'——列车质量；

v——列车速度；

N——每昼夜通过的质量和速度相同的列车次数。

2. 新建铁路设计施工时用经验公式计算 v_0

对于新建铁路，由于线路上未投入运行，无法测得一昼夜通过线路的列车速度，所以考虑线路投入运行后，列车的平均速度是线路最高设计速度的 0.8 倍，即 $v_0 = 0.8v_{max}$，计算超高公式为

$$h_0 = 11.8\frac{v_0^2}{R} = \frac{11.8\times 0.8v_{max}^2}{R} = 7.6\frac{v_{max}^2}{R} \tag{7-7}$$

式中：v_{max}——该段线路最大的设计行车速度(km/h)。

超高设置后，经过一段时间运营，可根据实际运营状况对外轨超高予以适当调整。为便于管理，圆曲线外轨超高按 5mm 整倍数设置。

一旦线路实设超高确定后，在运行过程中是不能随意改变的。而通过曲线的各种列车速度是不相同的，或大于平均速度，或小于平均速度，即不可能使所有列车产生的离心力完全得到平衡，因此车体仍承受一部分未被平衡的离心力，进而产生未被平衡的超高。

$v > v_0$ 时，有

$$\Delta h = h - h_0 = \frac{S_1 v^2}{gR} - \frac{S_1 v_0^2}{gR} = \frac{S_1}{g}\left(\frac{v^2}{R} - \frac{v_0^2}{R}\right) = \frac{1\,500}{9.8}\left(\frac{v^2}{R} - \frac{v_0^2}{R}\right) = 153a \tag{7-8}$$

式中：Δh——未被平衡的超高，为欠超高(mm)；

a——未被平衡的离心加速度(m/s^2)；

S_1——两钢轨轨头中心间距离，$S_1 = 1\,500$m；

g——重力加速度，$g = 9.8\ m/s^2$。

同理，当 $v < v_0$ 时，有

$$\Delta h = h - h_0 = 153(-a) \tag{7-9}$$

式中：Δh——未被平衡的超高，为过超高(mm)；

a——未被平衡的离心加速度(m/s^2)。

超高不足称为欠超高，超高剩余称为过超高。无论加速度的符号是正(离心)还是负(离心)，对旅客乘车的舒适感的影响都是一样的，为能统一表达欠超高、过超高与未被平衡的加速

度的关系，将上式算出的未被平衡的加速度取绝对值，即为

$$\Delta h = 153|a| \tag{7-10}$$

为满足旅客乘车的舒适感，必须对未被平衡的超高进行限制。未被平衡的超高应当满足下式

$$\Delta h \leqslant 153[a] \tag{7-11}$$

式中：$[a]$——未被平衡的加速度的容许值($\mathrm{m/s^2}$)。

根据我国铁路实践经验，未被平衡的离心加速度的容许值为 0.4～0.5 $\mathrm{m/s^2}$，困难情况下为 0.6 $\mathrm{m/s^2}$。

我国用未被平衡的超高度来表示未被平衡离心加速的限制。将未被平衡离心加速度的容许值$[a]$带入式(7-11)得到相应的未被平衡的超高容许值如下：

$[a]=0.5\mathrm{m/s^2}$ 时，$\Delta h=76\mathrm{mm}$，取$[\Delta h]=75\mathrm{mm}$；

$[a]=0.6\mathrm{m/s^2}$ 时，$\Delta h=92\mathrm{mm}$，取$[\Delta h]=90\mathrm{mm}$。

因此，我国《铁路线路维修规定》：未被平衡欠超高，一般应不大于 75mm，困难情况下不大于 90mm，容许速度不大于 120km/h 的线路个别特殊情况下不大于 110mm；未被平衡过超高不得大于 50mm。

二、小半径曲线轨距加宽

机车车辆进入曲线轨道时，仍然存在保持其原有行驶方向的惯性，只是受到外轨的引导作用才沿曲线轨道行驶。为使机车车辆顺利通过曲线而不致被楔住或挤开轨道，减小轮轨间的横向作用力，曲线轨距要适当加宽。其方法是将曲线轨道内轨向曲线中心方向移动，曲线外轨的位置则保持与轨道中心半个轨距的距离不变。曲线轨距的加宽值与机车车辆转向架在曲线上的几何位置有关。

机车通过曲线轨道有 4 种内接方法，如图7-17所示。

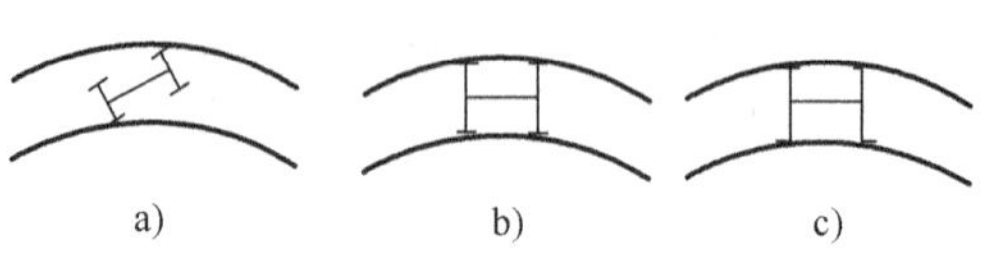

图 7-17　车辆通过曲线轨道的内接方式

a)斜接通过；b)自由内接通过；c)楔接通过

(1)斜接。机车车辆车架或转向架的外侧最前位车轮轮缘与外轨作用边接触，内侧最后位车轮轮缘与内轨作用边接触。

(2)自由内接。车辆转向架的外侧最前位车轮轮缘与外轨作用边接触，其他车轮轮缘与钢轨无接触，且转向架后轴位于曲线半径方向。

(3)楔形内接。机车车辆车架或转向架的最前位和最后位外侧车轮轮缘同时与外轨作用边接触，内侧中间车轮的轮缘与内轨作用边接触。

(4)正常强制内接。为避免机车车辆以楔形内接形式通过曲线，对楔形内接所需轨距增加$\delta_{\min}/2$，此时转向架在曲线上所处的位置称为正常强制内接。

根据运营经验，以自由内接最为有利，但机车车辆的固定轴距长短不一，不能全部满足自由内接的通过。为此，确定轨距加宽必须满足如下原则：

(1)保证占列车大多数的车辆能以自由内接形式通过曲线；

(2)保证固定轴距较长的机车通过曲线时不出现楔形内接，但允许以正常强制内接形式通过；

(3)保证车轮不掉道,即最大轨距不超过容许限度。

因此,在确定曲线轨距加宽标准时以主要类型的车辆为计算依据,对于机车及少量特殊形式的车辆,只在必要时才检算其所需轨距。

根据车辆条件确定轨距加宽。我国绝大部分的车辆转向架是两轴转向架,当两轴转向架以自由内接形式通过曲线时,前轴外轮轮缘与外轨的作用边接触,后轴占据曲线垂直半径的位置(图 7-18),则自由内接形式所需最小轨距为

$$S_f = q_{max} + f_0 \tag{7-12}$$

式中:S_f——自由内接所需轨距;

q_{max}——最大轮对宽;

f_0——外矢距,其值为 $f_0 = L^2/2R$;

L——转向架固定轴距;

R——曲线半径。

以 S_0 表示直线轨距,则曲线轨距加宽值 e 应为

$$e = S_f - S_0 \tag{7-13}$$

根据机车条件检算轨距加宽。在行驶的列车中,机车数量比车辆少得多,因此允许机车按较自由内接所需轨距为小的"正常强制内接"通过曲线。如果一个车轴没有横动量的四轴机车车架在轨道中处于楔形内接状态(图 7-19),那么车架处于楔形内接时的轨距 S_w 应为

$$S_w = q_{max} + f_0 - f_1 \tag{7-14}$$

式中:q_{max}——最大轮对宽度;

f_0——前后两端车轴的外轮在外轨处所形成的矢距,$f_0 = L_{01}^2/2R$,$L_{01} = (L_1 + L_2 + L_3)/2$;

L_1——第一轴至第二轴的距离;

L_2——第二轴至第三轴的距离;

L_3——第三轴至第四轴的距离;

f_1——中间两个车轴的内轮在内轨处形成的矢距,$f_1 = L_{11}/2R$;

L_{11}——第二轴至与车架纵轴垂直的曲线半径之间的距离,$L_{11} = L_{01} - L_1$。

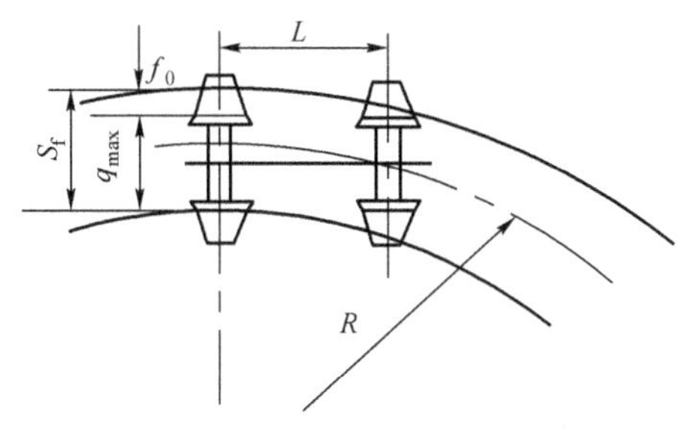

图 7-18　转向架自由内接

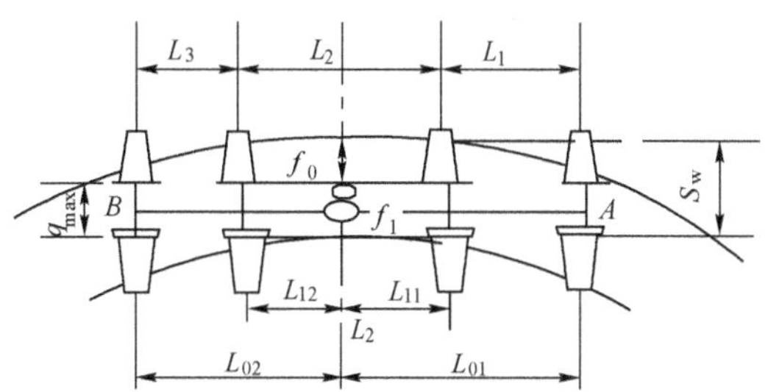

图 7-19　曲线轨距加宽示意图

当机车处于正常强制内接时,正常强制内接轨距 S_w' 为

$$S'_w = S_w + \frac{1}{2}\delta_{min} = q_{min} + f_0 - f_1 + \frac{1}{2}\delta_{min} \tag{7-15}$$

式中：δ_{min}——直线轨道的最小游间。

曲线轨道的最大允许轨距。曲线轨道的最大轨距，应切实保障行车安全，不使其掉道。在最不利情况下，当轮对的一个车轮轮缘紧贴一股钢轨时，另一个车轮踏面与钢轨的接触点为车轮踏面的变坡点(图 7-20)。

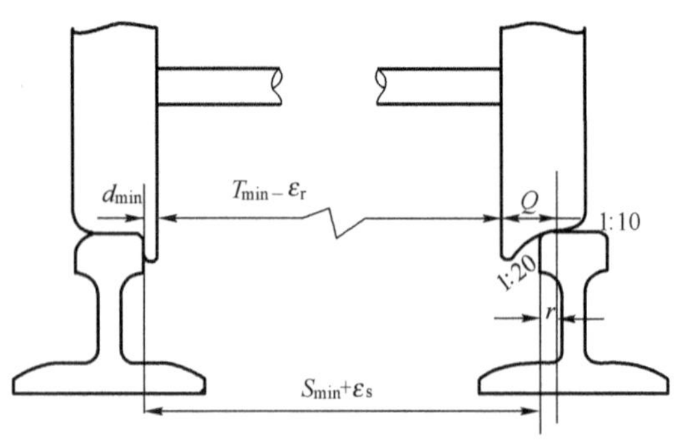

图 7-20 曲线轨道最大允许轨距

图 7-20 中，d_{min}为车辆车轮最小轮缘厚度，其值为 22 mm；T_{min}为车轮最小轮背内侧距离；ε_r 为车辆车轴弯曲时轮背内侧距离缩小量，其值为2mm；α 为轮背至轮踏面斜度为 1：20 与 1：10变坡点的距离，其值为 100mm；r 为钢轨顶面圆角宽度，其值为 12mm；ε_s 为钢轨弹性挤开量，其值为 2mm。

由此，曲线上允许最大轨距 S_{max}为

$$S_{max} = d_{min} + T_{min} - \varepsilon_r + \alpha - \varepsilon_s \tag{7-16}$$

将上述采用的数值代入得

$$S_{max} = 22 + 1\,350 - 2 + 100 - 12 - 2 = 1\,456\text{mm}$$

轨距的容许偏差不得超过 6mm，故曲线轨道最大容许轨距应为 1 450mm，即最大允许加宽为 15mm。《铁路线路维修规则》规定：新建、改建线路大修或成段更换轨枕地段，按表 7-11 规定的标准进行曲线轨距加宽。曲线轨距加宽递减率一般不得大于 1‰，特殊条件下不得大于 2‰。

曲 线 轨 距 加 宽 表 7-11

曲线半径(m)	加宽值(mm)	轨距(mm)
$R \geqslant 350$	0	1 435
$350 > R \geqslant 300$	5	1 440
$R < 300$	15	1 450

三、缓和曲线

缓和曲线是设置在直线与圆曲线或不同半径的圆曲线之间的曲率连续变化的曲线。为使列车安全、平顺、舒适地由直线过渡到圆曲线，在直线与圆曲线之间要设置缓和曲线。缓和曲线的作用是：在缓和曲线范围内，其半径由无限大渐变到圆曲线半径，从而使车辆产生的离心力逐渐增加，有利于行车平稳；在缓和曲线范围内，外轨超高由零递增到圆曲线上的超高量，使向心力逐渐增加，与离心力的增加相配合；当曲线半径小于 350m，轨距需要加宽时，可在缓和曲线范围内，由标准轨距逐步加宽到圆曲线上的加宽量。设计缓和曲线时，有线形选择、长度计算、如何选用和保证缓和曲线间圆曲线或夹直线的必要长度 3 个问题。

一般根据行车速度选择缓和曲线线形。直线形超高顺坡的三次抛物线形缓和曲线线形简单，便于测设、养护维修，长度短而实用，国外时速 160km/h 以下铁路广泛采用，中国铁路在行车速度不大于 160km/h 的线路上一直采用这种线形。当行车速度大于 200km/h 时，也可采

用曲线形超高顺坡的高次缓和曲线。

缓和曲线必须有足够的长度，其控制因素主要有以下3个。

(1)要保证超高顺坡不致使车轮脱轨，即超高顺坡不能过陡。中国铁路的设计标准要求超高顺坡不得大于2‰。

(2)要保证超高时变率不致使旅客不适，即外轮的升降速度不宜过快。中国干线铁路的超高时变率容许值一般采用28～36mm/s。

(3)要保证欠超高(未被平衡的离心加速度)时变率不致影响旅客舒适，即欠超高的增长速度不宜过快。

中国干线铁路的欠超高时变率容许值一般采用40～52.5mm/s。合理的缓和曲线长度应同时满足上述3个条件，即缓和曲线的最小长度应取上述3个计算值中的较大者。中国《铁路线路设计规范》(GB 50090—2006)中规定了不同的路段设计速度、曲线半径和工程条件下的缓和曲线长度的设计标准，供设计时选用。

缓和曲线长度应根据地形、纵断面及相邻曲线、客货列车比例、货车速度、运输要求及将来发展的可能等条件按规定值选用。主要原则如下。

(1)地形简易地段、自由坡地段、旅客列车对数较多和将来可能较大幅度提高客货列车速度的路段应优先选用较大数值。

(2)地形困难、紧坡地段或停车站两端、凸形纵断面坡顶等行车速度不高的地段，以及II、III级铁路中客车对数较少且货车速度较低的路面和对行车速度要求不高的路段，可选用较小数值。

(3)条件许可时，可采用较规定数值长的缓和曲线，以创造更好的运营条件。

(4)设计线路平面时，若曲线偏角较小，设置缓和曲线后，圆曲线长度达不到规定值，则宜加大半径增加圆曲线长度。如条件限制，不易加大曲线半径或加大后仍不能满足要求时，则可采用较短的缓和曲线长度，或适当改动路线平面。

(5)若两相邻曲线的交点距离较短，设置缓和曲线后，夹直线长度达不到规定值，应修改线路平面。如减小曲线半径或选用较短的缓和曲线长度，或改移夹直线的位置，以延长两交点间的直线长度和减小曲线偏角；当同向曲线间夹直线长度不够时，可采用一个较长的单曲线代替同向曲线。

四、曲线缩短轨的配置

曲线地段外股轨线比内股轨线长，为保证两股钢轨接头采用对接方式，内股钢轨宜采用厂制缩短轨。我国厂制缩短轨对于12.5m标准轨有缩短量为40mm、80mm、120mm的3种类型缩短轨，对于25m标准轨有缩短量为40mm、80mm、160mm的3种类型缩短轨。选用缩短轨类型时，缩短轨的长度可参照下式确定。

$$L_0 < L\left(1-\frac{S_1}{R}\right) \tag{7-17}$$

式中：L_0——标准缩短轨长度(m)；

L——标准钢轨长度，有25m或12.5m两种规格；

S_1——两股钢轨中心距离，一般选用1.5m；

R——曲线半径(m)。

另外，还可以根据半径 R 参照表 7-12 选用。曲线上内外两股钢轨接头的相错量，在正线和到发线上，容许为 40mm 加所用缩短轨缩短量的一半；在其他站线、次要线及使用非标准长度钢轨的线路上，容许再增加 20mm。在城市轨道交通的轨道上允许相错式钢轨接头。

标准缩短轨选择参照表 表 7-12

曲线半径(m)	25m 钢轨		12.5m 钢轨	
	缩短轨长(m)	缩短量(mm)	缩短轨长(m)	缩短量(mm)
4 000～1 000	24.96 24.92	40 80	12.46	40
800～500	24.92 24.84	80 160	12.46	40
450～250	24.84	160	12.42	80
200	—	—	12.38	120

注：1. 按表列缩短量宜选用较小的一种。
2. 为了不影响直线接头的质量，允许在曲线尾按实际情况插入个别相应的缩短轨。

如图 7-21 所示，AB 和 $A'B'$ 分别为曲线轨道上外股轨线和内股轨线，内外轨线的长度差即为内轨的缩短量。

$$\Delta l = \int_{\varphi_1}^{\varphi_2}(\rho_1 - \rho_2)\mathrm{d}\varphi = \int_{\varphi_1}^{\varphi_2} S_1 \mathrm{d}\varphi = S_1\varphi \quad (7\text{-}18)$$

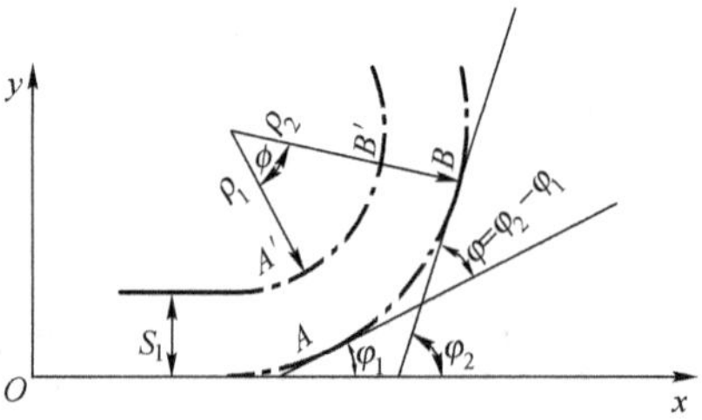

图 7-21 曲线缩短量计算

式中：φ_1、φ_2——分别为外轨线上 A、B 点的切线与曲线始切线的夹角；

ρ_1、ρ_2——分别为外轨线和内轨线的半径。

由于 $\varphi=\dfrac{l_c}{R}$，则整个圆曲线内轨缩短量为

$$\Delta l_c = \frac{S_1 l_c}{R} \quad (7\text{-}19)$$

式中：l_c、R——分别为圆曲线的长度和半径。

对于常用缓和曲线，则有

$$\varphi_1 = \frac{l_1^2}{2Rl_0};\varphi_2 = \frac{l_2^2}{2Rl_0} \quad (7\text{-}20)$$

$$\Delta l = S_1(\varphi_2 - \varphi_1) = \frac{S_1}{2Rl_0}(l_2^2 - l_1^2) \quad (7\text{-}21)$$

式中：l_0——缓和曲线的长度；

l_1、l_2——分别为缓和曲线起点至 A、B 点的距离。

当 A、B 两点分别为缓和曲线的始点和终点时，$l_1=0$，$l_2=l_0$，则整个缓和曲线内轨的缩短量为

$$\Delta l_0 = \frac{S_1 l_0}{2R} \quad (7\text{-}22)$$

整个缓和曲线(包括圆曲线和两端缓和曲线)的总缩短量为

$$\Delta l_z = 2\Delta l_0 + \Delta l_c = \frac{S_1 l_0}{R} + \frac{S_1 l_c}{R} = \frac{S_1}{R}(l_0 + l_c) \tag{7-23}$$

计算出整个曲线的总缩短量后,选用缩短量为 k 的缩短轨,即可求出整个曲线上所需的缩短轨根数 N。

$$N = \frac{\Delta l_z}{k} \tag{7-24}$$

显然 N 不能大于外轨线上铺设的标准轨根数 N_0,否则应改用缩短量更大的缩短轨。

【例 7-1】 已知某曲线,圆曲线半径 $R=600\text{m}$,缓和曲线长 $l_0=100\text{m}$,圆曲线长 $l_c=119.73\text{m}$,铺设标准轨长度 $L=25\text{m}$,曲线起点至第一根钢轨进入曲线的长度为 5.5m,试进行配轨计算。

解 (1)选配缩短轨类型

$$L_0 < L\left(1-\frac{S_1}{R}\right) = 25\times\left(1-\frac{1.5}{600}\right) = 24.9375\text{m}$$

选用 $L_0=24.92\text{m}$(缩短量 $k=80\text{mm}$)。

(2)曲线内股钢轨的总缩短量 Δl_z

$$\Delta l_z = \frac{S_1}{R}(l_0 + l_c) = \frac{1500\times(119.73+100)}{600} = 549\text{mm}$$

(3)缩短轨的根数 N

$$N = \frac{\Delta l_z}{k} = \frac{549}{80} = 6.8 \text{ 根}$$

采用 7 根。

外轨标准轨的根数 N_0(预留轨缝按 8mm 计)为

$$N_0 = \frac{119.73 + 2\times 100}{25.008} = 12.79 \text{ 根} > N$$

说明选用的缩短轨类型合适。

(4)缩短轨的布置

缩短轨的布置一般列表进行,如表 7-13 所示。表中"○"为标准轨,"×"为缩短轨,"+"表示内轨接头超前量,"-"表示内轨接头落后量。轨排编号系按千米顺序编订。缩短轨的布置如图 7-22 所示。

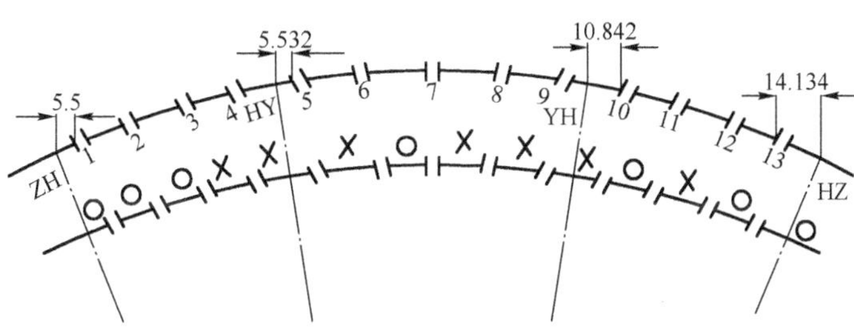

图 7-22 缩短轨布置示意图(尺寸单位:m)

第七章 城市轨道交通轨道

曲线缩短轨配轨计算表 表 7-13

配轨里程		K259 +186.45~506.18		缩短轨长度 L		24.92 m	
圆曲线半径 R		600 m		曲线总缩短量 Δl_z		549m	
圆曲线长度 l_c		119.74m		使用缩短轨根数 N		7 根	
缓和曲线长度 l_0		100m		进入曲线第一个接头后的长度		5.5m	
轨排编号	接头号数	由 ZH 或 HY 点到接头处的长度(m)	计算缩短量(mm)	钢轨类型	实际缩短量(mm)	接头错开量(mm)	附注
K259-8	1	至 ZH5.5	$\frac{1\,500}{2\times600\times100}\times5.5^2=0.38$	O	0	+0.38	进入缓和曲线 5.5m
9	2	30.508	$0.012\,5\times30.508^2=11$	O	0	+11	
10	3	55.516	$0.012\,5\times55.516^2=38$	O	0	+38	
11	4	80.524	$0.012\,5\times80.524^2=80$	×	80	0	
12	5	至 HY5.532	$125+\frac{1\,500\times5.532}{600}=138$	×	160	−22	进入圆曲线 5.532m
13	6	30.540	$125+30.540\times2.5=201$	×	240	−39	
14	7	55.548	$125+50.548\times2.5=264$	O	240	+24	
15	8	80.556	$125+80.556\times2.5=326$	×	320	+6	
16	9	105.564	$125+105.564\times2.5=389$	×	400	−11	
17	10	至 HZ89.158	$549-0.012\,5\times89.158^2=450$	×	480	−30	进入缓和曲线 10.824m
18	11	64.150	$549-0.012\,5\times64.150^2=498$	O	480	+18	
19	12	39.142	$549-0.012\,5\times39.142^2=530$	×	560	−30	
20	13	14.134	$549-0.012\,5\times14.134^2=547$	O	560	−13	

五、限界

列车在运行过程中其外轮廓线始终与周围的一切建筑物和各种设备的轮廓线之间保持着一个空间性的安全距离。所谓限界就是运行主体的动轮廓线与周围建筑设备的静轮廓线之间，在空间范围内安全间隔的警戒线。界限包括以下 3 个方面。

1.建筑限界

建筑限界是指一切建筑物的外轮廓严禁向车辆运行空间方向侵入的安全警戒线。

2. 设备限界

设备限界是指在沿线建筑物上所安装的一切设备，其外轮廓严禁向车辆运行空间方向侵入的安全警戒线。

3. 车辆限界

车辆限界是指车辆的制造、安装及工程列车上所装载的施工料具不得向建筑物方向超出的安全警戒线。

车轮在线路上运行时，以线路中心线为基准，绘制车辆各部最外各点的静态轮廓线，并考虑其有可能发生的变化或振动，形成动态轮廓线，再结合轨道的几何偏差所引起的车辆位移确定车辆限界。

地铁限界是以地铁车辆的轮廓尺寸和运行的动力性能为基本依据，在综合考虑线路特性、设备安装、施工方法等因素，确定地下构筑物的大小和各种设备相互间的尺寸关系及界限。地铁限界按车辆在直线上运行制定；在曲线段和道岔区，其限界必须按车辆的有关尺寸、不同的曲线半径和超高，以及不同的道岔类型进行加宽和加高。竖曲线地段的建筑限界，应在直线地段上根据不同竖曲线半径及车辆的有关尺寸计算的加高量进行加高。

为确保乘客下车时的安全，车站直线地段的站台高度应低于车厢地板面，其高度差宜为50～100mm。

(1)车辆限界的依据和原则

车辆限界是在直线上运行的车辆轮廓尺寸的基础上，考虑车辆运行的偏移、倾斜，各连接件和走行部分的磨耗，以及空气弹簧一侧失效等原因，经计算求得的。其决定因素主要有：

①车辆主要尺寸；

②静态和动态时的车辆横向偏移量；

③静态和动态时的车辆垂直偏移量；

④静态和动态时的车辆偏转角。

其中车辆主要尺寸如下：

a. 车体长度 22 100mm；

b. 车体最大宽度 3 000mm；

c. 车体顶面距轨顶面高度 3 800mm；

d. 车辆定距 15.700mm；

e. 转向架轴距 2 500mm；

f. 客室地板面距轨顶面高度 3 800mm；

g. 地铁电动客车组，其半宽为 1.5m，加上列车的安全距离，故两正线直线地段最小线间距取 3.6m。

(2)设备限界的依据和原则

设备限界是在车辆限界的基础上，考虑各种因素的安全预留量而确定的。除与行车直接有关的设备(如站台、接触网的滑触线)外，所有安装后的设备均不得侵入设备限界。

(3)建筑限界的依据和原则

建筑限界是隧道最小横断面有效内轮廓尺寸限界。在建筑限界与设备限界间的空间，应满足安装设备和管线的需要。

(4)接触网限界

接触网限界是在隧道内安装接触网及其支架的尺寸限界。它取决于车辆受电弓升起高度允许值，可能的偏移、倾斜、允许磨耗量以接触网安装需要的高度。

(5)区间隧道限界

①圆形隧道限界

一般情况下，在车辆限界的基础上确定地铁限界以后，再综合考虑施工方法、施工误差、衬砌厚度。

曲线地段矩形隧道建筑限界加宽的集中具体做法如下。

a. 圆曲线地段可根据不同曲线半径的车辆设备限界进行加宽。

b. 缓和曲线地段加宽方法，其精确计算可按缓和曲线上各点曲率半径和轨道超高值逐一求得，也可采用近似计算法。

c. 当线路无缓和曲线而有超高过渡段时，其限界应进行加宽量计算。

②矩形隧道限界

矩形隧道直线段建筑内净尺寸为 4 300mm(宽)×5 000mm(高)；线路中心线至隧道外墙净距离为 2 200mm，至隧道中隔墙净距离为 2 100mm。

(6)重要限界值

车站站台面至轨顶的高度为 1 100mm，比车辆地板面至轨顶低 30mm，主要考虑有利于乘客上、下车和当车轮直径因磨耗而缩小时仍不致比站台面低这一因素确定。

站台边缘至线路中心线水平距离为 1 600mm，至隧道外墙净距为 2 220mm。站台以外设备用房的外墙距线路中心线距离为 800mm。在设备用房外不允许安装任何设备，以保证通过列车的运行安全。

(7)地铁高架桥与公交道路的净空

地铁高架桥与公交道路的净空：主要道路的净空为 5.00m(个别超高车辆通行的道路为 5.50m)，一般道路净空高度为 4.50m，次要道路净空高度不低于 4.20m。跨越铁路干线的净空高度为 6.75m，跨越铁路支线的净空高度为 5.70m。

六、曲线轨道方向整正

曲线轨道在列车动力作用下，变形不断积累，容易出现方向错乱。为确保行车平稳和安全，需对曲线方向定期检查，必要时进行曲线整正，将它恢复到原设计位置。

曲线整正计算方法较多，但主要采用偏角法和绳正法。在线路大修平面设计时常采用偏角法，而日常维修的曲线整正拨道计算则常采用绳正法。这两种方法均依据渐伸线原理，即计算现有曲线各点和设计曲线各对应点的渐伸线长度，依渐伸线长度差计算拨量。但偏角法与绳正法在计算渐伸线长度的方法上有所不同，本节主要介绍绳正法，偏角法可查阅相关规范。

绳正法的基本原理，是利用曲线上各点正矢与曲率的关系，通过改正正矢从而改变曲线曲率，使曲线恢复到原有圆顺度。

渐伸线的几何意义如图 7-23 所示。曲线 AB 表示轨道中线，设有一柔软且无伸缩性的细线紧贴在曲线 AB 上，A 端固定，另一端 B 沿轨道中线切线方向拉离原位，拉开的直线始终与曲线 AB 相切，则 B 点的移动轨迹 B_1、B_2、…、B'就是 B 点相对于曲线 AB 的渐伸线。BB'弧长就是 B 点相对于切线 AB'的渐伸线长。

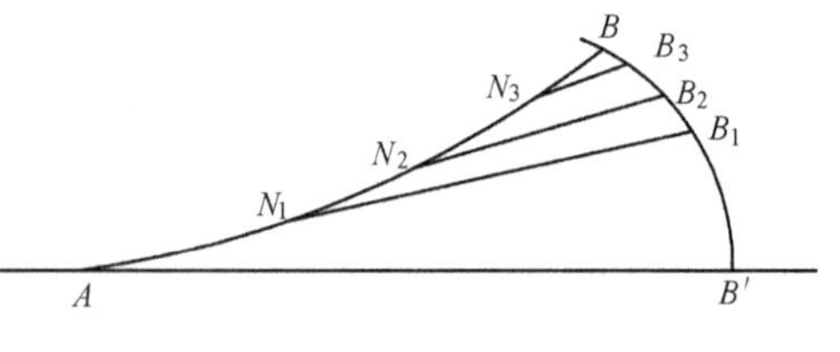

图 7-23　曲线的渐伸线

渐伸线有以下两个特性：

(1)渐伸线的法线 B_1N_1、B_2N_2…是对应点上原曲线的切线。

(2)渐伸线上任意两点曲率半径之差，等于对应点上原曲线弧长的增量。如渐伸线上 B_1 与 B_2 两点的曲率半径 B_1N_1、B_2N_2 之差，等于原曲线的弧长 N_1N_2。

根据渐伸线的定义和特性，曲线拨动时作两点假定：

(1)曲线上任意一点拨动时都是沿渐伸线移动的；

(2)曲线拨动前后其长度不变。

第一点假定为拨距计算提供了依据。既有曲线 B 点的渐伸线长度为 E_j，设计曲线上与 B 点相对应的渐伸线长度为 E_s，则拨距 e 即为两渐伸线长度之差。

$$e = E_j - E_s \tag{7-25}$$

$e<0$ 时，曲线内压；$e>0$ 时，曲线外挑。

第二点假定是对曲线拨动后长度变化的一种近似。因为在曲线拨动时有挑有压，长度变化不大，这种近似能满足拨量计算的精度要求。

曲线整正时，首先要检查测量曲线上各点的正矢。规定曲线轨道上以外股轨线为基准线，每 10m 设一个测点，用一根不易变形的 20m 长的弦线，两端紧贴外轨内侧轨顶线下 16mm 处，在弦的中点量出弦线与外轨侧面的距离，称为实测正矢。整正曲线要求各测点应达到的正矢称为计划正矢。计划正矢可根据曲线上各测点的正矢与曲率间的几何关系计算、调整得到。当正矢误差超过表 7-14 的规定时，则曲线需要整正。

曲线正矢误差规定值 表 7-14

曲线半径 R (mm)	缓和曲线各点正矢与计划正矢差		圆曲线正矢连续差		圆曲线正矢最大最小值差	
	正线及到发线	其他线	正线及到发线	其他线	正线及到发线	其他线
≤250	7	8	14	16	21	24
251～350	6	7	12	14	18	21
351～450	5	6	10	12	15	18
451～650	4	5	8	10	12	15
≥651	3	4	6	8	9	12

曲线整正时，既有曲线上各测点的渐伸线长度 E_j 可由实测正矢值得到，设计曲线上各测点的渐伸线长度 E_s 可由计划正矢计算得到，然后根据式(7-25)即可得到各测点的拨距 e，根据各测点的拨距 e 就可对曲线进行拨正。

1. 计划正矢计算

圆曲线上各点(除始、终点外)的正矢应相等。如图 7-24 所示，半径 R、弦长 l 和圆曲线正矢 f_c 的关系为 $(2R-f_c)f_c=\frac{l^2}{4}$，因此圆曲线正矢 f_c 可近似为

$$f_c \approx \frac{l^2}{8R} \tag{7-26}$$

式中：f_c——圆曲线正矢；

R——圆曲线半径(m)；

l——量测正矢用弦长，一般为 20m。

将 l=20m 代入上式得圆曲线正矢的另一表达式，即

$$f_c \approx \frac{l^2}{8R} = \frac{20\times 20}{8R}\times 1\,000 = \frac{50\,000}{R}\text{mm}$$

缓和曲线正矢计算如图 7-25 所示。设 y_1、y_2、y_3…为各测点支距，则近似有

$$f_0 = \frac{y_1}{2};f_1 = \frac{y_2}{2};f_2 = \frac{y_1+y_3}{2} - y_2;\cdots$$

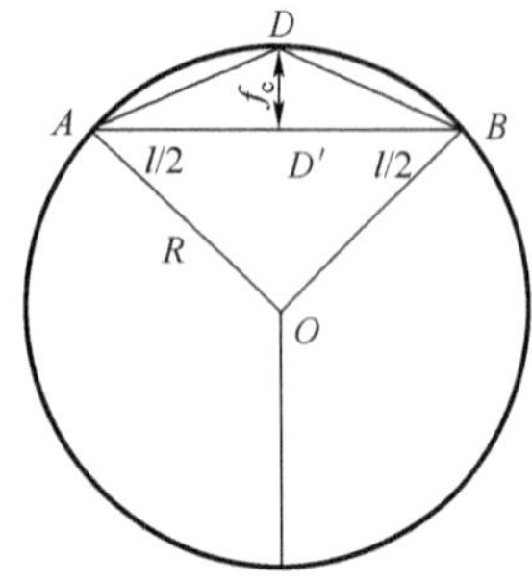

图 7-24 圆曲线正矢计算

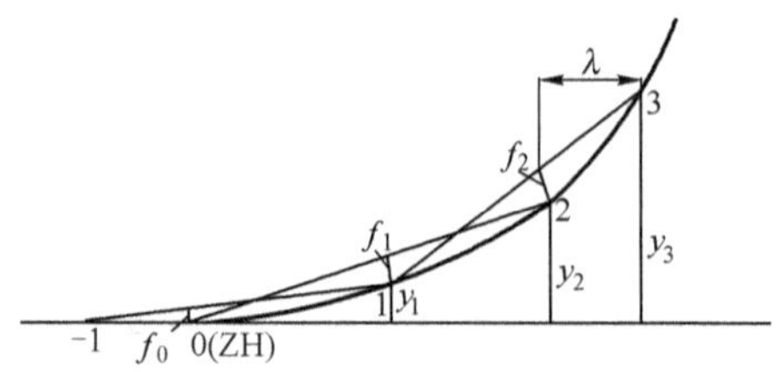

图 7-25 缓和曲线正矢计算图(ZH 点在测点上)

对于常用缓和曲线，各点正矢可表示为

$$f_0 = \frac{f_s}{6};f_1 = f_s;f_2 = 2f_s;f_3 = 3f_s;\cdots$$

式中：f_s——缓和曲线的正矢递增率，当 n 为缓和曲线分段数时，则有 $f_s = f_c/n$。

2. 拨量计算

曲线上各点的渐伸线长度计算如图 7-26所示，其中 0,1,2,…,k,…,n 分别表示曲线上各个测点，相应的实测正矢值分别为 $f_0,f_1,f_2,\cdots,f_k,\cdots,f_n$，相应的渐伸线长度分别为 $E_0,E_1,E_2,\cdots,E_k,\cdots,E_n$，则

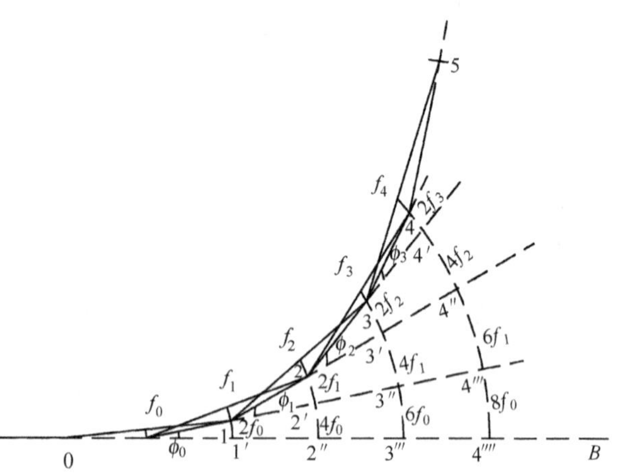

图 7-26 渐伸线长度计算图

$$E_1 = 2f_0$$

$$E_2 = 4f_0 + 2f_1 = 2\times(2f_0+f_1) = 2\times[f_0+(f_0+f_1)]$$

$$E_3 = 6f_0+4f_1+2f_2 = 2\times(3f_0+2f_1+f_2) = 2\times[f_0+(f_0+f_1)+(f_0+f_1+f_2)]$$

$$\vdots$$

$$\begin{aligned}E_k &= 2\times[kf_0+(k-1)f_1+(k-2)f_2+\cdots+f_{k-1}]\\ &= 2\times[f_0+(f_0+f_1)+(f_0+f_1+f_2)+\cdots+(f_0+f_1+\cdots+f_{k-1})]\\ &= 2\sum_{i=0}^{k-1}\sum_{j=0}^{i}f_j\end{aligned}$$

$$\begin{aligned}E_n &= 2\times[nf_0+(n-1)f_1+(n-2)f_2+\cdots+f_{n-1}]\\ &= 2\times[f_0+(f_0+f_1)+(f_0+f_1+f_2)+\cdots+(f_0+f_1+\cdots+f_{n-1})]\\ &= 2\sum_{i=0}^{n-1}\sum_{j=0}^{i}f_j\end{aligned}$$

也就是说，第 k 点的渐伸线长度 E_k，等于到其前一点 $(k-1)$ 为止的正矢累计的合计数的 2 倍。同理，可求得正矢为计划正矢 f' 的设计曲线上 k' 点的渐伸线长度为

$$E_k' = 2\sum_{i=0}^{k-1}\sum_{j=0}^{i} f_j'$$

由式 $e=E_j-E_s$ 得到第 k 点的拨量为

$$e_k = 2\sum_{i=0}^{k-1}\sum_{j=0}^{i}(f_j - f_j') = 2\sum_{i=0}^{k-1}\sum_{j=0}^{i}\Delta f_j \tag{7-27}$$

式中：Δf_j——测点实测正矢与计划正矢之差，$\Delta f_j = f_j - f'_j$。

计算出各测点的拨量后，即可对曲线实施拨正。曲线上各点拨动后，不仅改变了本点的正矢，也改变了左右相邻点的正矢，因此拨道完成后，第 k 测点的实际正矢应为

$$f'_k = f_k + e_k - \frac{e_{k-1} + e_{k+1}}{2} \tag{7-28}$$

3. 拨道计算的限制条件

(1) 保证曲线整正前后两端切线方向不变。要求曲线上所有测点计划正矢的总和必须等于实测正矢的总和或正矢差累计为零，即 $\sum_{j=0}^{n} f'_j = \sum_{j=0}^{n} f_j$ 或 $\sum_{j=0}^{n}\Delta f = 0$。

当 $\sum_{j=0}^{n}\Delta f \neq 0$ 时，若 $\sum_{j=0}^{n}\Delta f \neq -a$（其中 $a>0$），应选取 a 个测点，每个测点计划正矢减 1mm；若 $\sum_{j=0}^{n}\Delta f \neq a$，应选取 a 个测点，每个测点计划正矢加 1mm。经过调整计划正矢，则可满足 $\sum_{j=0}^{n}\Delta f_j = 0$。

(2) 保证曲线整正前后始终点位置不变。要求曲线终点拨量为零，即 $\sum_{i=0}^{n-1}\sum_{j=0}^{i}\Delta f_j = 0$。

当 $\sum_{i=0}^{n-1}\sum_{j=0}^{i}\Delta f_j \neq 0$ 时，若 $\sum_{i=0}^{n-1}\sum_{j=0}^{i}\Delta f_j = -a$（其中 $a>0$），应选取相距为 a 的一对测点，使前一测点的计划正矢减 1mm，后一测点的计划正矢加 1mm；若 $\sum_{i=0}^{n-1}\sum_{j=0}^{i}\Delta f_j = a$，应选取相距为 a 的一对测点，使前一测点的计划正矢加 1mm，后一测点的计划正矢减 1mm。若选取一对测点不足以调整，可选择若干对测点进行调整。经过对计划正矢进行调整，则可满足 $\sum_{i=0}^{n-1}\sum_{j=0}^{i}\Delta f_j = 0$。

(3) 保证曲线上某些控制点 k（如小桥、道口等）因受具体条件限制而不能拨动之处的拨量为零，即使得控制点上 $\sum_{i=0}^{k-1}\sum_{j=0}^{i}\Delta f_j = 0$。当控制点上 $\sum_{i=0}^{k-1}\sum_{j=0}^{i}\Delta f_j \neq 0$ 时，在控制点前后各选取一对测点，调整计划正矢。若控制点处 $\sum_{i=0}^{k-1}\sum_{j=0}^{i}\Delta f_j$ 为正，计划正矢先增后减，反之先减后增；然后在控制点之后选取一对测点，调整计划正矢。调整方法与控制点之前的一对测点的办法相反，即控制点之前为先增后减时，控制点之后为先减后增；控制点之前为先减后增，控制点之后就为先增后减。这样既可满足控制点的要求，又能保证曲线终点 $\sum_{i=0}^{n-1}\sum_{j=0}^{i}\Delta f_j = 0$ 的条件。

【例 7-2】 表 7-15 为一曲线整正计算实例。其中曲线半径 $R=500$m，两端缓和曲线长为 50m。实测正矢见表 7-15 第 2 栏，其中第 7 点为小桥，不允许拨动曲线。

解 部分计划正矢计算如下。

圆曲线计划正矢 $$f'_c = \frac{50\,000}{R} = \frac{50\,000}{500} = 100\text{mm}$$

第七章 城市轨道交通轨道

缓和曲线计划正矢 $f'_s=\frac{f'_s}{n}=\frac{100}{5}=20\text{mm}$

$$f'_0=\frac{1}{6}f'_s=\frac{1}{6}\times 20=3.33\text{mm},取\ f'_0=3\text{mm}$$

$$f'_n=f'_c-\frac{1}{6}f'_s=100-3=97\text{mm}$$

表中其他部分计算与调整,参看本节内容。

绳正法整正曲线计算 表 7-15

测点号	实测正矢 f	一次计算		二次计算			三次计算				四次计算				全拨量 $2\Sigma\Sigma\Delta f$	拨后正矢 f	注
		f'	Δf	f'	Δf	$\Sigma\Delta f$	f'	Δf	$\Sigma\Delta f$	$\Sigma\Sigma\Delta f$	f'	Δf	$\Sigma\Delta f$	$\Sigma\Sigma\Delta f$			
1	0	0	0	0	0	0	0	0	0	0	0	0	0	0	0	0	0
2	33	3	0	3	0	0	2	+1	+1	0	3	0	0	0	0	3	ZH
3	22	20	+2	20	+2	+2	20	+2	+3	+1	20	+2	+2	0	0	20	
4	35	40	−5	40	−5	−3	41	−6	−3	+4	40	−5	−3	+2	+4	40	
5	66	60	+6	60	+6	+3	60	+6	+3	+1	60	+6	+3	−1	−2	60	
6	75	80	−5	80	−5	−2	80	−5	−2	+4	80	−5	−2	+2	+4	80	
7	105	97	+8	98	+7	+5	98	+7	+5	+2	98	+7	+5	0	0	98	HY
8	90	100	−10	101	−11	−6	101	−11	−6	+7	101	−11	−6	+5	+10	101	
9	110	100	+10	101	+9	+3	101	+9	+3	+1	101	+9	+3	−1	−2	101	
10	95	100	−5	101	−6	−3	101	−6	−3	+4	101	−6	−3	+2	+4	101	
11	105	100	+5	101	+4	+1	101	+4	+1	+1	101	+4	+1	−1	−2	101	
12	100	100	0	101	−1	0	101	−1	0	+2	101	−1	0	0	0	101	
13	100	100	0	101	−1	−1	101	−1	−1	+2	101	−1	−1	0	0	101	
14	96	97	−1	98	−2	−3	98	−2	−3	+1	97	−1	−2	−1	−2	97	YH
15	85	80	+5	80	+5	+2	80	+5	0	−2	80	+5	+3	−3	−6	80	
16	58	60	−2	60	−2	0	60	−2	0	0	61	−3	0	0	0	61	
17	40	40	0	40	0	0	40	0	0	0	40	0	0	0	0	40	
18	20	20	0	20	0	0	20	0	0	0	20	0	0	0	0	20	
19	2	3	−1	2	0	0	2	0	0	0	2	0	0	0	0	2	HZ
20	0	0	0	0	0	0	0	0	0	0	0	0	0	0	0	0	
合计	1 237		+36 −29		+33 −33	+16 −18		+34 −34				+33 −33	+17 −17				

第三节　道　　岔

一、普通单开道岔的计算

在铁路线路中，使机车车辆由一条线路转向另一条线路的轨道连接设备称作道岔。道岔有多种类型，我国习惯上把和道岔有关的交叉设备归属在道岔中。因此，我国铁路上铺设和使用的标准道岔有普通单开道岔、单式对称道岔、三开道岔、交叉渡线及交分道岔，见图 7-27。

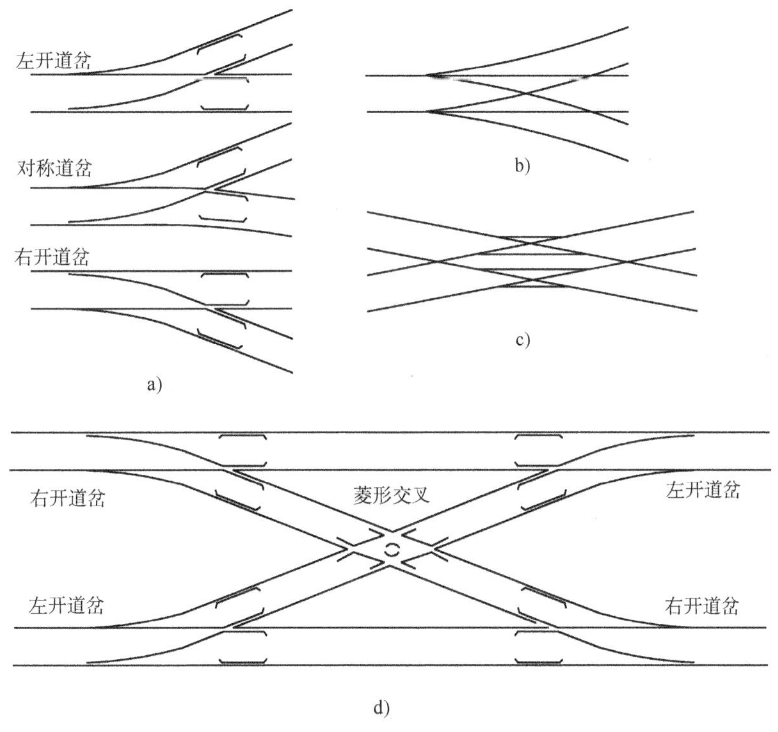

图 7-27　道岔的主要类型

a)单开道岔和对称道岔；b)三开道岔；c)交分道岔；d)交叉渡线

在我国使用最多的道岔就是普通单开道岔，简称单开道岔，它的数量占各类道岔总数的 90%以上。这种道岔的主线为直线方向，侧线由主线向左（称左开道岔）或右（称右开道岔）侧分支。

单开普通道岔由引导列车的轮对沿原线进入或转入另一条线路运行的转辙部分，为使轮对能顺利地通过两线钢轨的连接点而形成的辙叉部分，使转辙部分和辙叉连接的连接部分，岔枕和连接零件等组成，如图 7-28 所示。

单开道岔设计，大量遇到的情况是已知钢轨的型号和道岔号数、导曲半径、转辙器类型、辙叉类型及长度来绘制道岔总布置图。单开道岔总图计算，包括道岔主要尺寸计算、配轨计算、导曲线支距的计算、各部分轨距的计算、岔枕布置、绘制道岔布置总图、提出材料数量表。

本节主要介绍曲线尖轨、直线辙叉单开道岔的计算。

1. 转辙器计算

曲线尖轨大多采用圆曲线线形。其形式很多，有切线形、半切线形、割线形、半割线形等，其中以半切线形尖轨最为常用。如图 7-29 所示。

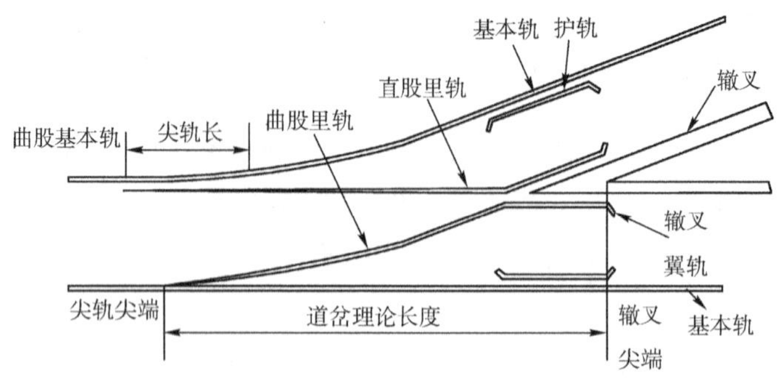

图 7-28 道岔的各部分组成

半切线形尖轨曲线的理论起点与基本轨相切，在尖轨顶宽处(通常为 20～40mm)开始，将曲线改为切线；为避免尖轨尖端过于薄弱，在顶宽为 3～5mm 处再作一斜切。曲线尖轨转辙器的主要尺寸，包括曲线尖轨长 l_0、直尖轨长 l'_0、基本轨前端长 q、基本轨后端长 q'、曲线尖轨半径 R、尖轨尖端角 β_1、尖轨转辙角 β 及尖轨跟端支距 y_g。

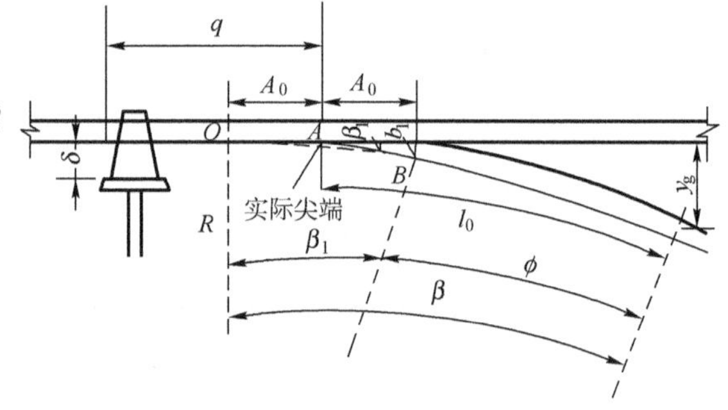

图 7-29 半切线形尖轨

设侧股轨道中心线的半径为 R_0，则尖轨工作边的曲率半径 $R=R_0+717.5\text{mm}$。尖轨尖端角为曲尖轨或导曲线(直线尖轨)工作边的曲线实际起点的半径与垂直线的夹角，又叫始转辙角。由图 7-33 可知

$$\beta_1=\arccos\frac{R-b_1}{R}$$

曲线尖轨理论起点至实际尖轨之间的距离 A_0 为

$$A_0=R\tan\frac{\beta_1}{2}$$

为使两组道岔对接时，道岔侧线的理论顶点能设置在道岔前端接头处，尖轨尖端前部基本轨的长度 q 应不小于 $A_0-\frac{\delta}{2}$(δ 为基本轨端部轨缝)。同时，q 值还应满足轨距递变的限值，即 $q\geqslant\frac{S_0-S}{i}$。其中，$S_0$ 为尖轨尖端的轨距值；S 为正常轨距值；i 为容许轨距递变率，不应大于 6‰。q 值的长短还应考虑岔枕的布置。

然后计算曲线尖轨的长度 l_0。尖轨跟部工作边的切线与基本轨工作边的夹角为 β，称转辙角，其值为

$$\beta=\arccos\frac{R-y_g}{R}$$

曲线尖轨的长度为

$$l_0 = AB + BC$$

而 $AB \approx A_0$，$BC = \frac{\pi}{180}R(\beta - \beta_1)$，$\beta$、$\beta_1$ 以度计，所以

$$l_0 = A_0 + \frac{\pi}{180^\circ}R(\beta - \beta_1) \tag{7-29}$$

曲线尖轨拨开后，与基本轨之间所形成的最小轮缘槽的位置不在尖轨的跟部，而在尖轨中部的某个位置上，如图 7-30 所示，这个宽度应满足最小轮缘的要求。因此，所算得的尖轨长度还应根据曲线尖轨扳开时所形成轮缘槽的宽度来进行调整。这时可变更尖轨跟端支距 y_g，重新计算 l_0，并校核轮缘槽宽度，直至符合要求。最小轮缘槽的计算公式为

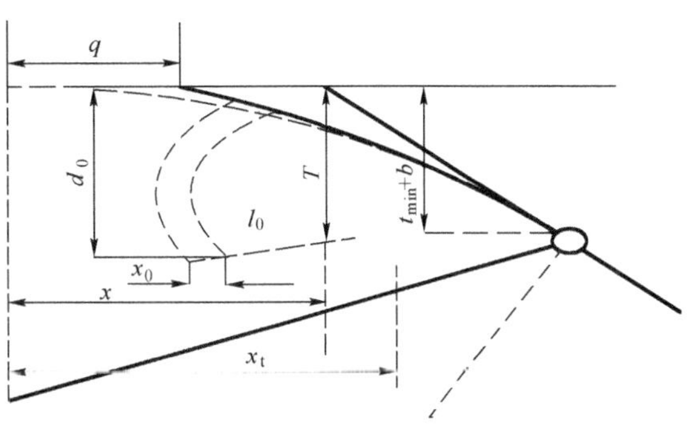

图 7-30　曲线尖轨轮缘槽

$$t_{\min} \geqslant S_{\max} - (T + d)_{\min} \tag{7-30}$$

式中：$S_{\max}$——曲尖轨凸出处直向线路轨距最大值，计算时还应考虑轨道的弹性扩张和轨道公差；

T——轮背内侧距；

d——轮缘厚度。

我国实际采用的 $t_{\min} \geqslant 1\,435 + 3 - (1\,350 + 22 - 2) = 68$mm，其中 3mm 为轨距扩大，2mm 为轮背距离缩小。同时 $t_{\min}$ 也是控制曲线尖轨长度的因素之一，为缩短尖轨长度，根据经验 $t_{\min}$ 可减少至 65mm。

设尖轨跟端支距为 y_g，尖轨转辙杆安装在离尖轨尖端 x_0 处，尖轨的动程为 d_0。尖轨拨开凸出处距尖轨理论起点的距离为 x，这时该处尖轨工作边与基本轨工作边之间的距离为 T，此处的尖轨轨头顶宽为 b，根据图 7-30，利用曲边三角形的相似关系，有

$$T \approx \frac{x^2}{2R} + \frac{d_0(l_0 + q - x)}{l_0 - x_0} \tag{7-31}$$

令 $\frac{\mathrm{d}T}{\mathrm{d}x} = 0$，则可得尖轨最凸出处距轨尖理论起点的距离 x_i 为

$$x_i = \frac{d_0 R}{l_0 - x_0} \tag{7-32}$$

因此，尖轨非工作边与基本轨工作边之间的轮缘槽宽为

$$t_{\min} = \frac{x_i^2}{2R} + \frac{d_0(l_0 + q - x_i)}{l_0 - x_0} - b \tag{7-33}$$

尖轨的长度还与跟部构造有关，如尖轨跟部为间隔铁式。如果是弹性可弯式跟部结构，则求得的轨尖长度还需要增加 1.0～2.0m，作为尖轨跟部的固定部分。

转辙器的另一根尖轨为直尖轨。直尖轨的尖端和跟部应与曲尖轨的尖端和跟部对齐。则直尖轨长 l'_0 为

$$l'_0 = A_0 + R(\sin\beta - \sin\beta_1) \tag{7-34}$$

基本轨后端长 q' 应满足岔枕布置和配轨的要求。

2. 锐角辙叉的主要尺寸

锐角辙叉的主要尺寸包括趾距(辙叉理论尖端到趾端的距离)n、跟距(辙叉理论尖端到跟端的距离)m，则辙叉全长为 $n+m$。我国铁路标准的 9、12 及 18 号道岔直线辙叉的长度见表 7-16。新设计的 50kg/m、60kg/m 钢轨 12 号锰钢固定式辙叉的 n=2 123mm，m=3 800mm。

标准 9、12 及 18 号道岔直线辙叉长度表 表 7-16

钢轨类型(kg/m)	道岔号数	辙叉全长(mm)	n(mm)	m(mm)	P_n(mm)	P_m(mm)
75、60	18	12 600	2 851	9 749	2 658	441
75、60	12	5 927	2 127	3 800	177	317
50	12	4 557	1 849	2 708	154	225
60	9	4 309	1 538	2 771	171	308
50	9	3 588	1 538	2 050	171	228

3. 道岔主要尺寸的计算

半切线形尖轨、直线辙叉单开道岔的主要尺寸如图 7-31 所示。O 点为道岔直股中心线和侧股中心线的交点，又称道岔中心。需计算的尺寸如下：

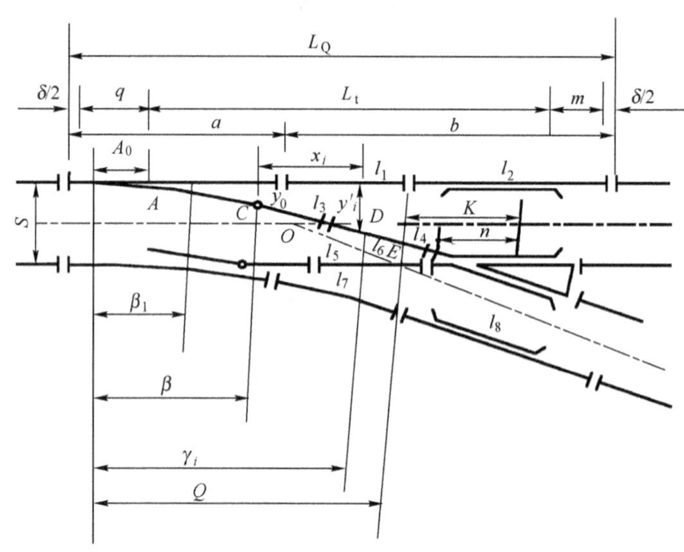

图 7-31 单开道岔总图

道岔前长 a(道岔前轨缝中心到道岔中心的距离)，道岔后长 b(道岔中心到道岔后端轨缝中心的距离)，道岔理论长 L_t(尖轨理论尖端到辙叉理论尖端的距离)，道岔实际长 L_Q(道岔前后轨缝中心之间的距离)，导曲线后插直线长 K(导曲线后插入直线段是为了减少车辆对辙叉的撞击，避免车轮与辙叉前接头相撞，并使辙叉两侧的护轨完全铺设在直线上，一般要求 K 为 2～4m，最短不得小于辙叉趾距 n 加上夹板长度 l_H 之半，即 $K_{min} \geq n+\frac{l_H}{2}$)。

为求得道岔的有关数据，将导曲线外股工作边 $ACDEF$ 投影到直股中心线上，得

$$L_t = R\sin\alpha - A_0 + K\cos\alpha \tag{7-35}$$

$$L_Q = q + L_t + m + \delta \tag{7-36}$$

再把它投影到直股中心线上，得

$$y_g + R(\cos\beta - \cos\alpha) + K\sin\alpha = S$$

$$K = \frac{S - R(\cos\beta - \cos\alpha) - y_g}{\sin\alpha} \tag{7-37}$$

或者

$$R = \frac{S - K\sin\alpha - y_g}{\cos\beta - \cos\alpha} \tag{7-38}$$

同理可得

$$b = \frac{\frac{S}{2}}{\frac{\tan\alpha}{2}} + m + \frac{\delta}{2} \tag{7-39}$$

$$\alpha = L_Q - b \tag{7-40}$$

【例 7-3】 60kg/m 钢轨 12 号曲线尖轨、固定式辙叉提速道岔，混凝土岔枕。$N=12(\alpha=4°45'49'', \beta=2°24'47'')$，$R=350\ 717.5$mm，基本轨长 $l_j=16\ 792$mm，$n=2\ 692$mm，$m=3\ 954$mm，曲线尖轨长 $l_0=13\ 880$mm，直尖轨长 $l'_0=13\ 880$mm，基本轨前端长 $q=2\ 920$mm，$S=1\ 435$mm，$y_g=311$mm，$\delta=8$mm，导曲线理论起点距尖轨实际尖端 298mm，详见图 7-32，试求道岔前长 a、道岔后长 b、道岔理论长 L_t、道岔实际长 L_Q 及导曲线后插直线长 K。

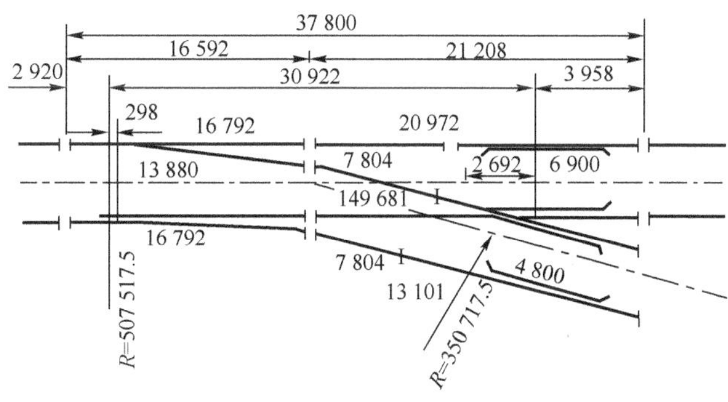

图 7-32　12 号固定式辙叉提速道岔平面主要尺寸(尺寸单位：mm)

解

$$\beta = 2°24'47'', \cos\beta = 0.999\ 113\ 246$$

$$\alpha = 4°45'49'', \cos\alpha = 0.996\ 545\ 80, \sin\alpha = 0.083\ 044\ 95$$

$$\tan\frac{a}{2} = 0.415\ 943\ 1$$

根据图转辙器部分的尺寸，尖轨理论起点到实际尖轨之间的距离为

$$A_0 = 1\ 184 - 298 = 886\text{mm}$$

$$K = \frac{S - R(\cos\beta - \cos\alpha) - y_g}{\sin\alpha}$$

$$= \frac{1\ 435 - 350\ 717.5 \times (0.999\ 113\ 246 - 0.996\ 545\ 80) - 311}{0.083\ 044\ 95}$$

$$= 2\ 692\text{mm}$$

$$L_t = R\sin a - A_0 + K\cos a$$

$$= 350\ 717.5 \times 0.083\ 044\ 95 - 886 + 2\ 962 \times 0.996\ 545\ 80$$

$$= 30\ 922\text{mm}$$

$$L_Q = q + L_t + m + \delta = 2\ 916 + 30\ 922 + 3\ 954 + 8 = 37\ 800\text{mm}$$

$$b=\frac{\frac{S}{2}}{\frac{\tan\alpha}{2}}+m+\frac{\delta}{2}=\frac{\frac{1\ 435}{2}}{0.041\ 594\ 31}+3\ 956+4=21\ 208\text{mm}$$

$$\alpha=L_Q-b=37\ 800-21\ 208=16\ 592\text{mm}$$

4. 配轨计算

一组单开道岔，除转辙器、辙叉及护轨外，普通道岔有 8 根连接轨，分 4 股，每股 2 根。其中 2 股为直线，另 2 股为曲线。所谓配轨，就是计算这 8 根钢轨的长度并确定其接头的位置。

配轨计算时应考虑如下一些原则：

①转辙器及辙叉的左右基本轨长度应尽可能一致，以减少基本轨备件的数量，并有利于左右开道岔的互换；

②连接部分的钢轨不宜过短，一般小号道岔不小于 4.5m，大号道岔不小于 6.25m；

③配轨时应保证接头对接，并尽量使岔枕布置不发生困难，同时要考虑安装轨道电路绝缘接头的可能性。

单开道岔配轨计算公式(参见图 7-31)为

$$\left.\begin{aligned}&l_1+l_2=l_Q-l_j-3\delta\\&l_3+l_4=\left(R+\frac{b}{2}\right)(\alpha-\beta)\frac{\pi}{180^\circ}+K-n-3\delta\\&l_5+l_6=L_t-l'_0-n-3\delta\\&l_7+l_8=q+A_0-S_j\tan\beta_1+\left(R-S-\frac{b}{2}\right)(\alpha-\beta)\frac{\pi}{180^\circ}+K+m-3\delta-l_j\end{aligned}\right\}\tag{7-41}$$

式中：A_0——曲线尖轨实际尖端至导曲线实际起点的距离；

S_j——尖轨尖端处的轨距；

$S_j\tan\beta_1$——曲线尖轨外轨起点超前内轨起点的距离；

l_j——基本轨的长度；

B——轨头宽度。

仍对 60kg/m 钢轨 12 号提速道岔进行计算，并采用以上的计算结果。对于提速道岔和无缝道岔，还要考虑绝缘接头和焊接接头的设置，并减少轨缝的个数。

$$l_1+l_2=37\ 800-16\ 584-3\times8=21\ 192\text{mm}$$

$$l_3+l_4=(350\ 717.5+35)\times2.350\ 555\times0.017\ 453\ 29+2\ 692-2\ 038-3\times8=15\ 024\text{mm}$$

$$l_5+l_6=30\ 922-13\ 880-2\ 038-3\times8=14\ 980\text{mm}$$

$$\begin{aligned}l_7+l_8&=2\ 916+298-1\ 437\times0.000\ 337\ 7+(350\ 717.5-1\ 435-35)\times\\&\quad4.760\ 234\times0.017\ 453\ 29+2\ 692+3\ 954-3\times8-16\ 584\\&=22\ 268\text{mm}\end{aligned}$$

取 8 根钢轨长度分别为

$$l_1=7\ 770\text{mm},l_2=13\ 422\text{mm},l_3=7\ 804\text{mm},l_4=7\ 220\text{mm},$$

$$l_5=7\ 770\text{mm},l_6=7\ 210\text{mm},l_7=7\ 800\text{mm},l_8=14\ 468\text{mm}$$

5. 导曲线支距计算

在单开道岔上，以直股基本轨作用边为横坐标轴，导曲线上各点距此轴的垂直距离叫做导曲线支距。导曲线支距计算，取直股基本轨作用边正对尖轨跟端的 O 点为坐标原点，如图7-31所示。这时导曲线始点的横坐标 x_0 和 y_0 支距分别为

$$\left.\begin{aligned}x_0&=0\\y_0&=y_g\end{aligned}\right\}\tag{7-42}$$

导曲线终点的横坐标 x_n 和支距 y_n 分别为

$$\left.\begin{aligned}x_n&=R(\sin\gamma_n-\sin\beta)\\y_n&=y_g+R(\cos\beta-\cos\gamma_n)\end{aligned}\right\}\tag{7-43}$$

式中 :R——导曲线外轨半径;

γ_n——导曲线终点 n 所对应的偏角;

β——转辙角。

令导曲线上各支距点的横坐标为 x_i,通常点间距为 2m,则其相应的支距 y_i 为

$$y_i=y_0+R(\cos\beta-\cos\gamma_i)\tag{7-44}$$

$$\gamma_i=\arcsin\left(\sin\beta+\frac{x_i}{R}\right)\tag{7-45}$$

显然,在导曲线终点 $\gamma_n=a$(辙叉角)。

现仍对 60kg/m 钢轨 12 号单开道岔进行计算。已知参数:$\beta=2°24'47''$,$\alpha=4°45'49''$,$y_g=311$mm。

支距计算起始点:$x_0=0$,$y_0=y_g=311$mm

支距计算终点坐标:

$x_n=R(\sin\alpha-\sin\beta)=350\ 717.5\times(0.083\ 044\ 85-0.042\ 103\ 691)=14\ 363$mm

$y_n=S-K\sin a=1\ 435-2\ 692\times0.083\ 044\ 85=1\ 211$mm

其余各点支距可按表 7-17 计算。

导曲线各点支距 y_i 的计算格式 表 7-17

x_i	x_i/R	$\sin\gamma_i=\sin\beta+x_i/R$	$\cos\gamma_i$	$\cos\beta-\cos\gamma_i$	$R(\cos\beta-\cos\gamma_i)$	$y_i=y_g+R(\cos\beta-\cos\gamma_i)$
…	…	…	…	…	…	…

二、普通单开道岔的铺设与更换

道岔结构复杂,零件较多,技术要求严格,因此道岔的铺设是一项细致复杂的工作。为提高铺轨速度,使铺轨与铺道岔两不误,一般采用预铺道岔或预留岔位等方法铺道岔。按照铺设方法,道岔铺设可分为人工铺设和机械铺设两种方法。目前,我国采用人工铺设比较多。普通单开道岔的铺设方法和步骤详述如下。

1. 准备工作

(1)熟悉图纸。道岔的设计标准图纸,包括道岔布置图和道岔各组成部分的构造图,是铺设道岔最主要的依据,铺岔前应认真学习。

(2)整理料具。道岔钢轨、道岔前后的短轨、配件、岔枕等,运到施工现场后要详细清点、检查、整理,并丈量各部尺寸,然后编号分类堆放好。若有尺寸、类型不符或缺损者,应立即更换补齐。木岔枕端头应经捆扎后使用。

(3)测量。根据车站平面图,定出道岔中心桩;按道岔图测量基本股道起点的位置;量取从道岔中心到尖轨尖端的长度,定出岔头位置桩;测量辙叉跟的位置,定出岔尾桩。一般情况下,岔头与岔尾不会正好在钢轨接缝位置,故需要在道岔前后插入短轨加以调整。

(4)道岔铺设前,道碴摊铺应平整。铺设后,串碴找平,逐步捣固至设计高程。

2.铺设方法

(1)铺岔枕。先把道岔前后线路仔细拨正,拆除岔位处的原有轨道,把岔枕间隔固定在岔位靠基本轨道的一侧,按间隔绳散布岔枕,并使全部岔枕在直股外侧取齐。

(2)散布垫板及配件。垫板与各类配件必须严格按设计散布与安放,不允许随便互换,特别是辙后垫板与辙叉的护轨下垫板不得弄错。

(3)岔枕钻眼。由于道岔垫板的形式、尺寸及位置不一样,岔枕道钉孔位置必须逐一量画,并打出道钉孔位置印。直股上使用普通垫板的岔枕,可用线路上道钉孔样板打印;使用其他垫板的岔枕,要根据轨距、轨头宽、轨底宽及垫板长度计算出岔枕端头的尺寸,画出垫板边线,摆上垫板,按每块垫板上的道钉孔眼打好道钉孔印;曲线部分的道钉孔眼,要在直股钉好以后,根据支距及轨距画出垫板边线,按垫板上的道钉孔打印。

(4)铺设道岔钢轨。道岔钢轨的铺设顺序,通常都是先直股后曲股,先外股后里股,共 4 步钉完,如图 7-33 所示。

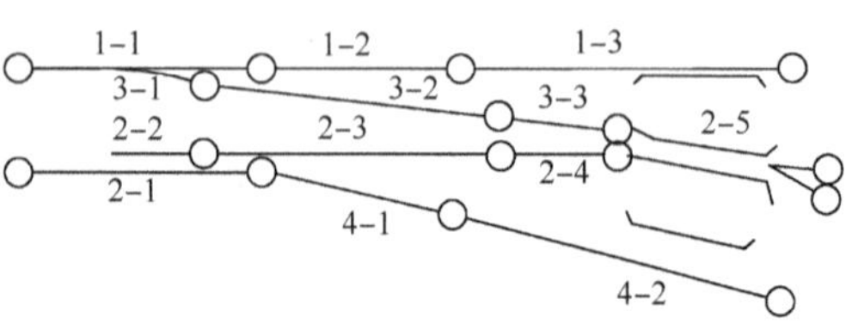

图 7-33　道岔钢轨铺设顺序

①铺钉直线上股钢轨和护轨。按编号顺序铺设直股基本轨和护轨 1-1～1-3,并使得 1-1 的前端与岔头桩对齐。连接钢轨接头,并按直股轨距要求,铺设钢轨 2-1～2-4 和辙叉 2-5。

②铺钉直线下股钢轨、尖轨及辙叉。以拨正的上股钢轨为准,根据各点的轨距要求,摆正垫板,钻好道钉孔,每块垫板先钉两个道钉,待全面钉完,拨正道岔直线方向使道岔与前后轨道方向顺直,经检查后再补钉其余的道钉。

③铺钉导曲线上股轨和尖轨。根据道岔布置图或查导曲线支距表上的导曲线支距,从尖轨跟部接缝上即导曲线起点开始,按支距法铺钉 3-1～3-3 的钢轨,连接接头,铺好垫板后即可钉道钉,先钉支距点枕木上的道钉,用撬棍拨移钢轨,然后钉道钉。打钉时,先钉外口后钉里口,以确保支距的正确。

④铺钉导曲线下股钢轨和护轨。以导曲线上股为准,按规定的轨距及递减距离(前三后四)铺钉 4-1、4-2 钢轨,连接钢轨接头,铺垫板,拨正钢轨,然后钉道钉。

⑤安装连接杆。安装连接杆,尖轨摆动必须灵活,尖轨尖端与基本轨必须密贴,且尖轨动程符合规定。

⑥安装转辙机械。转辙机械应设在侧线一侧的两根长岔枕上,一般在安装信号时进行安装,对刚铺的道岔可采取临时措施扳动。道岔铺设后,其岔后另一股连接未铺前,辙叉心后间隔铁处必须加铺一根临时短轨,尖轨必须钉固枷锁,严禁扳动。新铺道岔临时使用时,应安装转辙设备,不得用撬棍扳道或其他方法支顶尖轨。

另外,为进一步提高道岔铺设的效率和质量,或者由于地区条件和劳动力等限制,可采用机械化铺设的方法进行。机械铺设道岔就是把需要铺设的道岔在轨排组装基地预先钉好,再根据 3 大部分拆开(即转辙器、连接部分及辙叉和护轨),分成 3 个块,按道岔铺设的顺序装在轨排车上运到施工现场,然后利用起重设备或铺轨机机械铺设。对号数较大的道岔,由于基本轨和导轨增长且重量增大,必须专门研究组拼办法。由于篇幅有限,对于机械铺设道岔的具体施工步骤不再详述。

当道岔钢轨及主要部件的使用寿命超过规范要求,道岔号数不符合规定,随着行车密度、速度及轴重的加重,道岔及钢轨类型等已不适应运输要求时,要及时成组更换道岔。

成组更换新道岔的施工方法，基本上分为如下两类：

(1)就地更换。预先将新道岔组件运至待换道岔两旁，在封锁时间内拆除旧道岔，分股拨入新道岔。

(2)现场预铺成组拨入。施工现场一侧场地宽敞，能容纳整组道岔预先组装，然后成组更换。

不论是何种施工方法，都需要进行道岔位置的确定和锯轨量计算。成组更换道岔一般多是在运输繁忙区段进行，因为施工场地窄、封锁时间短、涉及部门多，必须充分做好准备，精心施工，方能保质、保量、保安全。

三、特殊道岔及车挡

对于特种道岔，本节主要介绍对称道岔、交分道岔及三开道岔。

1.对称道岔

对称道岔是单开道岔的一种特殊形式，具有以下特点。

(1)整个道岔对称于主线的中线或辙叉角的中分线，列车通过时无直向及侧向之分。

(2)尖轨长度相同时，尖轨作用边与主线方向所成的交角约为单开道岔的一半。

(3)导曲线半径相等时，对称道岔的长度要比单开道岔短；其他条件相同时，导曲线半径约为单开道岔的2倍。

(4)在曲线半径和长度保持不变时，可采用比单开道岔更小号数的辙叉。

在道岔长度固定的条件下，使用对称道岔可获得较大的导曲线半径，故能提高过岔速度；在保持相同的过岔速度的条件下，对称道岔能缩短道岔长度，因此能缩短站场长度，增加股道有效长度。对称道岔的这些特点使得它在驼峰下、三角线上得到广泛应用，并适用于工业铁路线和城市轻轨线。

2.交分道岔

交分道岔有单式、复式之分。复式交分道岔相当于两组对向铺设的单开道岔，实现不平行股道的交叉，但具有道岔长度短、开通进路多及两个主要行车方向均为直线等优点，因而能节约用地，提高调车能力并改善列车运行条件。

我国常用交分道岔的基本形式为直线菱形交叉和内分复式尖轨转辙器。交分道岔由菱形交叉、转辙器及连接曲线等部分组成。菱形交叉一般是直线与直线交叉，由两副锐角辙叉、两副钝角辙叉及连接钢轨组成。交分道岔的尖轨，在我国标准的9号和12号道岔上均采用半切线形尖轨，尖轨位于菱形交叉之内，跟端采用可动型夹板间隔铁式结构。钝角辙叉有固定型和可动心轨型两种，固定型钝角辙叉因受地形限制，无法像锐角辙叉那样设置单独的护轨，只能依靠与之相对的另一钝角辙叉的护轨来保证车轮通过有害空间时自身叉心不受轮缘的撞击。用于交分道岔的可动心轨型钝角辙叉有基本轨、帮轨、活动心轨、扶轨、轨撑及其他连接零件组成。

3.三开道岔

三开道岔，又称复式异侧对称道岔，是复式道岔中较常使用的一种形式。它相当于两组异侧顺接的单开道岔，但其长度却远比两组单开道岔的长度之和短，因此，常用于铁路轮渡桥头引线、驼峰编组场及地形狭窄而又有特殊需要的地段。

三开道岔由一组转辙器、一组中间辙叉及两组同号数的后端辙叉组成。三开道岔的转辙器有4根尖轨，其中直向的为直线尖轨，侧向的可为直线形或曲线形尖轨。直向及侧向尖轨在构造上的结合形式可为彻底式或覆盖式。中间辙叉的平面形式可为直线形或曲线形。前者将使导曲线半径显著减小，并有可能采用标准型号的辙叉；后者能保持其与道岔号数相适应的导曲线半径。两组后端辙叉多为对称铺设。由于直线方向无法设置护轨，故需要采用特殊构造的辙叉，如自护辙叉、可动心轨辙叉、缩小咽喉或延长翼轨轮缘槽平直段的固定式锐角辙叉等。

三开道岔构造比较复杂，维修较困难，运行条件也差，所以只在特殊困难条件下采用。

对于失控列车进行强制停车，一般在线路尽头端设置车挡。目前，车挡一般有液压缓冲车挡、滑式缓冲车挡和固定车挡等几种形式。在地下折返线线路终端有条件时，可采用液压缓冲车挡和滑动式缓冲车挡，其中液压缓冲式车挡是液压制动，技术先进，结构合理，制动距离短，占用线路短，综合造价低，应优先选用。地面车场线路终端则一般采用固定式车挡，固定式车挡主要有沙堆弯轨和DTII型。

第四节　其他类型轨道结构

一、单轨

单轨交通问世和起步发展于欧洲，20世纪七八十年代在日本得到阔步发展，当年在美国、中国及东南亚等地方的一些城市，也开始采用这种交通工具作为城市骨干交通或其他短途客运交通。

单轨交通是一种轨道为一条带形的梁体，车辆跨坐于其上或悬挂于其下行驶的交通工具。单轨交通按其行走模式和构造的不同，分为跨式和悬挂式单轨交通两种类型。

跨座式单轨交通，车辆骑行于轨道梁的上方，车辆除底部的走行轮外，在车体的两侧下垂部分尚有导向轮和稳定轮，夹行于轨道梁两侧，保证车辆沿轨道安全平稳地行驶。当代跨座式单轨交通的轨道梁，通常采用预应力钢筋混凝土梁，俗称PC梁。在梁的跨度较大或一些特殊地段，有时采用钢制轨道梁，或其他构造形式的梁。车场等平地供停放车辆的轨道梁，一般采用现场浇筑的普通钢筋混凝土梁。

在道岔区的道岔，为保证车辆平顺通过，正线地段采用关节可挠型道岔，即曲线形道岔。在车场内等低速和无乘客乘坐的车辆通过的道岔，一般采用关节形道岔，即折线形道岔。道岔由多节钢制道岔梁连接组成。

悬挂式单轨交通，车辆悬挂于轨道梁下方行驶。轨道梁为下部开口的箱形钢梁，车辆走行轮与导向轮均置于箱形梁内，沿梁内设置的轨道驶行。车辆改变行车方向时，通过箱形轨道梁内可动轨的水平移动实现。

跨座式和悬挂式单轨交通，轨道梁的支柱通常采用T形、倒L形及门形。跨座式单轨交通的支柱一般为钢筋混凝土柱，悬挂式单轨交通的支柱通常采用钢柱。

作为城市客运交通工具的单轨交通与城市一般客运交通相比，具有以下特点：

(1)行驶速度快、运量大。单轨交通是立体型交通，不会受地面其他交通工具和行人的干扰，车辆运行的最高速度可达80km/h，平均运行速度为30～45km/h，约为地面公共电、汽车的2倍，与地铁及轻轨等城市轨道交通速度相当。单向每小时运量为10 000～30 000人次，介于公共电、汽车及地铁运量之间，与轻轨交通一起填补了城市客运交通的中运量运输空间。

(2)能够爬陡坡、转急弯。单轨交通由于车辆采用橡胶车轮，具有较强的爬坡能力，最大坡度可达10%，车辆能够通过的最小平面曲线半径为30m。

(3)建设工期短、造价低。单轨交通结构构造比较简单。跨座式单轨交通的混凝土支柱通常都采用现场浇筑，但主要部件——轨道梁则可在工厂预制，现场架设安装；悬挂式单轨交通的工程结构基本为钢结构，更便于采用工厂预制，现场组装，因此建设速度比较快、工期短。

(4)占地面积小、空间体形小，对环境污染小，对居民正常生活干扰少。

但是单轨交通也有如下缺点：

(1)列车在空中行驶，在区间万一发生故障，救援工作比较复杂，乘客只能被动等待救援。

(2)单轨交通的道岔系统构造比较复杂。

(3)采用橡胶车轮在混凝土梁上行驶的单轨交通，其滚动摩擦阻力约为钢轮的5～8倍，线路通常又有较大的坡度，故能耗相对较高。

二、磁悬浮

磁悬浮技术的研究源于德国，早在1922年Hermann Kemper先生就提出了电磁悬浮原理，并于1934年申请了磁悬浮列车的专利。进入20世纪70年代以后，随着世界工业化国家经济实力的不断加强，为提高交通运输能力以适应其经济发展的需要，德国、日本、美国、加拿大、法国、英国等发达国家相继开始筹划进行磁悬浮运输系统的开发。根据当时轮轨极限速度的理论，科研工作者们认为，轮轨方式运输所能达到的极限速度为350km/h左右，要想超越这一速度运行，必须采取不依赖于轮轨的新式运输系统。这种认识引起许多国家的科研部门的兴趣，但后来都中途放弃，目前只有德国和日本仍在继续进行磁悬浮系统的研究，并均取得了令世人瞩目的进展。

德国开发的磁悬浮列车Transrapid于1989年在埃姆斯兰试验线上达到436km/h的速度。日本开发的磁悬浮列车MAGLEV (Magnetically Levitated Trains)于1997年12月在山梨县的试验线上创造出550km/h的世界最高记录。德国和日本两国在经过长期反复的论证之后，均认为有可能于21世纪中叶以前使磁悬浮列车在本国投入运营。

磁悬浮列车实际上是依靠电磁吸力或电动斥力将列车悬浮于空中并进行导向，实现列车与地面轨道间的无机械接触，再利用线性电机驱动列车运行。虽然磁悬浮列车仍然属于陆上有轨交通运输系统，并保留了轨道、道岔、车辆转向架及悬挂系统等许多传统机车车辆的特点，但由于列车在牵引运行时与轨道之间无机械接触，因此，从根本上克服了传统列车轮轨黏着限制、机械噪声和磨损等问题，所以它也许会成为人们梦寐以求的理想陆上交通工具。根据吸引力和排斥力的基本原理，国际上磁悬浮列车有两个发展方向。

一是以德国为代表的常规磁铁吸引式悬浮系统——EMS系统。它利用常规的电磁铁与一般铁性物质相吸引的基本原理，把列车吸引上来，悬空运行，悬浮的气隙较小，一般为10mm左右。常导型高速磁悬浮列车的速度可达400～500km/h，适合于城市间的长距离快速运输。常导型磁悬浮列车的构想由德国工程师赫尔曼·肯佩尔于1922年提出。常导型磁悬浮列车和轨道与电动机的工作原理完全相同。只是把电动机的“转子”布置在列车上，将电动机的“定子”铺设在轨道上，通过“转子”、“定子”间的相互作用，将电能转化为前进的动能。大家知道，电动机的“定子”通电时，通过电磁感应就可以推动“转子”转动。当向轨道这个“定子”输电时，通过电磁感应作用，列车就像电动机的“转子”一样被推动着做直线运动。

另一个是以日本为代表的排斥式悬浮系统——EDS系统。它使用超导的磁悬浮原理，使车轮和钢轨之间产生排斥力，使列车悬空运行，这种磁悬浮列车的悬浮气隙较大，一般为

100mm 左右，速度可达 500km/h 以上。超导磁悬浮列车的车辆上装有车载超导磁体并构成感应动力集成设备，而列车的驱动绕组和悬浮导向绕组均安装在地面导轨两侧，车辆上的感应动力集成设备由动力集成绕组、感应动力集成超导磁铁和悬浮导向超导磁铁 3 部分组成。当向轨道两侧的驱动绕组提供与车辆速度频率相一致的三相交流电时，就会产生一个移动的电磁场，因而在列车导轨上产生磁波，这时列车上的车载超导磁体就会受到一个与移动磁场相同步的推力，正是这种推力推动列车前进。其原理就像冲浪运动一样，冲浪者是站在波浪的顶峰并由波浪推动他快速前进的。与冲浪者所面对的难题相同，超导磁悬浮列车要处理的也是如何才能准确地驾驭在移动电磁波的顶峰运动的问题。为此，在地面导轨上安装有探测车辆位置的高精度仪器，根据探测仪传来的信息调整三相交流电的供流方式，精确地控制电磁波形以使列车能良好地运行。

这两个国家都坚定地认为自己国家的系统是最好的，都在把各自的技术推向实用化阶段。到目前，这两种技术路线依然并存。

磁悬浮列车有许多优点：列车在铁轨上方悬浮运行，铁轨与车辆不接触，不仅运行速度快，能超过 500km/h，而且运行平稳、舒适，易于实现自动控制；无声音，不排出有害的废气，有利于环境保护；可节省建设经费；运营、维护及耗能费用低。它是 21 世纪理想的超级特别快车，世界各国都十分重视发展磁悬浮列车。目前，中国、日本、德国、英国、美国等都在积极研究这种车。日本的超导磁悬浮列车已经过载人试验，即将进入实用阶段，运行时速可达 500km 以上。

磁悬浮列车也存在一些缺点。2006 年德国磁悬浮控制列车在试运行途中与一辆维修车相撞，报道称车上共 29 人，当场死亡 23 人，实际死亡 25 人，4 人重伤。这说明磁悬浮列车突然情况下的制动能力不可靠，不如轮轨列车。在陆地上的交通工具没有轮子是很危险的。因为列车要从动量很大降到静止，要克服很大的惯性力，只有通过轮子与轨道的制动力来克服。磁悬浮列车没有轮子，如果突然停电，靠滑动摩擦是很危险的。此外，磁悬浮列车又是高架的，发生事故时在 5m 高处救援很困难，没有轮子，拖出事故现场困难；若区间停电，其他车辆、吊机也很难靠近。

磁悬浮列车具有快速、低耗、环保、安全等优点，应用前景十分广阔。

思 考 题

7.1　轨道的结构由哪几部分构成？

7.2　简述钢轨的功能及结构特点。

7.3　简述钢轨损伤的形式。

7.4　简述轨枕的类型及各自的特点。

7.5　简述扣件的类型及特点。

7.6　解释游间、水平、前后高低、轨低坡。

7.7　简述曲线外轨超高的作用及其计算方法。

7.8　简述机车通过曲线轨道的方法。

7.9　简述缓和曲线的作用及选用原则。

7.10　已知某曲线，圆曲线半径 $R=1\,000$m，缓和曲线长 $l_0=130$m，圆曲线长 $l_c=150$m，铺设标准轨长度 $L=25$m，曲线起点至第一根钢轨进入曲线的长度为 5.5m，试进行配轨计算。

7.11　简述我国主要道岔的类型及结构组成部分。

7.12　简述普通单开道岔的铺设步骤及更换方法。

7.13 简述单轨的特点。

7.14 简述磁悬浮列车的工作原理。

7.15 简述工务安全管理的内容及原则。

7.16 简述工务段常见的设备故障。

7.17 简述 5W1H 的含义。

7.18 简述 PDCA 循环法。

7.19 简述班组管理的内容。

第八章　轨道的维护及管理

第一节　概　　述

地铁线路在列车动力作用和自然侵蚀的影响下，不仅发生弹性变形（即荷载消失后线路恢复原状），而且产生永久变形。其中，永久变形又可分为两类：一类是几何位置的改变，如线路爬行、方向不良、轨距扩大与缩小等；另一类是轨道各部件的磨损，如钢轨的磨耗等。永久变形的存在，不仅影响列车的高速、平稳运行，而且当这种变形日积月累，超过一定限度后，还将大大降低线路的强度和稳定性，严重威胁行车安全。

线路永久变形主要是列车与线路相互作用的结果。永久变形的发展同运量有着极为密切的关系，一般来说，每日通过的列车对数越多，永久变形的积累越快（在线路状况和设备条件相同的情况下）。

对于列车运行的安全和平稳，最不利的还不在于出现的变形本身，而在于这些变形沿线路的不均匀发展。譬如，线路在一年之内的均匀沉落即使达 8～10mm，也不会对行车带来任何威胁。但是，在发生均匀沉落的同时，往往在线路较薄弱处，产生显著的局部沉陷，这就会影响行车的安全和平稳。

除机车车辆的作用外，风雨、冰雪、洪水及温度变化等自然因素，对线路也有严重的影响。例如，风会将尘土吹入道床，使道床脏污；各种水的侵袭，如不及时采取防护措施，将使路基顶面土壤变软，而降低承载能力，引起翻浆冒泥等病害；在北方地区，到了冬季，土壤中的水分冻结将造成线路的不均匀隆起，线路积雪将增加列车的运行阻力。

由于受客观条件的限制，要制止不均匀变形的发生，困难很大，但可以把它控制在一定的范围内，以保证列车按规定的最高速度安全、平稳及不间断地运行，这就是养路工作的基本任务。

为了有组织、按计划、合理地实施养路工作，我国地铁工务部门把养路工作划分为线路维修、线路中修及线路大修。

1.线路维修

线路维修的主要任务是减缓永久变形的积累，经常保持线路设备完整和质量均衡，防止线路上一切不良现象的发生，及时发现、及时消除引起的原因，以保证列车按规定速度安全、平稳和不间断地运行，并尽量延长线路设备的使用寿命。

线路维修分为综合维修、经常保养及临时补修。综合维修是按周期有计划地对线路进行综合性修理，其目的是改善轨道弹性，调整轨道几何尺寸，整修和更换设备零部件，使线路恢复完好的技术状态。经常保养是根据线路变化情况，在全年度和线路全长范围内，有计划、有重点地养护，以保持线路质量经常处于均衡状态。临时补修主要是及时整修超过临时补修容许误差限度的轨道几何尺寸及其他不良处所，以保证行车平稳和安全。

2.线路中修

线路中修是在上次线路大修后，由于列车通过而逐渐积累下来的永久变形，造成不是线路维修所能消除的线路病害，在两次大修之间，所进行的一次线路修理。线路中修的周期，主要取决于轨枕底下10～15cm深度内道碴污脏的程度。线路中修的主要任务是加强道床，解决道床不洁和厚度不足的问题，同时更换失效轨枕，整修更换伤损钢轨。通过中修，使线路质量基本上恢复到或接近原来的标准。地铁公司根据轨下基础种类决定是否安排中修，以及安排中修的内容。

3.线路大修

线路大修的目的是更新线路设备，消灭由于列车通过而积累下来的线路永久变形。由于运量增长，列车轴重增加，行车速度提高，以及科学技术的发展，原有设备不能满足运输需要时，则要用新型设备来替换原有的线路设备。线路大修的周期，主要取决于钢轨的使用期限。线路大修的基本任务是，根据运输的需要及线路设备损耗规律，有周期、有计划地对损耗部分更新和修理，恢复和提高设备强度，延长设备使用寿命，恢复和增强轨道承载能力。经过大修后的线路质量，完全恢复原有设计标准或达到新的更高的标准，以保证线路适应不断增长的运输需要。

线路维修与线路大中修有着密切关系，搞好线路维修就能延长线路大中修的周期，而良好地完成线路大中修，亦可减少线路维修的工作量。

第二节　轨道检测

线路设备检查是线路维修工作的主要环节。它是获得线路设备状态信息，掌握线路设备变化规律，编制维修作业计划和分析设备病害的主要依据。

为了掌握线路状态，提高线路质量，及时发现线路病害，研究其形成的原因和有计划地安排维修工作，必须对线路状态进行经常的检查。

根据线路设备变形的特点，线路设备检查分为静态检查和动态检测两种。静态检查与动态检测结合，才能较全面地掌握线路设备状态。

一、线路检查制度

线路工长对管内正线线路、道岔，每月应检查两次，其他线每月检查一次。检查时对轨距、水平、三角坑应全面检查、记录；对轨向、高低及设备其他状态，应全面查看，重点记录；对伤损钢轨、夹板及焊缝应同时检查。

对线路严重病害地段和薄弱处所，应经常检查。

对无缝线路长轨条及钢轨伸缩调节器位移情况每月观测一次，5～8月及12月、1月每月观测两次，遇异常情况增加观测次数，所有观测填好记录。发现观测桩累计位移量大于10mm时(不含长轨条两端观测桩)，应及时上报线路公司查明原因，采取相应措施。

线路工长对管内曲线正矢，应结合线路检查每月至少全面检查一次，并填好记录。对线路高低和直线轨向，用弦线重点检查，重点记录。对普通线路爬行情况，每季至少检查一次，爬行量大于20mm时，应安排计划整治。

线路队长对管内线路、道岔及无缝线路长轨条位移，每季至少应检查一次，并做好记录，对线路严重病害地段和薄弱处所应加强检查。

线路公司经理(或主管副经理)每半年应有计划地检查线路、道岔及其他线路设备，并着重检查重点地段和薄弱环节。

二、静态检查方法

除添乘列车检查线路质量和用轨道检查车检查线路质量外，线路检查制度规定的其他检查项目均为静态检查。

1. 检查人员和检查日期

由养路工长负责检查，并配备一名辅助人员。为了使检查准确和掌握设备变化规律，原则上不许变更检查人员，更不允许临时指派工长以外的其他人员负责检查。每月 1～10 日，15～20日为正线线路、道岔检查时间，半月一遍的检查间隔日期不少于 10d，也不大于 20d。其他线每月检查一次。

2. 检查工具

使用经过定期鉴定的万能道尺检查轨距和水平，使用绝缘的支距尺检查道岔导曲线支距，携带统一编号的线路检查记录簿（见表 8-1）、道岔检查记录簿（见表 8-2），另备一把 2m 钢卷尺做其他项目的检查。

线路检查记录簿　　表 8-1

正线______ km 至______ km，站线______股道，曲线半径 ______ m，超高_____ mm，顺坡率_____%

检查日期	检查项目	钢轨编号													
		接头	中间	接头	中间	接头	中间	接头	中间	接头	中间	接头	中间	接头	中间
	轨距														
	水平、三角坑														
	轨向、高低及其他														
	临时补修日期及内容														

道岔检查记录簿　　表 8-2

站名________　　道岔编号________　　道岔型号________

检查日期	检查项目	转辙部分					导曲线部分						辙叉部分										支距	记事
		前顺坡终点	尖轨尖端处	尖轨中	尖轨跟端		直线			导曲线			叉心前		叉心中		叉心后		查照间隔		护背距离			
					直	曲	前	中	后	前	中	后	直	曲	直	曲	直	曲	直	曲	直	曲		
	轨 距																							
	水 平		×												×	×			×	×	×	×		
	轨向、高低及其他																							
	临时补修日期及内容																							

3. 检查部位

轨距、水平为定点检查部位。每节钢轨长 12.5m 及以下的线路，在接头和大腰处各检查一处；每节钢轨长 25m 的线路，每节钢轨检查 4 处，即接头处、大小腰处；无缝线路长钢轨每千米检查 160 处。普通单开道岔的轨距、水平、查照间隔及护背距离按表 8-2 规定的部位检查。前后高低和直线轨向由工长全面目测，凭经验判断是否超过临时补修的容许偏差，再用弦线确定。将无缝线路长钢轨位移情况，填入无缝线路长钢轨位移观测记录簿(见表 8-3)。对曲线正矢的检查按每 10m 一个桩点进行测量，检查结果填入曲线正矢检查记录簿(见表 8-4)。对道岔导曲线支距的检查，按支距点标记的位置进行，把检查结果填入记录簿中。上述 3 项的检查应携带必要的弦线或支距尺，并增加一名检查人员。

无缝线路长钢轨位移观测记录簿 表 8-3

________线________行________ km～________ km＋________ 锁定轨温________℃

检查日期	检查时间	气温(℃)	轨温(℃)	左股(mm)														右股(mm)													原因分析
				始端轨缝	各观测点位移量									终端轨缝				始端轨缝	各观测点位移量												
					1	2	3	4	5	6	7								1	2	3	4	5	6	7						

注：1. 在单线上各测点顺计算千米方向编号，在双线上各测点顺列车运行方向编号。
2. 顺编号方向分左右股。
3. 顺编号方向位移为“＋”，逆编号方向位移为“－”。

曲线正矢检查记录簿 表 8-4

曲线位置____ km＋____～____ km＋____，曲线半径____ m，直缓点位置：______号测点＋______ m

缓和曲线长__________ m，曲线全长__________ m，缓直点位置：__________号测点＋__________ m

测点号	计算正矢	年　月　日			年　月　日			年　月　日			年　月　日			年　月　日			年　月　日			记事
		现场正矢	拨道量	拨后正矢	现场正矢	拨道量	拨后正矢	现场正矢	拨道量	拨后正矢	现场正矢	拨道量	拨后正矢	现场正矢	拨道量	拨后正矢	现场正矢	拨道量	拨后正矢	

同时，也要检查和发现其他影响行车平稳和安全的隐患，如伤损轨件是否有发展，是否有严重的不良轨缝地段，接头或护轨螺栓是否有折断，道床是否严重不足等。

4. 检查程序和要领

(1)上道检查前先确认检查工具是否合格。万能道尺的轨距测量值应标准，水平正反两方向偏差不得大于1mm;万能道尺和支距尺应绝缘良好。

(2)由工长在规定的检查点测量轨距和水平,并按先轨距后水平的顺序读出与标准尺寸的偏差数。如+2,-3,即轨距+2mm,水平-3mm。轨距的加减号按如下办法确定:大于标准的误差用"+",小于标准的误差用"-"。水平的加减号按如下办法确定:直线以左股为标准股,道岔以直上股为标准股,标准股高为"+",反之为"-";曲线以下股为标准股,对面股较标准股高出数值减去规定的外轨超高值为水平数。

(3)记录人员经复诵核准后,记入记录簿中,并对轨距、水平、三角坑超限处所进行圈注,提示工长对超限处所进行分析,协助工长点撬,查清作业项目,确定作业位置、工作量及所需材料、规格,并记入记事栏中。其他项目由工长目测,并同时将临时补修工作数量及所需材料、规格记入记事栏中。

(4)回到工区后,由记录人员把每千米线路、每组道岔的超限数量及最大超限值、临时补修工作项目和工作数量、所需材料数量及规格汇总,交给工长,作为编制临时补修计划的依据。

三、动态检查方法

线路的动态检查,主要是由轨道检查车来进行的。当前在我国推广使用的GJ-3型和XGJ-3型轨检车,采用惯性基准原理,利用光电、陀螺、电子等新技术,用计算机处理各种检查数据,实现了检测与数据处理自动化。轨道检查车不但使检查结果真实可靠,而且还能对线路质量进行综合分析。随着检查次数的增多,可以逐步代替手工静态检查,并为安排维修计划提供依据。

1.检查周期

鉴于各地铁公司正线里程不同,可参考现行的《铁路线路维修规则》,每月至少对管内正线检查一次。对状态较差的线路适当增加检查次数。随着行车速度的提高和新型现代化轨道检查车数量的增加,应根据运量和行车速度确定检查周期,逐步实现用动态检查代替静态检查,并用检查提供的分析数据安排维修计划。

2.轨道检查车的检测项目

以当前广泛使用的GJ-3型轨道检查车为例,共有以下几种检测项目:

(1)左右轨高低。

(2)左右轨轨向。

(3)轨距。

(4)动态水平。

(5)扭曲(三角坑,基长2.5m)。

(6)车体垂直加速度。

(7)车体水平加速度。

此外,GJ-3型轨道检查车还可显示接头振动、曲线状态及地面标志等。

3.轨道动态检查偏差值及扣分标准

各检查项目的动态偏差值反映了轨道动态的不平顺。按其不平顺的程度,参考铁路标准规定了各项偏差等级划分及扣分标准。

轨道动态检查偏差值分级档次及扣分标准如表8-5所示。

轨道动态检查偏差分级档次及扣分标准　　表 8-5

轨道超标限界标准 / 项　目	(I) 作业验收	(II) 经常保养	(III) 临时补修
轨距(mm)	+6,−3	+10,−6	+16,−10
高低(mm)	6	10	16
轨向(mm)	6	10	16
水平(mm)	6	10	16
三角坑(基长 2.5m)(mm)	6	9	14
车体垂向加速度(g)	0.08	0.12	0.16
车体横向加速度(g)	0.06	0.09	0.15
接触轨轨距(mm)	±8	±14	±20
接触轨水平(mm)	±6	±12	±18
扣分数(处)	1	5	100

注:1. 表中不平顺各种偏差限值为实际幅值的半峰值。

2. 高低、轨向不平顺按实际值评定。

3. 水平限值不含曲线上按规定设置的超高值及超高顺坡量。

4. 三角坑限值包含缓和曲线超高顺坡造成的扭曲量。

5. $1g=9.8m/s^2$。

6. 固定型辙叉的有害空间部分不检查轨距、轨向,其他检查项目及检查标准与线路相同。

7. 扣分标准,I 级为作业验收标准,每处扣 1 分;II 级为经常保养标准,每处扣 5 分;III 级为临时补修标准,每处扣 100 分。

8. 质量评定,优良为每千米扣分在 50 分及以内,合格为每千米扣分在 51～300 分内,失格为每千米扣分在 300 分以上。

其中,III 级超限标准为临时补修的动态管理值,凡超过Ⅲ级超限处所必须立即整修,以确保行车安全和平稳。

4. 轨道检查车检测资料及其应用

(1)轨检记录图纸。每千米走纸长度为 400mm 或 500mm。各检测项目的纸上不平顺值按固定比例反映地面动态不平顺数值,可以在纸上确定超限等级和超限长度。超限长度以振幅超过一级超限的范围来计算,超限等级以最高的峰值至基线的距离确定。可按图纸比例核对超限位置。

(2)千米小结报告。以每千米为单元,对各检测项目的各级超限处所和超限长度进行统计,并给出千米的扣分数,同时提供本千米检查时的行车速度。大部分轨道检查车还同时提供超限地点、不平顺数值及超限长度。

(3)三级超限报告表。因为三级超限处所必须及时进行整修,以确保行车安全和平稳,所以轨道检查车在检查完一个线路区段后,由计算机提供一份三级超限报告表,对三级超限处所按不同检测项目提供超限位置、最大峰值及超限长度,便于工区查对和整修。

(4)区段总结报告表。对线路检查完毕后,当日提供区段总结报告表,对该段、该线各检查项目各级超限个数、超限长度、扣分数及该项扣分占总扣分的百分比提供数据,如表 8-6 所示。

轨道区段总结表　　表 8-6

________年________月________日　　线路公司名________　队名________　线名________

<table>
<tr><th colspan="2">项　目</th><th>I 级</th><th>II 级</th><th>III 级</th><th>扣分数</th><th>百分比</th></tr>
<tr><td rowspan="2">高低</td><td>个 数</td><td>0</td><td>0</td><td>0</td><td rowspan="2">0</td><td rowspan="2">0.0</td></tr>
<tr><td>长度(m)</td><td>0</td><td>0</td><td>0</td></tr>
<tr><td rowspan="2">轨向</td><td>个 数</td><td>0</td><td>0</td><td>0</td><td rowspan="2">0</td><td rowspan="2">0.0</td></tr>
<tr><td>长度(m)</td><td>0</td><td>0</td><td>0</td></tr>
<tr><td rowspan="2">轨距</td><td>个 数</td><td>23</td><td>34</td><td>0</td><td rowspan="2">193</td><td rowspan="2">100.0</td></tr>
<tr><td>长度(m)</td><td>52</td><td>93</td><td>0</td></tr>
<tr><td rowspan="2">水平</td><td>个 数</td><td>0</td><td>0</td><td>0</td><td rowspan="2">0</td><td rowspan="2">0.0</td></tr>
<tr><td>长度(m)</td><td>0</td><td>0</td><td>0</td></tr>
<tr><td rowspan="2">三角坑</td><td>个 数</td><td>0</td><td>0</td><td>0</td><td rowspan="2">0</td><td rowspan="2">0.0</td></tr>
<tr><td>长度(m)</td><td>0</td><td>0</td><td>0</td></tr>
<tr><td colspan="2">垂直加速度</td><td>0</td><td>0</td><td>0</td><td>0</td><td>0.0</td></tr>
<tr><td colspan="2">水平加速度</td><td>0</td><td>0</td><td>0</td><td>0</td><td>0.0</td></tr>
<tr><td colspan="2">接触轨轨距(有三轨时)</td><td>0</td><td>0</td><td>0</td><td>0</td><td>0.0</td></tr>
<tr><td colspan="2">接触轨轨平(有三轨时)</td><td>0</td><td>0</td><td>0</td><td>0</td><td>0.0</td></tr>
<tr><td colspan="2">Σ</td><td>23</td><td>34</td><td>0</td><td>193</td><td></td></tr>
</table>

<table>
<tr><td colspan="3">千米扣分数分段累计里程及百分比</td><td colspan="3">平均每千米超限处所</td></tr>
<tr><td>0～50</td><td>51～300</td><td>＞300</td><td>I 级</td><td>II 级</td><td>III 级</td></tr>
<tr><td>19 (100.0%)</td><td>0 (0.0%)</td><td>0 (0.0%)</td><td>1.21</td><td>1.75</td><td>0.00</td></tr>
</table>

注：150～169km 段平均每千米扣分 10.2(实际检查 19km)。

(5)曲线摘要报告表。对每处曲线提供曲线头尾位置、曲线长度，在圆曲线内实测正矢、半径、超高、轨距加宽的平均值及驶出圆缓点的车速。该表可以和设备图表的资料核对，掌握现场曲线的变化情况。同时该表还提供该曲线最大实测正矢处的位置(极限点)，以及最大正矢数值、半径、超高，并按未被平衡超高容许值 61mm 计算且给出此处的最高容许速度。

(6)轨道质量指数(TQI)表。传统的评分方法虽然简单，易于理解，也在一定程度上反映了轨道的质量状态，但是这种方法只有超限峰值参与统计，其他大量的检测数据被舍弃，不可能准确地反映轨道的质量状态。

轨道质量指数是以 200m 的轨道区段作为单元，分别计算单元区段上左右轨高低、左右轨轨向、轨距、水平、三角坑等 7 项几何不平顺幅值的标准差，各单项几何不平顺幅值的标准差称为单项指数，将 7 个单项指数之和作为评价该单元区段轨道平顺性综合质量状态的指标，称为轨道质量指数。

将 200m 作为轨道质量指数的计算单元区段，目的是便于指导现场维修作业。每单元区段轨道质量指数的数值可以反映轨道技术状态的好坏。在相同运量、车速及轨道条件下，可以看出维修管理水平和作业质量的好坏。在同一单元区段积累和分析轨道质量指数，可以明显看出轨道改善或恶化的程度。

第三节　线路维修与验收

影响线路和道岔质量的因素是多方面的。其质量的好坏既与作业质量有关，也与采取的维修方式、作业项目及维修周期有关，同时也与道床、轨枕及钢轨的技术状态密切相关。要想保持线路、道岔经常处于完好状态，就必须在检查设备的前提下，根据设备状态和运量情况，适时地进行线路大中修，合理地安排综合维修周期，确定综合维修、经常保养、临时补修及重点病害整治的比例。在每日作业中，还必须保证当日各项作业质量符合要求。

线路维修验收是考核作业质量和维修、大中修工作的重要手段，同时也为改善作业与管理提供了依据。

一、维修工作内容

线路维修工作的基本任务是：经常保持线路设备完整和质量均衡，使列车能以规定速度安全、平稳及不间断地运行，并尽量延长设备使用寿命。

地铁线路维修工作应贯彻“预防为主，防治结合，修养并重”的原则。按线路设备技术状态的变化规律和程度，相应地进行综合维修、经常保养及临时补修，有效地预防和整治线路病害，有计划地补偿线路设备损耗，以取得较好的技术经济效益。

地铁线路维修按工作内容和目的，分为综合维修、经常保养及临时补修。

（一）综合维修

综合维修是在两次线路大中修之间，根据线路变化规律和特点，以全面改善轨道弹性、调整轨道几何尺寸和更换、整修失效零部件为重点，按周期、有计划地对线路进行的综合修理，以恢复线路完好技术状态。

线路、道岔综合维修的基本内容如下。

1. 碎石道床线路、道岔综合维修基本内容

（1）根据线路状态，适当起道。木枕地段，全面捣固；混凝土枕地段，撤除调高垫板，全面捣固或重点捣固，混凝土宽枕地段，垫碴与垫板相结合。

（2）改道、拨道，调整线路、道岔各部尺寸，全面拨正曲线。

（3）清筛枕盒不洁道床和边坡土垄，处理道床翻浆冒泥，补充道碴和整理道床。

（4）更换、方正及修理轨枕。

（5）调整或整正轨缝，整修、更换及补充防爬设备，整治线路爬行，锁定线路、道岔。

（6）矫直硬弯钢轨，焊补、打磨钢轨，综合整治钢轨接头病害。

（7）整修、更换及补充连接零件，并有计划地涂油。

（8）整修路肩，疏通排水设备，清除道床杂草和路肩大草。

（9）整修道口及其排水设备，修理、补充及刷新标志，收集旧料。

（10）无缝线路的监测和整修。

（11）接触轨的保养与整修（有接触轨的地铁线路）。

（12）其他预防和整治病害工作。

2. 整体道床线路、道岔综合维修基本内容

（1）根据线路水平要求全面做好垫道工作，调整扣件位置，全面上紧扣件。

(2)改道、矫直钢轨硬弯,全面整治接头病害,加固焊接接头,全面调整轨缝。
(3)全面更换失效连接零件。
(4)全面检修整体道床。
①全面修补整体道床纵、横裂纹;
②全面修补支承块脱落挡肩;
③全面整治支承块松动及裂纹,更换失效套管。
(5)连接零件的清扫涂油,整理外观。
(6)全面进行曲线及道岔维修,整修和更换失效部件。
(7)全面检修线路标志(警冲标、曲线标、百米标、坡度标、线路中心标等)。
(8)全面整修车挡。
(9)进行无缝线路应力放散,整修无缝线路的位移观测桩。
(10)接触轨的整修。

(二)经常保养

经常保养是根据线路变化情况,在全年度和线路全长范围内,有计划、有重点地养护,以保持线路质量经常处于均衡状态。对经常保养既没有周期规定,也没有遍数要求,而是根据线路变化情况,有计划有重点地进行。在一年之中,除综合维修和临时补修以外,都属于经常保养时间。

1. 碎石道床线路、道岔经常保养的基本内容
(1)根据轨道几何尺寸超过经常保养容许偏差管理值的状态,成段地整修线路。
(2)处理道床翻浆冒泥,均匀道碴和整理道床。
(3)更换和修理轨枕。
(4)调整轨缝,锁定线路。
(5)更换伤损钢轨,焊补、打磨钢轨,整治接头病害。
(6)有计划地成段整修扣件,进行扣件或接头螺栓涂油。
(7)进行无缝线路应力放散和断缝原位焊复或插入短轨焊复。
(8)整修防沙、防雪设备,整治冻害。
(9)整修道口,疏通排水设备,清除道床杂草和路肩大草。
(10)季节性工作、周期短于综合维修的单项工作和其他工作。
2. 整体道床线路、道岔经常保养的基本内容
(1)根据线路水平要求做好垫道工作,经常保持扣件的正确位置,顶严、压紧、密贴。
(2)改道、矫直钢轨硬弯,综合整治接头病害,加固焊接接头,调整超限轨缝。
(3)更换失效连接零件。
(4)整修整体道床。
①整体道床纵、横裂纹的修补;
②支承块挡肩脱落的修补;
③支承块松动、裂纹的整治,更换失效套管。
(5)连接零件的清扫涂油,经常保持其清洁无锈蚀,轨下垫层四周无污物。
(6)加强曲线及道岔维修,整修和更换失效部件,有计划地对小半径曲线涂油(指外轨工作边涂油)。

(7)整修线路标志(警冲标、曲线标、百米标、坡度标、线路中心标等)。

(8)整修车挡。

(9)无缝线路的监测和整修。

(10)接触轨的保养与整修。

(11)其他预防和整治病害工作。

(三)临时补修

临时补修主要是及时整修轨道几何尺寸超过临时补修容许偏差管理值及其他不良处所的临时性修理,以保证行车平稳和安全。

线路、道岔临时补修的主要内容如下。

(1)整修轨道几何尺寸超过临时补修容许偏差管理值的处所。

(2)更换重伤的钢轨和达到更换标准的伤损夹板,更换折断的接头螺栓和护轨螺栓。

(3)调整严重不良轨缝。

(4)进行无缝线路地段钢轨折断、重伤钢轨及重伤焊缝的处理。

(5)疏通严重淤塞的排水设备,处理严重冲刷的路肩和道床。

(6)整修严重不良的道口设备。

(7)垫入和撤除冻害垫板。

(8)紧急处理整体道床严重病害。

(9)其他需要临时补修处理的工作。

二、轨道静态几何尺寸容许偏差管理值的规定

轨道静态几何尺寸容许偏差管理值,按线路种类与作业类别确定,轨道静态几何尺寸管理值中,作业验收标准既是综合维修的验收标准,又是经常保养和临时补修作业质量的检查标准。凡是进行针对轨道几何尺寸的养护维修作业,在检查和验收时均按作业验收标准办理。经常保养标准是轨道应经常保持的质量管理标准,这个标准是在综合维修及其他有关作业以后,在轨道几何尺寸不断变化的条件下,日常应保持的基本状态。临时补修管理值为应及时进行轨道整修的质量控制标准,超过临时补修管理值的处所必须及时处理。

(1)线路轨道静态几何尺寸容许偏差管理值如表 8-7、表 8-8 所示。

整体道床线路轨道静态几何尺寸容许偏差管理值(单位:mm)　　表 8-7

项　目		作业验收		经常保养		临时补修	
		正线	其他线	正线	其他线	正线	其他线
轨 距		+4,−2	+5,−2	+6,−3	+7,−3	+8,−4	+9,−4
水 平		4	5	6	8	8	10
高 低		4	5	6	8	8	10
轨向(直线)		4	5	6	8	8	10
三角坑(扭曲)	缓和曲线	4	5	5	7	6	8
	直线和圆曲线	4	5	6	8	8	10

碎石道床线路轨道静态几何尺寸容许偏差管理值(单位:mm)　　表 8-8

项目		综合维修		经常保养		临时修补	
		正线	其他线	正线	其他线	正线	其他线
轨距		+5,-2	+6,-2	+7,-4	+8,-4	+8,-4	+9,-4
水平		4	5	7	9	8	11
高低		4	5	7	9	8	11
轨向(直线)		4	5	7	9	8	11
三角坑(扭曲)	缓和曲线	4	5	6	8	7	9
	直线和圆曲线	4	5	7	9	8	10

(2)道岔轨道静态几何尺寸容许偏差管理值如表 8-9、表 8-10 所示。

由于地铁目前尚无统一的线路维修标准,在此参考《铁路线路维修规则》结合地铁线路情况制定轨道静态几何尺寸容许偏差管理值标准,表 8-7、表 8-10 所列数值为线路、道岔轨道静态几何尺寸容许偏差管理值的建议值。

整体道床道岔轨道静态几何尺寸容许偏差管理值(单位:mm)　　表 8-9

项目		综合维修		经常保养		临时修补	
		正线	其他线	正线	其他线	正线	其他线
轨距	一般位置	+3,-2	+3,-2	+4,-2	+4,-2	+6,-2	+6,-2
	尖轨位置	±1	±1	±2	±2	±3	±3
水平		3	4	5	7	7	9
高低		3	4	5	7	7	9
轨向	直线	3	4	5	7	7	9
	支距	2	2	3	3	4	4

碎石道床道岔轨道静态几何尺寸容许偏差管理值(单位:mm)　　表 8-10

项目		综合维修		经常保养		临时修补	
		正线	其他线	正线	其他线	正线	其他线
轨距	一般位置	+3,-2	+3,-2	+5,-3	+5,-3	+6,-3	+6,-3
	尖轨位置	±1	±1	±2	±2	+3,-3	+3,-3
水平		4	5	6	8	8	10
高低		4	5	6	8	8	10
轨向	直线	4	5	6	8	8	10
	支距	2	2	3	3	4	4

三、线路、道岔维修作业的验收目的和方法

无论是综合维修、经常保养、临时补修,还是单项病害的整治,每日作业后,都要对当日作业项目做全面检查。作业地段出现轨道几何尺寸偏差超过作业验收标准或其他单项作业不符合技术标准时,都应该对失格处所进行返工,直到达到标准的要求。

对当日作业进行维修验收十分重要,其目的主要有以下两个。

(1)保证作业质量,延长维修周期,确保行车安全。如果对当日作业不认真进行回检或不

及时消灭超限处所，就不能保证整组道岔或整千米正线（其他线）的综合维修达到验收标准。

对经常保养或临时补修的线路或道岔，也会因作业质量不良而在短时间内再次进行临时补修作业。严重的作业质量不良甚至会危及行车安全，如道岔查照间隔或护背距离抵触、道床严重不足、夹板及其螺栓缺少等，都会危及行车安全。

（2）通过当日作业验收，及时发现作业中出现的问题，并可按分工积累资料，利用质量控制的原理，发现作业质量变化的规律，及时采取措施予以纠正，不断提高一次作业合格率。

四、综合维修验收标准

1.线路综合维修的验收标准

线路综合维修的验收，采用评分的办法，评分标准按如表 8-11 所示的规定执行。满分为 100 分，扣除缺点分后，85～100 分为优良，60～85 分为合格，60 分以下为失格。失格线路整修复检后，在 60 分以上者，可评为合格。

线路综合维修验收评分标准　　表 8-11

项目	内容	编号	扣分条件		抽样数量	单位	扣分	说明
			正线	其他线				
轨道几何尺寸	轨距、水平、三角坑	1	超过验收标准容许偏差	超过验收标准容许偏差	连续检测 100m	处	4	选择质量较差地段，有曲线时检测一条曲线的正矢，曲线正矢超限每处扣 4 分
		2	超过经常保养容许偏差	超过经常保养容许偏差		处	41	
		3	轨距变化率大于 1%，困难地段大于 2%（不含规定的递减率）	轨距变化率大于 3%（不含规定的递减率）		处	2	
	轨向高低	4	超过验收标准容许偏差	超过验收标准容许偏差	全面查看、重点检测	处	4	
		5	超过经常保养容许偏差	超过经常保养容许偏差处		处	41	
钢轨	接头错牙	6	轨面及内侧错牙大于 1mm	轨面及内侧错牙大于 2mm	全面查看、重点检测	处	4	错牙大于 3mm 时扣 41 分
	接头相错	7	直线偏差大于 40mm，曲线偏差大于 40mm 加缩短量的 1/2	直线偏差大于 40mm，曲线偏差大于 40mm 加缩短量的 1/2		处	4	轨缝在调整轨缝轨温限制范围以内检查
	轨缝	8	连续瞎缝或大于结构轨缝	连续瞎缝或大于结构轨缝		处	8	
		9	轨端飞边大于 2mm	轨端飞边大于 2mm		处	8	含胶接接头

续上表

项目	内容	编号	扣分条件		抽样数量	单位	扣分	说明
			正线	其他线				
轨枕	位置	10	位置、间距偏差或偏斜大于50mm	位置、间距偏差或偏斜大于60mm	全面查看、重点检测	处	1	枕上或枕下离缝大于2mm为吊板，枕下暗吊板不明者，可毛起道钉或松开扣件检查
	失效	11	接头或焊接处失效，其他处连续失效	接头或焊接处失效，其他处连续3根以上失效		处	8	
	修理	12	混凝土枕应修未修，木枕应削平及劈裂者未修	混凝土枕应修未修，木枕应削平及劈裂者未修	全面查看	根	1	
	空吊率	13	大于8%	大于12%	连续检测50头	每增1%	2	
连接零件	接头螺栓	14	缺少、松动或扭矩不符合规定	缺少、松动或扭矩不符合规定	抽测4个接头扭矩	个	2	全面查看
	铁垫板、胶垫	15	铁垫板或胶垫板、胶垫片缺少	铁垫板或胶垫板、胶垫片缺少	连续查看100头	块	2	
		16	胶垫板、胶垫片失效超过8%	胶垫板、胶垫片失效超过16%	连续查看100头	每增1%	1	
	道钉、扣件	17	道钉、扣件缺少	道钉、扣件缺少	连续查看100头	个	2	一组扣件的零件不全，按缺少一个计算
		18	道钉浮离或扣板（轨距挡板）前后离缝大于2mm者，超过8%	道钉浮离或扣板（轨距挡板）前后离缝大于2mm者，超过8%	连续检测50头	每增2%	1	
		19	扣件扭矩超过规定范围或弹条扣件中部前端下颚离缝大于1mm者，超过8%	扣件扭矩超过规定范围或弹条扣件中部前端下颚离缝大于1mm者，超过12%	连续检测50头	每增1%	1	

续上表

项目	内容	编号	扣分条件		抽样数量	单位	扣分	说明
			正线	其他线				
轨道加强设备	轨距杆、轨撑	20	缺损或松动	缺损或松动	全面查看、重点检测	根/个	2	区间正线无观测桩或观测桩不起作用按爬行超限计算。车场内线路爬行检测道岔及绝缘接头前后
	防爬设备	21	防爬器缺损、松动或离缝大于2mm	防爬器缺损、松动或离缝大于2mm	连续查看检测50头	个	2	
		22	支撑缺损、失效、尺寸不符合要求	支撑缺损、失效、尺寸不符合要求	连续查看检测50头	个	1	
	线路爬行	23	普通线路爬行量大于20mm，无缝线路位移观测无记录	普通线路爬行量大于20mm，无缝线路位移观测无记录	全面查看	km	41	
道床	赃污	24	枕盒或边坡清筛程度不足，清筛部分不清洁	枕盒或边坡清筛程度不足，清筛部分不清洁	重点扒开道床检测	每10m	2	按线路公司下达计划验收
	外观	25	不饱满、不均匀、不整齐、有杂草	不饱满、不均匀、不整齐、有杂草	全面查看	每10m	1	
路基	路肩	26	不平整、有反坡、有大草	不平整	全面查看	每20m	1	单侧计算
	排水	27	侧沟未疏通或弃土不符合要求	侧沟未疏通或弃土不符合要求	全面查看	每10m	2	
道口	铺面	28	不平整、松动	不平整、松动	查看检测	块	4	
	轮缘槽	29	尺寸不符合要求	尺寸不符合要求	查看检测	处	16	
	护桩	30	缺损、歪斜	缺损、歪斜	全面查看	个	2	
标志标记	标志	31	缺损、歪斜、字迹不清	缺损、歪斜、字迹不清	全面查看	个	2	道口标志缺失扣41分
	标记	32	钢轨上各种标记不齐全，位置不对，字迹不清	钢轨上各种标记不齐全，位置不对，字迹不清	全面查看	处	1	

对表 8-11 评分标准重点说明如下。

(1)在“抽验数量”栏内,“查看”是用目视直观检查,“检测”是用量具或工具检查与检测,如锤敲、尺量等。

(2)轨枕位置、间距误差或偏斜。

①位置误差。轨枕中心与位置标记的相差量(以标记符号必须与计算值符合为前提)。

②间距误差。相邻两根轨枕中心线间距离与规定的标准间距之差,在两股钢轨里口处量取最大相差量。

③偏斜。指钢轨与轨枕不垂直(通称不方正),量取轨枕侧面在两股钢轨里口处的相差量(用方尺或其他工具)。

(3)木枕劈裂修理的尺度。各地区木枕劈裂情况不同,对何种劈裂程度应进行修理,可由线路公司具体规定。

(4)道钉浮离。指道钉浮起或与轨底离缝大于 2mm 者。对歪、仰、俯、斜者验收时不检查,而应按单项作业要求在作业中验收。

(5)扣件扭矩。对弹条扣件,一般按前端下颚靠贴情况检查。如确属弹条刚性大,亦可按扭矩检查,但对螺旋道钉锈蚀、锚固偏高等,虽然扭矩值较大,但也应该修理。

(6)混凝土枕中部道床凹下尺寸。其轨枕中部道床顶面应凹下并低于枕底不小于 20mm,凹下部分长 200～400mm。线路大中修后道床因沉落量较大,长度可适当加长。II 型和 III 型混凝土枕中部道床可不掏空,但应保持疏松。

(7)清筛枕盒不洁道床和边坡。清筛线路在两内侧轨枕头之间,清筛至枕底边以下 50mm;在轨枕盒内,由 50mm 清筛顺坡两侧轨头各为 100mm;轨枕盒以外,清筛顺坡至两外侧道床坡脚。

(8)道床饱满。指道床肩宽、边坡及轨枕盒内道床基本符合要求。综合维修应保证补充足够的道床,道碴不足者按不饱满处理。

(9)钢轨标记。包括钢轨编号、超高顺坡、轨距加宽递减、缓和曲线正矢、铝热焊缝及爬行观测标记等。

(10)除草。应清除道床上所有杂草,路肩上只要求除大草。

2. 道岔综合维修的验收标准

道岔综合维修的验收,采用评分的办法,满分为 100 分,扣除缺点分后,85～100 分为优良,60～85 分为合格,60 分以下为失格,失格道岔整修复检后,在 60 分以上者,可评为合格。

第四节　线路保养质量评定

一、线路设备保养质量评定

线路、道岔保养质量评定,是考核线路、道岔养护工作质量的基本指标,也是安排维修计划的主要依据。每半年线路公司组织对正线线路、正线及其他线的道岔评定一次,采取随机抽样检查办法进行。

每个线路队抽样检查数量:线路——管辖正线长度 10km 及以下者不少于 3km,10km 以上者不少于 1/3;道岔——正线不少于 1/2,车场线不少于 1/3。

抽样检查的评定质量，代表该线路、正线及其他线道岔的全部养护质量，由线路公司汇总评定。

线路保养质量评定评分标准按如表 8-12 所示的规定执行。评定以千米为单位，满分 100 分，扣除缺点分后，85～100 分为优良；60～85 分为合格；60 分以下为失格。

对表 8-12 重点说明如下。

(1)对抽样千米中的曲线正矢全部检查，并填写曲线正矢检查记录簿。

(2)轨缝大于构造轨缝或有连续 3 处及以上瞎缝，都应通过临时补修进行调整。评定时不论是否已安排临时补修计划，均按当时状态评定，对其他项目也是如此，目的是考核日常的实际情况。

线路保养质量评定评分标准 表 8-12

项目	编号	扣分条件	抽样数量	单位	扣分	说明
轨道几何尺寸	1	超过经常保养容许偏差	轨距、水平、三角坑连续检测 100m。轨向、高低全面察看，重点检测	处	4	选择线路质量较差地段检查，曲线正矢全检。曲线正矢超限每处扣 4 分
	2	正线轨距变化率大于 1‰，其他线大于 2‰(不合规定的递减率)		处	2	
钢轨	3	接头轨面及内侧错牙大于 2mm	全面查看、重点检测	处	4	错牙大于 3mm 时扣 41 分
	4	轨缝大于构造轨缝或连续 3 个及以上瞎缝		处	8	轨缝在调整轨缝轨温限制范围以内检查，"未及时"是指断缝后已过一周或插入短轨后进入锁定轨温季节已过一个月
	5	轨端飞边大于 2mm		处	4	
	6	无缝线路未及时进行临时处理或插入短轨未及时进行永久处理	全面查看	处	16	
轨枕	7	钢轨接头或焊接处失效，其他处混凝土轨枕连续失效，木枕连续 3 根及以上失效	全面查看、重点检测	处	6	使用调高扣件，每头超过 3 块或总厚度超过 25mm
	8	每处调整垫板超过两块或总厚度超过 10mm	连续检测 100 头	头	1	
	9	整体道床轨枕挡肩严重破损、失效，轨枕玻璃钢套管松动、失效	全面查看	处	2	
连接零件	10	铁垫板、胶垫板、胶垫片、道钉、扣件缺少	连续查看 100 头	块 个	1	一组扣件的零件不全，按缺少一个扣件计算
	11	道钉浮离或扣板(轨距挡板)前后离缝大于 2mm，超过 12%	连续检测 50 头	每增 2%	1	
	12	扣件扭矩超过规定范围或弹条扣件中部前端下颚离缝大于 1mm 者，超过 12%	连续查看 50 头	每增 1%	1	
	13	接头螺栓缺少、松动，或扭矩不符合规定	全面检查、抽测 4 个接头扭矩	个	1～2	缺少扣 2 分
防爬设备	14	防爬器、支撑缺损或失效	连续查看检测防爬器、支撑各 50 个	个	2	
	15	线路爬行大于 20mm 或观测桩缺损不起作用，无缝线路位移观测无记录	全面检测	个	16	爬行量超过 30mm 扣 41 分

续上表

项目	编号	扣分条件	抽样数量	单位	扣分	说明
道床	16	翻浆冒泥	全面查看	每空	2	
	17	肩宽不足、不饱满、杂草多	全面查看、重点检测	每20m	1	单侧计算
路基	18	侧沟未疏通	全面查看	每10m	1	单侧计算
	19	路基冲失或杂草多	全面查看	每10m	1	
标志	20	线路标志缺少或字迹不清	全面查看	个	1	

(3)对扣件扭矩的检测，一般应先用扭矩扳手向反扣方向扳动，待螺母稍有活动后，再向正扣方向扳动测检，目的是排除锈蚀等假象。

(4)“道床上杂草多”或“路肩上有大草”是指按线路公司要求，应清除尚未清除且数量较多的杂草。对新生小草且数量并不多，可不扣分。

(5)侧沟淤泥的清理，只检查侧沟是否已疏通，不要求按规定断面整修。

二、道岔保养质量评定

评分标准按如表8-13的规定执行，评定以组为单位，满分100分，扣除缺点分后，85～100分为优良，60～85分为合格，60分以下为失格。

道岔保养质量评定评分标准 表8-13

项目	编号	扣分条件	抽样数量	单位	扣分	说明
几何尺寸	1	轨距、水平、轨向、高低超过经常保养容许偏差	轨距、水平全面检测，轨向、高低全面检查、重点检测	处	4	用10m弦测量，连续正矢差超过4mm
	2	查照间隔超过容许限度	全面检测	组	41	
	3	护背距离超过容许限度	全面检测	组	41	
	4	尖趾距离超过容许限度	检测	组	41	
钢轨	5	接头轨面或内侧错牙大于2mm	全面查看、重点检测	处	4	错牙大于3mm时扣41分
	6	尖轨、可动心轨伤损达到更换条件		组	41	
	7	基本轨伤损或病害达必须及时修理或更换		组	16	
	8	轨缝大于构造轨缝或连续3个及以上瞎缝		处	4	
	9	轨端飞边大于2mm		处	4	含胶接绝缘接头
岔枕	10	碎石道床钢轨接头处岔枕失效，其他处混凝土岔枕连续失效，木枕连续3根及以上失效	全面查看、重点检测	处	6	一组扣件的零件不全，按缺少一个扣件计算
	11	整体道床轨枕玻璃钢套管松动、失效		处	2	

续上表

项目	编号	扣分条件	抽样数量	单位	扣分	说明
连接零件	12	尖轨、可动心轨与滑床板间缝隙大于2mm	全面检测	块	2	
	13	连杆、顶铁、间隔铁及护轨螺栓缺少，顶铁离缝大于2mm	全面检测	个 块	8	
	14	心轨凸缘螺栓缺少、松动	查看检测	个	41	
	15	长、短心轨连接螺栓缺少、松动	查看检测	个	16	
	16	接头螺栓缺少	全面查看	个	2	
	17	其他螺栓缺少、各种螺栓松动	全面查看，抽测4个接头扭矩	个	1	
	18	铁垫板、道钉、胶垫、扣件缺少	全面查看	个 块	1	
	19	道钉浮高或轨距挡板前后离缝大于2mm者，扣件扭矩超过规定范围或弹条中部前端下颚离缝大于1mm者，超过12%	各连续查看检测50个	每增1%	1	
轨道加强设备	20	在转辙或辙叉部分轨撑离缝大于2mm，其他部分轨撑或轨距杆缺损、松动	查看检测	个 根	1	
	21	防爬器、支撑缺损或失效	全面查看	个	2	
	22	爬行大于20mm	全面查看	组	16	测量两尖轨尖端相错量
道床	23	碎石道床翻浆冒泥	全面查看	孔	2	
	24	碎石道床肩宽不足，不饱满，杂草多	查看	组	4	
	25	整体道床开裂	全面查看	处	2	
	26	整体道床轨枕块松动	全面查看	处	2	
警冲标	27	损坏或显示不明	查看	组	8	缺少或位置不对扣41分
标记	28	缺少或字迹不清	查看	处	1	

在评定道岔保养质量时，除参照表8-13的几点说明外，还应注意以下几点：

(1)道岔连接曲线的检查，可按综合维修验收的检查办法办理；

(2)对扣件的评定，只规定了弹条扣件的检查方法和评分标准，使用其他扣件时，可根据具体情况评定；

(3)防爬器和支撑按标准铺设数评定，另外加设者不评定；

(4)在寒冷地区的冬季，允许将转辙器部分枕盒道床扒出一些，但岔枕埋入道床深度不得小于100mm，不足100mm者按道床不饱满计。

第五节　接触轨维修与验收

一、接触轨的维修内容及要求

(1)按照正确的线路位置调整接触轨水平、方向及接触轨防护板。

(2)做好防护板(木制)的防腐工作,在弯头端部10m范围内防护板(木制)每年刷一次防火漆。

(3)擦拭绝缘子。

(4)整修接触轨弯头,接触轨弯头端部与走行轨面应在同一水平面上,容许误差为+5mm、−10mm。既有线高出走形轨顶面,在改造困难时仍保留设计标准。

(5)整修托架及绝缘子底座,地脚螺栓、螺母定期涂油防锈。

(6)清理接触轨弯头处易燃物。

(7)防护板托架及防护板各连接螺栓必须齐全紧固,严禁凸出接触轨限界。

(8)紧固接触轨夹板时,必须保证夹板螺栓落槽、弹垫齐全,螺母扭力矩达到12 kN·m。

(9)调整接触轨轨缝时,接触轨膨胀接头轨缝预留值应符合表8-14的规定。接触轨弯头处接头,一般不留轨缝,绝缘接头处预留50mm的轨缝。

接触轨膨胀接头预留轨缝 δ 值　　表8-14

洞内	施工温度(℃)	0~2	3~4	5~6	7~8	9~10	11~12	13~14	15~16	17~18	19~20
	δ 值(mm)	42	40	37	35	33	31	29	26	24	22
	施工温度(℃)	21~22	23~24	25~26	27~28	29~30	31~32	33~34	35~36	37~38	39~40
	δ 值(mm)	20	18	15	13	11	9	7	4	2	0
洞外	施工温度(℃)	−20~−19	−18~−17	−16~−15	−14~−13	−12~−11	−10~−9	−8~−7	−6~−5	−4~−3	−2~−1
	δ 值(mm)	43	42	41	40	39	37	36	35	34	33
	施工温度(℃)	0~2	3~4	5~6	7~8	9~10	11~12	13~14	15~16	17~18	19~20
	δ 值(mm)	32	31	30	29	28	26	25	24	23	22
	施工温度(℃)	21~22	23~24	25~26	27~28	29~30	31~32	33~34	35~36	37~38	39~40
	δ 值(mm)	21	20	19	18	17	15	14	13	12	11
	施工温度(℃)	41~42	41~42	41~42	41~42	41~42	41~42	41~42	41~42	41~42	41~42
	δ 值(mm)	10	9	8	7	6	4	3	2	1	0

注:接触轨温度一般与环境温度相同;若不同,施工温度按接触轨轨温预留轨缝 δ 值预留。

二、玻璃钢防护板维修内容及要求

(1)安装接触轨防爬器地段,托架边缘与绝缘子边缘的距离必须大于120mm;无防爬器地段,托架边缘与绝缘子边缘的距离必须大于60mm。

(2)整修玻璃钢防护板时,螺栓必须从里向外穿,加平垫圈和备母。扣板螺栓必须从里向外穿,螺母处加一平垫圈和一弹垫,螺栓头处不加平垫圈。在安装扣板螺栓时,必须先用铁锤敲打一遍,然后拧紧,再用铁锤敲打一遍,再拧紧一遍。托架螺栓上第一个螺母时,螺母的拧紧程度要适中,加装备母时,必须用两扳手相对拧紧,第一个螺母允许少量回旋。

(3)玻璃钢防护板搭接在托架上,其最短长度不能小于50mm,孔眼不能打豁,否则必须换板。

(4)伸出螺母部分的螺栓,必须定期点油且不得污染防护板。

(5)接触轨膨胀接头及长度大于12m的接触轨轨端部弯头第二块防护板处必须使用规定长度的膨胀防护。

三、接触轨维修周期

(1)接触轨及其防护设备应定期检查、保养及维修,发现缺少或损坏时,应及时补充和修理。

(2)接触轨及其防护设备的维修周期应符合表8-15的规定。

接触轨维修周期 表8-15

区段	设备名称	维修周期	区段	设备名称	维修周期
洞内、高架桥及地面线	①接触轨、防护支架; ②防护板(木制); ③防护板刷漆(木制); ④陶瓷; ⑤玻璃钢防护板	6个月 12个月 12个月 6个月 12个月	车场及专用线	①接触轨、防护支架; ②防护板(木制); ③防护板刷漆(木制); ④陶瓷; ⑤玻璃钢防护板	12个月 12个月 12个月 12个月 12个月

四、接触轨静态几何尺寸容许偏差值

接触轨静态几何尺寸容许偏差管理值,按作业类别确定。其静态几何尺寸容许偏差管理值必须符合表8-16的规定。

接触轨静态几何尺寸容许偏差管理值(单位:mm) 表8-16

项目	作业验收	经常保养	项目	作业验收	经常保养
轨距	±8	±10	水平	±6	±8

注:1.轨距:接触轨中心距相邻走行轨内侧的最短水平距离(直线地段),标准为700mm。
2.水平:接触轨顶面与相邻走行轨顶面的垂直距离(直线地段),标准为140mm。
3.曲线地段:接触轨与走行轨共同倾斜,相对位置保持不变,轨距、水平随之倾斜。

第六节 线路设备大修及管理

线路设备大修是根据运输需要及线路设备损耗规律,周期性地、有计划地对损耗部分进行更新和修理,恢复和提高设备强度,延长设备使用寿命,增加轨道承载能力。

线路设备大修必须以正式批准的设计文件和施工计划为依据，大修作业不能影响列车运营(在停电时间内安排工作)。涉及其他设备变更，应先报方案，经地铁运营公司批准后再行编制。在安排大修工作时，要全面规划，突出重点，有步骤地解决线路、道岔、接触轨的薄弱环节，以适应地铁运输发展的需要。

大修前要做好调查研究工作，按工程项目日期编制施工方案，其主要内容为：

(1)设备现状、技术条件和技术标准。

(2)按照工序编制施工进度。

(3)劳动组织、机具使用、施工方法及技术作业过程。

(4)施工的临时措施。

(5)质量保证，安全制度和措施。

一、线路设备大修工作范围

线路、接触轨大修(以百米计)，分为换轨大修和不换轨大修，包括综合和单项大修，主要内容如下：

(1)按设计校正，改善线路纵断面和平面。

(2)全面更换新钢轨或成段(50m以上)更换新钢轨。

(3)全面更换连接零件、轨下垫层或成段(一个信号区段)更换连接零件、轨下垫层。

(4)更换失效的轨枕和补足轨枕配置根数。

(5)清筛道床，补充道碴，全起全捣，改善道床断面。

(6)在线路上成段焊接钢轨接头，焊补钢轨和整修波浪形磨耗。

(7)整组更换道岔、岔枕，或进行道岔结构改造。

(8)整组更换伸缩调节器。

(9)整组更换防脱护轨。

(10)成段整修整体道床或轨枕块。

(11)车场设备改善。

(12)成段(50m以上)更换接触轨、防护板、托架，喷涂防腐防火漆。

(13)更换道口及其两端设备。

(14)更换线路标志。

(15)整修路基及其排水和防护加固设备，加宽路基，整治翻浆冒泥及路基下沉。

(16)加强或改善小半径曲线地段设备。

(17)改造或安装防爬设备。

(18)由于进行线路设备大修而影响其他设备变动时，由地铁运营公司协调有关单位统一安排，其费用列在线路设备大修的有关计划内。

二、施工单位在验交时必须提出的竣工资料

(1)工程数量及材料使用数量表。

(2)线路大修地段竣工后的线路纵断面图。

(3)无缝线路应有以下记录：

①竣工后的钢轨布景图；

②每段无缝线路实际锁定轨温与实际预留轨缝尺寸；

③每个焊缝的焊接记录；

④焊缝编号和钢轨编号的对照表。

(4)隐蔽工程记录。

(5)其他有关技术资料。

(6)各项大修工程除符合设计文件规定外，还应按相关标准进行验收，并做好记录交线路公司技术科存档。

三、线路设备大修的验收标准

(1)碎石道床线路大修验收标准应符合表8-17的规定。

碎石道床线路大修验收标准 表8-17

<table>
<tr><th>序号</th><th>项　目</th><th colspan="4">质 量 标 准</th></tr>
<tr><td>1</td><td>轨距</td><td colspan="4">①木枕地段误差$^{+4}_{-2}$mm，混凝土轨枕地段误差$^{+3}_{-2}$mm；
②变化率不大于2‰</td></tr>
<tr><td>2</td><td>水平</td><td colspan="4">①误差不超过4mm；
②在延长18m的范围内，没有超过4mm的三角坑</td></tr>
<tr><td rowspan="8">3</td><td rowspan="8">方向</td><td colspan="4">①直线远视直顺，用10m弦线量，误差不超过4mm；
②曲线方向圆顺，以20m弦量，正矢误差不超过下列限度：</td></tr>
<tr><td>曲线半径(m)</td><td>缓和曲线正矢与计算正矢差(mm)</td><td>圆曲线正矢连续差(mm)</td><td>圆曲线正矢最大与最小值差(mm)</td></tr>
<tr><td>250及以下</td><td>6</td><td>12</td><td>18</td></tr>
<tr><td>251～350</td><td>5</td><td>10</td><td>15</td></tr>
<tr><td>351～450</td><td>4</td><td>8</td><td>12</td></tr>
<tr><td>451～650</td><td>3</td><td>6</td><td>9</td></tr>
<tr><td>651以上</td><td>3</td><td>4</td><td>6</td></tr>
<tr><td colspan="4">③凸线头尾不得有反弯或“鹅头”</td></tr>
<tr><td>4</td><td>高低</td><td colspan="4">目视平顺，前后高低差用10m弦量，误差不超过4mm</td></tr>
<tr><td>5</td><td>捣固</td><td colspan="4">空吊板不超过12%</td></tr>
<tr><td>6</td><td>路基及排水</td><td colspan="4">①路肩平整，并有向外流水横坡；
②排水设备畅通；
③符合规定标准</td></tr>
<tr><td>7</td><td>道床</td><td colspan="4">①清筛干净，个别清筛厚度不足在30cm以内；
②符合设计断面要求，边坡整齐</td></tr>
<tr><td>8</td><td>轨枕</td><td colspan="4">①位置不正，间距和偏斜误差不超过40mm；
②新枕木要全部钻孔；
③无失效、无失修轨枕</td></tr>
</table>

续上表

序号	项目		质量标准
9	混凝土轨枕扣件		①螺纹道钉无损坏，丝扣涂油、拧紧； ②铁座平贴轨枕，顶紧挡肩； ③扣板顶紧、压紧、密靠，不良者不超过 4%； ④胶垫无缺损，歪斜者不超过 6%
10	钢轨及其连接零件	新钢轨及其连接零件	①钢轨无硬弯，接头轨面及内侧平齐，误差不超过 1mm； ②接头相错，直线不超过 20mm，曲线不超过规定缩短量的$\frac{1}{2}$+20mm； ③轨缝每千米总误差不超过±160mm(25m 轨为±80mm，无连续 3 个及以上瞎缝)； ④道钉浮离不超过 8‰； ⑤夹板、螺栓涂油上紧
		旧钢轨及其连接零件	①接头相错，直线不超过 40mm，曲线不超过规定缩短量的$\frac{1}{2}$+20mm，不能改为对接时，两股钢轨相错量不少于 3 m； ②无超过 2mm 的低接头(用 1m 的直尺量)； ③同新钢轨及其连接零件中的 1、3、4、5 项
		无缝线路的钢轨及其连接零件	①伸缩区两端位移不大于 20mm； ②接头相错不大于 40mm； ③缓冲区内实际轨缝较设计轨缝的误差在±2mm 以内，其他同新钢轨及其连接零件中的 4、5 项
11	防爬设备		①安装齐全无失效； ②线路爬行量不超过 20mm
12	道口		①铺面下全部为新枕； ②栏木及栅栏整修完好，油漆鲜明； ③铺面平整牢固，轮缘槽符合标准； ④两端道路平整
13	线路外观		①标志完整，位置正确，字迹清晰； ②钢轨上的符号齐全、正确、清晰； ③无弃土、散弃道碴回收
14	旧料回收		旧料如数回收，堆码整齐，按规定移交有关部门

(2)整体道床线路大修验收标准应符合表 8-18 的规定。

道床线路大修验收标准 表 8-18

序号	项目	质量标准
1	轨距	①误差不超过$^{+3}_{-2}$mm，有控制锁的不超过±1mm； ②变化率不大于 2‰
2	水平	①误差不超过 4mm； ②在延长 18m 的范围内，没有误差超过 4mm 的三角坑
3	方向	①直线用 10m 弦线量，误差不超过 4mm； ②曲线方向圆顺，以 20m 弦量，正矢误差不超过表 8-17 中限度

续上表

序号	项　　目	质 量 标 准
4	高低	用10m弦在任何一处测量，其前后高低误差不超过4mm
5	钢轨接头	①接头轨面及内侧错牙不超过1mm； ②接头相错量，直线不超过40mm，曲线不超过规定缩短量的$\frac{1}{2}$+40mm； ③大轨缝不超过5%，无连续3个及以上瞎缝，长轨条缓冲区轨缝应符合设计要求； ④焊接接头应符合设计要求
6	支承块	①支承块无失效，挡肩及塑料管无损坏，表面整洁； ②支承块位置前后两块顺线路方向间距误差不超过±10mm
7	连接零件	①各种零件齐全无失效、无锈蚀、无污物； ②扣件失效者不超过8%； ③胶垫损坏歪斜松动者不超过6%； ④T形螺栓顶面的指示线与走形轨位置正确； ⑤弹性垫层四周保持整洁无污物
8	道床侧沟及中心沟	①道床表面完整无缺损，平整、纵横、顺坡符合要求； ②钢筋混凝土无宽0.3mm以上的裂缝，混凝土无宽1.0mm以上的裂缝； ③侧沟及中心沟沟底坡度符合设计要求； ④圬工整修无空洞、无裂缝、无砂浆堆积，新旧混凝土枕结合牢固，养护良好； ⑤沉降缝符合要求
9	线路外观	①标志完整，位置正确，字迹清晰； ②钢轨上的符号齐全、正确、清晰； ③旧料及时回收，运到指定地点，堆放整齐

(3)碎石道床道岔大修验收标准应符合表8-19的规定。

道岔大修验收标准 表8-19

序号	项　　目	质 量 标 准
1	轨距	①误差不超过$^{+3}_{-2}$mm，有控制锁的不超过±1mm； ②变化率不大于2‰
2	水平	误差不超过4mm，导曲线无反超高
3	高低	用10m弦在任何一处测量，其前后高低误差不超过4mm
4	方向	①直线远视直顺，用10m弦线量，误差不超过4mm； ②导曲线支距误差不超过2mm； ③附带曲线连续正矢差不超过3mm
5	道床	洁净饱满，夯拍密实，边坡整齐，无土垄
6	岔枕	①间距误差不超过30mm； ②无失效、无失修； ③无连续空吊板，单根空吊板不超过12%
7	基本轨、导轨	无硬弯、无倾斜、接头轨面内测平齐

续上表

序号	项　　目	质 量 标 准
8	尖轨	①尖轨竖切部分与基本轨密贴； ②尖轨第一拉杆动程应符合道岔图的规定
9	轨缝	按规定轨温计算，误差不超过±4mm，无连续瞎缝
10	转辙连接零件	①连接杆不脱节、不松动、销子良好； ②滑床板平直，不密贴的每侧不超过 1 块，基本轨落槽； ③轨撑与钢轨不密贴的每侧不超过 1 个
11	辙叉及护轨	①轨头部外侧至辙叉心轨工作边的距离不小于 1 391mm； ②轨头部外侧至翼轨作用面的距离不大于 1 348mm
12	各种螺栓及道钉	①螺栓无松动、无缺少、已涂油； ②道钉浮离不超过 8%
13	防爬器	按设计安装齐全、无失效、支撑顶紧轨枕
14	外观	①道岔钢轨编号、各部尺寸用铅油标记正确，字迹清晰； ②旧料及时回收，运到指定地点，堆放整齐

(4)整体道床道岔大修验收标准应符合表 8-20 的规定。

整体道床道岔大修验收标准 表 8-20

序号	项　　目	质 量 标 准
1	轨距	①误差不超过$^{+3}_{-2}$mm，有控制锁的不超过±1mm； ②变化率不大于 2‰
2	水平	误差不超过 3mm，导曲线无反超高
3	方向	①直线远视直顺，用 10m 弦线量，误差不超过 3mm； ②导曲线支距误差不超过 2mm 且无硬弯； ③附带曲线连续正矢差不超过 3mm(用 10m 弦线量)
4	高低	用 10m 弦在任何一处测量，其前后高低误差不超过 4mm
5	钢轨接头	①接头轨面及内侧错牙不超过 1mm； ②大轨缝不超过 5%，无连续 2 个及以上瞎缝
6	连接零件	①滑床板平直，不密贴的每侧不超过 1 块，基本轨落槽； ②轨撑与钢轨不密贴的每侧不超过 1 个； ③各种零件齐全无失效； ④扣件失效者不超过 8%且无连续失效； ⑤T 形螺栓顶面指示线与走形轨垂直
7	支承块	①支承块无失效，挡肩无损坏； ②支承块位置前后两块顺线路方向间距误差不超过±10mm
8	尖轨	①尖轨竖切部分与基本轨密贴； ②尖轨第一拉杆动程应符合道岔图的规定； ③尖轨不脱节、不松动、销子良好

续上表

序号	项　目	质量标准
9	辙叉与护轨	①护轨头部外侧至辙叉心轨工作边的距离不小于1 391mm； ②护轨头部外侧至翼轨作用面的距离不大于1 348mm
10	道床与排水沟	①道床表面整洁无污物，弹性垫层四周保持整洁无污物； ②混凝土无宽1.0mm以上的裂缝； ③侧沟及中心沟沟底坡度符合设计要求； ④新旧混凝土枕结合牢固，养护良好； ⑤排水沟畅通
11	外观	①标志完整，位置正确，字迹清晰； ②道岔有关符号数据齐全、正确、清晰； ③旧料及时回收，运到指定地点，堆放整齐

第七节　城市轨道交通线路线路工技能等级标准

工种定义：锚固、组装、铺设或养护、维修铁路线路设施及巡道、道口看守。

适用范围：铁路线路工程。

等级线：初、中、高级。

学徒期限：二年，其中培训期一年，见习期一年。

一、初级线路工技能等级标准

1.知识要求

(1)线路平车、单轨小车的使用方法，线路作业手工工(机)具的保养知识。

(2)轨道类型、钢轨及配件的知识。

(3)轨缝的计算和设置要求。

(4)螺旋道钉硫磺锚固用料配合比及操作知识。

(5)线路标志和信号标志的种类、作用。

(6)材料装卸及靠近线路堆放材料的要求。

(7)路基断面形式、组成，路基排水设备及防护和加固设备的作用。

(8)线路维修工作的基本任务和原则，综合维修周期的规定。

(9)综合维修、经常保养及临时补修的作业方式及其基本内容。

(10)轻伤、重伤钢轨的判定标准及标记方法，连接零件的伤损标准。

(11)起重装吊的结扣方法。

(12)铺轨作业的内容、程序及质量要求。

(13)电务常识，轨道电路及闭塞知识。

(14)建筑接近限界、机车车辆限界。

(15)电气化铁路的有关常识。

(16)法定计量单位的有关知识。

(17)安全作业知识及线路施工防护的有关规定。
(18)电工的基本知识。
2.技能要求
(1)进行道镐或手提电镐捣固作业。
(2)混凝土枕的垫碴操作。
(3)使用枕底清筛机作业,并能进行一般保养。
(4)使用撬棍或拨道器拨道。
(5)安装、更换钢轨接头夹板。
(6)接头螺栓和轨枕扣件涂油。
(7)混凝土枕的螺旋道钉硫磺锚固。
(8)轨节拼装。
(9)整修路肩,清理侧沟,清筛道碴,回填、夯实道床。
(10)按给定轨枕间距尺寸画轨枕位置标记。
(11)木枕线路改道。
(12)单根更换木枕或混凝土枕。
(13)木枕削平、捆扎及打组钉板,修理木枕。
(14)垫冻害垫板。
(15)埋设线路标志及信号标志。
(16)线路施工作业的防护。
(17)小型线路机械的使用。
(18)正确使用单轨小车及线路平车。
3.工作实例
(1)按起道量大小用道镐或手提电镐捣固。
(2)垫冻害垫板。
(3)按路基断面尺寸,整修路肩、清理侧沟。
(4)拔道作业。
(5)螺旋道钉硫磺锚固。
(6)更换钢轨接头夹板及接头螺栓涂油。
(7)测量轨距及改道。
(8)单轨小车及线路平车的使用。
(9)更换及方正轨枕。

二、中级线路工技能等级标准

1.知识要求
(1)常用线路机械(机具)的性能和使用、维护保养知识,排除一般故障的方法。
(2)铺碴、铺轨技术操作规定及轨缝调整计算和设置,锯轨和钻孔方法。
(3)轨排拼装、机械化铺轨(架梁)的方法和注意事项。
(4)防洪、防寒、防沙及事故抢修的知识。
(5)普通单开道岔构造、各部尺寸及铺设技术条件。
(6)道岔尖轨、基本轨及各种零件伤损和病害应进行修理或及时更换的规定。

(7)关于禁止使用道岔的10条规定。

(8)高锰钢整铸辙叉轻伤、重伤标准。

(9)无缝线路铺设及其养护维修特点和作业要求。

(10)钢轨折断和胀轨跑道的处理方法。

(11)无缝线路常备材料、机具标准。

(12)轨枕和岔枕的规格、配置标准及失效标准。

(13)曲线半径及线路坡度的有关规定。

(14)曲线正矢的测量及容许误差标准。

(15)曲线轨距加宽标准及曲线设置超高的有关规定。

(16)混凝土宽枕线路、整体道床线路及III型混凝土枕线路的铺设、养护维修知识。

(17)线路插入短轨的规定。

(18)响墩、火炬信号的试验、保管及使用规定。

(19)道口的设置条件和技术标准及看守知识。

(20)线路、道岔铺设和综合维修验收标准,线路、道岔保养和质量评定标准。

(21)小型液压捣固机的主要结构、工作原理及使用、保养的注意事项。

(22)安装防爬设备技术标准。

(23)旧轨使用、整修的技术条件。

(24)胶合材料和胶合枕木的技术要求。

(25)测绘线路横断面的方法。

(26)桥隧工程的有关知识(如钢梁桥上线路上弯度、桥上线路中线与跨中线的容许偏差、铺设护轨规定等)。

(27)在电气化、自动闭塞区段和电气集中车站线路上施工的基本常识。

(28)视觉信号和听觉信号、减速手信号、遮断信号及移动信号及信号标志等。

(29)工程制图的知识。

(30)生产技术管理的基本知识。

2.技能要求

(1)锯轨、钢轨钻孔、螺栓孔倒棱及整治钢轨接头错牙。

(2)钢轨矫直及钢轨鞍形磨耗、轨端肥边的打磨作业。

(3)单根或成段更换钢轨。

(4)散布、串动和连接钢轨。

(5)更换道岔尖轨、基本轨、辙叉及护轨。

(6)整治尖轨拱腰,整修尖轨不密贴。

(7)单根更换岔枕、道岔起道、捣固和改道作业。

(8)混凝土枕挡肩破损的修理,混凝土枕扣件配置和安装。

(9)失效轨枕的判定。

(10)线路起道、捣固和垫板、垫碴及安装防爬设备。

(11)无缝线路,混凝土宽枕、整体道床及III型混凝土枕线路的铺设和维修。

(12)整治路基冻害。

(13)整治线路水、沙、雪害及翻浆冒泥等病害。

(14)封锁及慢行施工的防护。

(15)道口看守及道口小补修作业。
(16)铺设及检查、翻修道口。
(17)巡道作业(按巡回图巡检线、桥设备)。
(18)无缝线路钢轨折断(含焊缝)的紧急处理。
(19)无缝线路胀轨跑道的紧急处理。
(20)手工检查伤损钢轨、夹板、螺栓、尖轨及辙叉。
(21)测量钢轨、道岔的磨耗。
(22)轨缝调整器、起拨道器的使用和保养。
(23)小型液压捣固机的使用和保养。
(24)穿挂滑车,吊运物件。
(25)轨节(排)拼装及配轨。
(26)铺架机 1、2 号车在小半径曲线线路上的对位,桥梁和轨节的喂送、拖拉。
(27)机械化铺轨的起吊和铺设作业,以及机械化铺碴作业。
(28)简易测量工具测绘线路横断面。
(29)架设轨束梁及钢便梁。
(30)看懂线路平面图、纵断面图、道岔标准图及线路综合图表。

3. 工作实例

(1)起道、捣固和垫板、垫碴作业。
(2)用绳正法拨正曲线。
(3)检查、整正道岔各部尺寸。
(4)锯轨、钻孔及调整轨缝。
(5)单根更换钢轨。
(6)更换道岔主要零部件及岔枕。
(7)无缝线路的应力放散作业。
(8)测绘线路横断面。

三、高级线路工技能等级标准

1. 知识要求

(1)机械铺轨技术操作程序和配轨的计算方法。
(2)铺架机的结构原理、工作特性及常见故障原因分析、处理方法。
(3)铺架机的通过技术参数。
(4)轨道类型及铺设标准的有关规定。
(5)曲线缩短轨和钢轨空、搭头的计算原理。
(6)线路构造和道岔的理论知识。
(7)道岔铺设、维修的各项规定。
(8)普通单开道岔导曲线支距计算及连接曲线的整正。
(9)无缝线路的理论知识。
(10)整正曲线的理论知识和拨道量的计算方法。
(11)竖曲线的计算方法。
(12)新型轨道结构的基本知识。

(13)线路设备大修的分类及其主要工作内容。
(14)行车速度的测定及超高的计算方法。
(15)路基防护设施的知识。
(16)路基填土分类及特征。
(17)道口设置原则及有关道口管理的规定。
(18)线路测量的知识,水准仪、经纬仪的测量原理和使用方法。
(19)改善线路平面、纵断面的知识。
(20)线路病害的发生原因及防治办法。
(21)线路和站场施工的规定和验收标准。
(22)行车事故分类内容的解释。
(23)捣固机、清筛机的组装工艺过程。
(24)大型线路机械维修的组织配合及其验收标准。
(25)新线路和线路设备大修的验收内容。

2.技能要求

(1)指挥铺架机在条件复杂地段(双线、小半径曲线、隧道内)进行铺架作业。
(2)看懂道岔标准图。
(3)成组铺设、更换道岔。
(4)配置曲线缩短轨和计算钢轨空、搭头。
(5)起道、拨道及病害整治。
(6)调整线路两股钢轨接头相错量和整正道岔移位,使其符合标准。
(7)线路和路基病害的整治。
(8)计算和调整曲线超高。
(9)无缝线路应力放散作业。
(10)铺设或拆除施工便线。
(11)采取有效措施加强线路、道岔的薄弱处所。
(12)普通单开道岔导曲线支距计算及连接曲线的整正作业。
(13)使用水准仪进行一般高程测量。
(14)使用经纬仪进行线路中线测量。
(15)配套使用线路机械进行作业。
(16)中小型线路机械检修。
(17)架设轨束梁及钢便梁。
(18)行车事故的救援和恢复线路工作。
(19)组织轨排的拼装和配轨工作。

3.工作实例

(1)成组铺设、更换道岔。
(2)组织线路铺设或大修施工。
(3)架设轨束梁。
(4)组织轨排、道岔的拼装和配轨工作。
(5)进行线路平面测量,并绘制平面图。

思 考 题

8.1 地铁线路在列车动力作用和自然侵蚀的影响下发生的永久变形有哪些?

8.2 我国地铁养路工作划分的类型有哪些?

8.3 简述线路维修的内容及其类型。

8.4 线路中修、大修的目的是什么?

8.5 线路设备检查的类型有哪些?

8.6 线路维修工作的基本任务是什么?

8.7 接触轨的维修内容及要求是什么?

8.8 什么是线路设备大修?

8.9 大修施工方案的主要内容有哪些?

8.10 线路设备大修工作范围有哪些?

8.11 分别从知识要求、技能要求、工作实例3个方面比较初级线路工、中级线路工、高级线路工技能等级标准有哪些不同?

第九章　城市轨道交通线路主要单项作业

第一节　起道捣固作业标准

为消除有碴线路水平、高低超限，或增加道床厚度，提高道床弹性，要进行起道捣固作业。

一、主题内容与适用范围

本标准规定了起道捣固作业的技术标准、作业条件、作业组织、作业程序和方法、安全注意事项等。

本标准适用于城市轨道交通的地面正线、站场线等一切有碴线路的人工起道捣固作业。

二、技术标准

1. 水平

正线水平误差不超过 4mm。

2. 三角坑

在延长 6.25m 内的三角坑，正线误差不超过 4mm，站场线路误差不超过 6mm。

3. 高低

线路纵向长平，目视平顺，用 10m 弦线测量，前后高低误差，正线不超过 4mm，站场线路不超过 6mm。

4. 坡度

起道时应保持既有坡度，不改变变坡点位置和竖曲线半径，不超过与相邻线规定的最大变坡差。

起道作业后的轨面顺坡，作业时不少于 200 倍，收工时不少于 400 倍。

5. 空吊板

起道捣固地段的空吊板应不超过 8%。

三、作业条件

(1)隧道内或高架桥面上的整体道床线路都不进行起道作业项目。

(2)地铁地面正线碎石道床线路，在试运行阶段列车间隔较大时，经上级批准，可以利用列车运行间隔进行 40mm 以下的起道作业。在正式运营阶段，凡列车运营时间范围内，均不得进行拨道作业，必须安排在夜间停止运营后进行。

(3)起道量在 20mm 以内时，无论是碎石道床线路还是整体道床线路，均采取垫板作业(另见垫板作业标准)。

(4)在本线或邻线有工程车辆运行的地段进行起道作业必须设置施工防护。

(5)站场碎石道床线路可以不限制在夜间作业,但必须是在批准后的封锁时间内进行,工地设专人防护,并应在施工地点两端设置作业标。

(6)起道量 41～100mm,应提前与供电系统触网有关部门联系,并提供起道量的有关技术资料,以申请施工配合。

(7)地铁地面正线,在起道量超过 100mm 时的起道必须获得上级公司的批准,在充分组织施工协调的基础上进行。

(8)特殊情况下,因路基、道床发生突变,线路水平、高低严重超限,影响列车安全时,经上级公司批准,采取紧急措施,按规定办理施工手续后进行临时抢修。

四、作业组织

起道捣固作业人员一般分为起道人员与捣固人员两部分。

(1)起道人员由 3～4 人组成,一人看道,量水平;一人使用起道机抬道;一人使用手镐打塞;一人点撬、扒机窝、恢复道床。

(2)当工作量较大时,可以分两组流水作业,第一组负责基准股起道,第二组负责另一股水平。

(3)起道后由捣固人员用手镐进行捣固,有条件的可以利用小型捣固机械作业。

(4)捣固人员的数量根据工作量决定。

五、作业程序和方法

1.准备工作

(1)起道作业前,对于混凝土轨枕线路,要全面取下本地段在日常保养时垫入的竹木垫板,然后拧紧螺栓。

(2)木枕线路必须打好浮起道钉,消灭空吊板。

(3)看道人员要事先核对水平道尺,如有误差,要进行调整。

(4)起道机手要检查起道机的性能是否完好,严禁使用带病起道机参加作业。

(5)起道前应先调查线路坑洼,以便准确划撬,确定起道量。

2.确定基准股

(1)直线地段用水平尺选择高股作为基准股,普通起道时一般以前进里程的左股作为基准股。

(2)曲线地段以下股为基准股。

(3)道岔起道,单开道岔以直外股为基准股,双开道岔以过车多的外股为基准股。

3.看道

(1)基准股确定后,由起道指挥人负责看道,用目测法指挥起道。

(2)看道距离一般为 20～30m,以三点一线为依据。

(3)看道方法为俯身于基准股,目测钢轨外侧下颚水平线的高低情况,凡前后高低出现坑洼时,必须对坑洼处进行起道。

(4)点撬人在看道人的指挥下,于轨面点撬定位,确定放置起道机的位置,然后负责扒好机窝。

4. 放置起道机

(1)全起全捣时,一般先在中间放一次,然后每隔 6～8 根轨枕放一次,顺次向前。

(2)重起重捣时,在坑底处放一次,漫坑要放置 2～3 次,根据情况决定。

(3)起道机必须放置平稳,接头放在接缝下,直接放在钢轨里,曲线上股放在外口,以防胀轨和影响线路方向。

(4)绝缘接头、焊缝接头及道岔跳线部位禁止放置起道机。

5. 起道

(1)起道机手在看道人的指挥下,使用起道机抬高轨面。

(2)在一般情况下,起道应使用液压式起道机,当起道量很大,可使用齿条式起道机。

(3)起道人应与指挥人紧密配合,动作协调,随时注意指挥人的手势或口令,动作要迅速敏捷。

(4)在坡道上起道,从上坡往下坡看道时,每点的起道都不能低;从下坡往上坡看道时,每点的起道都不能高。

6. 找平

(1)基准股起平后,用水平道尺找平另一股。

(2)道尺要放在起道机的起道始点一侧,尽可能靠近起道机。

(3)道岔起道时,道尺应放在尖轨前接头、尖轨尖端、尖轨跟端、辙叉前后接头,导曲线中间酌情放置。

7. 打塞

(1)打塞(或称砸撬)是指起道或找平后,为维持轨面平顺,对关键部位所做的临时捣固。

(2)打塞要在钢轨部位,将道碴朝枕底方向打入。

(3)接头处起道时,两根轨枕要同时打塞,每根打两面镐。

(4)打塞时不得使用大石碴。

(5)起道地段如有工程车辆通过时,对于单股起道,必须于车辆通过前在一根轨枕上捣固好长度不少于 4 个镐窝的四面镐;对于双股起道,必须在两根轨枕上同时捣固好长度不少于 4 个镐窝的四面镐。

(6)起道过高时,应用镐尖透镐,禁止使用起道机撞击钢轨或轨枕。

(7)捣固作业有手工捣固、手提电动捣固机捣固、小型液压捣固机捣固,以及大型起道机捣固 4 种类型。

8. 人工捣固

(1)捣固方向

捣固作业的方向应由坑洼两头开始向坑洼中间捣固,不能由坑洼中间向两头捣,以防越赶越高。

(2)站脚位置

前脚站在被捣固轨枕上,脚尖不准伸出轨枕边缘,后脚站在两根轨枕中间,不要探入轨底。

(3)排镐顺序

先由轨底向外排排镐,再由外向轨底排镐,轨底中心向两侧各捣固长为 400～500mm(木枕应打 6 个镐窝,混凝土枕应打 7 个镐窝,每镐约有 4mm 重叠量)。

混凝土轨枕中部 500～600mm 长度范围内,严禁捣固或串实,应与轨枕底部保留 20mm 的间隙,防止轨枕中间受力,发生上挠裂纹。

(4)打镐数量

起道力量小于 5mm 时打 16 镐，6～14mm 打 18 镐，15～20mm 打 20 镐，大于 20mm 打 22 镐。对接头、撬中间、大腰、空吊板等处要加强捣固，撬尾、小腰要适当减镐。

(5)落镐位置

镐落在距轨枕底边约 20～30mm 处，避免打伤轨枕。

(6)落镐角度

镐头与轨枕侧面成 40°～45°。

(7)捣固质量

捣固质量必须达到 5 够：力度够，高度够，宽度够，镐数够，面数够。

判断捣固质量的方法：

感觉——持续手感麻木；

听音——道碴发生急脱；

观看——枕底坚实，道碴难入；

敲击——轨枕发声清脆。

9. 回检

两股道均起平后，应复查回看轨面的平顺，有条件的利用车辆压道后，继续做好找小洼等轨面回检工作。

10. 整理

凡当天进行起道作业的地段，收工前后应组织人员对线路道床进行全面恢复与整理，特别要做到一撬作业一撬清，半日作业半日清，随时夯实道床，保持道床阻力，并恢复道床外观。

六、质量要求

(1)水平状态良好，无明显小坑，轨道纵向长平，目视平顺，无漫坑漫包。水平高低误差符合规定。

(2)起道预留下沉量不超过 4mm。

七、安全注意事项

(1)地面正线在运营时间内，一律不得进行起道作业。其他线在无封锁无慢行条件下，一次起道量不得超过 40mm。

(2)电气化线路起道，单股不得超过 40mm，若超过规定须事先通知有关部门派员到场配合。

(3)无缝线路，当钢轨实际温度超过锁定轨温±20℃时不得进行起道作业。

(4)凡缺碴地段，除找小洼以外，严禁盲目起道。

(5)短轨地段，进行起道作业时，不得盲目抬高接头，多留下沉量。

(6)使用起道机应定机定人，起道机手必须经考试合格后才准许上道操作。

(7)起道机的放置必须严格按有关规定执行，绝缘接头、焊缝接头及道岔跳线部位，禁止放置起道机。

(8)起道机在使用过程中必须做到人不离机、手不离把。

(9)起道机底座小车应设置偏心装置，并用油漆涂上醒目标记。

(10)起道作业时防护人员必须掌握本线与邻线车辆的运行情况，并加强瞭望，严禁抢撬。邻线来车时，应保证作业人员及施工料具不侵入限界。本线来车时，应组织作业人员及时下道，并随手取下一切施工料具。

(11)起道后的捣固作业，前后人员距离应相隔不少于3根轨枕，以免互相妨碍及落镐伤人。捣固时应注意避免打伤轨枕边棱、扣件、导线等各种工务或电务设备。

图9-1为手工捣固镐位示意图。

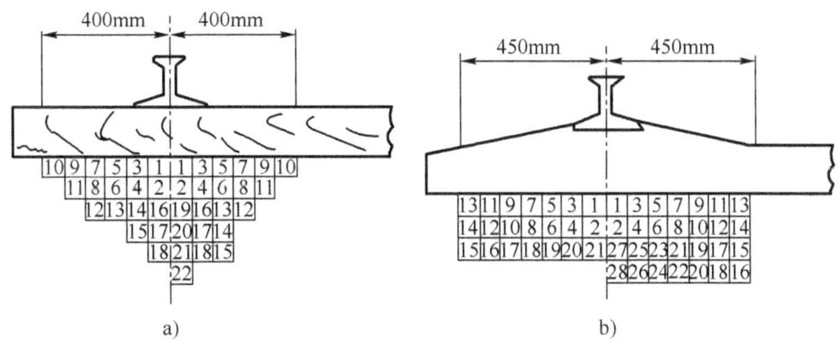

图9-1 手工捣固镐位示意图

a)木枕地段；b)混凝土枕地段

第二节 拨道作业标准

为消除有碴线路方向不良，要进行拨道作业。

一、主题内容与适用范围

本标准规定了拨道作业的技术标准、作业条件、作业程序和方法、安全注意事项等。

本标准适用于城市轨道交通一切有碴线路的人工拨道作业。

二、技术标准

(1)直线方向目视直顺，用10m弦线丈量，正线误差不超过4mm，其他线误差不超过6mm。

(2)曲线方向目视圆顺，用20m弦线在钢轨面下16mm处测量正矢，其误差不得超过表9-1。

正矢误差范围　　表9-1

曲线半径(m)	缓和曲线正矢与计算正矢差(mm)		圆曲线正矢连续差(mm)		圆曲线正矢最大值与最小值差(mm)	
	正线	站场线	正线	站场线	正线	站场线
250及以下	7	8	14	16	21	24
251～350	6	7	12	14	18	21

续上表

曲线半径(m)	缓和曲线正矢与计算正矢差(mm)		圆曲线正矢连续差(mm)		圆曲线正矢最大值与最小值差(mm)	
	正线	站场线	正线	站场线	正线	站场线
351～450	5	6	10	12	15	18
451～650	4	5	8	10	12	15
651 及以上	3	4	6	8	9	12

(3)曲线头尾无反弯或“鹅头”。

(4)由于拨道造成轨缝、高低、水平、道床变化或空吊板,必须按标准做好。

三、作业条件

(1)地铁地面正线,在试运行阶段,经上级批准,可以利用列车运行间隔进行 40mm 以下拨道量的拨道作业。在正式运营阶段,凡列车运营时间范围内,均不得进行拨道作业,必须安排在夜间非运营时间内进行。

(2)站场碎石道床线路的拨道,不限于夜间作业,但必须申请封锁,同时设置施工防护。

(3)通常情况下拨道量应控制在 40mm 以下,当拨道量在 41～100mm 时,应向供电系统触网部门提供技术资料并申请施工配合。

(4)拨道量超过 100mm,应得到上级公司批准,在组织好有关协调后进行。

(5)无论是隧道内还是高架桥面上的整体道床线路,除 WJ-2 型扣件以外,均不得进行拨道作业。进行改道的方式,可参见改道作业标准。对于 WJ-2 型扣件的线路,其拨道方法另有介绍。

(6)特殊情况下,当线路方向严重不良或发生胀轨预兆,影响行车安全时,必须采取紧急措施,经上级批准后按规定办理封锁或慢行手续,进行临时抢修,但必须设置防护。

四、木枕线路拨道的程序和方法

1. 调查

(1)拨量调查,拨道前要事先调查好拨道处所和拨道量。

(2)轨缝调查,凡短轨地段线路,拨道前要对轨缝进行调查,考虑拨道对轨缝的影响,曲线向上拨轨缝增大,向下拨轨缝会减小。

2. 确定基准股

一般在直线地段,如两股方向大小相差不多时,应以里程顺序左股为基准股;如一股方向好,则以较好的一股为基准股。曲线地段,应以上股为基准股。

3. 排除障碍

拨道前根据拨动方向,刨松枕木头石碴,设有防爬设备的,按拨动方向,把靠近木撑的石碴扒开,如果拨量较大,则扒出所需要的间隙,使线路容易拨正。

4. 撬棍的使用

(1)作业人员每人一根撬棍,分两组在两股钢轨上同时进行拨道。

(2)撬棍插入道床时,上手握撬棍末端,下手在邻近中心,双脚站立于道床,前脚距轨底边缘 250mm，两脚相距 300～400mm，成 60°角。

(3)插入撬棍时，上身稍向前倾，将撬棍插到轨底下道床内，与道床成 45°～60°角。插入深度不少于 200mm，要轻拨一下是否插牢。

(4)拨小弯时撬棍要集中在凸出点，拨大弯要一撬一撬地往前倒翻。

5. 看道

(1)看道由拨道指挥人负责，用目测法指挥拨道。

(2)看道距离，小拨 50m 左右，大拨 100m 左右。

(3)看道人双腿横跨基准股两侧进行指挥，拨曲线时看道人应站立于上股外侧。

(4)看道人的手势要及时、迅速、准确，提高效率。

6. 拨动线路

(1)在看道人的指挥下，先由点撬人在轨面点撬，正确决定撬位和拨动方向。

(2)拨道人员根据撬位和拨动方向就位并插入撬棍。

(3)拨道时，拨道人身体略向拨动方向倾斜，并且视看道人，由一人喊号，统一动作。

(4)根据拨量大小及线路情况，要适当留有回弹量。

(5)拨好一撬后，再按指挥人的手势转移地点，继续拨道。

7. 整理

拨道后要将扒开的石碴整平，尤其是枕木头及防爬设备部位的石碴要回填夯实，保持道床阻力。

五、混凝土枕线路拨道程序和方法

1. 机具的使用

(1)混凝土枕线路，当拨量较小时，使用液压拨道器拨道。

(2)液压拨道器一般配备 3 台，拨正方向一侧安装 2 台，另一侧安装 1 台，3 台位置呈三角形，每台之间相距 2～3 根轨枕。

(3)当拨动量较大，线路有封锁或慢行条件时，可以使用齿条式起道机拨道，其配备数量根据事先调查的工作量确定，每台机配备主副手各一人。

(4)拨道前由点撬人在看道人的指挥下点撬定位定向，并由点撬人按拨动方向扒好机窝。

(5)齿条式起道机应将机身底部安放于机窝，机身倾斜，齿条顶住钢轨下颚，起道机手在看道人指挥下拨道，一人喊号，统一工作。

2. 其他

混凝土轨枕线路拨道前的调查、确定基准股、排除障碍、看道指挥、整理等均与木枕线路相同。

六、绳正法曲线拨道的方法

1. 外业测量

(1)外业测量前，应首先检查曲线两端的直线方向，如果曲线头尾有反弯，应事先拨正。

(2)在外股钢轨上，用钢尺丈量，每 10m 设置一个测点。当曲线原有标志清晰且位置准确时，一般采用原有测点。当曲线原有标志不清或位置不准且又缺乏曲线资料时，必须通过计算，先求曲线中央点位置，然后计算曲线全长，确定曲线头尾位置，最后确定各测点位置。

(3)在轨面下16mm处，用20m长弦线测量各个测点正矢。

2. 内业计算

绳正法整正曲线的内业计算一般采用列表进行。

曲线拨正的计算，可采用修正计划正矢(点号差法)、修正差累计值或修正计算半拨距的方法。这几种方法的原理相同，都不会影响曲线拨正计算的结果。影响计算结果的因素，关键在于如何计划各桩点的计划正矢。

严格按照设备图表给定的曲线头尾位置、缓和曲线长度和圆曲线半径来确定各桩点的计划正矢，这种方法的优点是曲线头尾位置固定，不因拨正计算而改变曲线头尾位置，这就防止了拨正一次曲线改变一次曲线头尾钢轨标记的做法，而且还能保证缓和曲线长度和圆曲线半径不改变。

由于测量和施工精度的限制，现场曲线转角和切线位置不可能和设计文件(或竣工资料)给定的数值完全一致，因此，在不改变缓和曲线长度和圆曲线半径的前提下，不改变曲线头尾位置几乎是不可能的。在拨正计算时，这表现为

$$\sum f_{测} \neq \sum f_{设}$$

式中：$f_{测}$——各桩点的实测正矢(mm)；

$f_{设}$——按设备图表给定的曲线头尾位置、缓和曲线长度和圆曲线半径计算出来的各桩点设计正矢(mm)。

但是，在$|\sum f_{设} - \sum f_{测}| < L/10$时($L$为曲线全长)，可以认为现场曲线转角值与设备图表给定的转向值基本一致。设计正矢合计与实测正矢合计的差数，可以在设计正矢栏内修正。由于$|\sum f_{设} - \sum f_{测}| < L/10$，各桩点设计正矢的修正数不会大于1mm。按此修正后的设计正矢计算拨量，其拨后正矢与修正前的设计正矢之差不会大于1mm，不但充分保证了拨后曲线的圆顺，而且基本保证了圆曲线半径和缓和曲线长度不变。

在进行上述修正以后，曲线最后桩点和以后直线上的桩点的计算半拨距，在大多数情况下不为零，这主要是由现场曲线切线平行侧移(造成现场曲线头尾错动)造成的。若不改变设备图表曲线头尾位置，又要保证曲线圆顺(各点拨后正矢与修正后的设计正矢完全相等)，应该按计算半拨距的二倍数值拨正曲线，且曲线终点后的直线也须平行侧移。但在实际应用中，若最后一个桩点的计算半拨距数值不大(小于圆曲线桩点个数)，可以保证缓和曲线拨后正矢与修正前设计正矢差不大于1mm，圆曲线拨后正矢与修正前设计正矢之差不大于2mm，就可再在圆曲线范围内修正一次设计正矢(各点再修正值不大于1mm)。

【例9-1】 设备图表给定的某一曲线资料如下：$\alpha_{设}=15°20'$，$R_{设}=1\,000$m，$l=100$m，$T=184.70$m，$L=367.62$m，并给定了直缓点的里程，现进行曲线拨正计算。

解 计算步骤如下：

(1)将设备图表给定的直缓点定为第1号桩点，然后向两端排出−1、0、2、…、39号桩点。

ZH：第1号桩。

HY：第11号桩。

YH：在27号和28号桩之间，距27号桩7.62 m，距28号桩2.38 m。

HZ：在37号和38号桩之间，距37号桩7.62m，距38号桩为2.38 m。

(2)将曲线正矢填入实测正矢栏中,见表 9-2。

(3)按曲线头尾位置、缓和曲线长度和圆曲线半径,计算计划正矢。

①圆曲线计划正矢:

$$f_y = 50\,000/R_{设} = 50\text{mm}$$

②缓和曲线正矢递增率:

$$\Delta f = f_y \times \frac{L}{10} = 5\text{mm}$$

③各桩点的计划正矢:

$$f_1(\text{ZH}) = \frac{1}{6}\Delta f = 0.833\text{mm}(取\ 1\text{mm})$$

$$f_2 = 5\text{mm}$$

$$f_3 = 10\text{mm}$$

$$f_4 = 15\text{mm}$$

$$f_5 = 20\text{mm}$$

$$f_6 = 25\text{mm}$$

$$f_7 = 30\text{mm}$$

$$f_8 = 35\text{mm}$$

$$f_9 = 40\text{mm}$$

$$f_{10} = 45\text{mm}$$

$$f_{11}(\text{ZY}) = f_y - \frac{1}{6}\Delta f = 49\text{mm}$$

$$f_{12} \sim f_{26}\ 均等于\ 50\text{mm}$$

$$f_{27} = f_y - (0.238^3 \div 6)\Delta f = 49.99\text{mm}(取\ 50\text{mm})$$

$$f_{28} = f_y - (0.238 + 0.762^3 \div 6)\Delta f = 48.44\text{mm}(取\ 48\text{mm})$$

$$f_{29} = (37.762 - 29)\Delta f = 44\text{mm}$$

$$f_{30} = (37.762 - 30)\Delta f = 39\text{mm}$$

$$f_{31} = (37.762 - 31)\Delta f = 34\text{mm}$$

$$f_{32} = (37.762 - 32)\Delta f = 29\text{mm}$$

$$f_{33} = (37.762 - 33)\Delta f = 24\text{mm}$$

$$f_{34} = (37.762 - 34)\Delta f = 19\text{mm}$$

$$f_{35} = (37.762 - 35)\Delta f = 14\text{mm}$$

$$f_{36} = (37.762 - 36)\Delta f = 9\text{mm}$$

$$f_{37} = (0.762 + 0.238^3 \div 6)\Delta f = 4\text{mm}$$

$$f_{38} = (0.762^3 \div 6)\Delta f = 0\text{mm}$$

$$\sum f_{设} = 1\,339\text{mm}$$

验算

$$a_{设} = \frac{\sum f_{设}}{5\,000} \times \frac{180°}{\pi} = 15°20'38''$$

其误差为 38″,相当于设计正矢合计误差 0.92mm,是计算进整造成的,不影响计算精度。将以上计算结果填入表 9-2 的第 3 栏。

(4)进行拨正计算,见表 9-2。

绳正法整正曲线的内业计算 表 9-2

桩号	实测正矢	计划正矢	修正后计划正矢	修正后正矢差(2)−(4)	差累计	计算半拨距	计划正矢再修正值	再修正后计划正矢(4)+(8)	正矢差(2)−(9)	差累计	修正计算半拨距	拨距	拨后正矢	注
1	2	3	4	5	6	7	8	9	10	11	12	13	14	15
1	0	1	1	−1	−1		+1	2	−2	−2		0	2	ZH=1
2	10	5	5	5	4	−1	+1	6	4	2	−2	−4	6	
3	11	10	10	1	5	3	0	10	1	3	0	0	10	
4	12	15	15	−3	2	8	−1	14	−2	1	3	6	14	
5	13	20	20	−7	−5	10	−1	19	−6	−5	4	8	19	
6	27	25	25	2	−3	−5	−1	24	3	−2	−1	−2	24	
7	32	30	30	2	−12	−1	29	3	1	−3	−6	29		
8	35	35	35	0	−1	1	0	35	0	1	−2	−4	35	
9	41	40	40	1	0	0	+1	41	0	1	−1	−2	41	
10	43	45	45	−2	−2	0	+1	46	−3	−2	0	0	46	
11	50	49	49	1	−1	−2		49	1	−1	−2	−4	49	HY=11
12	57	50+1	51	6	5	−3		51	6	+5	−3	−6	51	
13	50	50+1	51	'−1	4	2		51	−1	4	2	4	51	
14	44	50+1	51	−7	−3	6		51	−7	−3	6	12	51	
15	52	50+1	51	1	−2	3	+1	52	0	−3	3	6	52	
16	57	50+1	51	6	4	1		51	6	3	0	0	51	
17	49	50+1	51	−2	2	5		51	−2	1	3	6	51	
18	46	50+1	51	−5	−3	7		51	−5	−4	4	8	51	
19	51	50+1	51	0	−3	4		51	0	−4	0	0	51	
20	53	50+1	51	2	−1	1	+1	52	1	−3	−4	−8	52	
21	58	50+1	51	7	6	0		51	7	4	−7	−14	51	
22	51	50+1	51	0	6	6		51	0	4	−3	−6	51	
23	49	50+1	51	−2	4	12		51	−2	2	1	2	51	
24	49	50+1	51	−2	2	16	−1	50	−1	1	3	6	50	
25	47	50+1	51	−4	−2	18	−1	50	−3	−2	4	8	50	
26	51	50+1	51	0	−2	16		51	0	−2	2	4	51	
27	53	50+1	51	2	0	14		51	2	0	0	0	51	
28	50	48+1	49	1	1	14	−1	48	2	2	0	0	48	YH=27.762
29	42	44	44	−2	−1	15		44	−2	0	2	4	44	
30	38	39	39	−1	−2	14		39	−1	−1	2	4	39	
31	35	34	34	1	−1	12		34	1	0	1	2	34	
32	30	29	29	1	0	11		29	1	1	1	2	29	
33	22	24	24	−2	−2	11	+1	25	−3	−2	2	4	25	
34	20	19	19	1	−1	9		19	1	−1	0	0	19	

续上表

桩号	实测正矢	计划正矢	修正后计划正矢	修正后正矢差(2)−(4)	差累计	计算半拨距	计划正矢再修正值	再修正后计划正矢(4)+(8)	正矢差(2)−(9)	差累计	修正计算半拨距	拨距	拨后正矢	注
1	2	3	4	5	6	7	8	9	10	11	12	13	14	15
35	15	14	14	1	0	8		14	1	0	−1	−2	14	
36	10	9	9	1	1	8		9	1	1	−1	−2	9	
37	3	4	4	−1	0	9		4	−1	0	0	0	4	
38	0	0	0	0	0	9		0	0	0	0	0	0	HZ=37.762
39	0	0	0	0	0	9		0	0	0	0	0	0	
Σ	1 356	1 339	1 356	+42 −42	+46 −37									

①计算$\sum f_{测}$=1 356mm(第 2 栏合计值)。

②计算$\sum f_{测}-\sum f_{设}$=17mm。

③第 4 栏为修正后的计划正矢,共 17 个点,每个桩点修正正矢+1mm。

④按修正后的计划正矢,计算正矢差Δf。

$$\Delta f=\sum f_{设}-\sum f_{测}=第2栏数值-第4栏数值$$

将正矢差填入第 5 栏。

⑤计算正矢差累计,并填入第 6 栏中。

⑥计算半拨距,并填入第 7 栏中。

⑦用修正计划正矢的方法修正计算半拨距。应保证计划正矢修正数(含第 4 栏的修正值)不大于 2mm,并使曲线终点拨距为零,中间拨距合理。将第 4 栏修正后计划正矢的再修正值填入第 8 栏中。

⑧第 9 栏为再修正后的计划正矢。

$$第9栏数值=第4栏数值+第8栏数值$$

以保证圆曲线内:

$$|第3栏数值-第9栏数值|\leqslant 2$$

⑨第 10 栏为实测正矢与再修正后计划正矢之差。

$$第10栏数值=第2栏数值-第9栏数值$$

⑩第 11 栏为第 10 栏的累计值,斜加平写。

第 12 栏为再修正后的计算半拨距,将第 11 栏“平加下写”。

第 13 栏为拨距:

$$第13栏数值=第12栏数值\times 2$$

第 14 栏为拨后正矢。

从表 9-2 中可以看出,拨后正矢较第 2 栏的计划正矢,最大只差 2mm,而且只在圆曲线范围内。若在计算时只考虑圆曲线内相邻两点正矢之差和最大正矢与最小正矢之差的容许偏差,设计正矢的总修正量还可根据曲线半径大小适当放宽。

3.拨道作业

(1)根据内业资料的拨量计算,先将各测点的拨量及拨后正矢用石笔于轨底做好标记。

(2)设置拨道桩，以拨道桩为参照物，以拨量为依据，进行拨道。先拨测点，而后进行顺撬，直至符合要求为止。

(3)各测点拨道时，看道人必须手持量尺，以控制测点拨量的方法指挥拨道。

(4)各相邻测点之间进行顺撬时，看道人以目测曲线圆顺度的方法指挥拨道。

(5)拨道结束后要用20m弦线进行检查，凡不符合要求的测点，要继续进行调整。对于圆曲线，除测点满足要求外，还要保证任意点正矢符合规定。

(6)拨量大的曲线，拨道结束后要经列车压道多遍后进行复查调整。

(7)因拨道造成的水平、高低超限应及时消灭。

(8)经整正后的曲线要进行道床整理及标志刷新工作。

七、安全注意事项

(1)地面正线，未申请供电触网部门配合，一次拨道量不得超过40mm。

(2)一侧拨道量年度累计不得大于120mm，并不得侵入限界。

(3)无缝线路，当温差超过±20℃时，禁止拨道作业。

(4)木枕线路，禁止使用起道机拨道。

(5)在有轨道电路及绝缘接头处拨道时，撬棍应加绝缘防护。

(6)由于拨道引起的水平、高低、三角坑等不良变化，必须及时整修，消灭超限。

(7)在计划拨道地段，如线路方向有较大慢弯或曲线拨量较大时，除一次拨正外还要继续找细，并做好轨枕头的捣固。

指挥拨道手势

(1)向前去。右手张开举过头顶，手心向前做推送动作。

(2)往回来。右手张开举过头顶，手心向后做招手动作。

(3)拨动方向。向哪一边拨动就伸出哪一边手臂，拨量大挥动大。

(4)接头。双手握拳高举头顶相碰。

(5)大腰。双手高举头上，食指、拇指张开，比成大圆形状。

(6)小腰。双手胸前，食指、拇指张开，比成小圆形状。

(7)交叉拨。双手在胸前交叉。

(8)一撬拨好。右手伸过头顶。

(9)暂停。两手臂左右平伸。

(10)全部拨完。右手握拳，在头部前方自上而下画圆圈。

第三节　改道作业标准

线路轨距误差超限或轨距变化率超限时，应进行改道作业。地铁地下整体道床线路方向不良，也应通过改道予以整正或改善。

一、主题内容与适用范围

本标准规定了线路改道的技术标准、作业条件、作业程序和方法、安全注意事项等。

本标准适用于城市轨道交通地面、地下及高架等线路。

二、技术标准

1. 木枕线路

(1)轨距。轨距误差不大于6mm,不小于2mm。

(2)轨距变化率。不超过2‰。

(3)道钉状态。道钉应靠贴轨底垂直打入,浮离不得超过2mm。钉顶打成豆形,并不出现八害道钉。

注:八害道钉指俯、仰、歪、斜、浮、离、磨、弯。

2. 混凝土枕线路(包括整体道床线路)

(1)轨距。轨距误差不大于6mm,不小于2mm。

(2)轨距变化率。不超过2‰。

(3)扣件状态。扣件与轨底及扣件之间的距离的离缝不得超过2mm,扣件串上轨底等不良处所不超过8%。

(4)胶垫状态。各种胶垫位置应正确,歪斜不超过5mm,大胶垫端棱不得串上轨枕。

(5)扭力矩。螺旋钉帽扭力矩应为80~120N·m。

(6)线路方向。直线用10m弦量,正矢误差不超过4mm,其他线误差不超过6mm;曲线用20m弦量,正矢误差不超过限度(见《拨道作业标准》附表)。

三、作业条件

(1)地铁正线改道一律在夜间非运营时间内进行作业,并按规定办理施工登记手续。

(2)站场线路改道,不限于夜间作业,但必须办理施工封锁登记手续,特殊情况下也可无封锁无慢行,但必须设置专人防护,并于施工地点两端设置作业标。

四、作业组织

(1)改道作业一般以3~4人为一组,其中一人量轨距、看方向、画作业符号,一人松、紧螺栓(木枕线路起、钉道钉),1~2人整正扣件、拨动钢轨、改正轨距。

(2)为提高作业效率,改道作业应尽可能与更换胶垫、全面拧紧螺栓、串动轨枕、清扫承轨面灰砂及螺栓涂油、螺帽封口等项工作结合进行,此时的作业组织根据增加的项目,酌情增配人员。

(3)地下整体道床线路的改道,除改正轨距外,还要整正线路的不良方向。

(4)有碴混凝土枕线路必须贯彻先改后拨的原则,因改道作业造成的方向不良应及时拨正。

(5)木枕线路的改道应在拨道后进行,先拨正基准股方向后再进行改道。

五、木枕线路改道作业程序和方法

1. 确定基准股

(1)一般选方向较好的一股作为基准股,先改好基准股道钉,再改另一股。

(2)曲线地段以外股为基准股,根据外股改里股。

2. 划撬

改道由作业组长负责指挥。对需要改道的处所，由作业组长先进行调查，并画上改道的符号。

3. 起拨道钉

(1)起钉时，必须使用有嘴撬棍及起钉垫，不得使用石块或道钉杆代替起钉垫。

(2)起钉姿势：前脚站在轨枕上，后脚站在轨枕盒中，成八字形，两手紧握撬棍。

(3)起钉时必须做到三起三垫。将撬棍插入卡住道钉，垫入起钉垫，用力下压，当道钉起约10～20mm时应将撬棍及起钉垫稍向后撤，继续用力下压，当道钉起约50mm时再次将起钉垫后撤，当道钉起出约2/3时，停止下压，用力猛向上挑，起出道钉。

(4)道钉起出后，应随手放在适当位置，禁止乱扔。

4. 整修道钉

道钉弯曲会破坏钉孔，减弱持钉力，对拨出的道钉，凡有弯曲必须使用直钉器，将道钉整直后再使用。

5. 安插木片

(1)为加强木枕的持钉力，应在原有的道钉孔内插入钉孔木片(需预先制作)。

(2)木片插入的位置应根据调整轨距时需将钢轨拨动的方向来决定，不得随便插入。

(3)如果安插木片时，发现原有钉孔歪斜，应首先整修钉孔，然后插入木片。

(4)如果木枕已腐朽失效，必须更换枕木后，再进行钻孔。

6. 调整轨距

使用轨距调整器，拨动钢轨方向，调好轨距。

7. 打入道钉

(1)正手持钉为拇指、中指，无名指握钉，食指在下方抵住道钉侧面；反手持钉为拇指、食指相夹，由手掌支住。

(2)栽道钉。钉尖要离开轨底8mm，并保持垂直，过近挤仰道钉，过远则离缝，右手持锤轻击道钉顶部，栽稳为止。

(3)打道钉。先轻打一下，使道钉保持垂直和稳固，然后重打、稳打及准打，当道钉帽接近轨底时要轻打、闷打，以防打断钉帽或道钉打离、打活。

六、混凝土枕线路改道作业程序和方法

混凝土枕线路的改道是通过调整扣板、轨距挡板或轨距垫来实现的。

1. 确定基准股

改道前先调查轨向和扣件状态，选方向较好的一股为基准股，先整修基准股不良扣件，达到正、紧、靠要求，再改正另一股。

2. 划撬

同木枕线路改道，由作业组长负责对需要改道的处所画出作业符号。

3. 拆卸扣件

(1)采取调整扣件办法时，将改道处所钢轨里外口螺栓松开，取下扣件。

(2)采取加垫片或消去垫片办法时，钢轨里外口螺栓松开，但只需将钢轨移动过去的一侧扣板提起即可。

(3)拆下的扣件应合理放置，不能乱扔，以免造成使用不便。

4. 拨动钢轨

使用撬棍或液压拨动器，拨动钢轨至应有位置，轨距或线路方向得到整正。

5. 调整扣件

(1)调整说明。70 型扣板式扣件，其扣板共有 6 种规格，每种规格扣板又可翻转使用，这样共有 12 种扣件号码。改道时如轨距过小，加大内侧扣板号码，相应减小外侧扣板号码；如轨距过大，则反之。但必须注意，P60 钢轨每股内外侧扣板号码之和等于 16。70 型扣板式扣件配置见表 9-3。

70 型扣板式扣件配置表(P50)　　表 9-3

轨距(mm)	扣板号码			
	外	内	内	外
1 453	10	6	6	10
1 437	10	6	8	8
1 439	8	8	8	8
1 441	8	8	10	6
1 443	6	10	10	6
1 445	6	10	12	4
1 447	4	12	12	4
1 449	4	12	14	2
1 450	2	14	14	2

弹条 I 型扣件，P50 轨用轨距挡板分中间和接头两种，每种又分为 14、20 两个号码，除 14 号接头轨距安装 B 型弹条外，其余均为 A 型弹条。P60 轨用轨距挡板仅一种，分 6、10 两个号码，一律安装 B 型弹条。挡板座分 2～4、0～6 号两种，P60 仅用 2～4 号一种。弹条 I 型扣件轨距挡板及挡板座的配置见表 9-4。挡板座和轨距挡板对轨距调整量的影响见表 9-5。

弹条 I 型扣件轨距挡板及板座号码配置表　　表 9-4

钢轨型号	轨距(mm)	左股钢轨				右股钢轨			
		外侧		内侧		内侧		外侧	
		座	板	板	座	座	板	板	座
P50	1 431	4	20	14	2	2	14	20	4
	1 433	2	20	14	4	2	14	20	4
	1 435	2	20	14	4	4	14	20	2
	1 437	4	14	20	2	2	14	20	4
	1 439	4	14	20	2	4	14	20	2
	1 441	2	14	20	4	4	14	20	2
	1 443	4	14	20	2	2	20	14	4
	1 445	2	14	20	4	2	20	14	4
P60	1 431	4	10	6	2	2	6	10	4
	1 433	2	10	6	4	2	6	10	4
	1 435	2	10	6	4	4	6	10	2
	1 437	4	6	10	2	4	6	10	2
	1 439	4	6	10	2	2	10	6	4
	1 441	2	6	10	4	2	10	6	4
	1 443	2	6	10	4	4	10	6	2

调整方式与轨距调整量对照表　　表 9-5

部　　件	调 整 方 式	P50 轨距调整量(mm)	P60 轨距调整量(mm)
挡板座	翻边、更换	0～6	2
挡板	内外侧调整	6	4
板、座	两者配合	−8～16	−4～8

城轨新扣件，控制轨距的多为轨距垫，轨距垫的厚度有 4mm、6mm、8mm、10mm 等各种规格。因此，只要调整左右两股钢轨内外侧的规格，便可以达到调整轨距的目的。

(2)调整方法。调整扣件的方法有扣件翻转、内外侧扣件互换或重新更换其他规格的扣件等多种办法，特殊情况时，也可于扣板后部夹三角垫片。采取什么方法，主要取决于现场轨距、方向误差大小及该地段扣件的可调范围。为满足改道更换扣件的需要，改道前应携带一定数量的各种规格的扣件。

(3)串动轨枕。有碴线路，由于轨枕位置发生偏差而产生的轨距或方向不良，应先串动轨枕而后调整扣件。

(4)注意事项。对于整体道床线路改道时必须注意，避免因处理轨距问题而导致轨向不良；反过来，也不能因处理轨向问题而导致轨距超限。两者必须兼顾，使调整轨距与调整轨向同步进行，否则会造成晃车现象。

(5)扣件整理。扣件调整后，要进行整理，使其位置正确，各部位就位落槽，并达到密贴。

(6)拧紧螺栓。将松开的螺栓全部上齐，使用长柄扭力扳手拧紧螺帽。当轨距偏大时，应先拧紧外侧；当轨距小时，先拧紧内侧。扭力矩要达到 80～120N·m，使用 W 弹条时，要达到三点密靠。

6. 扣件回收

收工前，要将改道时拆换下来的所有废旧扣件回收利用，做到施工现场工完料尽。

七、安全注意事项

(1)线路改道时，不得连续松开 10 根以上轨枕螺栓，有工程车辆时，来不及全部拧紧的，准许每隔两枕有一根不紧。

(2)线路改道，如果与螺纹道钉除锈涂油结合进行，一般每隔一枕做一枕。

(3)无缝线路，当温差超过±20℃时禁止改道作业。

(4)改道使用的撬棍必须加有绝缘套管，防止搭接两股钢轨造成短路。

(5)起道钉要坚持三起三垫，不准用道钉、石块代替起钉垫，防止撬棍滑脱伤人。

(6)打道钉前要检查锤把安装是否牢固。

(7)发现有道钉歪斜，要起出重打，不准打扫锤，也不准打轮锤。

(8)起钉、打锤时都要注意前后间隔。分组作业，其距离应不少于 6 根枕木，防止撬棍、道锤及飞钉伤人。

第四节　无缝线路应力放散作业标准

一、主题内容与适用范围

本标准规定了无缝线路应力放散的技术标准、作业条件、作业方法及安全注意事项等。

二、名词术语

见第七章“无缝线路”。

三、技术标准

(1)轨距。误差±4mm,变化不大于2‰。

(2)轨向。直线远视直顺,曲线方向圆顺,正矢差不超过5mm。

(3)轨枕扣件。扭力矩为80～140N·m;弹条三点密靠,不靠者扭力矩不小于120N·m;扣件位置正确,歪斜及不密贴大于2mm者不超过6%,大胶垫歪斜不超过8%。

(4)缓冲区接头相错不大于40mm,轨缝误差±2mm,接头螺栓扭力矩应达到900N·m,防爬设备安装齐全、无失效。

(5)铝热焊接头距承轨面边缘不得小于4mm。

(6)无缝线路锁定轨温必须准确、可靠。50kg/m钢轨为19～34℃,60kg/m钢轨为25～37℃。

(7)一根轨条不得有两个及以上的锁定轨温,左右股的锁定轨温差不得大于5℃,曲线上股锁定轨温不得高于下股。

(8)线路大中修以前,应进行应力放散。夏季50kg/m放散到40～45℃,60kg/m放散到43～48℃;冬季50kg/m放散到5～10℃,60kg/m放散到5～10℃。

(9)无缝线路应力放散应放够放匀,每100m观察点放散量误差不得超过5mm。

(10)每段无缝线路5～7对爬行观测桩应保持齐全、牢固、标记明显。

四、作业条件

(1)无缝线路应力放散,必须组织施工协调会,利用夜间停运后的计划封锁时间进行施工,并于施工前按规定办理登记手续。

(2)非停运时间及未进行施工协调的均不得擅自作业。

五、应力放散前的准备工作

1.线路调查

(1)丈量长钢轨全长。

(2)调查原锁定轨温及变化情况。

(3)调查缓冲区短轨配置及短轨长度、轨缝、接头相错量等。

(4)调查绝缘接头、铝热焊缝、道口、桥梁、曲线等应力放散的影响。

2.作业准备

(1)根据调查资料绘制平面示意图。

(2)确定放散方案,明确向一端放散,还是向两端放散。

(3)确定设计轨温或模拟锁定轨温。

3.计算放散量

(1)计算总放散量。

总放散量=0.011 8×放散长度(m)×(计划轨温－原锁定轨温)

(2)计算观察点放散量。

观察点放散量=总放散量÷观察点×观察点号数

(3)根据放散量对缓冲区进行配轨。

4.现场准备

(1)按每百米长度确定测点,按放散方向顺序进行测点编号,每测点做好放散位移观测线。

(2)根据缓冲区配轨计划锯轨、钻孔,运至工地并安放对位。

(3)确定拉轨器位置,做好醒目标记。

六、应力放散作业程序和方法

1.第一阶段的作业

(1)固定段(这里指拉伸作业的固定端,而不是无缝线路的固定区)线路长 37.5m,拧紧螺栓,要求接头螺栓达到 900N·m,扣件螺栓达到 80～120N·m。

(2)散布滚筒或滚棒。

(3)一隔一松拆全部扣件,但曲线地段上股里口和下股外口每隔 12.5m 设置一块挡板,防止钢轨向心移动。

(4)拆除道口板、防爬设备及其他障碍物。

(5)铝热焊接头附近的轨枕,如影响放散,必须晃动。

(6)龙门口部位,6 孔鱼尾板接头先拆除 2 只螺栓。

2.第二阶段的作业

(1)轨道车进入放散地段龙门口附近。

(2)拆下拉轨器、轨卡,并推运到位。

(3)松拆扣件人员先拆开第一段钢轨所有剩余扣件。

(4)扣件拆开后,用起道机或撬棍抬起钢轨,每 12.5m 处安装滚筒或滚棒一只。

(5)龙门口作业人员拆卸接头螺栓,连成线,更换调整轨,调整轨缝后,再拧紧所有螺栓。

(6)安装第一股拉伸器。

(7)一切准备工作就绪后,由施工负责人向工地统一布置拉伸开始。

(8)各撞轨器必须密切配合拉伸器,进行撞轨。

(9)松拆扣件人员可转入第二股钢轨松拆扣件。

(10)各测点观测人员必须通过报话机向施工负责人汇报测点位移情况。

(11)各测点计划位移量到位后,由施工负责人统一发布第一股拉伸结束。

(12)全体作业人员必须立即一隔一扣件安装,拧紧第一股钢轨的扣件。

(13)第一股钢轨一隔一扣件拧紧后,拆除拉伸器。

(14)按同样方法,拉伸另一股钢轨。

(15)两股拉完,可让轨道车返回车站或撤离施工地段待命。

(16)各地段带班人员必须认真检查本责任地段线路,一隔一拧紧扣件,并保证轨距、轨向无超限。

3.第三阶段的作业

(1)所有作业人员抓紧上齐拧紧另一半轨枕的扣件,并达到规定要求。

(2)安装打紧线路防爬设备。

(3)方正、捣固已晃动过的轨枕,并找平轨面。

(4)恢复道口铺面及其他设备。

(5)调查记录每测点的位移，调查缓冲区轨缝及轨头相错量。

(6)换算拉伸后的长轨锁定轨温。

(7)做好锁定轨温标记及爬行观测桩标记。

(8)经检查，确认线路无超限方可离开工地。

七、安全注意事项

(1)无缝线路应力放散必须坚持一隔一松拆扣件及一隔一安装拧紧扣件。

(2)放散应力时，必须做到放够放匀。

(3)因轨道车配合施工，工地应设置防护，掌握轨道车的运行情况，并及时指挥作业人员下道避车。

第五节　道岔起、拨、改单项作业

一、道岔起道作业

1. 作业范围

(1)对道岔范围内的水平、高低、三角坑进行调整。

(2)在线路进行调整纵断面时，对道岔所进行的局部或全部起道。

2. 作业条件

(1)凡碎石道床道岔的起道，除局部找小洼以外，都必须利用非运营时间进行作业。

(2)站场道岔起道，可以在白天进行，但由于占用道岔，影响股道较多，必须征得站场运转部门同意，并按规定办理封锁登记手续后方可施工，工地应设置施工防护和作业标志。

(3)道岔起道应联系电务配合。

(4)起道量超过 40mm 时，应申请供电系统触网部门配合。

3. 作业程序

(1)线路调查，做好起道标记。

(2)检查道尺和起道机的性能状态。

(3)拆除影响施工的防爬支撑。

(4)用撬棍撬起轨枕，打紧道钉，拧紧扣件。

(5)目测法看道，指挥起道作业，先做好长平，然后做好另一股水平。

(6)人工捣固，重点部位应增加捣固力度和镐数。

(7)回检找细，认真检查水平、高低及空吊板。

(8)安装所拆除的防爬设备和道岔加固设备。

(9)回填整理道床，夯拍密实。

(10)经全面检查确认，符合要求后，清理现场，拆除防护，并办理注销登记手续。

4. 质量要求

(1)正线道岔，水平误差不超过 4mm，站场道岔不超过 6mm。

(2)道岔应与前后线路顺接良好，方向正线误差不超过 4mm，站场误差不超过 6mm；导曲线不得出现反弯。

(3)除设计变更以外，应保持原有坡度。

(4)道床石碴丰满，捣固密实，空吊板不超过80%。

(5)因起道所引起的其他项目，都应符合各有关技术标准。

5. 安全事项

(1)坚持按轨温作业。

(2)起道机手操作时应做到人不离机，手不离把，多台机器应同时起落。

(3)捣固作业时注意防止手镐伤人。

(4)其他事项可参考线路起道作业。

二、道岔拨道作业

1. 作业范围

碎石道床线路，道岔的方向发生显著变化，通过拨道予以矫正。

2. 作业条件

(1)所有正线道岔的拨道，都必须利用非运营时间进行。

(2)站场道岔的拨道，必须办理封锁股道手续，设置作业标和施工防护。

(3)拨移量超过40mm，应向触网部门办理施工配合手续。

3. 作业程序

(1)扒开岔枕端头道碴，拆除防爬设备。

(2)先拨道岔直股，然后以直股为准，做好道岔曲股的支距和各部间隔。

(3)手工捣固，回填石碴，整平夯实。

(4)安装防爬设备和道岔加固设备。

(5)会同有关人员共同检验，确认符合要求后，清理现场，拆除防护，办理注销手续。

4. 质量要求

(1)方向直顺，用10m弦测量，正线道岔误差不超过4mm，站场道岔误差不超过6mm。

(2)附带曲线正矢连续差，正线道岔不超过3mm，站场道岔不超过4mm。

因拨道引起的轨面高低、水平及其他项目应符合各有关标准。

5. 安全事项

(1)使用撬棍拨道，必须插牢，防止脱撬伤人。

(2)拨道或捣固时防止毁坏电务设备。

(3)拨量较大，未申请施工配合，不得进行。

三、道岔改道作业

1. 作业范围

(1)改正超限及变化率不符合标准的轨距。

(2)整修道岔支距、护轮轨与辙叉心的查照间隔。

2. 作业条件

同道岔拨道作业，站场道岔改道，如工作量较小，也可不封锁股道，但必须办理登记手续，并设置防护。

3. 作业程序

(1)用道尺由道岔前部向后每 2～3 枕测量一次轨距,用支距尺测量各点支距。

(2)做好改道标志。

(3)整修岔枕。

(4)起拔道钉或松拆扣件。

(5)道钉孔塞入防腐木片。

(6)整修或更换道钉。

(7)用撬棍或改道器拨动钢轨到位后,钉好道钉或拧紧扣件。

(8)经检验确认符合要求后,清理现场,撤除防护,办理注销手续。

4. 质量要求

(1)目视直股直顺,曲股圆顺,各部尺寸符合要求。

(2)支距误差不超过 2mm;用 5m 弦线测量导曲线正矢,连续误差不超过 2mm。

(3)改道范围内的各种零配件均符合要求。

5. 注意事项

(1)转辙部位。先改好直向外股基本轨,使道岔与前后线路连接良好,尖轨跟端至护轮轨前端,可在两端与钢轨等距离的岔枕上钉钉拉线,改好方向。

(2)连接部分。在直向外股钢轨上标上支距点,用支距尺按标准图改好导曲线上股,再用道尺改好导曲线下股;根据直向外股,用道尺改好直向内股。尖轨跟端后做好轨距递减。

(3)辙叉部分。辙叉趾端、跟端轨距,误差控制在 2mm 以内,改好查照间隔。

(4)以上作业中,凡涉及与电务有关的必须申请配合。

第六节 其他单项作业

一、扒道床作业

1. 作业程序

(1)刨松枕木头。用捣镐刨松枕木头道碴。

(2)扒道床。用齿耙扒出枕木头盒内及钢轨内侧的石碴,然后用捣镐串出钢轨底部石碴。串碴时,必须将石碴串到钢轨底以外,以利排水。

(3)扒碴时,一般先扒左股外口,再扒右股内口,转身扒右股外口,最后扒左股内口,两次往复回到原轨枕处。但扒碴时,要扒开大石碴(大于 70mm),留下小石碴。混凝土轨枕和无缝线路地段,如两侧石碴较多,可两人用拉耙扒碴,遇有需方正枕木时,应同时将方正枕木位置处的石碴扒清。

2. 作业质量

必须做到"三够一清":

(1)扒碴长度够。自钢轨中心向两侧各扒 400～450mm。

(2)扒碴深度够。不起道时扒至枕底下 10～20mm;起道 10mm 时,扒至枕底平;起道超过 20mm 时,留碴量为起道高的 2 倍。

(3)扒碴宽度够。扒至距离两侧轨枕 100～150mm。

(4)轨底要清。轨底石碴扒清时，留碴量为起道高的2倍。

3. 作业安全

(1)没有伤手、伤脚事故发生。

(2)没有事故隐患发生。

(3)石碴高度不超过轨面。

二、起打道钉作业

1. 作业程序

(1)起钉。使用撬棍用两起两垫或二起三垫垂直起出。先起铁垫板与木枕连接道钉，后起钢轨里外口道钉。起出的道钉应放在木枕面上。

(2)插入注油道钉孔木片。

(3)用直钉器整直弯曲的道钉。直钉器应顺着木枕盒放在平整的道床上，弯钉凸面向上，钉帽对着直钉器，用打闷锤的方法将道钉整直。

(4)修理钉孔，对歪斜钉孔要进行整修。钉孔前俯时，刀刃直面要靠钉孔内侧；后仰时，要靠钉孔外侧。钉凿子孔深度约100mm。

(5)栽钉。钉尖要栽在离开轨底边缘8mm处，并保持垂直。栽钉时，两脚跨在钢轨两侧。栽钢轨左侧为正手持钉，左手拇指、中指及无名指紧握道钉两侧面，食指顶住道钉后面；栽钢轨右侧道钉为反手持钉，左手拇指、食指夹住道钉两侧面，后面以手掌撑住。

(6)打钉。

①举锤时，两脚骑轨站立，两手握住锤把，相距500mm，上身挺直，落锤时上身向前稍弯，两腿随锤下蹲，用力下打。当锤与道钉接触时，锤把呈水平状态，并与轨道平行。

②打钉时，第一锤要轻打、稳打、准打，中间几锤要重而准打，最后一锤要闷打。发现道钉不良时，必须起下重打。各项打钉应符合要求。

③严禁打花锤、轮锤、归钉、搂钉。

(7)检查。检查道钉是否符合标准。

2. 作业质量

(1)每钉锤花两个以下。

(2)钉帽无划痕。

(3)钉应整直。

(4)无俯、仰、歪、斜、浮、离、磨、弯8害道钉。

(5)不打在钢轨、铁垫板、木枕上。

3. 作业安全

(1)使用起钉垫，起钉数量符合规定。

(2)无打飞钉现象。

(3)不伤手脚。

(4)轨道电路区段，撬棍带绝缘套。

三、更换夹板作业

1. 作业程序

(1)换前准备。卸掉2、5位螺栓，逐条加垫圈后再拧紧。里外口靠轨底各松一个道钉再打紧，其余道钉起掉，插入木片，遇有大缝或瞎缝应调整。

(2)设置防护。利用列车间隔时间作业，工地用停车手信号(个别更换夹板用电话联系)防护；更换绝缘接头夹板，拆开两个及以上夹板，必须用封锁线路施工防护办法进行防护。

(3)起钉、卸螺栓。起剩余接头道钉，并插入木片，或卸掉轨枕扣件。将接头螺栓卸掉，顺序按6孔夹板先1、3、5位，后2、4、6位；4夹板孔先1、3位，后2、4位。

(4)更换夹板。拆开夹板，注意检查轨腹轨端有无伤损，然后除锈，给螺栓丝扣、夹板与钢轨接触面涂油，并将新夹板扣入。

(5)上接头螺栓。用螺栓扳手尖端将夹板孔和钢轨孔串顺后，再穿入全部螺栓。直线6孔夹板，先拧紧1、6、3、4位螺栓，再拧紧2、5位螺栓，4孔夹板先2、3位后4、1位；曲线6孔夹板，先拧紧1、6、5、2位，后拧紧3、4位，4孔夹板先1、4位后3、2位。

(6)钉齐接头道钉。将接头道钉全部钉齐或上好扣件。绝缘接头处，钉头或扣板不得贴靠夹板。

(7)撤除防护。确认达到放行列车条件后，撤除防护。

(8)捣固。遇有接头暗坑、吊板或低接头时，应对接头轨枕捣固坚实。

(9)回收旧料。换下的旧料收回工区。

2. 作业质量

(1)轨面及内侧错牙，正线、到发线小于1mm，站、专线小于2mm。

(2)垫圈口朝下。

(3)螺栓扭力矩。普通螺栓冬季P43、P50轨为400N·m，P60轨为500N·m；Ⅰ级螺栓P43、P50轨为600N·m，P60轨为700N·m。夏季适当减少，但不低于规定值100N·m。

3. 作业安全

(1)按规定设好防护方可开始作业。

(2)来车前每端上好2个螺栓。

(3)不伤手脚。

四、单根抽换木枕作业

1. 作业程序

(1)散木枕。根据更换符号，将枕木散到应有位置，曲线一般散在下股。

(2)拆除防爬设备。遇有防爬设备应拆除。

(3)扒道床。扒开与爬行方向相反一侧枕木盒道碴；曲线一般应在下股开门；扒碴深度一般低于枕底20mm，要考虑削平深度不妨碍抽、穿木枕，将清碴与混碴分开，混碴扔在路肩上。

(4)起钉、撤垫板。将起下的道钉、垫板放在相邻的木枕上。弯曲道钉用直钉器调直。

(5)抽出旧枕。用撬棍将旧枕拨入扒开的枕木盒内，然后用拉枕钳将枕木拉出，放在路肩上，要底面朝上，以便干燥后运回。

2. 作业质量

(1)铁垫板位置正确。

(2)树心(或大面)应向下。

3. 作业安全

(1)隔6根换1根。

(2)用夹枕钳抽出或穿入木枕。

(3)人员、工具及时下道避车。

五、调整轨缝作业

1. 作业范围

轨缝不均匀或连续3个以上瞎缝,绝缘接头轨缝超过5～15mm的范围,用不拆开接头的方法进行调整。

2. 作业条件

(1)正线成段均匀轨缝,必须利用停运后的计划封锁时间进行,站场线路可以采取申请封锁股道的办法,但必须设置防护,工地应设有施工作业标。

(2)轨温条件。12.5m钢轨不得高于35℃,25m钢轨不得高于25℃。

3. 作业程序

(1)轨缝调查。

(2)计算每根钢轨的串动量。

(3)拧松接头夹板螺栓,松开扣件,松拆轨距拉杆、防爬设备及一切影响钢轨串动的其他障碍物。

(4)利用液压匀缝器按计划串动钢轨,每次一根,最多不超过两根。

(5)拧紧接头螺栓,紧固扣件,恢复防爬设备和加固设备。

(6)线路回检整理。

4. 作业质量

(1)轨缝均匀,无大缝,无瞎缝。

(2)正线直线接头相对偏差不超过40mm,曲线不超过40mm加缩短量的一半,站场线路以上数值放宽至60mm。

(3)接头螺栓和扣件螺栓的扭矩必须符合技术规定。

5. 作业安全

(1)运营时间内的运营线路,不得进行均匀轨缝作业;非运营时间,有工程车辆通行的线路也不得进行匀缝作业。

(2)站场线路施工,不得侵入邻线限界。

(3)不得用撞击夹板的方法调整轨缝。

(4)未申请电务配合的,不得施工。

六、检查道岔几何尺寸

1. 作业程序

(1)选用工具。量具选用正确、测量准确(轨距尺、支距尺、弦绳、木折尺等)。

(2)检查轨距水平。根据不同类型道岔逐项逐处检查,不得漏检、错检。

(3)检查支距。逐点检查,不得漏检、错检。

(4)检查轮缘槽。部位正确。

(5)检查动程。部位正确。

(6)其他项目。

检查高低、方向超限处所;尖轨尖端是否密贴;特种道岔要注意检查前后锐角、钝角辙叉的叉前叉后的轨距、水平,叉中的轨距,查照间隔,护背距离,曲中内、外矢距等。

2. 作业质量

(1)数据齐全,不漏项。

(2)测量轨距误差为+3mm、-2mm,水平、高低、直线轨向误差≤2mm,支距误差≤2mm,严禁误差超限。

(3)超限处所不漏项,并应注明。

3. 作业安全

(1)不夹轨距尺。

(2)无摔倒、碰伤现象。

(3)不脚踏尖轨、连接杆。

七、线路工区一日作业标准

1. 班前准备

(1)按时参加点名,思想集中,精神饱满,了解当日作业地点、内容、项目、完成数量、作业程序及当日安全注意事项。

(2)备好当日作业所需工、料具和防护劳保用品,对工、料具及其他用品进行检查,确认其质量良好,方可使用。

2. 前往工地

(1)行走路肩、跨越线路、通过桥隧要"一停、二看、三通过"。

(2)来车时,注意瞭望,确保安全,手提、肩扛工具不得侵入限界。

(3)乘车时,车未停稳不准上下车,严禁坐在危险处所,人要坐稳,工具、材料放置牢固,不超限。

3. 施工作业

(1)按照工班长或工地负责人的布置安排,设置好施工防护,准备施工作业。

(2)施工按综合、单项技术标准规定的程序和要求进行,不简化、不漏项。

4. 下道避车

(1)施工时,如有列车开来,应及时下道避车,并将工具、材料撤下道,不得将压机等物放在道心。

(2)下道后应注意瞭望,不超限,注意安全。

5. 质量回检

不合格要及时返工,不得将病害留在线路上。

6. 结束工作

清理工具、材料,收净存妥,拆除防护,返回驻地,工具、材料入库、归位。

7. 分析总结

(1)总结作业情况。

(2)分析安全情况。

(3)评分及合理化建议。

思 考 题

9.1 简述起道捣固作业的程序及注意事项。

9.2 简述混凝土枕线路拨道作业的程序及注意事项。

9.3 怎样用绳正法进行曲线拨道,应注意哪些问题?

9.4 混凝土枕线路改道作业的程序及注意事项是什么?

9.5 无缝线路应力放散作业的程序及注意事项是什么?

9.6 道岔起、拨、改单项作业的程序及注意事项是什么?

9.7 线路工区一日作业标准是什么?

第十章　城市轨道交通轨道施工

城市轨道交通工程施工主要包括地下车站施工、高架车站施正、区间隧道施工、区间高架桥施工、轨道结构施工及机电设备安装施工等多种项目的施工。结合本书的特点，本章重点介绍轨道结构的施工。

轨道结构是指路基面或结构面以上的线路部分，由钢轨、扣件、轨枕、道床等组成。城市轨道交通轨道结构的类型可分为有碴轨道结构和无碴轨道结构。

第一节　有碴道床轨道施工

城市轨道交通有碴轨道施工是在借鉴国家大型铁路施工方法的基础上，针对城市轨道的特点来完成的。因不同城市的城市轨道线路特点不同，其施工方法也存在着一定的差异。本节重点介绍北京城市铁路和天津津滨快速有碴道床轨道的施工。

一、北京城市轨道交通有碴道床轨道施工

北京城市铁路(西直门—东直门线)现简称 13 号线，是我国首次采用一次铺设无缝线路施工方法的城市轨道交通工程，并在铺轨中首次使用了新研制出的适合城市轨道交通施工的 PG-16 轻型铺轨机铺轨。

北京城铁 13 号线，由左右双线组成，碎石道床地段的正线轨道工程铺轨 47.8km，由于在繁华拥挤的城区内施工，无既有线运输之便，大型机械进场相当困难，为此研究出一种特殊的施工方法。其具体思路是：右线碎石道床采用机械铺轨，右线整体道床铺设临时轨排，使铺轨机得以通过并继续向前铺轨；铺通右线后，用长轨放送车放送左右线长钢轨，先施工整体道床的左线部分，在碎石道床左线进行人工卸枕和铺设长轨，待左线整体道床达到可行车的强度后，再进行右线整体道床的施工，最后贯通全线。

1. 铺轨方法

北京城铁铺轨的方法是，先铺设 25m 无孔过渡轨排，再换铺长钢轨。25m 钢轨接头的连接方法是，根据直线和不同的曲线半径，分别采用 231mm、271mm、331mm 的短轨头，按照螺栓孔的间距，在其中部钻两个螺栓孔，再用夹板连接。长钢轨的连接是采用自行研制的无孔连接器加以连接。

2. 施工工艺流程

主要施工工艺流程：

(1)摊铺底层道碴；

(2)机械铺设右线的正式轨排、过渡轨排；

(3)换铺长钢轨和回收过渡轨；

(4)右线有碴轨道进行大型养路机械养路作业，待达到设计高程并符合设计标准后，左右线长钢轨同时拉卸至道心，将左线长钢轨拨至左线，进行人工铺轨；

(5)右线焊连成单元轨节，并换铺长轨及回收过渡轨；

(6)进行左线有碴轨道机械养路及长钢轨焊连；

(7)进行应力放散和线路锁定；

(8)提前预铺碎石道床的道岔。

3. 施工工艺与操作要点

(1)底层道碴摊铺。底层道碴厚度 200mm，采用自卸汽车运输，人工配合推土机、压路机进行整平压实。

(2)轨排铺设。对正式轨排和过渡轨排，采用不同的方法铺设。

①正式轨排的铺设。在地面线有碴轨道普通线路地段铺设正式轨排，其钢轨、轨枕、接头夹板、扣件及轨枕间距均按设计标准铺设。

②过渡轨排的铺设。在地面线有碴轨道无缝线路地段铺设过渡轨排，其钢轨采用与设计同类型的 25m 无孔待焊钢轨，轨枕、扣件及轨枕间距均按设计标准进行铺设，接头用短轨头外加夹板进行连接。

采用 PG-16 轻型铺轨机先铺设右线(除有碴有缝线路的正式轨排、有碴无缝线路的过渡轨排外)，铺通右线后，再铺左线的有碴线路轨道。

(3)大型机械化养路机组(MDZ)作业。主要作业内容为整形、配碴、起道、拨道、捣固、稳定。道床状态参数必须满足规定要求：枕下道床密度≥1.70g/cm^3，枕下道床支承刚度 73～80kN/mm，道床横向阻力≥81kN/枕。轨道几何形态容许偏差：轨距$^{+4}_{-2}$mm；水平±5mm；轨向方面，静态测量弦长：直线 10m、曲线 20m；动态管理波长(40～50)m±5mm，要求每 3m 测量一次基线，高低±5mm，扭曲(俗称三角坑)小于 1‰，曲线正矢符合设计要求。

(4)长钢轨拉卸。右线铺轨(轨排)后，用城铁长轨运输车，根据轨条设计布置图，先拉卸左线整体道床的长钢轨，然后依次拉卸右线长钢轨，最后拉卸左线有碴线路的长钢轨。左线整体道床与碎石道床结构分界点处的长钢轨根据其实际长度在场内焊接，然后在现场合拢。

(5)工地长钢轨的焊接。钢轨的型号检验合格后，采用已成熟的小型气压焊焊接工艺，将 125m 长钢轨焊连为 900～1 200m 的单元轨节。

(6)长轨的换铺。人工将有碴轨道无缝线路地段过渡轨排扣件拆除，将短轨拨至道心，换铺成单元轨节，然后上好扣件，用无孔连接器连接单元轨节。

(7)应力放散与线路锁定。按照轨条设计布置图拆开扣件，每隔 8m 在轨下垫入一对聚四氟乙烯板(滚筒)，用撞轨器撞轨，以放散单元轨节内的应力，然后再采用连入法，在设计锁定轨温范围内将线路锁定。若应力放散后的轨温仍低于设计锁定轨温，则采用拉伸器将钢轨拉伸至设计锁定轨温再锁定线路。长钢轨的现场焊接采用成熟的小型移动式气压焊来完成。

二、天津津滨快速有碴道床轨道施工

1. 有碴道床轨道施工方法

底层和面层道碴均采用汽车拉运，人工配合机械摊铺、整平，钢轨用汽车配合吊车运卸至施工现场拨移至线路两侧，轨枕及扣配件用汽车拉运到现场分段卸散，然后人工完成布枕、连接钢轨、上扣配件等作业。整道作业采用人工配合小型养路机械完成。

2. 有碴轨道施工工艺流程

施工准备→摊铺道碴→碾压→散布轨料及排摆轨枕→螺旋道钉锚固或木枕钻孔→连接钢

轨→方枕及散放扣件→上扣件或钉道钉→线路维修及第一遍整道→线路第二遍整道→整修及验收。

3.施工工艺及操作要点

(1)施工准备

①对施工设计文件进行会审,编制轨节铺设计划表,提出人工铺轨计划和铺轨材料计划;下达人工铺轨作业指导书并进行技术交底。

②设计文件和路基平面、纵断面等技术资料,通过控制基桩、水平点测放线路中心桩。

③调查落实道碴碴源,签订道碴供应、运输合同。

(2)摊铺道碴

道床道碴采用自卸汽车拉运到现场后,按要求的道床厚度和宽度拉挂弦绳进行控制,人工配合推土机摊开并整平、压实。

(3)卸散钢轨、轨枕及扣配件

①汽车将钢轨运到现场后,利用吊车按轨节表所标注的钢轨长度,顺序配对将钢轨吊放至对应铺设地点,并按上、下股拨移到线路路肩两侧。钢轨在存料场提前逐根检查并标注在轨头上。

②轨枕及扣配件运至现场后,按轨节表中注明的每节轨节轨枕根数及所需扣配件数量,均匀散布,并按线路中线桩将轨枕粗排整齐。

(4)钢筋混凝土轨枕锚固或木枕钻眼

①钢筋混凝土轨枕螺旋道钉锚固。在作业区安设两口铁锅轮流熔制硫磺砂浆,每锅熔制量约50kg,硫磺砂浆熔制好后,即可人工挑浆进行锚固作业,熔浆锅随锚固进程随之迁移。

熔制锚固砂浆时,按选定的配合比,先倒入砂子加热到100~120℃,然后将水泥倒入加热到130℃,最后加入硫磺石蜡,继续加热到160℃,熔浆变稠成液胶状时即可保温待用,同时要不断搅拌,使砂浆不致离析;锚固时采用的模板需随时清理,使轨枕承轨槽与模板密贴,以防漏浆;螺旋道钉要保持干燥并倒插入钉孔内,灌浆量控制在覆盖孔内道钉不小于20mm。

②木枕钻眼。用专用模型在木枕上打出样孔,采用电钻按规定的孔径、深度及孔数钻好道钉孔。

(5)连接钢轨

人工用撬棍将钢轨由线路两侧拨移到轨枕承轨槽或铁垫板槽内,安装鱼尾板、螺栓及垫圈,并按规定力矩拧紧螺帽。

(6)方枕及散放扣件

按照轨节表中所注明的轨枕间距,用粉笔在轨面上画出间距印,并用白油漆在轨腰上打上正式点位,然后用起道机顶起钢轨,将轨枕方正,放入轨下绝缘垫板(木枕的方正铁垫板),落下起道机,再把扣件或道钉按规定规格、数量散放在钢轨两侧的轨枕上。

(7)上扣件或钉道钉

混凝土轨枕上扣件前先细方轨枕、摆正轨下绝缘垫板、铲除承轨槽残碴,然后将各种扣件依次放入承轨槽内,用小撬棍将扣件拨正落槽,最后用梅花扳手拧紧螺帽。木枕在钉道钉前亦应细方轨枕、摆正垫板,然后按标准化作业细则完成钉道作业。

(8)线路维修及第一遍整道

①线路铺好后,应进行初步整修,按线路中线桩拨至设计位置,串碴捣固,消除硬弯"鹅头"、三角坑及反超高现象。

②将道碴均匀地填充到轨道内，不足部分用小平车推卸补充，用起道机将每节轨在几个点抬高并用道碴垫实，抬高后的轨面应大致平顺，没有明显的凹凸和反超高，并立即向轨枕下面串碴捣固密实，不得有空吊板。然后将线路拨到设计位置，达到直线顺直、曲线圆顺。最后补填轨枕盒内道碴使其饱满，以便进行第二遍整道作业。

(9)第二遍上碴整道

基本作业与第一遍上碴整道相同。将轨道抬高至设计高程，并略加高 10～30mm 的沉落量，曲线外股按规定设置超高。整道后的轨道前后高低、左右水平均须符合规范要求。钢轨两侧 40～50mm 范围内铺满道碴并将枕盒内道碴填充饱满，钢轨外侧 40cm、内侧 45cm 范围内捣固密实，轨枕中部 60cm 范围内严禁捣实。最后补足轨枕盒内道碴，拍实道床边坡及顶面，使之保持稳定。

(10)整修及验收

对已铺及整道的线路，进行全面检查，钢轨、轨枕及扣配件应符合本轨道工程设计要求，各种扣配件安装齐全、位置正确，各部尺寸均应控制在《铁路轨道施工及验收规范》(TB 10302—1996)范围以内，所有项目经整修后均须达标。

第二节　隧道内整体道床轨道施工

隧道内整体道床轨道施工是按《地下铁道工程施工及验收规范》(GB 50299—1999)2003年版来执行的。

一、施工方法

隧道内整体道床的种类有多种。目前，在我国城市轨道交通隧道内，线路全部采用的是支承块式的整体道床，实践证明效果良好，并取得了施工经验。

对于支承块式的整体道床结构，一般采用钢轨支撑架施工法或墩架结合施工法。

1.钢轨支撑架施工法

钢轨支撑架施工法是用钢轨支撑架将钢轨架起并固定在设计位置上，然后将支承块按照设计间距用扣件悬挂在钢轨上，经过细致的反复调整，使线路中线、轨距、水平处于正确的位置后，再灌注道床混凝土的施工方法。图 10-1 为钢轨支撑架施工法流程图。

用该方法施工，125m 长的一对钢轨需 4～5 套支撑架。另外，施工时根据支撑架支撑钢轨的不同方式，又分为上承式支撑架和下承式支撑架两种形式。

上承式支撑架的构造形式如图 10-2 所示。两股钢轨平行架于支撑架横梁的两端。横梁由左右两端的立柱支承于基岩表面，可以通过旋转立柱使横架上下移动，调节钢轨的高程。横梁上设有轨卡螺栓，用来使钢轨左右移动，使钢轨的位置符合线路方向和轨距的要求。上承式支撑架横架上下移动的可调范围是 250mm，左右移动钢轨的调整范围为 34mm。

施工实践表明，上承式支撑架施工整体道床，调整轨道方向的通视条件好，便于目测；由于横梁立柱均设在道床宽度范围之内，施工时，对人行道上的便道运输没有干扰。

下承式支撑架将钢轨悬挂在支撑架横梁之下，如图 10-3 所示。其横梁的长度大于道床宽度。施工时，立柱架立在两侧人行道上，钢轨由横梁底下的托架吊起，避免出现灌注后的道床中会遗留凹槽和圆孔的问题。与上承式支撑架相比，下承式支撑架轨顶面的通视条件较差。

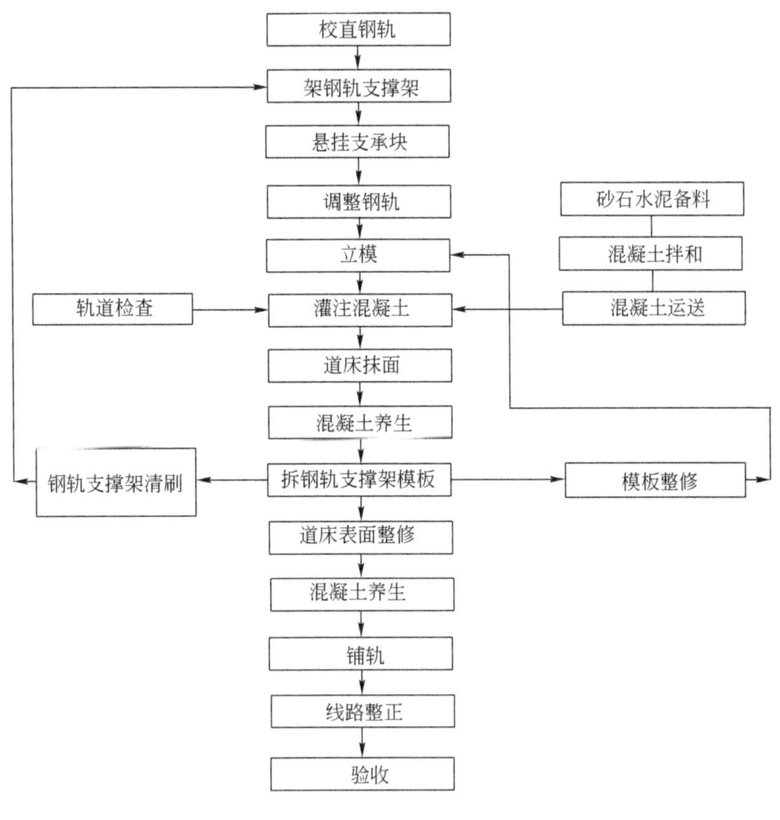

图 10-1　钢轨支撑架施工法流程

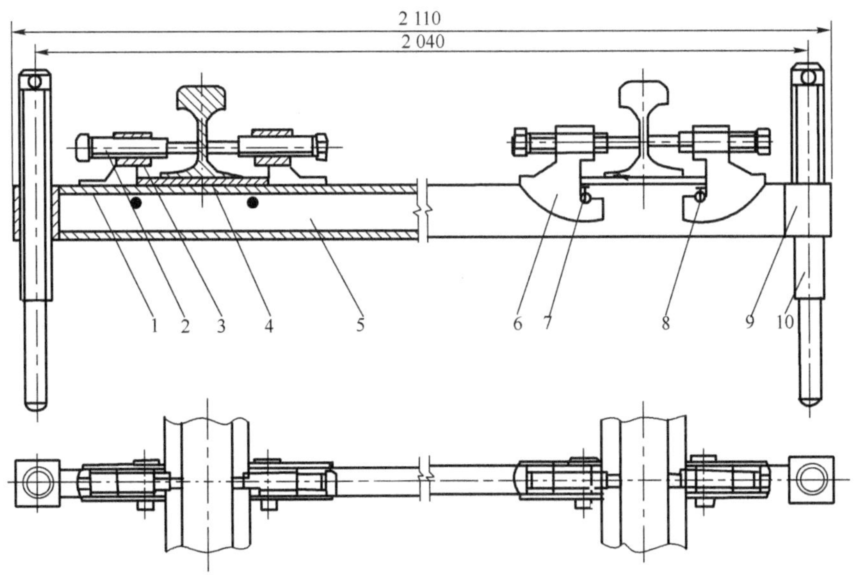

图 10-2　上承式钢轨支撑架(尺寸单位:mm)

1-轨卡平板;2-轨卡螺栓;3-轨卡螺母;4-轨底坡板;5-支撑架横梁;6-轨卡侧板;7-轨卡固定栓;8-开口销;9-支撑立柱螺母;10-支撑立柱

第十章
城市轨道交通轨道施工

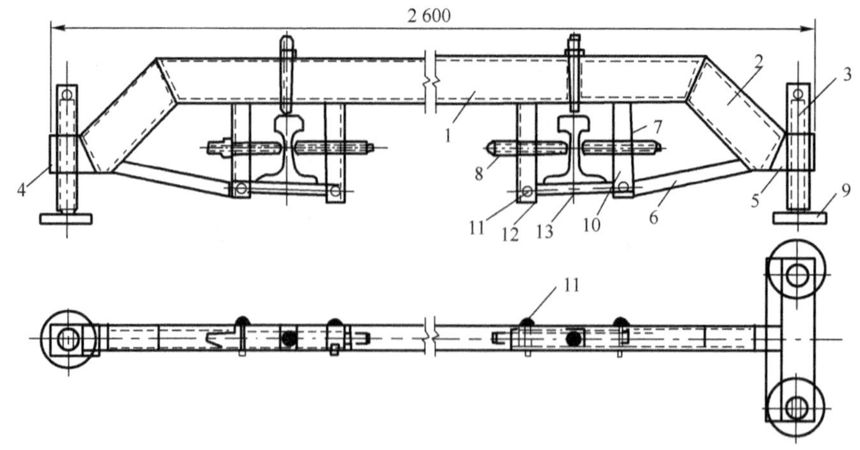

图 10-3　下承式钢轨支撑架(尺寸单位:mm)

1-柱梁;2-斜梁;3-支撑立柱;4,5-支承块;6-斜撑;7-轨卡螺母;8-轨卡螺栓;9-支撑铁座;10,11-轨卡板;12-底板销;13-轨底板

下承式支撑架横梁上下移动的可调范围为 100mm,钢轨左右移动的调整范围为 24mm。为了保证整体道床的施工精度,需要采用控制标桩。控制标桩由混凝土桩身和可调高度的桩帽组成,如图 10-4 所示。

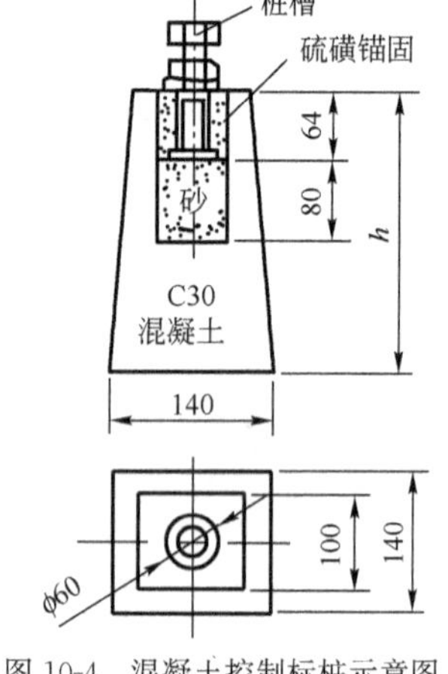

图 10-4　混凝土控制标桩示意图(尺寸单位:cm)

2. 墩架结合施工法

墩架结合施工法是在支撑架施工法的基础上发展改进的一种施工方法。其主要特点是:先用钢轨支撑架将施工钢轨架起,悬挂支承块,并调整轨道;然后按一定的间隔在基底与支承块之间立模,就地灌注混凝土支承墩,把相应的支承块固定起来;待支承墩混凝土具有一定强度后,拆除钢轨支承架,由支承墩支承轨节,并进行道床的灌注。这种方法的优点是:

(1)在道床灌注前,支承块的位置由混凝土支承墩固定了,轨节状态就不易变动,从而可减少施工过程中的调轨工作。

(2)灌注混凝土时,钢轨支撑架已全部拆除,有利于提高灌注速度和质量。

(3)加快钢轨支撑架的周转使用,一般情况下可比支撑架施工法节省支撑架 50%～70%,也避免了支撑架的脏污。即使采用上承式支撑架,道床中也不会留下凹槽和圆孔。

但这种施工方法增加了灌注支承墩的立模、灌注等工序,有可能产生支承墩和道床新老混凝土的连接问题,影响道床的整体性。因此,轨节的状态必须在灌注支承墩前做精细的调整。

墩架结合施工法中支承墩的平面布置如图 10-5 所示。支承墩台的大小在保证与支承块牢固连接的情况下,尽可能灌注得小一些。由于本身体积不大,灌注混凝土所用的碎石粒径最大不得超过 60mm。支承墩的外表面要保持粗糙,使与道床能良好连接。支承墩采用 C30 混凝土灌注。

采用墩架结合法施工的程序和方法基本上与钢轨支撑架施工法相同。只是在调整轨节后,灌注混凝土道床前,要灌注支承墩,并要拆除钢轨支撑架。施工流程如图 10-6 所示。

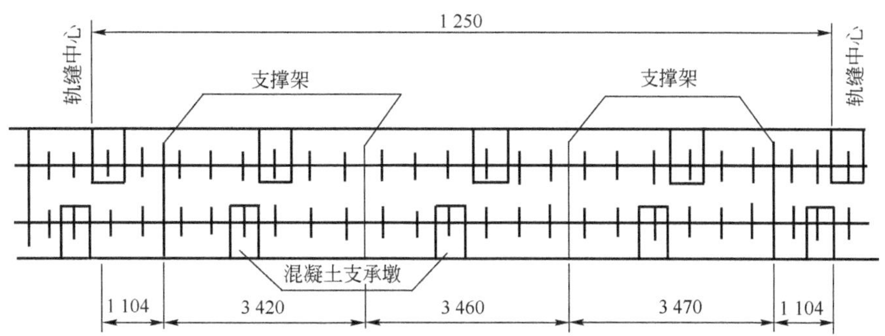

图 10-5　支承墩平面布置示意图(尺寸单位:mm)

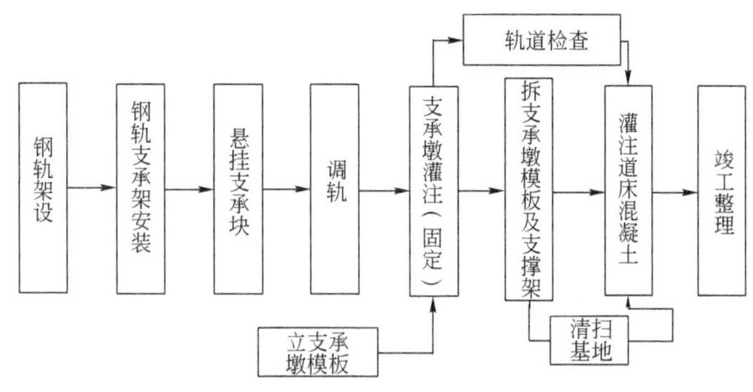

图 10-6　墩架结合施工法流程图

上述两种施工方法,整体道床的灌注和钢轨的铺设是同步进行的。对于钢轨的铺设,有直铺法和换铺法两种方法。

直铺法施工是在隧道内直接将永久轨接头焊好,将支承块连接好后灌注混凝土道床,一次完成铺轨和道床施工。

换铺法施工是先铺工具轨,待支承块与道床混凝土形成整体后,再拆除工具轨换铺永久轨。为此,工具轨必须与永久轨同型号,且永久轨应在隧道外焊接成长轨条后换铺。

二、整体道床施工应具备的条件

(1)设计文件齐全,图纸已经会审。

(2)施工方案已审批并进行技术交底。

(3)隧道结构验收合格,底板混凝土已凿毛,并清理干净。

(4)铺轨基标铺设完毕。

(5)施工区段内供水、供电及照明满足需要。

(6)进料口已落实,器材和施工机具、模板等齐备。

三、一般规定

(1)钢轨、道岔及配件、混凝土预制构件等应有出厂合格证,并经检验合格后方可使用。

(2)钢轨焊接接头应按操作工艺规程施焊,并应进行超声波探伤和外观检查,其标准应符合国家现行相关标准的规定。

(3)整体道床轨道施工的轨长、轨缝、曲线超高、混凝土强度等级及钢轨锁定轨温等应符合设计规定。

(4)整体道床采用的混凝土轨枕、短轨(岔)枕等宜在工厂制作。例如,牵引电网采用接触轨时,其混凝土底座应预制,并与整体道床同时施工。

(5)轨道铺设完毕,应在设计规定的锁定轨温范围内正式锁定。当电工锁定轨温偏离设计规定的锁定轨温时,应放散应力后重新锁定。

(6)整体道床轨道完工后,应进行线路贯通测量,并按设计位置铺设线路标志。

四、施工中有关作业标准及规定

1. 器材整备、堆放及运输

(1)铺轨基地宜设在车辆段内。器材堆放场地应平整、坚实,排水系统应畅通。

(2)钢轨堆放应符合下列规定:

①分类堆码整齐并标明型号和规格;

②标定长度公差值在 3mm 以内的应同垛堆放,并在轨端标注清楚;

③钢轨应用垫木与地面隔离并分层堆放,每层垫木间距不应大于 5m,上下层垫木应在同一垂线上;

④堆放层数应根据钢轨吊装不受损坏和变形的条件确定;

⑤配件不得直接堆放在地面上。

(3)混凝土支承块、短岔枕及接触轨预制底座应分类、分层、承力面朝上堆码整齐,并用垫木与地面隔离。

(4)道岔及配件应配套成组或按部件分别堆放整齐,尖轨与基本轨应捆扎堆放。

(5)采用轨节铺设时,宜在基地组装,并应符合下列规定:

①轨节的钢轨应配对组装,其支承块或短岔枕应按后面介绍的规定安装;

②轨节组装必须牢固不变形,检查合格后,按铺轨顺序和里程编号堆放整齐。

(6)向隧道内运输器材时,钢轨应配对或整轨节、道岔成组装车,并在隧道外调整好方向。

2. 基标设置

铺轨基标是轨道铺设平面和高程的基准。基标测设质量的好坏,将直接影响轨道铺设质量。为此,基标测设必须准确,以确保轨道铺设的质量,为列车平稳运行奠定基础。

铺轨基标包括控制基标和加密基标两种。

控制基标是根据线路中线设置的,用它控制铺轨里程、轨道中线及高程等,属永久性标桩。

加密基标是根据控制基标设置的,铺轨时用它控制轨道的轨距、高程及水平等,也属永久性标桩。

基标设置应满足以下要求:

(1)基标设置前应进行隧道结构净空限界检测和轨道线路中线及水平贯通测量,偏差调整闭合后,应根据设计图敷设控制基标和加密基标。

(2)基标设置位置应符合下列规定。

①控制基标。直线上每 120m,曲线上每 60m 和曲线起止点、缓圆点、圆缓点、道岔起止点

等均应各设置一个点。

②加密基标。直线上每6m、曲线上每5m各设置一个点。

(3)基标设置容许偏差应符合下列规定。

①控制基标。方向为6″;高程为±2mm;直线段距离为1/5 000,曲线段距离为1/10 000;

②加密基标。方向为±1mm;高程为±2mm;直线段距离为±5mm,曲线段距离为±3mm。

(4)基标标桩应埋设牢固,桩帽中线和高程调整符合要求后应及时固定,并标志清楚。

3.轨道架设与支承块或短岔枕安装

(1)钢轨架设前必须调直,扣件的飞边、毛刺等应打磨干净并涂油。因钢轨架设后,即进行轨道位置的调整,如果在调轨过程中,再发现钢轨不直顺,则处理很困难。涂油主要是为防止混凝土渣玷污扣件。

(2)目前,我国地下铁道隧道内混凝土整体道床铺轨,都是采用支撑架将钢轨临时架立起来的施工方法,效果很好。

钢轨支撑架架设间距:直线段宜3m设置一个,曲线段宜25m设置一个,并使直线段支撑架垂直线路方向,曲线段支撑架垂直线路的切线方向。

道岔支撑架应按设计位置设置。

(3)架设于支撑架上的钢轨、道岔应初步调整其水平、位置、轨距及高程,并测放出支承块和短岔枕位置。

(4)支承块短岔枕安装时,直线段两股钢轨的支承块或短岔枕中心线应与线路中线垂直,曲线段应与线路中线的切线方向垂直。

道岔辙叉部分的短岔枕应垂直辙叉角的平分线,转辙器及连接部分应与道岔直股方向垂直。

(5)支承块或短岔枕安装距离容许偏差为±10mm,承轨槽边缘距整体道床变形缝和钢轨普通(绝缘)接缝中心均不应小于70mm。

(6)支承块或短岔枕的垫板安装完毕,其扣件宜先安装钢轨的一侧再安装另一侧,位置正确后拧紧螺栓。

4.轨道位置调整

(1)轨道应按设计图并依照基标进行调整。道尺使用前应校正,其精度容许偏差为0~0.50mm。

(2)轨道的两股钢轨应采用相对式接头,直线段容许相错量为20mm;曲线段采用现行标准缩短轨,容许相错量为规定缩短量的1/2加15mm。当缩短轨对接布置困难而需要错接时,其错开距离不应小于3m。

道岔接头应按设计图布置。

(3)轨道钢轨的接头里程,普通和绝缘接头应保持相对式接头不变,但距特殊区段的里程必须符合设计规定。

(4)轨道钢轨调整精度应符合下列规定。

①轨道中心线。距基标中心线容许偏差为±2mm。

②轨道方向。直线段用10m弦量,容许偏差为1mm;曲线段用20m弦量正矢,容许偏差应符合表10-1的规定。

轨道曲线正矢调整容许偏差值 表 10-1

曲线半径(m)	缓和曲线正矢与计算正矢差(mm)	圆曲线正矢连续差(mm)	圆曲线正矢最大值与最小值差(mm)
251～350	3	5	7
351～450	2	4	5
451～650	2	3	4
>650	1	2	3

③轨顶水平及高程。高程容许偏差为±1mm,左右股钢轨顶面水平容许偏差为 1mm,在延长 18m 的距离范围内应无大于 1mm 三角坑。

④轨顶高低差。用 10m 弦量不应大于 1mm。

⑤轨距。容许偏差为等 0～2mm,变化率不应大于 0.1%。

⑥轨底坡。按 1/40 设置。

⑦轨缝。容许偏差为 0～1mm。

⑧钢轨接头。轨面、轨头内侧应平(直)顺,容许偏差为 0～0.5mm。

(5)轨道道岔调整精度应符合下列规定。

①里程位置。容许偏差为±15mm。

②导曲线及附带曲线。导曲线支距容许偏差为 1mm,附带曲线用 10m 弦量连续正矢差容许偏差为 1mm。

③轨顶水平及高程。全长范围内高低差不应大于 2mm,高程容许偏差为±1mm。

④转辙器必须扳动灵活,曲尖轨在第一连接杆处的动程不应小于 152mm。尖轨与基本轨密贴,其间隙不应大于 1mm。尖轨的尖端处轨距容许偏差为±1mm。

⑤护轨头部外侧至辙叉心作用边的距离为 1 391mm,允许偏差为 0～2mm;至翼轨作用边的距离为 1 348mm,允许偏差为−1～0mm。

⑥轨面应平顺,滑床板在同一平面内。轨撑与基本轨密贴,其间隙不应大于 0.5mm。

⑦其他调整精度应符合本规定的第 4 条。

(6)轨道的钢轨和道岔精度调整合格后必须固定牢固,并检验合格后,及时灌注整体道床混凝土。

5.整体道床质量标准

(1)整体道床混凝土的变形缝和水沟模板支立应牢固,其容许偏差为:位置±5mm,垂直度 2mm。

(2)灌注混凝土的脚手架,必须独立设置并牢固,不得与钢轨和支撑架挂连。

(3)混凝土应分层、水平,分台阶灌注,并振捣密实,严禁振捣器触及支撑架和钢轨。

(4)道床混凝土初凝前应及时进行面层及水沟的抹面,并将钢轨、支承块或短岔枕及接触轨预制底座、扣件、支撑架等表面灰浆清理干净。抹面容许偏差为:平面度 3mm,高程−5～0mm。

(5)混凝土灌注终凝后应及时养护,待其强度达到 5MPa 时方可拆除钢轨支撑架。混凝土未达到设计强度的 70%时,道床上不得行驶车辆和承重。

(6)混凝土抗压试件留置组数,同一配合比,每灌注 100m(不足 100m 者按 100m 计)应取两组试件,一组在标准条件下养护,另一组与道床同条件下养护。

6.混凝土预制构件制作标准

(1)混凝土支承块、短岔枕及接触轨混凝土底座等预制构件制作应方正、平整、棱角直顺,不得有蜂窝麻面，强度应符合设计要求。

(2)混凝土支承块、短岔枕制作容许偏差如下。

①承轨槽底线至螺栓套管中心距离±2mm。

②承轨槽挡肩高度－1～3mm，坡度±2°。

③承轨槽面平面度1mm。

④螺栓套管与承轨面：垂直度1mm，位置±1mm，中心间距±1mm。螺栓套管口与承轨面相平度0～2mm。

⑤外型长、宽、高－5～10mm。

(3)接触轨混凝土预制底座制作容许偏差：表面平面度1mm；螺栓与底座平面垂直度2mm，高出平面0～2mm，位置±1mm；中心线间距±2mm；外形长、宽、高0～3mm。

(4)混凝土预制构件的试件留置组数，同一品种的同一配合比每1 000块(不足1 000块者按1 000块计)应取两组试件，一组在标准条件下养护，另一组和构件同条件下养护。

五、工程验收标准

1. 整体道床轨道应进行中间检验的项目

(1)轨道

①钢轨、道岔及配件的材质、规格、品种及钢轨焊接质量。

②基标设置。

③轨道架设及轨枕或短轨(岔)枕安装。

④轨道精度调整。

(2)整体道床

混凝土预制构件、现浇混凝土材质、配合比、模板支立、混凝土灌注及试件制作。

2. 整体道床竣工验收标准

(1)混凝土强度应符合设计规定，并应无蜂窝、麻面及漏振。表面清洁，平面度容许偏差为3mm；变形缝直顺，在全长范围内容许偏差为10mm。

(2)外露轨枕或短轨(岔)枕、接触轨预制底座的棱角应完整无损伤，预埋件位置正确。

(3)水沟直(圆)顺；沟底坡与线路坡度一致并平顺，流水畅通，容许偏差：位置±10mm，垂直度3mm。

3. 轨道钢轨竣工验收标准

(1)轨道中心线。距基标中心线容许偏差为±3mm。

(2)轨道方向。直线段用10m弦量，容许偏差为2mm；曲线段用20m弦量正矢，容许偏差应符合表10-2的规定。

轨道曲线竣工正矢容许偏差值 表10-2

曲线半径(m)	缓和曲线正矢与计算正矢差(mm)	圆曲线正矢连续差(mm)	圆曲线正矢最大值与最小值差(mm)
251～350	5	10	15
351～450	4	8	12
451～650	3	6	9
>650	3	4	6

(3)轨顶水平及高程。高程容许偏差为±2mm,左右股钢轨顶面水平容许偏差为2mm,在延长18m的距离范围内应无大于2mm的三角坑。

(4)轨顶高低差。用10m弦量不应大于21mm。

(5)轨距。容许偏差为-2～3mm,变化率不大于1‰。

(6)轨底坡。1/50～1/30。

(7)轨缝。容许偏差为0～1mm。

(8)钢轨接头。轨面、轨头内侧应平(直)顺,容许偏差为1mm。

4.轨道道岔竣工验收标准

(1)里程位置。容许偏差为±20mm。

(2)导曲线及附带曲线。导曲线支距容许偏差为2mm,附带曲线用10m弦量连续正矢差容许偏差为2mm。

(3)轨顶水平及高程。全长范围内高低差不应大于3mm,高程容许偏差为±2mm。

(4)转辙器必须扳动灵活,曲尖轨在第一连接杆处的动程不应小于152mm。尖轨与基本轨密贴,其间隙不应大于1mm。尖轨尖端处轨距容许偏差为±1mm。

(5)护轨头部外侧至辙岔心作用边距离为1 391mm,容许偏差为0～3mm;至翼轨作用边距离为1 348mm,容许偏差为-2～0mm。

(6)轨面应平顺,滑床板在同一平面内。轨撑与基本轨密贴,其间隙不应大于1mm。

(7)其他精度应符合轨道钢轨竣工验收标准。

第三节　高架线路整体道床轨道施工

高架线路整体道床轨道施工是按设计和国家现行的有关强制性标准执行的。

支承块加承轨台式轨道结构形式是目前在我国城市轨道交通工程高架桥结构上采用比较多的一种形式,该结构形式使桥梁荷载减小,轨道维修量减少,而且保证了施工精度和施工进度。在市区内对噪声和振动控制要求较高的地段,可考虑采用弹性支承块式整体道床。在市区内对噪声和振动控制要求特别高的地段,可考虑采用浮置板式轨道结构。

本节将以天津津滨快速轨道工程施工为例,介绍高架桥上采用支承块加承台式轨道结构的施工方法和工艺。

一、整体道床施工方法

天津津滨快速高架桥上整体道床采用钢轨支撑架法,即本章第二节所讲"墩架结合法"施工。钢轨铺设采用的是换铺法。

1.钢轨支撑架法施工整体道床工艺流程图

图10-7为钢轨支撑架法施工整体道床工艺流程图。

2.施工工艺及操作要点

(1)基底处理

在整体道床施工前,必须对桥面混凝土承轨台宽度范围内的基底进行凿毛处理,人工清理后用水或高压风清除浮杂物,清理桥面油渍,并对桥面预埋连接钢筋进行调整和除锈,必要时在承轨台宽度范围内加涂一层界面剂。同时,还应做好施工排水,确保工作面无流动水和积水。基底处理后,经监理按隐蔽工程检查认定。

(2)基标测设

①基标测设工作程序如图 10-8 所示。

②基标测设方法及技术要求。

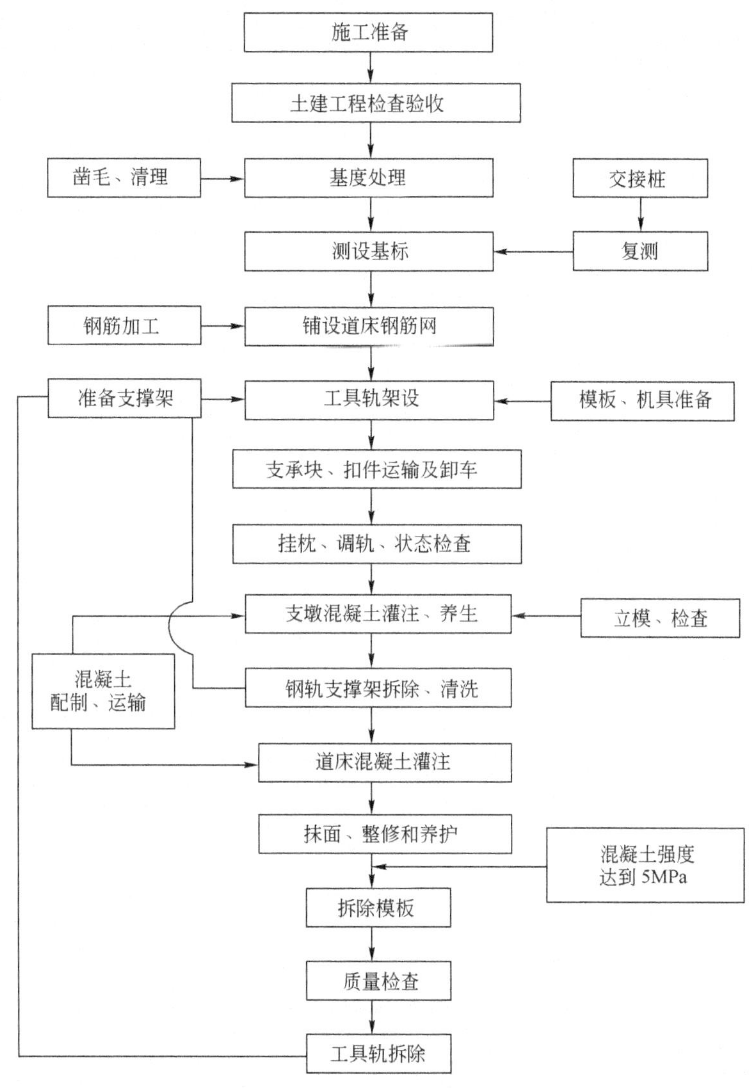

图 10-7 钢轨支撑架法施工整体道床工艺流程

a. 控制基标按线路测量等级要求,从 GPS 点、精密导线点、精密水准点引出。全桥直线地段不大于 120m,曲线 60m 及曲线起止点、缓圆点、圆缓点、道岔起止点各设一个控制基标,桥梁固定端梁面设一个控制基标。控制基标应稳固,长期保存。两控制基标之间距离较近时,首先满足曲线要素桩后可适当减少。

b. 加密基标,加密基标设置间距 5m。

c. 整体道床区段,所有基标(包括控制基标和加密基标)均埋设在线路中线上。

d. 控制基标均采用等距等高方式埋设在轨顶面下 500 mm 处,加密基标则采用等距不等高方式埋设。加密基标测设完成后,实测基标高程,并计算与设计轨面高程之差值,以满足施工要求。

e. 岔区基标埋设位置按照业主及设计要求执行。

(3)作业面施工材料及机具吊运

根据现场条件，在具备道床施工地段利用津塘公路将支承块、工具轨、扣件、钢筋等料具运至桥下，再用 20t 吊车分别吊到桥面上，然后用施工单位运轨自制“炮车”(在北京城铁 13 号线高架桥整体道床施工中已成功运用)将工具轨运至作业面，支承块、钢筋、扣件及楼板等采用人工搬运散布至作业面。轨料上桥数量要根据道床施工进度进行计划，避免因多上或少上影响正常施工。

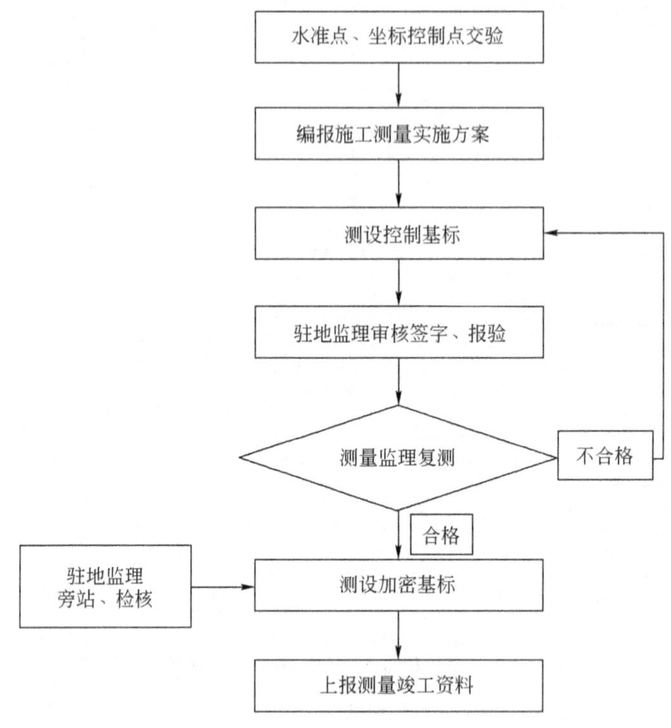

图 10-8　基标测设工作程序

(4)绑扎道床钢筋(含排迷流钢筋)

钢筋网在基地下料加工，现场绑扎焊接铺设。排迷流钢筋应严格按照设计要求进行焊接，在经过混凝土变形缝处钢筋应断开，并用扁铜将纵向钢筋用热焊法焊接，在道床两端引出连接端子，经监理检验合格和电路测试符合设计及排迷流专业要求后，方可转入下道工序。

(5)工具轨连接架设、挂枕及轨道状态调整

工具轨采用龙门吊机散布后，用鱼尾板连接并拧紧螺栓。工具轨架设采用下承式支撑架。支撑架在直线上每隔 3m、曲线上每隔 2.5m 设置一个，但在与轨枕或预留管沟重合时，要适当调整钢轨支撑架位置。支撑架在直线段应垂直于线路方向，曲线地段应垂直线路切线方向，并将各部螺栓拧紧，不得虚接。

工具轨架起后，按设计和规范要求对其几何状态进行粗调，并测放出支承块安装位置，按设计要求组装扣件。安装支承块，要求两股支承块中心线与线路中线垂直安装距离容许偏差≤10mm，且承轨槽边缘距整体道床变形缝和钢轨绝缘接缝中心≥70mm。支承块安装好后，通过钢轨支承架支腿螺旋依据铺轨基标精调轨道几何状态，其精度应符合下列规定：轨道

中心线距基标中心线容许偏差±2mm;轨道方向直线段用10m弦量容许偏差1mm,曲线段用20m弦量容许偏差应符合表10-3的规定。经现场监理检查确认符合要求后,方可进行混凝土支墩灌注作业。

曲线轨道状态容许偏差表 表10-3

曲线半径(m)	缓和曲线正矢与计算正矢差(mm)	圆曲线正矢连续差(mm)	圆曲线正矢最大值与最小值差(mm)
251～350	3	5	7
351～450	2	4	5
451～650	2	3	4
>650	1	2	3

(6)支墩混凝土灌注及养生

①支墩设于支承块下方,线路直线段每3m、曲线段每2.5m设一个混凝土支墩。混凝土支墩沿线路中心线左右对称分布。

②混凝土支墩模板采用转角钢模拼装,架立模板前要将结构底板清理干净,浇筑混凝土前要将支模处的底板与混凝土支承块洒水湿润,并清干积水。混凝土强度等级与道床混凝土相同。

③由于混凝土支墩尺寸较小,模板与支承块间的距离不足以使用振捣棒,因此在浇筑混凝土时人工捣实。混凝土浇筑12h后开始浇水养护。

④施工中,不得碰撞轨道支承架,不得敲打钢轨及混凝土支承块,并应随时检查钢轨与支承块的位置、轨距、水平,发现超过验收标准的应立即调整。

⑤混凝土支墩养护48h后拆模,若发现支墩混凝土有不密实或支承块锚固深度不足者,应予凿除,重新浇筑。

(7)道床混凝土施工

①混凝土支墩养护48h后,拆除轨道支撑架,经检验合格后,即可进行道床混凝土施工。

②道床模板安装必须平顺,位置正确,并牢固不松动。模板安装完成后要报请监理组织隐检,认定符合要求后方可灌注混凝土。模板安装质量要求:位置偏差不大于±5mm,不垂直度不大于±2mm,表面平面度不大于±3mm,高程误差范围为－5～0mm。

③整体道床应按照设计要求在设计位置设置道床伸缩缝,变形缝内嵌2cm沥青木板,并用沥青麻筋封顶。结构变形缝处应设道床伸缩缝,伸缩缝应避开轨枕。

④道床混凝土由搅拌站采用混凝土搅拌车运至桥下直接泵送到作业面,灌注前要对每车混凝土进行坍落度试验,必须保证符合设计要求,并应控制混凝土入模温度不得大于30℃;混凝土灌注时用编织袋覆盖钢轨及轨枕,以免对轨枕及扣件造成污染。

⑤混凝土灌注时采用插入式振捣棒振捣密实,并不得碰撞钢轨、支承块、模板,振捣完成后道床混凝土表面要进行抹面处理,不得出现反坡,以免影响排水。

⑥混凝土浇筑必须满足《钢结构设计规范》(GB 50017—2003)及《混凝土结构工程施工质量验收规范》(GB 50204—2002)的要求,并经监理工程师认可。

⑦道床混凝土初凝前应及时进行面层及水沟的抹面,并将钢轨、支承块、扣件、支撑架等表面灰浆清理干净。抹面容许偏差:平面度3mm,高程－5～0mm。

⑧混凝土浇筑完毕12h后覆盖草袋开始浇水养护，要保持混凝土处于湿润状态。待混凝土强度达到2.5MPa以上，方可拆除模板；达到70%后，轨道上方可载重、行车。

⑨混凝土抗压试件留置组数，同一配合比每灌注100m(不足100m者按100m计)应取两组试件，一组在标准条件下养护，另一组与道床同条件下养护，试件取样时监理必须在场。

(8)轨道状态检验

①混凝土强度应符合设计规定；无蜂窝、麻面及漏振；表面清洁，平面度容许偏差3mm；变形缝直顺，在全长范围内容许偏差为10mm。

②支承块、预埋件位置正确。

③轨道扣件、接头夹板螺栓应拧紧并涂油。

④轨道几何形态按表10-4及表10-5的要求执行。

几何形态的容许偏差　　表10-4

序号	检查项目	偏差要求
1	支承块间距	±10mm
2	轨距	−2～3mm，变化率≤1‰
3	水平	以一股钢轨为准，按设计高程偏差在±2mm以内，两股钢轨相对水平差≤2mm，在18m范围内，不得有大于2mm的三角坑
4	轨向	以左股钢轨为准(曲线以外股为准)，距线路中线偏差±2mm以内
5	高低	轨面目视平顺，最大矢度≤1mm(10m弦量测)
6	轨底坡	不得小于1/50或大于1/30
7	中线偏差	≤4mm

曲线正矢容许偏差　　表10-5

曲线半径(m)	缓和曲线正矢与计算正矢差(mm)	圆曲线正矢连续差(mm)	圆曲线正矢最大值与最小值差(mm)
≤350	5	10	15
351～450	4	8	12
451～650	3	6	9
>650	3	4	6

3.混凝土支承块制作

天津津滨快速轨道工程所需混凝土支承块，为施工单位在铺轨基地内自建支承块预制厂预制。

(1)普通混凝土支承块制作工艺

①材料的选择

a.混凝土。采用C50级干硬性或半干硬性混凝土。宜采用强度等级为52.5及以上的普通硅酸盐水泥，粗骨料最大粒径为25mm，级配良好。所有原材料都应符合混凝土施工的有关规定。

b. 钢筋。结构受力钢筋及箍筋应符合设计要求。

c. 预埋套管。必须采用设计的绝缘套管，并在预埋前用螺栓逐个检查套管内螺纹质量。

②生产工艺

a. 由工厂通过试验确定混凝土配合比。

b. 采用强制式搅拌机搅拌混凝土。

c. 采用钢模制造支承块，且成型作业应能确保混凝土需要的密实度。将支承块底部楔形面及距顶面 50mm 以下四周侧面制作为粗糙面并刷毛，以利支承块与道床连接。

d. 养生。为保证支承块批量质量，支承块养生可采用振动台及蒸汽养护工艺。采用蒸汽养生时，静停时间不应小于 2h，降温速度不大于 20℃/h，蒸养温度不超过 60℃，出坑前的支承块表面与坑外环境温度差不大于 20℃，出坑后应有保温措施。

e. 脱模。支承块混凝土强度达到 C35 时，方可脱模、移动及运输。在搬运过程中应防止摔撞，以保证支承块外形完整。

③验收标准

a. 支承块承轨面平整、棱角直顺，没有蜂窝麻面，凸凹不得大于 1mm。

b. 绝缘套管垂直承轨面其容许误差为 1mm。

c. 两绝缘套管中心间距±2mm。

d. 套管口与承轨面相平度 0～1mm。

(2)弹性混凝土支承块制作及组装工艺

①弹性混凝土支承块制作

a. 材料的选择

水泥、粗骨料、细骨料、水和外加剂的选择按照《预应力混凝土枕 I 型、II 型及 III 型》(TB/T 2190—2002)标准执行。粗骨料最大粒径为 25mm，粗细骨料级配良好。混凝土采用 C50 级干硬性或半干硬性混凝土，禁止在混凝土中掺入可能引起钢筋锈蚀的外加剂。当使用含有活性二氧化硅或其他活性成分可能引起碱-骨料反应的骨料时，应进行专门检验，仅在确认对混凝土质量无害时方可使用。当检验判定有潜在危害时，应采用含碱量小于 0.6%的水泥，或采用能抑制碱-骨料反应的掺和料，并不得使用含钾、钠离子的混凝土外加剂，且混凝土碱含量不超过 3kg/m^3。当粗骨料经检验判定有潜在危害且属碱-碳酸盐反应时，不宜用作混凝土粗骨料。

钢筋：受力钢筋用 ϕ10mm 变形 II 级钢筋，标记为 II-20MnSi-GB 1499，技术标准参照 GB 1499 的规定执行。箍筋用 ϕ8mm 低碳热轧圆盘条，标记为 Q235A. F-J8. 0-GB 701，技术标准应符合 GB 701 的规定。

绝缘套管：必须符合天津津滨快速轨道工程设计和相应技术条件规定，预埋之前应逐个检查尺寸和外观，不符合要求者不能预埋。

b. 生产工艺(图 10-9)

混凝土配合比应由工厂试验确定，混凝土的水泥用量不宜大于 450kg/m^3，混凝土稠度应符合《混凝土拌合物稠度试验方法》(TB/T 2181—1990)的规定。

混凝土配合比应由工厂试验确定，混凝土的水泥用量不宜大于 450kg/m^3。混凝土的搅拌采用强制式搅拌机，搅拌时间应符合各类搅拌机的规定。

支承块的成形作业应能确保混凝土需要的密实度，振动台支承块底部必须抹平，并符合设计图的相应要求。

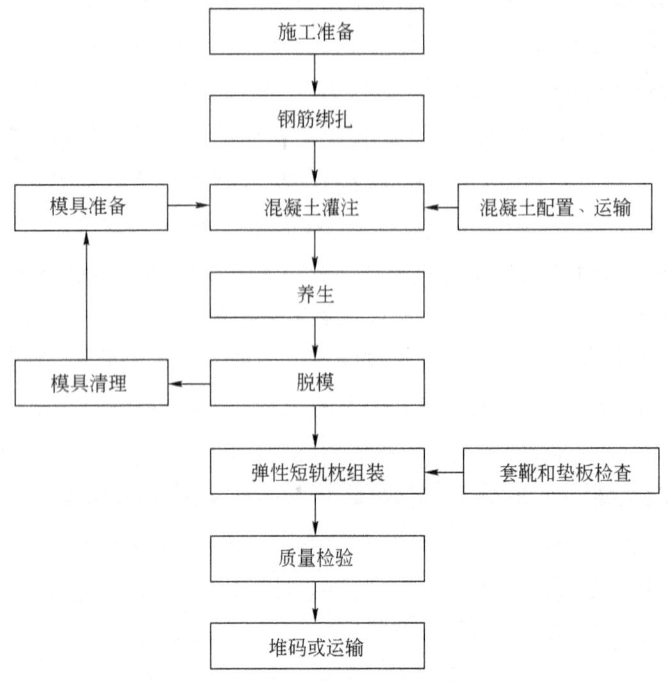

图 10-9 弹性支承块制作流程

采用蒸汽养护时，静停时间不应小于 2h，升温速度不应大于 20℃/h，蒸汽养护温度应低于 60℃，并应有一定的停气降温时间，降温速度小于 20℃/h，出坑前的支承块表面与坑外环境温差不大于 20℃，出坑后应有保湿至少 3d。

c. 质量要求

支承块承轨面表面要求光滑，不允许有长度大于 15mm、深度大于 5mm 的气孔、黏皮、麻面等缺陷。

承轨面外的表面不允许有长度大于 30mm、深度大于 10mm 的干灰堆垒和夹杂物。

支承块不得有肉眼可见裂纹。

支承块周边棱角破损的长度不允许大于 25mm。

支承块底面平面度不得大于 15mm。

各部门尺寸偏差应符合本工程设计要求。

混凝土强度等级应不低于 C50，脱模强度应不低于 C38。

d. 检验方法

支承块各部尺寸，用精度不低于 0.5mm 的量具测量。

混凝土强度等级的评定应按《铁路混凝土强度检验评定标准》(TB 10425—94)的规定进行。

支承块截面抗裂强度检验参照《预应力混凝土枕静载抗裂试验方法》(TB/T 1879—2002)关于轨下截面的试验方法执行。其中，支距采用 500mm。

e. 出厂检验规则(表10-6)

出厂检验规则 表10-6

序号	检查项目	设计值
1	套装部分上长度	600mm
2	套装部分下长度	600mm
3	套装部分上宽度	300mm
4	套装部分下宽度	290mm
5	预埋绝缘套管与承轨面表面垂度	900mm
6	预埋绝缘套管纵向距离	248mm
7	预埋绝缘套管横向距离	116mm
8	支承块轨下载面高度	200mm
9	承轨面坡度	1∶40
10	支承块帽下高度	142mm

出厂检验项目包括：外观质量、各部尺寸、支承块截面抗裂强度、混凝土抗压强度。

支承块每批由同条件生产的不多于1 200块为一批，首先由质量检查部门负责每批的出厂检验，并提供合格证书。按表10-7对产品按每批随机抽样进行检验，如果该批被判为不合格，则可对余下产品逐个检查，确定其可用性。每批抽检的抽样数量及合格判别方法见表10-7。

混凝土支承块的验收规则 表10-7

检查项目	抽样方式	检查水平	合格质量水平	抽样数(个)	合格判定(A_c,R_e)
外观质量	二次抽样	S-3	6.5	8	(0,3)
				8	(3,4)
预埋绝缘套管间隔	二次抽样	S-2	2.5	13	(0,2)
				13	(1,2)
各部尺寸	二次抽样	S-3	4.0	8	(0,2)
				8	(1,2)

注：A_c 为合格判定数，R_e 为不合格判定数。第二次抽样时的不合格数为两次抽样的累计。

混凝土抗压强度检验按《铁路混凝土强度检验评定标准》(TB 10425—94)规定进行检验评定。

f. 标志、堆放及运输

支承块应按设计图纸要求打下厂名、型号等。

堆放时，支承块间应用厚度不小于25mm的木条或其他垫层垫好。

搬运过程应小心轻放，不得磕碰。

②弹性混凝土短轨组装

弹性混凝土支承块由支承块、块下橡胶垫板及橡胶套靴组成，其组装要求及组装方法如下。

a. 橡胶套靴及块下橡胶垫板均需按照相应的技术条件在质量可靠的工厂制造。

b. 橡胶套靴及块下橡胶垫板应发往支承块制造厂，采用胶粘方法与支承块在厂内组装成一体。在支承块底部及橡胶套靴上底部横向分别刷道万能胶（每道胶印痕宽 4cm），在橡胶套靴的 4 个侧面中部分别刷上长为半个侧面长度、宽 4cm 的万能胶，依次将支承块、块下橡胶垫板及橡胶套靴组装。

c. 组装好的弹性支承块用条带材料在承轨面两侧各绑扎一道，绑扎牢固，确保支承块、块下橡胶垫板及橡胶套靴三者之间无缝隙。

d. 组装好的弹性支承块在运输过程中应避免磕碰，搬动时应轻拿轻放。

e. 现场堆码弹性支承块的场地基底应平实，场内有排水设施，底层用垫木架空，严禁水浸泡。

二、整体道床的冬季施工

1. 冬季施工的保温措施

混凝土的凝结、硬化是由于水泥颗粒与水接触后发生水化作用，水泥颗粒中的矿物质发生分解，析出一种凝胶，将混凝土中的砂、石胶结在一起。温度的高低对水化作用有很大影响。温度高，水化作用的进展就迅速、完全，混凝土的强度增长也快；温度低，则水化作用缓慢。当温度降到 0℃以下时，水泥的水化作用就基本停止。当温度低于－3℃时，混凝土中的水会结成冰，水泥颗粒不能和冰发生化学反应，这时水泥、砂、石及冰形成了一种互相不起作用的混合物，强度无法增长，而且水冰冻后体积膨胀（大约膨胀 8%～9%），此时所产生的冻胀力常大于水泥硬化时的初期强度，可使混凝土发生不同程度的冻胀破坏。

在冬季施工中，为了保证混凝土在冻结前达到要求的强度，混凝土的养护方法应根据工程类别、气象条件、材料来源及工期等要求，通过热工计算及经济技术分析，选择下列两类施工方法：一类是在养护期间不需对混凝土加热的蓄热法、掺外加剂法、负温早强混凝土法和综合法；另一类是需利用外部热质对混凝土加热的暖棚法、蒸汽加热法及热综合法。当经济、技术上认为有利时，也可采用电热法或其他养护方法。

北京城铁 13 号线整体道床在冬期施工中，结合北京地区气温变化的特点，分别采取了蓄热法、暖棚法等保温措施。

（1）蓄热法（保温法）

蓄热法是以保温覆盖为主，利用水泥水化热，并根据需要适当将水和砂石预热，满足热工计算要求的养护方法。采用该法时，应结合降低水灰比、减少用水量，采用低流动性或干硬性混凝土，并应采用机械搅拌和机械振捣，或增加搅拌时间，使水泥颗粒与水进行充分的水化作用，以促使水泥热量的增加。混凝土浇筑振捣后，在其表面用保温材料加以覆盖，以减少热量损失、降低混凝土的冷却速度，保证混凝土在正温度环境下达到预定强度。

蓄热法适用于施工时气温不太低的各种混凝土。北京城铁 13 号线整体道床在冬期施工中采用该方法保温的具体做法如下。

①初冬阶段日平均气温在 0～5℃时，混凝土的保温采用覆盖两层塑料布加一层阻燃草帘（规格为 1.0m×1.8m 的阻燃草帘置于两层塑料布中间），如图 10-10 所示。混凝土抹面在中午正温时进行。采用掺加防冻剂（防冻剂为 RS-8 型，液体，－5℃）的商品混凝土。

②初冬阶段日平均气温在－5～0℃时，混凝土的保温除采用塑料布加阻燃草帘外，还应搭设临时保温防风棚（见图 10-11），以保证混凝土在正温时进行浇筑及在不受冻的情况下进行

养护。混凝土中同样掺加防冻剂。

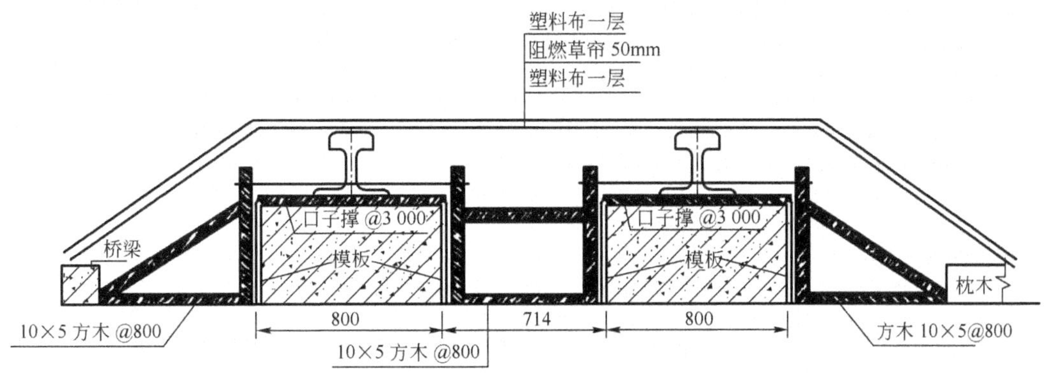

图 10-10　0～-5℃时的保温设施图(尺寸单位:mm)

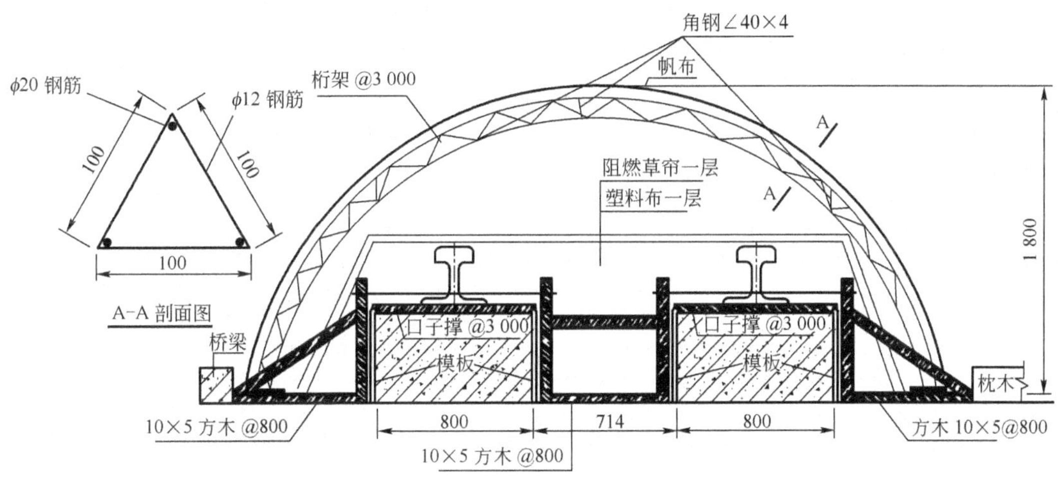

图 10-11　－5～0℃时的保温设施图(防风棚)(尺寸单位:mm)

(2)暖棚法

暖棚法——在整体道床外面搭设暖棚(其结构同防风棚),并在棚内设电热器、蒸汽等采暖。该方法为严冬及寒流阶段采用的方法。

①严冬阶段日平均温度为－10～－5℃时,在浇筑混凝土前启动棚内设置的 2.25～3.00kW 电热器提升环境温度,实现在 5℃以上进行混凝土浇筑及抹面。混凝土在暖棚内浇筑完毕后进行覆盖养护,覆盖材料及顺序为先铺设一层塑料布,再放电热毯,外包一层阻燃草帘。电热毯采用加热均匀、效果好的工业用电热毯。电热毯养护的通电持续时间根据棚内温度及养护温度确定,采取分段、间断或连续通电养护。一般连续通电不超过 2h,间断时间 1h,拆模前 2h 断电。施工中,可根据浇筑混凝土内的温度情况适当调整供电时间。

②寒流阶段日平均温度为－10℃以下时,暂停混凝土施工。

2. 温度测量

根据冬期施工的不同阶段(室外气温的变化情况)合理地采取不同的养护方法,使冬期施工测温工作显得尤为重要。

北京城铁 13 号线整体道床工程采用的主要测温设备为高低温度计(－20～100℃)及测温白铁管,另在公司试验室配备温度自动记录仪,协助做好测温工作。

冬期施工测温范围及次数如下。

(1)大气温度、环境温度,每昼夜6次。

(2)混凝土出罐温度、入模温度,每工作班2~4次。

(3)混凝土养护测温,采用综合蓄热法时,至少每4h测定1次;对掺入防冻剂的混凝土,在强度达到3.5MPa以前,每2h测定1次,达到3.5MPa以后每6h测定1次。

(4)其他需要测温的,按实际需要确定。

3.施工工艺

(1)钢筋焊接

①钢筋焊接施工前,必须清除钢筋焊接部位和电极接触的钢筋表面的锈斑、油污、杂物等。

②如在下雪或施焊现场风速超过5.4 m/s(3级风)时焊接,应采取遮蔽措施。焊接后冷却的接头应避免碰到冰雪。当环境温度低于-20℃时,不宜进行焊接。

③钢筋负温电弧焊宜采取分层控温施焊,热轧钢筋焊接的层间温度宜控制在150~350℃。

④当进行钢筋负温电弧焊时,可根据钢筋级别、直径、接头形式及焊接位置选择焊条和焊接电流,焊接时应采取防止产生过热、烧伤、咬肉及裂纹等措施。

⑤焊条在使用前,应按照产品出厂证明书的规定进行烘干,存放在80~100℃烘箱内,取出使用时应存在保温桶内,随用随取。

(2)混凝土浇筑及质量控制

①混凝土浇筑与养生。北京城铁13号线整体道床工程采用商品混凝土,冬季施工期间于混凝土中掺加防冻剂,要求搅拌站提前2周向项目部提供防冻剂的使用说明书和混凝土配比单,以确保所使用的外加剂是北京市建委认可的产品,并经试验是合格的产品。

北京城铁13号线整体道床工程混凝土的浇筑以泵送为主,浇筑时注意以下几点。

a.做好混凝土浇筑前的准备工作,要资源齐备,确保混凝土随到随浇捣,以最短时间浇捣成型,减少热量损失。

b.混凝土到现场时出罐的温度应控制在10~15℃(具体措施由搅拌站实施),混凝土的浇筑应保证均匀密实,保证结构整体性、尺寸准确,避免浇筑后的剔凿现象。

c.浇筑混凝土应避开寒流天气,尽量选择在10:00~16:00时间段进行,项目部应随时掌握天气变化情况,确保浇筑后的混凝土不受寒流影响。

d.商品混凝土开盘前,应检查混凝土坍落度及水灰比,坍落度宜控制在12cm左右(根据现场实际情况进行调整),水灰比不应大于0.6。

e.应确保浇筑后的混凝土在受冻前的抗压强度达到4MPa。模板和保温层在混凝土达到要求强度并冷却到5℃后方可拆除。如拆模时混凝土温度与环境温度差大于20℃,拆模后的混凝土表面应及时覆盖,使其缓慢冷却。

②混凝土强度试件备制。冬季施工期间,每一工班现场混凝土取样应不少于4组,其中2组做标准养护,另2组做同条件养护(其中一组做受冻前的强度是否达到临界强度要求的检验,另一组用以检验冬季施工转入常温28d养护的强度)。当需要检查结构拆模混凝土强度时,尚应增加同条件养护组数,数量按实际需要确定。

③混凝土质量的检查。混凝土工程的冬季施工,除了要满足常温施工的要求以外,还必须进行以下项目的质量检查。

a.测量混凝土出盘温度和浇筑时的温度时,测温孔应绘制布置图、编号,测温点要有代表性，要在外表与中心及端头部分、暴露处、危险处测温。

b. 测量混凝土温度时，温度表应采取措施与外界气温隔离，测温表留在测温孔内的时间应不少于 3mm。

c. 施工过程测温工作的目的是验证其是否符合设计温度，出现异常现象时应及时采取对策，确保工程质量。

d. 商品混凝土到现场后，在浇筑前应检测其坍落度、入模温度及相关数据，对不合格的混凝土应拒收。

第四节　整体道床道岔施工

本书第四章中讲述了碎石道床普通单开道岔的铺设方法，有关整体道床道岔铺设施工的作业标准及规定在本章的第二节中也作了介绍，本节主要结合北京城铁 13 号线整体道床道岔的施工方法介绍整体道床道岔的铺设程序及主要施工工艺。

一、施工前的工具准备

1. 施工机具

在北京城铁 13 号线整体道床道岔铺设的 60kg/m 钢轨 9 号单开道岔施工中，采用了墩架法铺设，二次浇筑混凝土道床施工方法。道岔施工机具包括道岔用钢轨支撑架、道岔轨腰顶杠及接触轨吊架等。

钢轨支撑架的作用是，在浇筑道岔混凝土支墩前将整个道岔托起，并可调整道岔各部尺寸。单开道岔的钢轨支撑架主要布置在道岔的 3 大部分，即转辙部分、连接部分及辙叉和护轨部分。钢轨支撑架的安设位置及具体尺寸是根据道岔结构理论计算出来的，施工时可根据实际需要适当调整支撑架的位置。由于道岔用钢轨支撑架较长，为便于施工，将其设置为拼装式，使用时通过梁身连接板及连接螺栓连接。

道岔轨腰顶杠是为保证调轨时道岔的整体性及保持道岔内部的几何尺寸专门设计的，共有 3 种类型，其长短位置可根据现场实际情况适当调整。在单开道岔上，它主要用在转辙器及辙叉部分与钢轨支撑架相应的部位。

接触轨吊架用于接触轨绝缘子及托架混凝土底座的安装。

2. 施工测量工具

施工测量工具主要有轨距尺、支距尺、道岔用 L 尺。道岔用 L 尺为施工单位自行设计，用于测量及确定道岔外直股的方向和高程。如图 10-12 所示，L 尺具有垂直刻度尺及水平刻度尺。垂直刻度尺的测量范围为 200～650mm，可上下滑动，用于确定和测量道岔外直股的轨面高程；水平刻度尺的测量范围为(609.5±40)mm，可左右移动，用于确定和测量道岔外直股的方向。施工时，将垂直刻度尺调至轨面高程值，把垂直刻度尺上的探头放入道岔铺轨基标上的小孔内，调整轨面高程，直至水准管气泡居中。调整道岔外直股方向并移动水平刻度尺，直至铺轨基标至道岔外直股的水平距离达到设计要求。

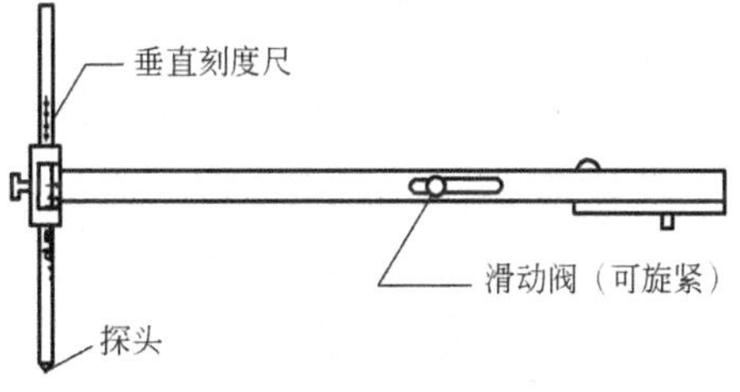

图 10-12　道岔用 L 尺示意图

二、整体道床道岔施工工艺流程

城市轨道交通供电有接触网供电和接触轨供电两种形式。

采用接触网供电方式时，整体道床道岔施工工艺流程为：配备检查道岔料→散布岔料→设置铺轨基标→道床基底处理→绑扎、焊接钢筋网→连轨、架轨→检查基标粗调→悬挂混凝土短岔枕→道岔整体精调→灌注道岔支墩混凝土→灌注道岔道床混凝土→抹面、整修及养护→道岔状态检验。

采用接触轨供电方式时，整体道床道岔施工工艺流程为：配备检查道岔料→散布岔料→设置铺轨基标→道床基底处理→绑扎、焊接钢筋网→连轨、架轨→检查基标粗调→悬挂混凝土短岔枕→道岔整体精调→灌注道岔支墩混凝土→安装接触轨底座→灌注道岔道床混凝土→抹面、整修及养护→安装接触轨→道岔状态检验。

三、主要工序施工方法及工艺要求

1.运输道岔轨料及施工机具

按设计图纸挑选道岔转辙器、辙叉、护轨、锐角辙叉、钝角辙叉、道岔短轨、连接零件及道岔扣件。由于受隧道限界的限制，某些道岔轨料（如转辙器尖轨）无法在隧道内掉头，所以装车时一定要考虑好这些轨料的方向，保证卸到工地的方向就是其安装方向。道岔轨料到位后，按照道岔铺设图及设计里程，将道岔的各部位轨料大致散运就位，同时将道岔施工机具运输到位。

2.设置铺轨基标

道岔轨料大致就位后，即可请有关单位测设铺轨基标。整体道床单开道岔共设置18个铺轨基标，如图10-13所示。其中控制基标4个，分别位于岔头、岔心、岔尾（2个）；加密基标14个，分别位于道岔外直股外侧及曲下股外侧。

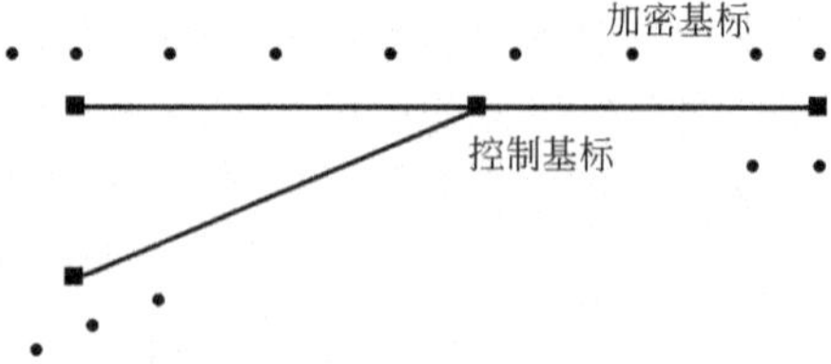

图10-13 整体道床单开道岔基标位置示意图

控制基标的精度为：方向6″，高程±2mm，直线段距离1/5 000、曲线段距离1/10 000。加密基标的精度为：方向±1mm，高程±2mm，直线段距离±5mm、曲线段距离±3mm。依靠这些控制基标及加密基标，可以确定和调整道岔的高程及方向。

3.道床基底处理

按照设计要求对道床基底进行凿毛处理并清洗干净。

4.连轨

待道岔铺轨基标做完并复核、验收后，即可根据基标的位置，将道岔轨料拨到位，用鱼尾板及连接螺栓将道岔各部连接起来，使之成为一个整体。

5.架轨

道岔连接完毕后，按照60kg/m钢轨9号单开道岔施工机具总布置图，用起道机将道岔抬起，将各种道岔支撑架放在合适的位置。支撑架两边的斜撑可以以隧道边墙或道床底板钢筋钩为支点。将轨腰顶杠按照施工机具布量图安装在道岔钢轨轨腰上，以确保道岔的整体性，避免在调整道岔方向时道岔发生变形。

6. 检查基标

在连轨、架轨的施工过程中，施工单位一定要注意保护铺轨基标。由于施工部门较多、交叉作业等各种因素，部分基标可能被破坏，施工单位要组织有关人员认真检查，如发现基标损坏，应立即通知有关单位补做，以保证调轨的顺利进行。

7. 粗调

待铺轨基标补齐且正确无误后，就可以根据这些基标进行初步调轨。60kg/m 钢轨 9 号整体道床单开道岔钢轨的粗调工作大致按以下步骤进行。

第一步，根据岔头、岔尾的控制基标及加密基标，确定并调整岔头、岔尾的位置，且保证岔头两股钢轨的方正。

第二步，调外直股方向。根据外直股外侧基标，用 L 尺从岔头到岔尾柱依次调整道岔外直股的方向和高程，使其达到设计要求。

第三步，调道岔直股轨距、水平。在保持道岔外直股不动的前提下，通过调节钢轨支撑架上位于内直股处轨卡的水平螺栓及立柱，依次调整道岔内直股的轨距、水平，直至达到设计要求。

第四步，调整曲上股轨距、水平。按照设计图纸，把支距尺放在规定的支距点上，在保持外直股不动的前提下，通过依次调节钢轨支撑架上位于曲上股处轨卡的水平螺栓，使曲上股各点支距达到设计要求。

第五步，调整曲下股轨距。在保持曲上股位置不变的前提下，通过调节钢轨支撑架上位于曲下股处轨卡的水平螺栓，调整曲下股各点轨距。

8. 吊挂混凝土短岔枕

道岔粗调后，根据铺轨图，在道岔钢轨上标出短岔枕的位置，然后用专用工具，将道岔各部铁垫板安装就位，通过螺纹道钉，将短岔枕与铁垫板连接起来，并将短岔枕方正、对齐。

在吊挂短岔枕时还应注意以下几点。

(1)挂混凝土岔枕时，螺栓要拧紧，每个螺栓都要复紧，以防止出现空吊板现象。

(2)上铁垫板时，要有专人负责对铁垫板安装质量进行检查，铁垫板与岔枕之间的橡胶垫板不得错位出台。

(3)破损和露筋的混凝土岔枕要及时更换。

(4)扣件类型及规格应严格按照设计标准选用安装，扣件与铁垫板应密贴无歪斜。

9. 精调

吊挂短岔枕后，由于对道岔的扰动，道岔各部几何尺寸会有所变化，需对道岔进行进一步精确调整。精调步骤同粗调，但误差要求要比粗调更严格。

10. 浇筑混凝土支墩

精调工作完成之后，在道岔钢轨上画出浇筑混凝土支墩的位置。支墩位置原则上靠近钢轨支撑架，以防止拆除钢轨支撑架后此处的道岔钢轨跑位。在全面测量一次道岔的几何尺寸，确定正确无误后，即可立模、浇筑混凝土支墩。

11. 安装接触轨底座

待混凝土支墩达到一定强度要求(能支承道岔)后，即可拆除钢轨支撑架，安装接触轨底座。按设计图纸，先在道岔钢轨上布置好接触轨吊架的位置，把接触轨吊架固定在道岔上，然后将接触轨底座用螺栓固定在接触轨吊架上，通过适量拧紧接触轨吊架后端的紧固螺栓将吊架固定，并使其紧贴轨面(注意螺栓不要拧得太紧，否则易导致道岔轨距变小，为此，也可用铁丝捆绑接触轨吊架后端)。

12. 浇筑混凝土道床

在浇筑混凝土道床之前,再检查一遍道岔各部几何尺寸,有超限的要及时调整,调整如受混凝土支墩制约,可拆除混凝土支墩,待调整完后再重新补做。接下来即可立模、浇筑混凝土道床了。在浇筑混凝土道床的整个过程中,一定要有专人负责随时检查道岔的几何尺寸,发现问题立即整改。通过这一工序,可将道岔所有短岔枕及接触轨支墩连同整个道岔固定在混凝土道床上。

13. 混凝土养生

混凝土道床养生一般 28d 左右,在此过程中,应注意按规定浇水养护,如在冬季施工要按冬季施工要求进行养护。

14. 安装接触轨

混凝土道床达到一定强度后,即可拆除接触轨吊架。混凝土养生完毕后,按设计图纸安装绝缘子、接触轨、托架、接触轨防护板。至此,整体道床道岔的铺设全部完成。

整体道床交叉渡线的铺设步骤基本同单开道岔,仅在调轨时有所不同。首先根据交叉渡线长、短轴上的基标,拉出长、短轴的弦线;然后根据弦线方向及道岔中心位置铺设锐角辙叉、钝角辙叉及连接短轨,装上接头螺栓,组成菱形,用道岔中心基标及两侧加密基标控制、调整 4 组单开辙叉的位置和方向,并按图纸铺设 4 个角的单开道岔,调轨方法同单开道岔。

思 考 题

10.1 支承块式整体道床有哪几种施工方法?

10.2 什么是钢轨支撑架施工法,按支撑架支撑钢轨的不同方式可分为哪两种?

10.3 墩架结合施工法的特点是什么?

10.4 整体道床施工应具备的条件有哪些?

10.5 简述铺轨基标的种类及作用。

10.6 混凝土道床冬季施工的保温措施有哪些,各适用于什么情况?

10.7 整体道床道岔施工工艺流程是什么?

第十一章　城市轨道交通的工务安全

第一节　工务安全管理

工务安全管理是为了保证工务行车和人身安全而进行的各项工作。工务部门负责线路设备大修、中修及维修，使线路设备经常处于完好状态，保证行车安全，是其重要职责。作为基层生产单位的工务段、大修段，必须组织全体职工，严守劳动纪律和作业纪律，开展作业标准化，保证设备质量，以设备质量保证行车安全。同时，还应针对线长点多、工作分散及露天作业等特点，做好人身安全工作。

必须贯彻“安全第一，预防为主，从严务实，综合治理”的方针，根据事故发生规律，结合实际情况，以消灭惯性事故为突破口，依靠各级组织和工务调度的作用，实施预防与控制，确保行车与人身安全。①加强设备检修，对设备严重病害要实行动态控制，对轨道几何尺寸严重超限、重伤钢轨、重伤辙叉等要跟踪控制，督促现场及时消灭。②加强道口安全管理，有计划地改善道口安全设施和作业条件；落实道口管理标准、作业标准、设备标准，开展安全优质道口竞赛评比；教育道口看守人员坚持立岗瞭望制度，适时关闭栏木；经常组织查岗，促使道口看守人员自觉地遵守劳动纪律；关心道口看守人员的休息和生活，使其安心岗位工作。③预防惯性事故，根据季节变化和作业特点，要把防断（钢轨、接头夹板、辙叉心）、防胀轨、防撞机、防灾害及防人身伤害作为重点，开展预防与控制工作，落实责任制，加强防范。④控制施工作业，把施工违章、路料装载和卸车作为重点，严格控制封锁和慢行施工，做到准备工作不过头，放行列车不冒险；经常组织防护人员、轨道车及小车驾驶员学习规章制度，考核技术业务水平，不合格、不称职的坚决撤换。⑤依靠科学进步，围绕安全开展攻关，并积极采用各种自动监测、控制的安全设施，如道口自动信号和报警装置、坍方落石自动报警装置、施工防护自动报警装置、自动测速仪等。

一、设备故障与行车安全

工务设备是轨道交通运营的基础，车轮在两根钢轨上行驶，只有具备良好的轨道设备，才能保证列车行驶工程中的安全、平稳及舒适。因此，工务设备是行车安全最重要的设备之一。工务设备常发生如下故障。

（1）轨向不良。轨向不良包括直线地段不直顺，曲线地段不圆顺，导致列车在水平面上产生左右摇摆式的蛇形运动，严重的则会发生脱轨。

（2）水平不良。如果左右股钢轨顶面水平不良，也就是说，直线地段不是同一水平，曲线地段不符合超高规定，导致列车在垂直面上摇晃，严重的则会发生倾覆。

（3）轨距不良。轨距小于规定值，加剧轮轨磨耗；大于规定值到一定程度，则会发生列车轮缘掉道。

（4）高低不良。轨道前后高低不良，使列车在运行过程中，前后颠簸，严重的则会发生脱轨。

(5)成段扣件松动。扣件是保证轨道几何形态的重要零部件,要始终保持规定的扭力矩,防止发生松动,当发生零星的即不连续的松动或脱离时,暂不对行车安全构成威胁,但成段的松动或脱落则会使钢轨不能固定,安全的几何形位便不能得到保证。

(6)接头螺栓松动。接头螺栓松动,降低接头阻力,使钢轨纵向位移而产生连续瞎缝,同样造成轨道内力不均匀。

(7)道床松动。碎石道床由于在作业过程中压密捣实不足,或由于附近其他施工影响,使轨道路基和道床发生扰动,道床阻力严重降低,不能抵抗轨道内力而使轨道上部结构发生纵向爬行,也是高温季节胀轨的原因之一。

(8)钢轨磨耗超限。曲线地段,受客观条件的影响,发生钢轨磨耗,其中有垂直磨耗和侧面磨耗,侧面磨耗加大轨距,垂直磨耗降低轨面,两者的组合可使钢轨断面发生异常变化,当超过一定量时,严重影响行车安全,或者车轮掉道,或者轮缘爬上轨面。

(9)钢轨损伤。钢轨有多种多样的损伤,其发展结果不外乎 3 个方面:①横向断裂;②内侧作用边纵向断裂掉块;③轨头揭盖。这 3 个方面都能构成行车事故。

(10)路基塌方。路基排水不畅,受雨水浸泡的影响,路基强度严重降低而发生沉降或塌方,或者由于其他施工影响,受外力作用而发生塌方。轨道上部结构无以依附,必须中断行车。

(11)道岔不良。道岔是列车转线的重要设备,也是行车安全的关键设备和事故多发的险要地段。同时,道岔还是多专业使用和维护的结合部。道岔设备故障或道岔发生事故有供电系统方面的原因,有信号系统方面的原因,有行车误认信号、冒进信号方面的原因,有错误扳动道岔的原因,还有工务设备方面的原因。

道岔不良有以下几个方面:

①尖轨不密贴;

②尖轨、基本轨磨耗超限;

③滑床板断裂,影响尖轨滑移;

④咽喉区查照间隔不符;

⑤轮缘槽尺寸不符;

⑥方向、轨距、水平不好;

⑦紧固件螺栓松动、脱落;

⑧叉心伤损或磨耗超限;

⑨碎石道床松动,轨枕空吊。

二、安全管理的内容

安全内容有行车安全、人身安全、设备安全、消防安全 4 个方面。安全管理应在所有的专业管理中得到体现。

1. 计划管理

安全计划管理,是为实现安全目标所制定的未来安全活动的行动方案,包括总体规划、专项计划及短期阶段性目标。

2. 行政管理

行政管理包括建立安全管理体制,对安全管理体系的设置,安全职责范围的制定,安全规则、安全规章制度的制定。

3. 劳动管理

在劳动力的管理上按保证安全的需要，合理配备人员、合理定员、合理定额，劳动管理是直接制约工务安全的重要因素。

4. 财务管理

财务管理即保证安全所必需的资金的筹集、调拨、使用、结算分配。

5. 设备管理

始终保持直接运营的工务设备，维持其良好的状态是保证行车安全的重要条件，应及时经常地做好养护维修，有计划有节奏地进行设备技术更新与改造。对为生产服务的一切机械动力设备，同样要做好日常维修和保养工作，以防使用不良机械设备带病作业发生意外。

6. 技术管理

正确执行设备技术标准和规程，掌握设备技术状态，为安全提供可靠的技术依据和技术措施，充分发挥技术的作用和手段，同时推广新技术的引进和开发利用，使安全生产和经济效益取得最佳效果。

7. 物资管理

为确保日常养护维修和突发性故障所必备的物资供应，要搞好抢险抢修物资的采购、储备及管理，其中包括抢修器材、机具的储备及管理。

三、安全管理原则

1. 安全第一的原则

安全工作的方针是"安全第一、预防为主"。其中"安全第一"确定了安全工作与生产活动及其他一切经济活动之间的关系，"预防为主"规定了安全工作的方法和手段。所有企业都必须坚定不移地把安全工作放在一切工作的首位。安全具有否决权，没有安全就没有效益。

2. 集中统一指挥的原则

城市地铁运营，类似于国家铁路，是一部大联动机，通过客运、车辆、供电、通信、工务等专业的联合运转，以实现安全运营。在这样一个庞大的运转体系中，如果没有集中统一指挥，安全目标根本无法实现。

3. 以人为本的管理原则

人的因素是决定性因素，开展安全工作，重视对员工的培训和教育，不断提高员工的安全意识和技能，是实现安全的有力保证。同时还要关心员工的生活，善于对员工进行体贴和诱导，以增强企业的凝聚力，使员工以主人翁的精神积极参与安全工作，时刻想起：安全在我心中，安全在我手中。

4. 深化改革的原则

企业的经济杠杆应向安全工作倾斜，要将安全工作的成绩直接与经济效益挂钩考核，要大力表彰对安全工作作出突出贡献的先进个人及集体，并严肃处罚一切玩忽职守的肇事行为人。要通过深化改革，建立群体防范机制，形成"个人保班组，班组保车间，车间保公司"这样一个自上而下的逐级包保体系；在安全控制上，要形成自上而下的检查、监督体系。

5. 科学分析综合治理的原则

安全是一门科学，安全是一个系统工程，因此，安全管理要充分运用一切先进的技术和手段。例如，对于惯性事故或设备故障的多发事件，应建立专项课题，进行科学分析，从而对设备病害进行综合治理。事故的发生，常常是多种不良因素的叠加，通过综合治理，从多方面分析原因，再进行多方面的联合整治，从而消灭设备的隐患。

四、基础安全管理

1.建立安全管理组织(图11-1)

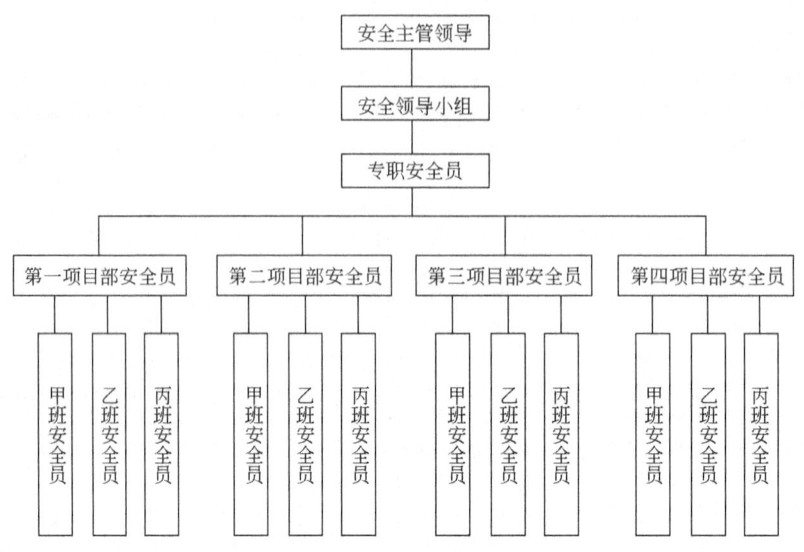

图11-1　安全管理组织结构图

在建立安全管理组织的基础上，组织制定各级管理人员的任职条件和职责范围。现举专职安全员岗位一例如下。

专职安全员任职条件(参考)：

(1)熟悉国家和地方政府关于安全工作的法规。

(2)有编制本企业安全规章制度的能力。

(3)有编制或审核本专业安全操作规程的能力。

(4)有组织开展学习、宣传、教育及各项安全活动的能力。

(5)有识别事故隐患和监察违章操作的能力。

(6)有进行事故调查、分析、判断及处理的能力。

(7)能深入现场调查研究，解决安全生产上的实际问题。

(8)秉公执法，忠于职守。

安全是与生产密切相关的，抓生产必须抓安全。但安全工作靠谁去抓，靠谁去管，靠的就是建立安全管理组织体系。

2.完善安全规章制度

安全规章制度是为实现安全目标而规范人们生产活动的行为规则。

安全规章从国家到地方，从行业主管到基层班组，可划分为以下若干层次。

第一层次为国家的安全政策、法规、法令。

第二层次为地方政府的安全条例。

第三层次为行业的安全规则，由城市最高主管部门或主管局提出并组织制定。行业安全规则，是落实国家和地方政府安全法规在本行业的体现，在专业性上具有指导行业安全工作的绝对权威，是本行业领域里的纲领性文件。

第四层次为企业的安全规章制度，是为实现企业安全所制定的一系列条款。

第五层次为生产现场的安全措施，通过生产经验积累，围绕各项生产项目所规定的一系列条款，具有针对性和实用性。

以上各层次中，第一、二、三层次的内容和精神，企业必须认真贯彻落实；第四、第五层次，企业必须全面制定，达到覆盖面广且内容完善。

企业常规安全规章制度大致有如下各方面。

(1)安全生产责任制

安全生产责任制是企业安全生产管理的一项基本制度，围绕企业的生产活动，对各级负责人及各岗位成员制定相关的安全责任。

(2)安全奖罚制度

对生产过程中，表现突出，或作出显著贡献，或及时发现险情和隐患，采取一定的措施而防止事故发生的典型人或典型事，制定如何进行奖励的条款；对违章操作而发生事故的，制定如何进行处罚的条款。

(3)安全教育制度

对企业员工如何进行安全教育和培训，作出具体的规定。

(4)安全检查考核制度

对企业如何开展安全检查做出具体的规定，其中应包括检查组成员、检查的范围、检查的频率、检查结果的评定及存在问题的整改等。

(5)安全例会制度

企业每月应召开一次安全例会，对本月的安全情况进行分析，在总结经验的基础上对存在的问题落实整改，并根据下月生产的特点，拟定施工方案和安全措施。同时还要制定与施工作业相关的安全制度，如施工封锁制度或规定、作业登记注销制度、重大施工协调会制度、重要施工监测监护制度等。

3. 开展安全教育培训

安全教育培训的种类有新员工安全教育、全员安全教育、生产骨干的安全教育、重要生产项目的安全技术交底、特殊工种的安全技术培训和班前教育等 6 项。

(1)新员工安全教育

①凡是新聘用的员工都必须由人事教育部门组织安全三级教育(三级教育指专业公司级教育、车间级教育、班组级教育 3 个层次)；

②三级教育经考核合格后方准上岗；

③三级教育的资料应由人事部门留存归档；

④劳务工的安全教育应与正式员工同样办理；

⑤专业公司内部员工或劳务工，因工作需要，工种发生变化时同样要进行转岗培训教育。

(2)全员安全培训

全员安全培训，提高员工的安全基础知识和防范能力，是保证安全生产的重要前提。专业公司应紧密结合生产特点编制安全培训教材，制订全员安全培训计划，分期分批分部门分层次地组织培训，通过培训，对员工进行安全技能考核，并列入员工技术业务考核的范围。

(3)生产骨干的安全培训

班组长以上的生产骨干是现场生产的直接指挥者，不仅要全面掌握各项作业项目的安全技能，还要具备现场的协调能力和灵活多变的应变能力。因此，专业公司每年度都必须对生产骨干组织一次安全培训。

(4)安全技术交底

凡组织重要项目的施工，应认真编制施工方案，其中包括安全措施。在方案获得批准后，组织施工项目负责人及各相关的生产骨干进行安全技术交底，明确各项安全注意事项。

(5)特殊工种的安全教育培训

电工、电焊工、钢轨焊接工、钢轨探伤工、机械动力驾驶员等各种特殊工种，必须组织专业安全技术培训，凭专业主管部门颁发的有效合格证书上岗，并按规定及时办理有效期满时的培训、考核、签证及换证。

(6)班前教育

每天施工前，班组长应针对当天的作业项目进行安全预想，组织班前教育，使全体作业人员达到 6 个明确：作业内容明确，作业地点明确，质量要求明确，携带料具明确，人员分工明确，安全措施明确。

生产过程中的安全工作，要积极推行“5W1H”管理。

“5W”的含义如下：

“What”——什么。即什么项目、什么内容、有什么问题、应注意什么事项，如发生故障或事故，应说明发生了什么样的事件。

“Where”——哪儿。指作业项目是什么地点，或所发生事件的地点。对于线路轨道来说，地点就是要交代事件的具体里程。

“When”——什么时间。该项目什么时间开始，什么时间结束，或者是该事件所发生的时间。

“Who”——谁。即人员分工，该项生产任务中的什么事情由谁去做；如发生什么事件，什么问题应由谁承担责任。

“Why”——为什么。即为什么要做这项工作；作业过程中，为什么必须这样而决不能那样。对于事故而言，要分析事故的原因。

“1H”的含义如下：

“How”——怎样。即应该怎样去完成这项工作；怎样干才能保证既安全又优质；如果不这样干，会产生怎样的后果；发生了事故或不良事件，应汲取怎样的教训，今后应怎样整改。

如果所有的现场直接指挥者，都能严肃认真地按照“5W1H”的思维去组织生产，对生产流程中的每一个程序，甚至每一个细小的环节，都进行过周密的策划，并在运作过程中又通过一定的手段进行了有效控制，而不是流于形式，那么事故的发生率必然会降低到最低程度。

与班前教育相对应的是班后小结，每天作业结束由班组长把员工召集在一起，对本班次的作业进行简短的分析、评判及小结十分必要。通过班前有预想、班后有小结活动，有助于员工丰富实践经验并不断提高实践技能水平。

4. 加强安全检查与考核

安全检查，是搞好安全工作的重要手段。从检查的类型来说，分为设备检查、作业检查及内业台账资料的检查。从检查的周期来说，分为月度性的检查，节前安全大检查，高温、冬期等季节性的安全大检查。

(1)设备检查

对设备的检查，一般来说，应属于技术管理和质量管理的范畴，但由于工务专业的轨道设备具有特殊性，它与行车安全密切关联。轨道的水平、轨距、方向、高低等几何形位不良或道岔的尖轨、叉心等关键部位的损坏，都完全有可能构成行车事故。因此，进行安全检查的首要一环是认真搞好运营设备的检查，通过检查，发现问题，落实整改，消除设备上的病害和隐患，以良好的设备确保运营安全。

设备检查除了轨道设备以外，还有机械动力设备、电器设备、消防设备、易燃易爆器材等，只要是能引发事故的设备，应统统列入被检查的对象，通过检查，切实掌握设备的状态。

(2)作业检查

对施工的过程进行检查，主要了解作业人员是否严格按照该项目的操作规程进行，是否按规定办理了施工登记和注销手续，是否设置了安全防护，是否按规定穿着劳动保护服帽，对机具的使用是否符合要求，在设备维修过程中是否有盲目施工的不良行为，是否违章指挥、野蛮操作等。

(3)资料检查

除了以上外业检查外，还要对班组进行内业资料的检查，其中包括班组施工日志、班前安全预想记录及收工前的轨道质量记录等。

质量记录是日常线路养护维修业绩的写实和积累，必须妥善保管好生产现场的一切原始数据。一方面，可以考核日常工作中对于维修规程的执行情况；另一方面，在事故发生后，现场记录对于事故的调查、分析能够提供可靠的法律依据。

五、现代安全管理方法

1. PDCA 循环法

PDCA 循环法是全面质量管理的基本方法之一。对于轨道交通这种特殊的行业，运营设施、设备的质量直接关系着行车安全，确保产品质量就是为了保证安全，所以质量管理与安全管理的目标是基本一致的。

第一阶段：计划阶段，即“P”阶段。制订安全目标和活动计划。

本阶段要认真分析现状，找出安全上的薄弱环节和不利因素。也就是要发现问题点，然后针对问题，通过分析，罗列出问题的各种原因，再从众多原因中分析出其中最主要的原因，抓住主要矛盾，制订对策措施。

第二阶段：执行阶段，即“D”阶段。根据计划阶段所制订的措施，按项目、按时间、按职责组织实施。

第三阶段：检查阶段，即“C”阶段。对执行情况进行检查，发现问题，及时整改。

第四阶段：处理阶段，即“A”阶段。对于成功的经验加以肯定，对于失败的方面也要进行总结，以吸取教训，对于尚未解决的问题，应纳入到下一循环去继续攻关。

处理阶段所总结的经验和教训都可以制定相关的条款纳入到企业标准或企业的规章制度中去。

2. 排列分析法

排列分析法是查找主要矛盾的重要方法之一。把质量问题、设备故障或事故、事苗、事件等对象进行分类，根据统计数据的大小依次排列，然后在坐标图上反映，横坐标为事件，左右双纵坐标分别表示事件的频数和频率，如此绘制成排列图(巴雷特曲线)。分别从频率坐标的80%、90%、100%处各画一条平行于横坐标的虚线，与巴雷特曲线相交，形成 3 个区域，累计频率在 0～80%相对应的事件，称之为“A 类因素”，其余依次为“B 类因素”和“C 类因素”。“A 类因素”即为主要矛盾，“B 类因素”为次要问题，“C 类因素”为一般问题。

3. 因果分析表

针对某项事故或事件经常发生的情况，从人、机、料、法、环等多方面去查找原因，而每一个方面又有多种因素，这样形成了一个以事件为主干线，以人、机、料、法、环等为次干线，以因素为分支线的图形，俗称“鱼刺图”。该图形能非常直观、简明地显示事件与因素之间的因果关系。

4. 对策表法

针对某一事件的主要因素或问题点，通过列表的方式，制定对策措施和实施目标，并规定落实措施的时间节点，责任人员，这就是对策表法，是安全工作最常用的基本方法。

5. 逻辑分析法(又称“事故树”分析)

把安全工作作为一项系统工程，将某一易发事故，作为“事故树”的“顶上事件”，运用逻辑分析原理，找出“顶上事件”发生的第一层次的原因，称之为“中间事件”；继续运用逻辑分析法，找出诱发各“中间事件”发生的第二层次的原因，称之为“中间事件”；如此层层向下，一直分析至最基本的原因，称之为“原因事件”。

在“中间事件”的各个层次之间，有时是两起事件缺一不可，才能使上层事件发生，这在逻辑学中称为“与门”；有时是两起事件中的任何一起发生，上层事件必然发生，称为“或门”；有时还要满足附加条件，称为“条件与门”和“条件或门”。

这样，运用逻辑分析的原理，采用逻辑符号，将分析全过程中的“顶上事件”、“中间事件”、“原因事件”绘制成的图形便为“事故树”。绘制好“事故树”后，再通过逻辑计算，进行定性、定量分析。

通过“事故树”分析，可以知道哪些系统具有危险性，哪些系统具有安全可靠性，从而清楚应对原因事件的哪些问题引起高度重视，并严加控制，哪些问题可以忽略。如果所有的问题一起抓，不该抓的浪费了人力、物力及财力，而该抓的反倒抓得不够。

六、安全控制

控制是实现预定目标的手段，是管理的基本功能之一。控制的方式包括自控、互控、他控及联控。

1. 自控

自控就是自我控制，是作业者在作业中能完全按标准要求自己，严格坚持、毫不走样地执行作业标准。如果有偏离标准的情况发生，作业者能立即采取措施实行自我纠正，使作业的质量和安全始终处于标准的要求之中。

自控是保证安全的基础，没有自控就没有安全的保证。例如，为什么不能酒后开车，因为酒后容易失去自控；又如，班前未得到很好休息，班中萎靡不振，难以控制，容易导致事故、事苗的发生。

搞好自控的要求如下。

(1)通过学习，熟悉标准。如果不了解标准，就不能按标准执行，怎能进行自控。

(2)作业中能始终集中精力，努力克制自己不分散注意力，并要做到眼勤手快、呼唤应答、反应敏捷。

(3)具有一定的技术业务水平和应变能力，能针对突发性事件进行应急处理。

2. 互控

互控即相互控制，在本项作业的同一工序或上下工序之间，倘若发现偏离标准时，由控制者通知或提醒被控制者立即纠正。例如，使用齿条式起道机进行起道作业时，机手应提醒对面的人员避让；又如，起道时导致轨道方向走样，经及时发现，及时指出，而及时进行了拨正，否则将引起次日的晃车现象，这些就是最简单的互控。

3. 他控

他控是上级对下属的控制。例如，车间主任或上级领导到现场检查班组的作业，还有安全监察部门或技术主管部门检查班组的作业等，都属于他控行为。

4. 联控

联控是指在多专业、多部门、多单位共同参与的联合施工过程中相互监督、相互制约的联合控制行为，或者是一个团体施工，但与多团体的安全有关，或者是多团体施工与一个团体的安全有关，通过总体协调所部署的联合控制。

对于重大项目工程的施工，联控所必须明确的事项如下：

(1)重大施工技术方案的审定，其中包括工程项目内容、施工程序、时间节点、组织体系、质量保证措施、安全保证措施、作业所带来的不良影响预测等。

(2)突发性事件抢修方案的落实。

(3)监理、监测、监护的落实。

(4)联控信息体系的建立。

七、班组安全管理

班组是企业的细胞，是企业最基层的管理单元，是企业安全生产和一切经济活动的前沿阵地，也是企业一切管理工作的落脚点。

企业的一切先进设备要在班组里使用，企业的经济效益要通过班组来提高，企业的安全规章制度要通过班组去落实。因此，加强班组管理是保证生产安全和运营安全十分重要的基础工作。

1. 班组长

班组长既是班组生产的指挥者，又是班组安全工作的组织者。日常生产任务的安排，施工质量的检查，安全措施的落实，班组成员的教育，工具备品的发放、使用及保管，班组活动的组织，安全质量记录的建立，现场资料的累积等，班组的管理工作包容了所有的企业管理工作。因此，对于班组长这样一个当家人，肩负的责任是十分重大的。班组长自身的素质对班组的安全生产乃至企业的安全生产都具有举足轻重的影响。

班组长应具有的基本条件和素质：

(1)具有一定的政治思想素质和文化素质。

(2)具有高度的责任感和安全防范意识。

(3)具有胜任本班组生产活动的安全技术业务水平。

(4)具有现场生产的组织能力和指挥能力，具有灵活机智的应变能力和施工协调能力。

班组长是开展班组活动的带头人，首先要严格要求自己，做遵章守纪的模范；其次要带动全班为安全生产做出显著的成绩。

班组长要尊重领导，主动汇报工作，得到领导的关心和支持，要虚心接受业务部门的指导、监督及批评。班组长无论对本专业的还是对其他专业的兄弟班组，都要建立友好协作关系，努力搞好各项施工配合。班组长对部下要关心和体贴，要能够知人善任，根据职工的个人特点和擅长，合理地安排工作。

2. 班组管理的内容(仅就安全方面)

(1)班组的安全教育

要按照“5W1H”的思路开展安全预想活动,对本班次的生产作业项目进行认真的分析,提出有针对性的安全措施,组织班组成员进行班前安全教育和班后小结。

(2)组织的安全学习制度

要定期组织班组成员(包括劳务工在内)进行安全技术和业务学习。一方面,学习贯彻上级的安全文件;另一方面,学习与本班组生产有关的安全知识和技术。这是使技术业务和安全知识直接与现场生产紧密结合的有效办法。通过加强班组学习,使班组成员牢固树立“安全第一”的思想,同时不断提高群体安全意识和群体防范能力。

(3)班组的设备检查制度

要一丝不苟地按规定对运营设备进行定期检查,节假日前及不利气候条件,要增加检查的频数。事实证明,许多设备故障并不可怕,只要发现故障,及时处理,就能消灭事故隐患,最可怕的是发现不了故障而酿成事故的发生。

有两种不良现象必须杜绝:一是没有按规定进行设备巡查;二是走马观花、漏巡漏查。这些是安全生产的大忌。

(4)班组的施工管理

作业过程中要切实开展自控和互控活动,养成遵章作业的良好风气,严禁违章操作。要严字当头,不能好人主义。在人群密集的地段施工,更要提高安全意识,时刻保持清醒的头脑和对事故的警觉,做到不伤害他人,也不被他人伤害。

(5)班组的事故管理

对于事故、事苗或违章、违纪现象,要组织分析,做到“四不放过”(事件的原因不查清楚不放过,责任不明不放过,责任者不处理不放过,班组成员不吸取教训不放过。)

(6)班组的现场管理

工务专业的施工,通常都是群体作业,现场管理非常重要。要搞好人员的分工合作,做到忙而不乱;施工料具不能乱丢乱扔;邻线或本线有工程车辆运行时,作业人员要及时下道避车,并做到施工料具不侵入限界;作业结束,要做到工完料尽,保持生产现场的环境整洁。

(7)班组的台账管理

班组台账主要有安全、生产、学习、质量 4 个方面。生产方面主要是施工日志,记载每个工作日的作业内容、作业地点、参与人员、安全措施及物料消耗等。安全台账记录班组的行车安全天,人身安全天,事故、事苗记录,个人违章、违纪记录,安全先进事迹记录,本班组与安全有关的重大事记。质量记录包括线路和道岔设备维修验收记录、设备巡检和月检记录、收工前的质量检查记录等。其中,收工前的记录是十分关键的,一旦作业地段发生事故,收工前的质量记录就是事故分析最有效的现场原始资料。班组记录只有逐日进行,才能保持其真实性,如果是日久的事后补课,从内容上分析,一定会露出破绽,从而使质量记录失去意义。

(8)班组的信息管理

信息有两大类:第一类是安全生产的直接信息;第二类是通信报道信息。班组既是信息处理的终端,又是采集信息的源头。班组既要及时传递上级的各项安全生产指令,又要迅速、准确地传递现场安全生产的动态信息。对于重大信息,特别是发现危及行车安全的设备故障,除了按常规向生产调度汇报以外,还要向行政领导直接报告,以及采取果断措施。班组在安全生产上的好人好事及值得交流的经验体会和动态也可以经常以通信报道的形式开展信息交流活动。班组的一切质量记录，实际上也是一种信息，作为现代化的企业，计算机必须配置到班组。

第二节　行车安全措施

一、施工作业

1. 起道作业

(1)地面正线正式运营时间内，一律不得进行起道作业。站场线在无封锁无慢行条件下，一次起道量不得超过 40mm。

(2)电气化线路起道，单股不得超过 40mm。若超过规定，则须事先通知有关部门派员到场配合。

(3)无缝线路，当钢轨实际温度超过锁定轨温±20℃时，不得进行起道作业。

(4)凡缺碴地段，除找小洼以外，严禁盲目起道。

(5)短轨地段，进行起道作业时，不得盲目抬高接头，多留下沉量。

(6)起道顺坡，作业坡度不小于 200 倍，收工顺坡不小于 400 倍。

(7)使用起道机应定机定人，起道机手必须经考试合格后才准许上道操作。

(8)绝缘接头、焊缝接头及道岔跳线部位，禁止放置起道机。

(9)起道机在使用过程中必须做到人不离机，手不离把。

(10)起道机底座小车应设置偏心装置，并涂上醒目标记。

(11)起道作业时，防护人员必须掌握本线与邻线车辆的运行情况，并加强瞭望，严禁抢撬。

(12)邻线来车时，应保证作业人员及施工料具不侵入限界。

(13)本线来车时，应组织作业人员及时下道，并随手取下一切施工料具。

(14)起道后的捣固作业，前后人员距离应相隔不少于 3 枕，以免互相妨碍及落镐伤人。

(15)捣固时应注意避免打伤轨枕边棱、扣件、导线等各种工务或电务设备。

2. 拨道作业安全措施

(1)地面正线，正矢运营时间内，一律不得进行拨道作业，站场线无封锁慢行条件下，一次拨道不得超过 40mm。

(2)电气化线路拨道，线路中心位移不得超过±40mm，一侧拨道量年度累计不得大于 120mm，并不得侵入限界。

(3)无缝线路，当温差超过±20℃时，禁止拨道作业。

(4)木枕线路，禁止使用起道机拨道。

(5)在有轨道电路及绝缘接头处拨道时，撬棍应加绝缘防护。

(6)由于拨道引起的水平、高低、三角坑等不良变化，必须及时整修，消灭超限。

(7)在计划拨道地段，如线路方向有较大漫弯或曲线拨量较大时，除一次拨正外还要继续找细，并做好轨枕头的捣固。

3. 改道作业安全措施

(1)线路改道时，不得连续松开 5 根以上轨枕螺旋，来车时，来不及全部拧紧的，准许每隔两枕有一根不紧。

(2)线路改道如果与螺纹道钉除锈涂油结合进行，一般每隔一枕做一枕。

(3)无缝线路，当温差超过±20℃时禁止改道作业。

(4)改道使用的撬棍必须加有绝缘套管，以防止搭接两股钢轨造成短路。

(5)起道钉要坚持三起三垫，不准用道钉、石块代替起钉垫，防止撬棍滑脱伤人。

(6)打道钉前要检查锤把安装是否牢固。

(7)发现有道钉歪斜，要起出重打，不准打扫锤，也不准打轮锤。

(8)起钉、打锤都要注意前后间隔。分组作业，其距离应不少于6根枕木，防止撬棍、道锤及飞钉伤人。

4.应力放散安全措施

(1)无缝线路应力放散或应力调整必须利用停运后的计划封锁时间进行。

(2)放散前要认真检查拉伸机等机械动力设备，确保性能完好。

(3)作业过程中，必须坚持一隔一松拆扣件及一隔一安装拧紧扣件。

(4)应力放散或应力调整，都必须做到放够放匀。

(5)轨道车的运行要服从施工负责人的指挥。

(6)工地应设置作业防护，轨道车往返运行时，施工人员要及时下道避车。

5.起打道钉安全措施

使用起钉垫，起钉数量符合规定；无打飞钉现象；不伤手脚；轨道电路区段，撬棍带绝缘套。

6.更换夹板安全措施

按已规定的防护方向开始作业，来车前每端上好2个螺栓，不伤手脚。

7.无缝线路养护维修安全措施

(1)坚持作业轨温。当长轨条的锁定轨温与作业时的轨温之差达到20℃以上时，应停止进行起、拨、改等减弱线路阻力的各项作业。

(2)进行找小洼和拨方向作业时，要坚持“维修一日清”、“急修一撬清”；碎石恢复破坏了的道床，做到随时回填夯实。

(3)线路扣件要始终保持规定的扭力矩。凡是当天的作业地段，收工前除了进行线路检查外，还要做好扣件的复紧，使扭力矩符合要求。

8.机械动力施工安全一般规定

(1)严禁酒后操作，严禁疲劳和在患病期间驾驶和操作。

(2)施工作业前，操作人员首先应听取施工技术人员现场交底和有关安全注意事项。

(3)作业前，应对机械进行仔细的检查，严禁机械带病作业。

(4)在机械操作前，要确认机械周围和作业场地没有闲杂人员和障碍物，方可作业。

(5)严禁机械超荷载作业，不得随意扩大机械使用范围。

(6)夜间作业，应装有足够的照明设备，工作场地应有辅助照明设备，工作视线不良时，不得作业。

(7)危险地段必须设有醒目标志，并有专人指挥。操作人员只能接受一个指挥人员发出的规定手势信号，确认信号后方可作业。

(8)应保证机械的喇叭、刮雨器、转向指示灯、倒车警报器及其他装置都能正常工作。

9.机械动力作业安全措施

(1)在埋有电缆或其他管道的地点作业时，应事先设立安全警示标志，并制订相应的施工安全措施。

(2)履带式机械通过铁路平交道口前，应与工务专业联系，按规定设置防护，并于轨面铺垫木板后准予通行，机械通过后应立即恢复线路。

(3)机械在轨道两旁作业时，应有专人防护。

(4)机械下坡时严禁空挡滑行，在陡坡上严禁换挡调头。

(5)在对机械进行检修保养时，应停车制动，关闭发动机。如在发动机运转中检修时，应由两人进行，一人检修，一人防护。

(6)机械添加燃油时，严禁烟火。

(7)机械操作人员必须熟悉机械上配备的灭火器的性能和使用方法，并保持灭火器始终有效。

(8)不应在坡道上停放机械或检修，如不得已时，应拉好制动，并于车轮的下坡方向垫上三角木。

(9)拉钢丝绳时必须戴好眼镜和手套；穿钢丝绳时，手与滑轮应保持一定的距离；使用钢丝绳时，应防备钢丝绳突然崩断。

(10)液压系统发生故障，如停止作业进行检修时，必须释放压力。

(11)在道路边坡、坑道边缘或沟边作业时，机械应与边缘保持一定的安全距离，车轮应压在坚实的地面上。

10. 机械动力遇到不良作业条件时的规定

凡遇到下列情况应立即停工：

(1)土体不稳，有发生塌方危险时。

(2)气候突变，发生暴雨、雷雨或水位暴涨时。

(3)工作场地发生交通堵塞或严重干扰时。

(4)场地陷车或道路打滑时。

(5)防护装置毁坏或失效时。

(6)工作面净空不足以保证安全作业和运行时。

11. 轨料装、运、卸及堆放安全措施

(1)轨料装车不得超限、超载和偏载，并应捆绑牢固。

(2)料车运行中发现装载不良，必须停车处理，未经处理，严禁继续运行。

(3)夜间卸料应有照明，卸料现场应清除障碍物，不得更换轨旁一切运营设备。

(4)随车装卸人员应乘坐有栏杆的平板车或轨道车内，车未停稳，严禁上下。

(5)装卸料人员应按规定穿戴劳动防护用品，装卸作业时应有专人统一指挥。

(6)车辆运行时，严禁边走边卸。

(7)卸料结束后，应安排人员清道，确认不侵入限界后方可撤离。

12. 工地搬运轨料安全措施

(1)工地搬运轨料，可根据具体情况采用撬棍拨轨、翻轨、拉运或抬运等方法。

(2)使用撬棍翻、拨钢轨应由熟练的施工人员操作。

(3)抬运时应使用牢固的扛棒和绳索，每人担负的质量不得超过60kg，并有专人指挥，动作一致。

(4)对运卸料地段的轨旁设施，应做好保护工作，运卸过程不得抛掷。

(5)作业人员要眼明手快，动作敏捷，服从统一指挥，防止砸伤手脚。

二、施工防护

1. 正线施工

城市轨道交通运营线路，由于列车运行密度大，所以一般情况下，均不得利用列车运行间隔进行养护维修作业，而必须在停运后，按批准的封锁计划组织施工。每天作业前办理登记手续，作业后办理注销手续。

2. 车场线施工

对于车场线路，由于调车作业的行车密度小，运行速度低，可以在白天安排施工。凡进行调整轨道几何尺寸的作业，都要办理封锁股道或道岔的申请手续，并要按规定设置施工防护。

车场内线路上施工，将施工线路两端道岔扳向不能通往施工地点的位置，并加锁或钉固，可不设置移动停车信号牌；如不能加锁或钉固道岔时，在施工地点两端各 50m 处线路中心，设置移动停车信号牌防护，如图 11-2 所示。

对于不需要设置停车防护的，应在施工地点两端设置作业标，如图 11-3 所示。

在站内道岔上施工，一端距离施工地点 50m，另一端两条线路距离施工地点 50m，分别在线路中心，设置移动停车信号牌防护，如图 11-4 所示。

如一端距离外方道岔少于 50m 时，将道岔扳向不能通往施工地点的位置，并加锁或钉固。

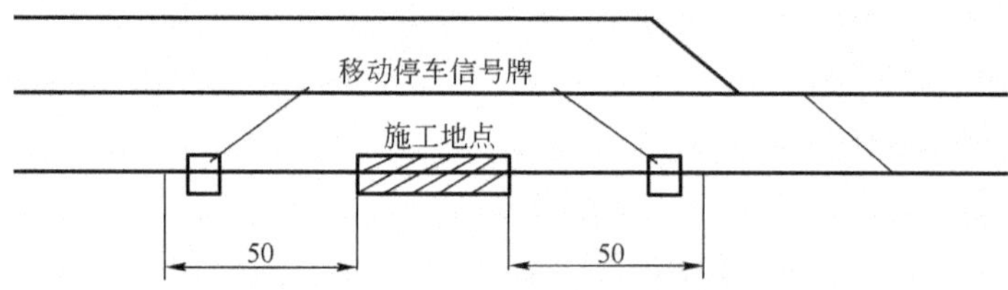

图 11-2　移动停车信号防护设置示意图(尺寸单位:m)

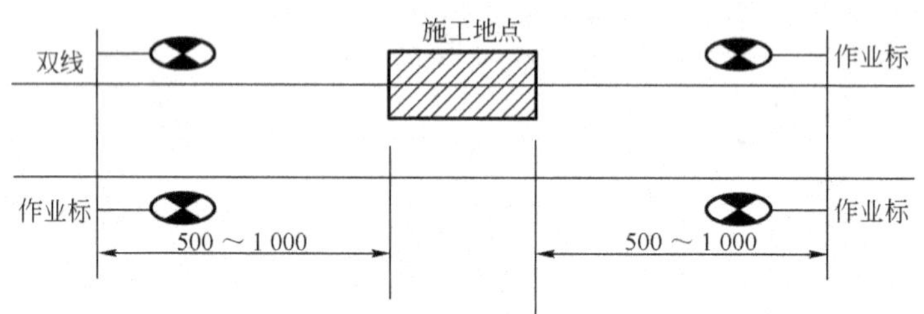

图 11-3　作业标设置示意图(尺寸单位:m)

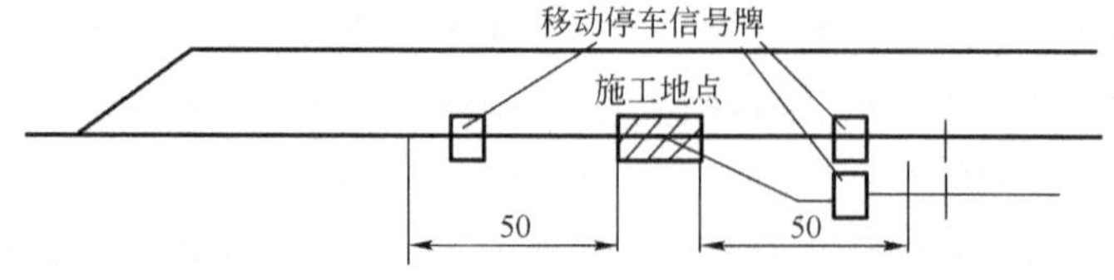

图 11-4　道岔施工防护设置示意图(尺寸单位:m)

3. 发生故障时的防护

线路发生故障时的防护办法如下：

(1)立即通知总调度所及附近车站，并在故障地点设置停车信号。

(2)当确知一端来车时，应先向该端设置停车防护，然后返回故障地点。

(3)如不知来车方向,应在故障地点注意瞭望,发现来车,应急速奔向列车,用手信号旗或徒手显示停车信号,使列车在故障地点前停车。

(4)站内线路、道岔发生故障时,应立即通知运转,采取措施,使车辆不能通往该故障地点,并设置停车信号防护。

(5)工务人员发现线路设备故障危机行车安全时,除立即连续发出警报信号和以停车手信号防护外,还应采取紧急措施设法修复,如不能立即修复时,应封锁区间或限速运行。

运营线路大、中维修施工放行列车条件见表 11-1。

运营线路大、中维修施工放行列车条件 表 11-1

项　目	列车减速通过	列车不减速通过
轨枕盒内道碴	不少于 1/3	填满
轨枕下道碴	串实	捣固坚实
轨枕	每隔 6 根可空一根	均匀不缺
起道顺坡长度	不小于起道高度的 200 倍	作业时为起道量的 200 倍,收工时为起道量的 400 倍
接头螺栓	每个接头上紧 4 个(每端两个)	接头螺栓齐全,扭矩符合规定
道钉或扣件	半径等于或小于 800m 的曲线地段,接头两根轨枕扣件齐全有效,其他地段可每隔一根或每隔两根拧紧一根	道钉、扣件齐全有效,扭矩符合规定

第三节　工务行车安全措施

人身伤亡事故是指员工在运营、生产区域内发生的与运营生产有关的人身伤害。员工的伤亡事故,按伤害程度可以分为轻伤事故、重伤事故、死亡事故。其中,死亡事故又分为重大伤亡事故,指一次死亡 1~2 人的事故;特大伤亡事故,指一次死亡 3 人及以上的事故。

认真系统地分析员工伤亡事故的原因,全面科学地制订相应的预防和控制措施,保障员工在生产过程中的安全与健康,具有十分重要的意义。

一、人身伤亡事故的种类

1. 车辆伤害

车辆伤害指养护维修的作业人员或其他工作人员与运营列车或工程车辆发生冲突,致使伤亡的事故。

2. 机具伤害

机具伤害指各种施工器械、工具对人身所构成的伤害,包括挤伤、切伤、撞击等。

3. 起重伤害

起重伤害指使用起重设备进行各种起吊作业时所发生的人身伤亡事故。

4. 高处坠落

高处坠落指在登高离开基准面 2m 及以上进行作业而坠落所造成的人身伤亡事故。

5. 触电伤害

触电伤害指作业人员接触高压电源所造成的电击伤害。

6. 中毒窒息

中毒窒息指发生食物中毒，以及在隧道、坑井等封闭型的构筑物内因通风不良而造成的伤害。

7. 物体打击

物体打击指施工场地，各种设备的零配件及土建碎块给作业人员的打击所造成的伤害。

8. 爆炸伤害

爆炸伤害指易燃、易爆物在发生意外爆炸时给人员所造成的伤害。

二、人身伤亡事故的预防

1. 车辆伤害的预防

(1)班前必须充分休息，不得饮酒；班中按规定着装，佩戴防护用品，精力集中，认真操作，执行各项安全操作规定，不得打盹睡觉，不准玩笑打闹，不准做与本职工作无关的事情。

(2)运营正线、封闭式或半封闭式的线路，在运营时段，不得入内。在站场敞开式的线路顺着轨道行走，应走路肩，禁止走道心和轨枕头，不准脚踩道岔的轨尖、连接杆及线路上的信号电缆等设施。

(3)确需横穿线路时，应“一站、二看、三通过”，并注意瞭望运行车辆和观察脚下的障碍物，不得抢道。

(4)在运营时段，因特殊原因，必须对地面线路检查时，应获得有关部门的批准，但必须设置专人防护，发现来车，应立即下道避让。站场线路巡视，发现来车，应下道至安全地点，不得在邻线避车。

2. 机具伤害预防

(1)起道机手要由考核合格的人员担任。

(2)作业时要做到人不离机，手不离把。起爆机打炮速度变化时应做到呼喊应答。

(3)起道作业时，起道机面不得有人停留，防止撬棍飞出伤人。

(4)使用有嘴撬棍翻动钢轨时，应由操作熟练的人员担任，两人翻动钢轨，要注意动作配合协调。

3. 起重伤害的预防

工务人员吊、装、运、卸钢轨，与起重机及轨道车吊轨机经常打交道，对起重伤害的预防非常重要。

臂式起重机的驾驶员及轨道车吊轨机的操作手应经有关的安全技术培训，考核合格，取得操作证后，方准独立操作。

接班时应对启动、制动、吊钩、钢丝绳及其他各种安全装置进行检查，发现性能不正常时，应在操作前排除。

起吊作业应专人指挥，操作人员应绝对服从指挥人员的信号，其他人员不得干预。

闭合主电源或工作中发生断电时，应将所有的控制器手柄置于零位，重新工作前，应检查起重机动作是否都正常。

起吊作业时，机下及周围不得有闲人停留围观。

吊臂与附近的电杆及其他建筑设施必须留有一定的安全距离，隧道内吊、卸钢轨，不得损坏电缆设施。

吊机维护保养时，应切断主电源，并挂上标志或加锁。

遇有下列情况之一时不得操作：

(1)超载或钢轨看不清。

(2)吊机零部件有影响安全的损伤。

(3)吊挂不稳或钢轨倾斜。

(4)视线昏暗，看不清指挥信号。

指挥人员应做到：

(1)作业前与操作手交代清楚注意事项。

(2)选择安全、明显的地点指挥。

(3)指挥时要正确、及时、明显、果断地显示信号。

(4)随时掌握周围环境的情况，发现危险，立即显示停车信号。

(5)严禁凭印象指挥。

(6)作业结束，应检查场所的安全情况，消除隐患。

吊轨配合作业人员的要求：

(1)明确指挥信号。

(2)挂钩应安装牢靠。

(3)绳索所经过的棱角处应加衬垫。

(4)多人挂钩应步调一致。

4.高处坠落事故的预防

高空作业必须戴安全帽，系安全带或安全绳，穿防滑鞋。升降机必须性能完好。等高梯、脚手架、跳板必须搭设牢固。

5.触电事故的预防

在带有供电触网的轨道上施工，作业人员及施工料具必须与接触网保持2m以上的距离。如工作需要，与接触网距离不足2m时，则必须办理停电、验电手续，并设置接地棒。施工结束后，办理注销手续。手持电动工具必须有良好的绝缘。

参 考 文 献

[1] 章子春.线路.北京:中国铁道出版社,1987.
[2] 张雯.线路工程.成都:西南交通大学出版社,2005.
[3] 郝瀛.铁道工程.成都:西南交通大学出版社,2002.
[4] 叶霞飞,等.城市轨道交通规划与设计.北京:中国铁道出版社,2001.
[5] 季令,等.城市轨道交通运营组织.北京:中国铁道出版社,1998.
[6] 何宗华,等.城市轨道交通运营组织.北京:中国建筑工业出版社,2003.
[7] 广州市地下铁道总公司,广州市地下铁道设计研究院.广州地铁二号线设计总结.北京:科学出版社,2005.
[8] 中国地铁工程咨询公司,北京城建设计研究总院有限责任公司.地铁与轻轨.北京:中国铁道出版社,2003.
[9] 张庆贺等.地铁与轻轨.北京:人民交通出版社,2002.
[10] 北京城建设计研究总院.GB 50157—2003 地铁设计规范.北京:中国计划出版社,2003.
[11] 朱敢平.世界轨道交通.香港:香港万博出版公司,2004.
[12] 中国工程院课题组.中国城市地下空间开发利用研究.北京:中国建筑工业出版社,2001.
[13] 申国祥.铁路轨道.北京:中国铁道出版社,1996.
[14] 荣佑范.铁路线路维修与大修.北京:中国铁道出版社,1996.
[15] 中华人民共和国铁道部.铁路线路维修规则.北京:中国铁道出版社,2001.
[16] 广钟岩,高慧安.铁路无缝线路.北京:中国铁道出版社,2005.
[17] 卢耀荣.无缝线路应用与研究.北京:中国铁道出版社,2004.
[18] 赵惠祥,谭复兴,叶霞飞.城市轨道交通土建工程.北京:中国铁道出版社,2000.
[19] 张殿明,阎纪宽.无缝线路理论与新技术.北京:中国铁道出版社,1997.
[20] 范俊杰.现代铁路轨道.北京:中国铁道出版社;2001.
[21] 姚明处,邵力新.铁路新型轨下基础.北京:中国铁道出版社,1986.
[22] 北京城建集团有限责任公司.GB 50299—1999 地下铁道工程施工及验收规范.2003 年版.
[23] 梁柏成,常素良.整体道床道岔施工工艺.铁道建筑,2003 年增刊.
[24] 李显实,杨震,曾大庆.城铁正线碎石道床轨道工程施工技术.铁道建筑,2003 年增刊.
[25] 罗群社,张希海,左书艺.北京城铁整体道床的冬期施工.铁道建筑,2003 年增刊.
[26] 杨帆.小型移动式气压焊在城铁无缝线路施工中的应用.铁道建筑,2003 年增刊.
[27] 李海峻,马德胜,魏宝林.北京城铁地面碎石道床一次铺设无缝线路的施工技术研究.铁道建筑,2003 年增刊.
[28] 孙章,何宗华,徐金祥.城市轨道交通概论.北京:中国铁道出版社,2000.
[29] 郝瀛.中国铁路建设概论.北京:中国铁道出版社,1998.
[30] 靳文翰,郭圣铭,孙道天.世界历史词典.上海:上海辞书出版社,1985.
[31] 毛保华.城市轨道交通系统运营管理.北京:人民交通出版社,2006.
[32] 严作人,张戎.运输经济学.北京:人民交通出版社,2005.

[33] 荣朝和.西方运输经济学.北京:经济科学出版社,2002.
[34] 管楚度.新视域运输经济学.北京:人民交通出版社,2001.
[35] 黎江,范巍,杨承东.城市轨道计费及票价方式的探讨.都市快轨交通,2005,18(3):12-15.
[36] 苟吉占,吴迪.对城市轨道初期票价的再研究.都市快轨交通,2006:19(2).
[37] 徐萌.上海,广州,南京,深圳地铁财务状况简介——走访浅谈.地铁与经济,2005(4).
[38] 周立新.轨道交通余能利用的分时段票价制探讨.城市轨道交通研究.2004,7(4).
[39] 张振淼.城市轨道交通车辆.北京:中国铁道出版社.1998.